Thematischer Grund- und Aufbauwortschatz

Englisch

Neue Ausgabe

von
Gernot Häublein
und
Recs Jenkins

Ernst Klett Verlag
Stuttgart Düsseldorf Leipzig

Thematischer Grund- und Aufbauwortschatz
Englisch

Neue Ausgabe

von
Gernot Häublein M. A., Englischlehrer und Autor, Landshut
und
Recs Jenkins, B. A., Fachbereichsleiter für Sprachen an der Volkshochschule Emden

Zu diesem Werk gibt es ein Übungsbuch: Thematischer Grund- und Aufbauwortschatz
Englisch – Trainingsbuch, Klett-Nr. 519532.

1. Auflage   A 1   13 12 11 10 9 | 2009 08 07 06 05

Alle Drucke dieser Auflage können im Unterricht nebeneinander benutzt werden, sie sind untereinander unverändert. Die letzte Zahl bezeichnet das Jahr dieses Druckes.
© Ernst Klett Verlag GmbH, Stuttgart 2000.
Alle Rechte vorbehalten.
Das Werk und seine Teile sind urheberrechtlich geschützt. Jede Nutzung in anderen als den gesetzlich zugelassenen Fällen bedarf der vorherigen schriftlichen Einwilligung des Verlages. Hinweis zu § 52 a UrhG: Weder das Werk noch seine Teile dürfen ohne eine solche Einwilligung eingescannt und in ein Netzwerk eingestellt werden. Dies gilt auch für Intranets von Schulen und sonstigen Bildungseinrichtungen.
Internetadresse: http://www.klett.de

Redaktion: Thomas Eilrich

Umschlaggestaltung: Manfred Muraro, Stuttgart.
Zeichnungen: Christian Dekelver, Weinstadt.
Herstellung: Horst Andres, Karl Leykauf; Stuttgart.
Satz: Fotosatz Kaufmann, Stuttgart.
Druck: Clausen & Bosse, Leck.
Printed in Germany.
ISBN 3-12-519511-X

Inhalt

Informationen zu diesem
Lernwortschatz   **5**

Erklärung englischer
Abkürzungen   **14**

1 Angaben zur Person   17
1.1 Persönliche Daten 18
1.2 Land, Sprache, Nationalität . . . 20

2 Der menschliche Körper   24
2.1 Körperteile, Organe 25
2.2 Sexualität, Fortpflanzung 28
2.3 Geburt, Lebensentwicklung,
Tod 29
2.4 Sinne und Wahrnehmungen . . 32
2.5 Bewegungen, Aktivitäten 35
2.6 Aussehen 45
2.7 Körperpflege und Kosmetik . . . 47

3 Gesundheit und Medizin   50
3.1 Gesundheit, Krankheit 51
3.2 Medizinische Versorgung 56
3.3 Genussmittel, Drogen 60

4 Psyche, Geist, Verhalten   63
4.1 Gefühle 64
4.2 Denken, Vorstellung, Wollen . . 74
4.3 Charakter, Verhalten 81
4.4 Fähigkeiten, Aktivitäten 86

5 Ernährung, Kleidung, Einkaufen   92
5.1 Lebensmittel, Kochen,
Mahlzeiten 93
5.2 Kleidung und Zubehör 105
5.3 Schmuck 109
5.4 Einkaufen 110

6 Wohnen   116
6.1 Bauen, Haus, Gebäude,
Bewohner 117
6.2 Wohnung, Einrichtung 120
6.3 Haushalt und Hausarbeiten . . . 126

7 Privatleben, soziale Beziehungen   129
7.1 Familie und Privatleben 130
7.2 Soziale Strukturen, Gruppen
und Lebensbedingungen 133
7.3 Soziale Beziehungen,
Sozialverhalten 138

8 Lernen, Erziehung, Bildungswesen   148
8.1 Lernen, Erziehung 149
8.2 Schule, Unterricht 152
8.3 Hochschule, Universität 164

9 Berufs- und Arbeitswelt   167
9.1 Berufsausbildung 168
9.2 Arbeit, Arbeits-
bedingungen 169

10 Freizeit, Unterhaltung, Sport, Spiel   175
10.1 Freizeit, Hobby, Spiel 176
10.2 Sport 179
10.3 Theater, Kino, Film,
Fernsehen 185
10.4 Feiertage, Feiern 188

11 Reisen und Tourismus   190
11.1 Reisevorbereitung, Reise 191
11.2 Unterkunft 194
11.3 Gastronomie 196
11.4 Sehenswürdigkeiten 198

12 Bildende Kunst, Musik, Literatur   200
12.1 Bildende Kunst 201
12.2 Musik, Musik-
veranstaltungen 203
12.3 Sachtexte, Prosa 205
12.4 Lyrik 207
12.5 Drama 209
12.6 Arbeit mit Texten 210

13 Geschichte, Religion   219
13.1 Geschichte 220
13.2 Religion 222

14 Wissenschaft und Forschung   228

15 Staat, Recht, Politik   233
15.1 Verfassung, öffentliche
Verwaltung 234
15.2 Politische Systeme und
Institutionen 236
15.3 Gesetze, Rechtsprechung 241
15.4 Polizei, Kriminalität 246
15.5 Innenpolitik, Parteien,
Gewerkschaften 249
15.6 Außenpolitik, internationale
Beziehungen 253
15.7 Frieden, Krieg, Militär 255

3

Inhalt

16 Wirtschafts- und Geschäftsleben   262
16.1 Industrie, Handwerk 263
16.2 Technik 266
16.3 Büro 267
16.4 Handel und Dienstleistungen . . 270
16.5 Geld, Banken, Versicherungen . . 274

17 Kommunikationsmittel, Medien   280
17.1 Telekommunikation 281
17.2 Post 283
17.3 Fernsehen, Radio 285
17.4 Ton- und Bildträger 287
17.5 Zeitungen, Zeitschriften,
        Bücher 288
17.6 Computer, Multimedia 290

18 Verkehr, Verkehrsmittel   296
18.1 Öffentlicher Verkehr 297
18.2 Individualverkehr 301

19 Natur, Umwelt, Ökologie   309
19.1 Weltall, Erde, Landschaft 310
19.2 Klima, Wetter 314
19.3 Materie, Stoffe, Energie 318
19.4 Pflanzen, Garten,
        Landwirtschaft 321
19.5 Tiere, Tierhaltung 326
19.6 Stadt, Land, Infrastruktur 330
19.7 Ökologie, Umweltschutz 333

20 Raum und Zeit   339
20.1 Raum 340
20.2 Zeit 346

21 Farben und Formen   356
21.1 Farben 357
21.2 Formen 358

22 Mengen, Zahlen, Maße   359
22.1 Mengenbegriffe 360
22.2 Zahlen und Zahlwörter 363
22.3 Maße und Gewichte 365

23 Allgemeine Begriffe   367
23.1 Klassifizierung 368
23.2 Zugehörigkeit, Besitz 369
23.3 Ursache, Wirkung,
        Zusammenhänge 370
23.4 Vergleich, Eigenschaften 372
23.5 Art und Weise 380

24 Sprachliche Kommunikation   383
24.1 Sprachliche Handlungen und
        Sprechabsichten 384
24.2 Soziale Kontakte: Redemittel . . 390
24.3 Gesprächsablauf: Redemittel . . 394
24.4 Stellungnahme: Redemittel . . . 395
24.5 Erlaubnis, Verbot, Vorschlag,
        Rat: Redemittel 399
24.6 Begriffe zur Sprach-
        beschreibung 402

25 Funktionswörter   408
25.1 Artikel und Pronomen 409
25.2 Konjunktionen 413

**Register aller englischen
Stichwörter   417**

Übersicht über die i-Kästen   474

Verzeichnis der falschen Freunde   475

**Materialien zum Lernen und
Nachschlagen   480**

Englische Lautschrift   481

Informationen zu diesem Lernwortschatz

Für wen eignet sich dieses Buch?
Und was kann man damit lernen?

Jugendliche, die drei oder mehr Jahre in der Schule Englisch gelernt haben (z. B. im Gymnasium, an der Gesamtschule, Realschule, Hauptschule oder an beruflichen Schulen),
Erwachsene, die z. B. an der Volkshochschule 2–3 Jahre lang einen intensiven Englischkurs besucht haben,
brauchen erfahrungsgemäß einen „Wortschatz-Begleiter" für den weiteren Lernweg:
➤ um früher gelernte Wörter wirkungsvoll zu wiederholen, sie also für den eigenen mündlichen und schriftlichen Sprachgebrauch zu aktivieren;
➤ um den eigenen Wortschatz selbständig oder mit Lehreranleitung zu erweitern;
➤ um sich in Hör- und Lesetexte einzuarbeiten, die im Unterricht behandelt werden;
➤ um sich auf Klassenarbeiten, Tests und Abschlussprüfungen vorzubereiten (z. B. qualifizierender Hauptschulabschluss, mittlerer Schulabschluss, Abitur; Volkshochschulzertifikate).

Wenn man englische Gespräche, Telefonate, Radio- und Fernsehsendungen, Filme usw. und schriftliche Texte aller Art ausreichend verstehen will, muss man vor allem die verschiedenen Bedeutungen und den Gebrauch der etwa 2000–3000 häufigsten englischen Wörter kennen. Und auch wenn man Englisch schreibt oder spricht, verwendet man laufend diese besonders vielseitigen, nützlichen „Kernwörter".

Deshalb stellt die *Neue Ausgabe* des *Thematischen Grund- und Aufbauwortschatzes Englisch (TGAWE)* diese Wörter mit ihren wichtigsten Wortverbindungen (Kollokationen) und festen Redewendungen (*idioms*) ins Zentrum der Wortschatzarbeit. Das sieht man ganz deutlich im Wortschatzregister (S. 417–473); dort gibt es zu diesen häufigen Wörtern auch zahlreiche Einträge. Beispiele:
get 30, *take* 32, *go* 35, *have* 21, *be* 18, *do* 8; *in* 30, *on* 25, *at* 22.

Aber wie bei der Entwicklung der Muttersprache lernt man in diesem Buch z. B. die 30 unterschiedlichen Anwendungen von *get* nicht auf einmal, sondern **in kleinen Portionen**, jeweils **im Rahmen eines bestimmten Themas**. So begegnet man *get well* und *get better* im Thema 3: „Gesundheit und Medizin"; *get dressed* lernt man in Thema 5: „Ernährung, Kleidung, Einkaufen" und *get on/off* in Thema 18: „Verkehr, Verkehrsmittel".

Jede Sprache gliedert und benennt die Realität um uns und in uns **nicht alphabetisch, sondern thematisch**. Deswegen ist dieser Lernwortschatz – anders als Wörterbücher oder Lexika – nicht alphabetisch, sondern **in Themen und Unterthemen gegliedert** (siehe „Inhalt" S. 3–4).

Die **alphabetische** Anordnung der zu lernenden/wiederholenden Wörter – wie sie in vielen früheren Lernwörterbüchern üblich war –, behindert eine erfolgreiche Speicherung im Gedächtnis: Schreibung, Aussprache und Bedeutung eines Wortes können einander nicht sicher zugeordnet werden, weil andere Wörter in der räumlichen

5

Informationen zu diesem Lernwortschatz

Umgebung der Buchseite **zu ähnlich** aussehen oder klingen. Ergebnis: Die Lernenden bringen sie durcheinander.

Umgekehrt können Sprachlerner aus lernpsychologischen Gründen thematisch aufgebaute, mengenmäßig und visuell überschaubare Wortgruppen viel besser erfassen und behalten als endlose, zermürbende alphabetische Listen.

Die **thematischen Wortbündel** dieses **Lernwortschatzes** enthalten deshalb in Bedeutung und Sprachgebrauch nahe beieinander liegende Wörter/Wortverbindungen, die zu kleinen „Lernportionen" von etwa 5–10 Einträgen gruppiert sind. Beispiel aus Thema 2 „Der menschliche Körper":
tired (dead tired), exhausted, yawn, sleep (go to sleep), asleep (fall asleep, be fast asleep), awake (wide awake), wake up.

Diese Anordnung ähnelt den „semantischen Netzen", in denen unser Gehirn Wörter speichert, die nach Bedeutung und Gebrauch zusammengehören. Deshalb finden Wörter, Ausdrücke, Sätze – in solchen „Wortnetzen" gelernt – leichter ins Langzeitgedächtnis, aus dem sie jederzeit abgerufen werden können.

Auf der vorderen Innenseite des Umschlages wird an einigen Wortbündeln gezeigt, welche Lerninformationen sie enthalten.

Weitere Pluspunkte fürs Englischlernen mit dem *TGAWE*

▶ Der *TGAWE* ist als Wortschatzbegleiter unterstützend und ergänzend zu allen Englisch-Lehrwerken für die Sekundarstufen I und II sowie für die Erwachsenenbildung in den deutschsprachigen Ländern einsetzbar.

▶ Britisches Englisch (BE) und Amerikanisches Englisch (AE) sind gleich wichtig. BE- und AE-Wörter erscheinen deshalb im Thema nebeneinander: die britische Variante zuerst, weil in der Schule in der Regel zuerst BE, zeitlich später AE eingeführt wird. Die Lautschrift, die sich direkt anschließt, zeigt die Standardaussprache dieser Wörter und Ausdrücke im BE bzw. im AE. (Vgl. die *Übersicht über die verwendeten Lautzeichen* auf der hinteren Innenseite des Umschlages.)

▶ Kleinere Unterschiede in der Schreibung wie *dialogue, centre, labour, licence* BE / *dialog, center, labor, license* AE sind jedoch aus Umfanggründen nicht aufgenommen.

▶ Wichtige Abkürzungen stehen im Thema direkt nach dem zu lernenden Wort/Ausdruck in Klammern: z. B. *disk jockey (DJ), for example (e.g.), care of (c/o)*. Die Abkürzungen sind auch im *Alphabetischen Register* (ab S. 417) zu finden.

▶ Auch die unregelmäßigen Verbformen oder -schreibungen werden immer gleich mitgeliefert: z. B. *go, went, gone; rob, robbed, robbed; dry, dried, dried; travel, travelled, travelled.*
Dasselbe gilt für unregelmäßige Pluralformen, z. B. *child, pl* **children** *n.*

▶ Die englische Rechtschreibung des *TGAWE* folgt dem Wörterbuch PONS *Collins Cobuild English Dictionary, HarperCollinsPublishers, London 1995,* die deutsche der Neuen Rechtschreibung von 1996.

▶ In der deutschen Spalte stehen konsequent nur die thematischen und idiomatischen Entsprechungen zur englischen Spalte, **nicht alle möglichen** Wortbedeutungen! Das ist eine echte Hilfe zum Verstehen von Sätzen und Texten, aber auch z. B. fürs Übersetzen.

Informationen zu diesem Lernwortschatz

▶ Wenn in der deutschen Spalte vor einem Nomen *(der)*, *(die)* oder *(das)* steht, heißt das: Das deutsche Wort kann mit oder ohne Artikel verwendet werden, obwohl **das englische Wort nur artikellos** gebraucht wird: z. B. *nature n (die) Natur.*

Warum eine Unterteilung in *Grundwortschatz* und *Aufbauwortschatz*?

In fast jedem Unterthema gibt es zwei Wortschatz-Niveaus: **Grundwortschatz** (auf weißem Grund) und **Aufbauwortschatz** (auf hellblauem Grund).

Die weißen Teile enthalten die häufigsten Wörter, Wortverbindungen und Redewendungen der englischen Umgangssprache in ihren wichtigsten Bedeutungen. Sie sind besonders nützlich für Lernende etwa ab dem 4. Englisch-Lernjahr, die sich z. B. auf den qualifizierenden Hauptschul- oder auf den mittleren Schulabschluss vorbereiten.

In der Erwachsenenbildung dient der Grundwortschatz der Vorbereitung auf das europaweit anerkannte *Certificate in English*, dessen Wortschatzliste hier komplett eingearbeitet ist.

Die blauen Teile bieten den deutlich stärker ans Unterthema gebundenen und deshalb weniger vielseitig verwendbaren Wortschatz, der auf dem zugehörigen weißen Grundwortschatz-Teil aufbaut. Die blauen Wortbündel eignen sich besonders zur thematischen Vorbereitung auf das freiere Hören, Lesen, Sprechen und Schreiben in der Sekundarstufe II.

Eine solche unterrichtsbegleitende Wortschatz-Erweiterung von Text zu Text und von Thema zu Thema ist zugleich die wirkungsvollste Einstellung auf die lexikalischen Anforderungen der Reifeprüfung (Abitur/Matura/Maturität).

In der Erwachsenenbildung eignet sich der blaue Aufbauwortschatz bestens für die Vorbereitung auf die höheren Zertifikate, etwa die *Cambridge Certificates.*

Wie ist der *TGAWE* entstanden?

Durch Auswertung und Vergleich wichtiger, bewährter Wortschatzlisten und -quellen:
▶ aus schulischen Lehrplänen und Richtlinien für die Sekundarstufe I und II;
▶ aus aktuellen Englisch-Lehrwerken für die Sekundarstufe I und II;
▶ aus Lernzielkatalogen des Europarates;
▶ aus der Lernzielbroschüre *Certificate in English* (1998) der International Certificate Conference;
▶ aus Definitionswortlisten moderner englischer/amerikanischer Wörterbücher für fremdsprachige Englischerner(innen);
▶ aus aktuellen Texten, Print- und elektronischen Medien (besonders für neuere Begriffe in den Bereichen Kommunikation, Medien, Wirtschaft, Umwelt).

Ausgewählt wurden besonders häufige und vielseitig verwendbare Wörter der modernen Umgangssprache. Diese wurden je nach (Teil-)Bedeutung inhaltlich passenden Themen zugewiesen (Themen 1–24).

Informationen zu diesem Lernwortschatz

Artikel, Pronomen und Konjunktionen, die in allen thematischen Zusammenhängen verwendet werden, sind in Thema 25 dargestellt.

Die 25 Themen wurden in 92 Unterthemen aufgegliedert, wovon fast jedes in Grund- und Aufbauwortschatz unterteilt ist. Innerhalb der Unterthemen wurde der Wortschatz lern- und behaltbar in ca. 1200 Wortbündeln strukturiert. Jedes Wortbündel besteht in der Regel aus 5–10 Haupteinträgen, die oft mit Untereinträgen (Satzbeispiele, Kollokationen und Redewendungen) zur Darstellung des Sprachgebrauchs angereichert sind.

Der **weiße Grundwortschatz** enthält ca. 3800 Haupteinträge und ca. 2800 Untereinträge.

Der **blaue Aufbauwortschatz** enthält ca. 2900 Haupteinträge und ca. 1500 Untereinträge.

Praktische Tipps zum Lernen mit dem *TGAWE*

Themen und Unterthemen nach Interesse und Bedarf auswählen

Wörter, die man stur „von oben nach unten" in der Reihenfolge eines Buches büffelt, lernt man selten auf Dauer. Deshalb ist der *TGAWE* völlig offen für verschiedene Zugänge und Lernwege:

▶ Selbständige Lerner wählen im Inhaltsverzeichnis Themen oder Unterthemen aus, die sie interessieren.

▶ Klassen/Kurse und Lehrer können ihr tägliches oder wöchentliches Wortschatz-Programm passend zu den Lektionen/Themen/Texten zusammenstellen, die sie im Unterricht bearbeiten.

▶ Lernpartner oder kleine Lern-AGs, die sich zusammen auf Tests, Prüfungen und Projekte vorbereiten, suchen im Inhaltsverzeichnis gezielt nach Themen/Unterthemen, mit denen sie sich noch nicht (gründlich) beschäftigt haben bzw. die sie gezielt wiederholen wollen.

Jeden Tag 1–3 „Wortbündel" erarbeiten – kurze Lernzeiten einhalten

Der *TGAWE* bietet insgesamt ca. 1200 Lernportionen in Form inhaltlich zusammengehöriger Wortbündel an.

Wer jeden Tag nur 1 Wortbündel erarbeitet, hat den *TGAWE* in weniger als 3 Jahren „geschafft". 3 Wortbündel pro Tag verkürzen den Lernzeitraum auf etwa 1 Jahr!

Unser Vorschlag: mindestens 1 Bündel bis maximal 3 pro Tag neu bearbeiten und etwa die gleiche Menge wiederholen (siehe auch Lerntipp „Wiederholungskartei"). Und jeden Tag 20–30 Minuten für englische Wortschatzarbeit einplanen – nicht mehr! Denn unser Gedächtnis lässt sich nicht zum Lernen zwingen – wohl aber dazu verführen, wenn Interesse oder gar Spaß entsteht. Öde Routine und Langeweile dagegen führen zum „Abschalten".

Wenn ein Wortbündel gelernt ist: kurz unterbrechen und etwas anderes machen (z. B. ein anderes Lernfach bearbeiten, aufstehen und rausgehen, etwas lesen/essen/trinken, Fotos betrachten, Musik hören, computern ...). Danach kann man das nächste Wortbündel mit wieder aufnahmebereitem Gedächtnis anpacken.

Informationen zu diesem Lernwortschatz

Konsequent mit Karteikärtchen und Wiederholungskartei arbeiten
Richtiges Wiederholen verbessert die Gedächtnisleistung und damit den Lernerfolg. Am wirkungsvollsten wiederholt man neue oder schwierige Wörter/Ausdrücke/Sätze im „Intervalltraining", also mehrere Male in größer werdenden Zeitabständen. Diese Wiederholungstechnik ist praktisch „eingebaut" in eine **spezielle Wiederholungskartei** mit 5 immer größer werdenden Fächern (Länge 30 cm, Karteikarten DIN-A7 = halbe Postkarte):

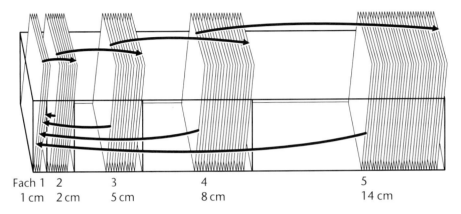

Fach 1	2	3	4	5
1 cm	2 cm	5 cm	8 cm	14 cm

So „wandern" die gelernten Wörter/Ausdrücke: ⟶
So „wandern" die vergessenen Wörter/Ausdrücke: ⟵

Diesen Karteikasten gibt es in Pappe und Holz zu kaufen (z. B. beim AOL-Verlag; vgl. *Materialien zum Lernen und Nachschlagen*, S. 480); man kann ihn sich aber auch leicht selbst basteln.

Das praktische Lernen funktioniert so: Im Englischunterricht, zu Hause und unterwegs hat man immer ca. 30 leere Karteikärtchen einer Farbe dabei. Jedes neue oder schwierige englische Wort (Wortverbindung, Redewendung) wird laufend auf der **Vorderseite eines Karteikärtchens** notiert. Auf die **Rückseite** kommen: die deutsche Bedeutung oder englische Ausdrücke mit ähnlicher bzw. gegensätzlicher Bedeutung (Synonyme bzw. Antonyme) oder ein englischer Beispielsatz, in dem das Lernelement vorkommt, oder eine Zeichnung. Genauso macht man's mit unbekannten oder schwierigen Einträgen aus *TGAWE*-Wortbündeln.

Alle neuen Karten werden hintereinander in das Fach 1 einsortiert. Ist Fach 1 voll, wird es Zeit zum Wiederholen dieses „frischen" Wortschatzes: Kärtchen, deren Rückseite man sofort weiß, wenn man die Vorderseite laut liest, wandern weiter ins Fach 2; „vergessene" bleiben im Fach 1.

Ist Fach 2 voll, wird dessen Inhalt wiederholt: „Gekonnte" Kärtchen kommen hinten ins Fach 3, „vergessene" zurück ins Fach 1 usw.

Kärtchen, die man im Fach 5 wiederholt und noch kann, bleiben mit hoher Wahrscheinlichkeit im Langzeitgedächtnis und werden aus der Kartei herausgenommen.

Diese Wortschatzkartei spart durch die eingebaute Wiederholung in länger werden-

Informationen zu diesem Lernwortschatz

den Zeitabständen (= größer werdenden Karteifächern) weit mehr Lernzeit ein, als sie täglich kostet – und sie macht den meisten Lernenden mehr Spaß als das Vokabelheft!

Tägliches gedächtnisfreundliches Lernen mit dem *TGAWE*

1. Die rechte (deutsche) Spalte eines Wortbündels mit einem Blatt abdecken.

2. Die englischen Wörter/Ausdrücke/Sätze erst von oben nach unten, dann von unten nach oben laut lesen (die Lautschrift hilft dabei).

3. Mit Leuchtmarker in Lieblingsfarbe markieren, was man sicher versteht.

4. Unbekannte oder unklare englische Wörter/Ausdrücke/Sätze auf Karteikärtchen DIN-A7 schreiben; dabei leise mitsprechen.

5. Englische Spalte laut lesen und sich zu jedem Wort/Ausdruck/Satz die deutsche Bedeutung vorstellen. Danach sofort die deutsche Spalte aufdecken: korrekte Bedeutung gewusst?

6. Korrekte deutsche Bedeutungen auf die Rückseite der Karteikärtchen schreiben (auch für Wörter, die man bei Schritt 3 nicht richtig verstanden hatte).

7. Zur Kontrolle englische Spalte abdecken und – am besten durcheinander – englische Wörter, Ausdrücke, Sätze zu den deutschen Entsprechungen laut sagen. Immer sofort vergleichen: korrekt?

8. Alle Karteikarten des bearbeiteten Wortbündels ins Fach 1 der Wiederholungskartei stellen.

9. Das gelernte Wortbündel nach eigener Vorstellung neu ordnen oder bildlich darstellen oder aus dem Gedächtnis mit bedeutungsverwandten englischen Wörtern erweitern, die einem spontan einfallen (Synonyme, Antonyme; Wortfamilien; Nomen zum Verb und umgekehrt; Adjektive zu Nomen/Verb). Beispiel:

a) Wortbündel im Buch:

Internet
World Wide Web (WWW)
browser
Internet/Web browser
surf
website
homepage
link
chat
off-line
on-line
connect
disconnect

Informationen zu diesem Lernwortschatz

b) Gleiches Wortbündel als Mind-map (Gedächtniskarte), durch Lerner um blaue Wörter erweitert:

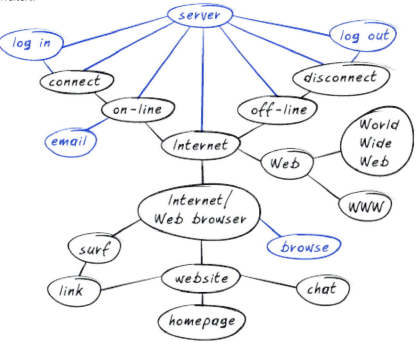

10. Am Ende eines Unterthemas oder Themas eine „Fantasiereise" auf Englisch machen: ein passendes Bild oder eine geeignete Musik zum Thema suchen und beim Anschauen/Anhören mit Hilfe des gelernten Wortschatzes in Gedanken „durchs Thema wandern".

Interessante Wörter oder Problemwörter mit Klebezetteln gut sichtbar aufhängen
Am besten nimmt man farbige Klebezettel in halber oder voller Postkartengröße, notiert darauf groß und lesbar das Wort / den Ausdruck, den man sich aneignen will. Nun wird der Zettel an einen gut sichtbaren Platz geklebt: Schreibtisch, Bücher, Fenster, Wände, Schrank, Türe, Spiegel, Regal, ... Immer wenn man an einem Zettel vorbeikommt, liest man laut/leise und stellt sich die Bedeutung oder einen Beispielsatz vor. Wenn man beides „im Vorbeigehen" kann, wird der Zettel weggeworfen.

Die landeskundlichen Infos und Lerntipps in den *i-Kästen* nutzen
Wo immer es wichtige kulturelle oder sprachliche Unterschiede zwischen der deutsch- und der englischsprachigen Welt gibt (z. B. bei Mahlzeiten oder beim Umgang mit Geld), werden an Ort und Stelle im Unterthema *i-Kästen* mit Informationen und Lerntipps angeboten. Unser Vorschlag: Neues/Interessantes/Fremdes auf Karteikärtchen notieren und in die Wiederholungskartei damit!
Eine Liste mit den Themen aller *i-Kästen* gibt es auf S. 474.

Informationen zu diesem Lernwortschatz

Am Ende des Themas die Tabelle _Falsche Freunde_ durchgehen

Falsche Freunde sind deutsche Wörter, die bestimmten englischen Wörtern in Schreibung und/oder Aussprache sehr ähnlich oder gleich sind, aber eine andere Bedeutung haben. Folge: Man meint solche englischen Wörter beim Hören oder Lesen zu erkennen – und versteht sie falsch. Am Ende der _TGAWE_-Kapitel sind die _falschen Freunde_ aus dem jeweiligen Thema alphabetisch – zum Suchen und Nachschlagen – in Übersichtstabellen dargestellt.

Beispiel aus Thema 4 „Psyche, Geist, Verhalten":

Falsche Freunde			
Englisches Wort	**Thematische Bedeutung(en)**	**Falscher Freund**	**Englische Entsprechung(en)**
become _v_	werden	bekommen	get
blame _v_	die Schuld geben	(sich) blamieren	make a fool of sb/ oneself
brave _adj_	mutig, tapfer	brav	well-behaved

In den zwei blau unterlegten Spalten links steht das englische Wort mit der/den korrekten Bedeutung(en), die es in diesem Thema hat.

Daneben in den grau unterlegten Spalten stehen: der _falsche Freund_ = das deutsche Wort, das Lernende oft mit dem englischen Wort in Spalte 1 gleichsetzen und deshalb falsch verstehen; rechts davon zur Information die richtige englische Entsprechung des _falschen Freundes_.

Vorschlag zum Lernen: die zueinander gehörenden blauen Wörter auf ein Karteikärtchen notieren (Vorderseite: Englisch / Rückseite: Deutsch), auf ein zweites Kärtchen die zusammengehörigen grauen Wörter. Beide Kärtchen an verschiedenen Stellen ins Fach 1 der Wortschatzkartei stecken!

Eine Liste mit allen _falschen Freunden_ in Deutsch und Englisch zum Nachschlagen ist ab S. 475 abgedruckt.

Das englische Wortschatzregister zum Suchen der passenden Wortbedeutung und des richtigen Wortgebrauchs nutzen

Auf S. 417–473 findet sich das alphabetische Register der wichtigsten englischen Wörter, Wortverbindungen und Redewendungen, die in den Haupt- und Untereinträgen des Lernwortschatzes (Themen 1–25) enthalten sind. Die Einträge aus den Grundwortschatz-Teilen sind **fett gedruckt**, die aus dem Aufbauwortschatz normal. Wörtern, die (fast) nur im Britischen oder Amerikanischen Englisch verwendet werden, folgt der Zusatz BE bzw. AE.

Wenn man ein bestimmtes Wort oder einen Ausdruck gehört oder gelesen, aber nicht (sicher) verstanden hat, schaut man ins Register, um zu sehen, ob das _TGAWE_ weiterhilft.

Beispiel: Man liest _act_ oder hört [ækt] und versteht nicht, was das Wort im Zusammenhang bedeutet. Im Register findet man dazu zwei Einträge:

Informationen zu diesem Lernwortschatz

act 87, 186, 210
Act 243

Der erste Eintrag (Grundwortschatz) verweist auf drei verschiedene Seitenzahlen:
S. 87: *act v* (= Verb) sich verhalten, sich geben (= Bedeutungen im Thema 4 „Psyche, Geist, Verhalten", Unterthema „Fähigkeiten, Aktivitäten"), dazu ein englischer Beispielsatz mit deutscher Übersetzung;
S. 186: *act n; v* (= Nomen und Verb) Akt; (Theater) spielen (= Bedeutungen im Thema 10 „Freizeit, Unterhaltung, Sport, Spiel", Unterthema „Theater, Kino, Film, Fernsehen");
S. 210: *act n* (= Nomen) Akt, Aufzug (= Bedeutungen im Thema 12 „Bildende Kunst, Musik, Literatur", Unterthema „Drama"), dazu die englische Kollokation: *Act III, Scene 4* mit deutscher Übersetzung.

Der zweite Eintrag (Aufbauwortschatz) verweist auf nur eine Seitenzahl:
S. 243: *Act n* (= Nomen) Gesetz (= Bedeutung im Thema 15 „Staat, Recht, Politik", Unterthema „Gesetze, Rechtsprechung"), dazu die englische Kollokation: *Act of Parliament* = vom Parlament verabschiedetes Gesetz.

So findet man die fünf wichtigsten Bedeutungen/Verwendungsformen des Wortes *act* und mit hoher Wahrscheinlichkeit auch die im konkreten Fall gehörte/gelesene. (Falls nicht, muss man in einem größeren Wörterbuch nachschlagen.)

Viel Spaß und Erfolg beim Wortschatzlernen!
Autoren und Redaktion

Erklärung englischer Abkürzungen

AE	American English	Amerikanisches Englisch (linke Textspalte); Bedeutung eines Wortes/Ausdrucks im Amerikanischen Englisch (rechte Spalte)
adj	adjective	Adjektiv, Eigenschaftswort
adv	adverb/adverbial	Adverb / adverbiale Bestimmung
art	article	Artikel, Begleiter
BE	British English	Britisches Englisch (linke Textspalte); Bedeutung eines Wortes/Ausdrucks im Britischen Englisch (rechte Spalte)
conj	conjunction	Konjunktion, Bindewort
det	determiner	Bestimmungswort (z. B. Artikel, Demonstrativ- und Possessivbegleiter)
form	formal	formell, förmlich
idiom	idiom(atic)	feste Redewendung (u. a. auch Sprichwörter)
inform	informal	informell, umgangssprachlich
interj	interjection	Interjektion, Ausrufewort
n	noun	Nomen, Substantiv, Hauptwort
num	numeral	Numerale, Zahlwort
pl	plural	Plural, Mehrzahl
prep	preposition	Präposition, Verhältniswort

Erklärung englischer Abkürzungen

pron	*pronoun*	Pronomen, Fürwort
sb	*somebody*	jemand(es/em/en) = jd, jds, jdm, jdn
sing	*singular*	Singular, Einzahl
sl	*slang*	Slang, Jargon
sth	*something*	etwas = etw.
uncount	*uncountable*	nicht zählbar
v	*verb*	Verb, Zeitwort
vulg	*vulgar*	vulgär(er Sprachgebrauch)

Angaben zur Person

1 Angaben zur Person

1.1 Persönliche Daten

name *n* [neɪm]
What's your name, please?
first name
last name
surname *n* ['sɜːneɪm]
spell, spelt/spelled, spelt/spelled *v*
[spel, spelt/speld]
letter *n* ['letə]
letter of the alphabet
call *v* [kɔːl]
My name's William but everybody
calls me Bill.

Name
Wie heißen Sie, bitte?
Vorname
Nachname
Nachname
buchstabieren

Buchstabe
Buchstabe
nennen
Ich heiße William, aber alle
nennen mich Bill.

passport *n* ['pɑːspɔːt]
Mr *n* ['mɪstə]
Mrs *n* ['mɪsɪz]
Miss *n* [mɪs]
Ms *n* [mɪz]
sign *v* [saɪn]
signature *n* ['sɪgnətʃə]

Reisepass
Herr
Frau
Fräulein
Frau *(unabhängig vom Familienstand)*
unterschreiben
Unterschrift

live *v* [lɪv]
I **live in** Emden, Germany.

Tom is 34 and still **lives with** his
parents.
address *n* [ə'dres]
number *n* ['nʌmbə]
Does Steve still live in No. 37?

telephone/phone number

leben, wohnen
Ich wohne/lebe in Emden in
Deutschland.
Tom ist 34 und wohnt immer noch
bei seinen Eltern.
Adresse, Anschrift
Nummer; Hausnummer
Wohnt Steve immer noch in
Hausnummer 37?
Telefonnummer

from *prep* [frɒm]
I'm from Belgium.
I **come from** New Zealand.
be, was, been *v* [biː, wɒs, biːn]
be born, was, been *v*
[bɪ'bɔːn, wɒs, biːn]
I was **born in** Crieff in Scotland.

birth *n* [bɜːθ]
date of birth
place of birth
birthday *n* ['bɜːθdeɪ]

aus
Ich bin/komme aus Belgien.
Ich komme aus Neuseeland.
sein
geboren werden/sein

Ich bin in Crieff in Schottland
geboren.
Geburt
Geburtsdatum
Geburtsort
Geburtstag

Angaben zur Person

age *n* [eɪdʒ] — Alter
old *adj* [əʊld] — alt
  Gareth is six years old. — Gareth ist sechs Jahre alt.

sex *n* [seks] — Geschlecht
male *adj* [meɪl] — männlich
female *adj* ['fiːmeɪl] — weiblich

single *adj* ['sɪŋgl] — ledig
married *adj* ['mærɪd] — verheiratet
separated *adj* ['sepreɪtɪd] — getrennt
divorced *adj* [dɪ'vɔːst] — geschieden
widowed *adj* ['wɪdəʊd] — verwitwet

country *n* ['kʌntrɪ] — Land
foreign *adj* ['fɒrən] — ausländisch, Fremd-
  foreign language — Fremdsprache
language *n* ['læŋgwɪdʒ] — Sprache
  native/second language — Mutter-/Zweitsprache

Christian name *n* ['krɪstʃən‚neɪm] — Vorname
nickname *n* ['nɪkneɪm] — Spitzname
initials *n pl* [ɪ'nɪʃlz] — Initialen
  Susan Walters knew which blue suitcase was hers as soon as she saw the initials SW on it. — Susan Walters wusste, welcher der blauen Koffer ihr gehörte, als sie die Initialen SW sah.
ID *n* [‚aɪ'diː] — Ausweispapier(e)
  Have you got any ID? – Sure, here's my driving license. — Können Sie sich ausweisen? – Sicher, hier ist mein Führerschein.

citizenship *n* ['sɪtɪznʃɪp] — Staatsangehörigkeit
nationality *n* [‚næʃ'nælətɪ] — Nationalität
foreigner *n* ['fɒrənə] — Ausländer(in)

ℹ Nationality

Deutsche Lerner sind oft überrascht, wie man im Englischen die Nationalität angibt; denn es läuft im Deutschen ganz anders ab.

I'm **English**. — *Ich bin Engländer(in).*
She's **American**. — *Sie ist Amerikanerin.*
They're **British**. — *Sie sind Briten.*

Wenn man über die Bewohner eines Landes oder einer Region im Allgemeinen spricht, verwendet man in vielen Fällen eine Form mit Plural-*s*, z. B.:
the Scots, the Americans, the Austrians, the Germans, the Belgians usw.
Das ist aber nicht immer der Fall, wie z. B. bei :
the English, the Welsh, the Irish, the French, the Swiss usw.

Persönliche Daten

1 Angaben zur Person

1.2 Land, Sprache, Nationalität

England *n* [ˈɪŋglənd]
English *adj; n* [ˈɪŋglɪʃ]
James is English.
the English language
Britta is Swedish, but she speaks
excellent English.
the English
Wales *n* [weɪlz]
Welsh *adj; n* [welʃ]
I didn't know Ed was Welsh.

Jennifer has a Welsh
grandmother.
Many people in Wales still speak
Welsh.
the Welsh
Scotland *n* [ˈskɒtlənd]
Scottish *adj* [ˈskɒtɪʃ]
Ian's Scottish by birth.
the **Scots** *n pl* [skɒts]

Ireland *n* [ˈaɪələnd]
Republic of Ireland
Northern Ireland
Irish *adj; n* [ˈaɪərɪʃ]
Siobhan's father is Irish.
All Irish children learn Irish at
school.
the Irish

England
englisch; Englisch
James ist Engländer.
die englische Sprache
Britta ist Schwedin, aber sie spricht
hervorragend Englisch.
das englische Volk, die Engländer
Wales
walisisch; Walisisch
Ich wusste nicht, dass Ed Waliser
ist.
Jennifers Großmutter ist
Waliserin.
Viele Menschen in Wales sprechen
noch Walisisch.
das walisische Volk, die Waliser
Schottland
schottisch
Ian ist gebürtiger Schotte.
die Schotten, das schottische
Volk
Irland
Republik Irland
Nordirland
irisch; Irisch
Siobhan's Vater ist Ire.
Alle irischen Kinder lernen irisches
Gälisch in der Schule.
das irische Volk, die Iren

Great Britain (GB) *n*
[ˌɡreɪtˈbrɪtn (ˌdʒiːˈbiː)]
Great Britain consists of England,
Wales and Scotland.
British *adj; n* [ˈbrɪtɪʃ]
Paul and Judy are British.
British English
the British
United Kingdom (UK) *n*
[juːˌnaɪtɪdˈkɪŋdəm (ˌjuːˈkeɪ)]
The United Kingdom consists of
England, Wales, Scotland and
Northern Ireland.

Großbritannien

Großbritannien besteht aus England, Wales und Schottland.
britisch; Briten
Paul und Judy sind Briten.
britisches Englisch
die Briten
Vereinigtes Königreich

Das Vereinigte Königreich besteht
aus England, Wales, Schottland
und Nordirland.

20 Land, Sprache, Nationalität

Angaben zur Person 1

Country and state

Im Deutschen sagt man oft **England**, wenn eigentlich **Großbritannien** oder das **Vereinigte Königreich** gemeint ist.
Die politisch korrekte Bezeichnung des Staates ist jedoch: **the United Kingdom of Great Britain and Northern Ireland** oder kürzer **the United Kingdom** oder als Abkürzung **the UK**.
Mit **Großbritannien** oder **Great Britain** bezeichnet man den politischen Zusammenschluss von England, Schottland und Wales. **Nordirland** oder **Northern Ireland** ist, politisch gesehen, (immer noch) eine Provinz des Vereinigten Königreiches.
The Isle of Man und die **Channel Islands** (Jersey, Guernsey, Alderney, Sark) sind nicht Teile des Vereinigten Königreichs, sondern unabhängige politische Einheiten.
Irland hat zwei offizielle Landessprachen (Irisch-Gälisch und Englisch) und heißt als Staat daher **Éire** [ˈeərə] bzw. **Republic of Ireland**.

Australia n [ɒˈstreɪliə]	Australien
Australian adj; n [ɒˈstreɪliən]	australisch; Australier(in)
the Australians	die Australier
New Zealand n [ˌnjuːˈziːlənd]	Neuseeland
New Zealander n [ˌnjuːˈziːləndə]	Neuseeländer(in)
Michael's a New Zealander.	Michael ist Neuseeländer.
Canada n [ˈkænədə]	Kanada
Canadian adj; n [kəˈneɪdiən]	kanadisch; Kanadier(in)
Did you know that Cliff's wife is Canadian?	Wusstest du, dass die Frau von Cliff Kanadierin ist?
America n [əˈmerɪkə]	Amerika
United States of America (USA) [juːˌnaɪtɪdˌsteɪtsəvəˈmerɪkə (ˌjuːesˈeɪ)]	Vereinigte Staaten von Amerika
North/South/Central/Latin America	Nord-/Süd-/Mittel-/Lateinamerika
American adj; n [əˈmerɪkən]	amerikanisch; Amerikaner(in)
American English	amerikanisches Englisch
the Americans	die Amerikaner
Europe n [ˈjʊərəp]	Europa
European adj; n [ˌjʊərəˈpiːən]	europäisch; Europäer(in)
Austria n [ˈɒstriə]	Österreich
Austrian adj; n [ˈɒstriən]	österreichisch; Österreicher(in)
the Austrians	die Österreicher
Germany n [ˈdʒɜːmənɪ]	Deutschland
Federal Republic of Germany	Bundesrepublik Deutschland
German adj; n [ˈdʒɜːmən]	deutsch; Deutsch; Deutsche(r)
the Germans	die Deutschen
Switzerland n [ˈswɪtsələnd]	die Schweiz

Land, Sprache, Nationalität **21**

1 Angaben zur Person

Swiss *adj; n* [swɪs]	schweizerisch; Schweizer(in)
Max Frisch was Swiss.	Max Frisch war Schweizer.
the Swiss	die Schweizer

Belgium *n* [ˈbeldʒəm]	Belgien
Belgian *adj; n* [ˈbeldʒən]	belgisch; Belgier(in)
the Belgians	die Belgier
Luxemburg *n* [ˈlʌksəmbɜːg]	Luxemburg
Luxemburger *n* [ˈlʌksəmbɜːgə]	Luxemburger(in)
the Netherlands *n* [ˈneðələndz]	die Niederlande, Holland
Holland *n inform* [ˈhɒlənd]	die Niederlande, Holland
Dutch *adj; n* [dʌtʃ]	niederländisch; Niederländisch

France *n* [frɑːns]	Frankreich
French *adj; n* [frenʃ]	französisch; Französisch; Franzose/ Französin
the French	die Franzosen
Italy *n* [ˈɪtəlɪ]	Italien
Italian *adj; n* [ɪˈtæljən]	italienisch; Italienisch
Spain *n* [speɪn]	Spanien
Spanish *adj; n* [ˈspænɪʃ]	spanisch; Spanisch
Portugal *n* [ˈpɔːtʃəgl]	Portugal
Portuguese *adj; n* [ˌpɔːtʃəˈgiːz]	portugiesisch; Portugiesisch
Greece *n* [griːs]	Griechenland
Greek *adj; n* [griːk]	griechisch; Griechisch
Turkey *n* [ˈtɜːkɪ]	Türkei
Turkish *adj; n* [ˈtɜːkɪʃ]	türkisch; Türkisch

Denmark *n* [ˈdenmɑːk]	Dänemark
Danish *adj; n* [ˈdeɪnɪʃ]	dänisch; Dänisch
Norway *n* [ˈnɔːweɪ]	Norwegen
Norwegian *adj; n* [nɔːˈwiːdʒn]	norwegisch; Norwegisch
Sweden *n* [ˈswiːdn]	Schweden
Swedish *adj; n* [ˈswiːdɪʃ]	schwedisch; Schwedisch
Finland *n* [ˈfɪnlənd]	Finnland
Finnish *adj; n* [ˈfɪnɪʃ]	finnisch; Finnisch

Hungary *n* [ˈhʌŋgrɪ]	Ungarn
Hungarian *adj; n* [hʌŋˈgeərɪən]	ungarisch; Ungarisch
Poland *n* [ˈpəʊlənd]	Polen
Polish *adj; n* [ˈpəʊlɪʃ]	polnisch; Polnisch
Czech Republic *n* [tʃekrɪˈpʌblɪk]	Tschechische Republik, Tschechien
Czech *adj; n* [tʃek]	tschechisch; Tschechisch
Slovak Republic, Slovakia *n* [ˈsləʊvækrɪˈpʌblɪk, sləʊˈvækɪə]	Slowakische Republik, Slowakei
Slovakian *adj; n* [sləʊˈvækɪən]	slowakisch; Slowakisch

22 Land, Sprache, Nationalität

Angaben zur Person 1

Africa n [ˈæfrɪkə] — Afrika
African adj [ˈæfrɪkən] — afrikanisch
Friday is African by birth, but he's now an Austrian citizen. — Friday ist gebürtiger Afrikaner, aber jetzt ist er österreichischer Staatsbürger.

Asia n [ˈeɪʃə] — Asien
Asian adj [ˈeɪʃn] — asiatisch
India n [ˈɪndɪə] — Indien
Indian adj [ˈɪndɪən] — indisch
Russia n [ˈrʌʃə] — Russland
Russian adj; n [ˈrʌʃn] — russisch; Russisch
China n [ˈtʃaɪnə] — China
Chinese adj; n [tʃaɪˈniːz] — chinesisch; Chinesisch
Japan n [dʒəˈpæn] — Japan
Japanese adj; n [ˌdʒæpnˈiːz] — japanisch; Japanisch

Romania n [ruˈmeɪnɪə] — Rumänien
Romanian adj; n [ruˈmeɪnɪən] — rumänisch; Rumänisch
Bulgaria n [bʌlˈgeərɪə] — Bulgarien
Albania n [ælˈbeɪnɪə] — Albanien
Albanian adj; n [ælˈbeɪnɪən] — albanisch; Albanisch

Slovenia n [sləʊˈviːnɪə] — Slowenien
Slovenian adj; n [sləʊˈviːnɪən] — slowenisch; Slowenisch
Croatia n [krəʊˈeɪʃə] — Kroatien
Croatian adj; n [krəʊˈeɪʃn] — kroatisch; Kroatisch
Bosnia-Herzegovina n [ˈbɒznɪəˌheətsegəˈviːnə] — Bosnien-Herzegowina
Macedonia n [ˌmæsɪˈdəʊnjə] — Mazedonien
Yugoslavia n [ˌjuːgəʊˈslɑːvɪə] — Jugoslawien (Restjugoslawien)
Yugoslavian adj [ˌjuːgəʊˈslɑːvɪən] — jugoslawisch
Serbia n [ˈsɜːbɪə] — Serbien
Serbian adj; n [ˈsɜːbɪən] — serbisch; Serbisch
Montenegro n [ˌmɒntɪˈniːgrəʊ] — Montenegro

Estonia n [eˈstəʊnɪə] — Estland
Latvia n [ˈlætvɪə] — Lettland
Lithuania n [ˌlɪθjuːˈeɪnɪə] — Litauen

Moldavia n [mɒlˈdeɪvɪə] — Moldawien
Ukraine n [juˈkreɪn] — Ukraine
Ukrainian adj; n [juˈkreɪnɪən] — ukrainisch; Ukrainisch
Belorussia n [ˌbeləʊˈrʌʃə] — Weißrussland
Armenia n [ɑːˈmiːnɪə] — Armenien
Georgia n [ˈdʒɔːdʒə] — Georgien

Land, Sprache, Nationalität 23

2 Der menschliche Körper

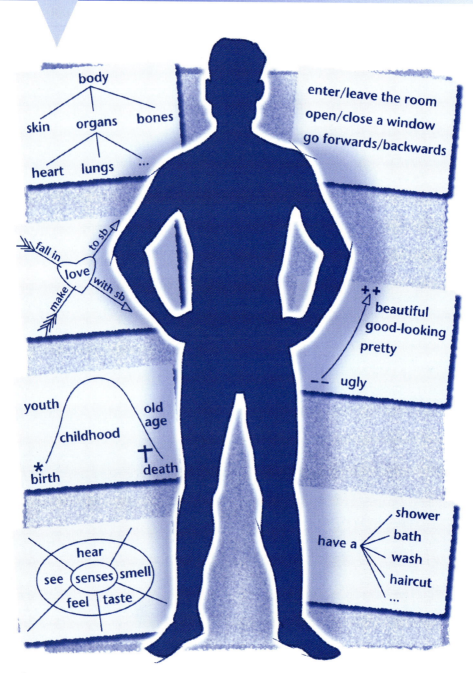

2

Der menschliche Körper

2.1 Körperteile, Organe

human *adj* ['hju:mən]
human being
body *n* ['bɒdɪ]
bone *n* [bəʊn]
skin *n* [skɪn]
Old Mr Pim's only **skin and bone** now.

menschlich, Menschen-
menschliches Wesen, Mensch
Körper, Leib
Knochen
Haut
Der alte Herr Pim ist jetzt nur noch Haut und Knochen.

blood *n* [blʌd]
give blood
heart *n* [hɑːt]
heart attack
heart disease
lung *n* [lʌŋ]
breath *n* [breθ]
Nora was **out of breath** after the long walk.
take a deep breath
stomach *n* ['stʌmək]
You shouldn't swim **on a full stomach.**

Blut
Blut spenden
Herz
Herzanfall, Herzinfarkt
Herzkrankheit
Lunge
Atem(zug)
Nach dem langen Spaziergang war Nora außer Atem.
tief Atem holen
Magen; Bauch
Mit vollem Magen sollte man nicht schwimmen.

brain *n* [breɪn]
Jason's only got fast cars **on the brain.**
head *n* [hed]
hair *n sg* [heə]
I must **have my hair cut** soon.

Gehirn
Jason hat nichts als schnelle Autos im Kopf.
Kopf
Haar(e)
Ich muss mir bald die Haare schneiden lassen.

ear *n* [ɪə]
Anne **has a good ear for** music.

Ohr
Anne hat ein feines musikalisches Gehör.

face *n* [feɪs]
We like to settle our differences **face to face.**

Gesicht
Wir regeln unsere Meinungsver-schiedenheiten gerne ganz direkt miteinander.

forehead *n* ['fɒrɪd]
eye *n* [aɪ]
It happened **before her very eyes.**
nose *n* [nəʊz]
It's as plain as the nose on your face. *idiom*
cheek *n* [tʃiːk]

Stirn
Auge
Es passierte direkt vor ihren Augen.
Nase
Das sieht doch ein Blinder mit dem Krückstock!
Wange

Körperteile, Organe **25**

2 Der menschliche Körper

Sandy and Jonathan were dancing **cheek to cheek**.	Sandy und Jonathan tanzten Wange an Wange.

mouth *n* [maʊθ]	Mund
lip *n* [lɪp]	Lippe
tongue *n* [tʌŋ]	Zunge
tooth, *pl* **teeth** *n* [tu:θ, ti:θ]	Zahn
chin *n* [tʃɪn]	Kinn
beard *n* [bɪəd]	Bart, Vollbart
throat *n* [θrəʊt]	Kehle; Rachen, Hals *(innen)*
The mugger **seized** his victim **by the throat.**	Der Straßenräuber packte sein Opfer an der Kehle.
Shirley **cleared her throat** before she began to speak.	Shirley räusperte sich, bevor sie anfing zu sprechen.
neck *n* [nek]	Hals *(außen)*, Nacken, Genick
How did George die? – He **broke his neck** while riding last weekend.	Wie ist George ums Leben gekommen? – Er hat sich letztes Wochenende beim Reiten das Genick gebrochen.

shoulder *n* [ˈʃəʊldə]	Schulter
arm *n* [ɑːm]	Arm
elbow *n* [ˈelbəʊ]	Ellbogen
hand *n* [hænd]	Hand
In Britain, people don't **shake hands** very often.	In Großbritannien gibt man sich nicht sehr oft die Hand.
finger *n* [ˈfɪŋgə]	Finger
fingertip	Fingerspitze
nail *n* [neɪl]	(Finger-/Zehen-)Nagel
fingernail	Fingernagel
toenail	Zehennagel

chest *n* [tʃest]	Brustkorb, Brust
breast *n* [brest]	Brust; Busen
back *n* [bæk]	Rücken

leg *n* [leg]	Bein
knee *n* [ni:]	Knie
foot, *pl* **feet** *n* [fʊt, fi:t]	Fuß
on foot	zu Fuß
barefoot, barefooted *adv; adj* [ˈbeəfʊt, ˌbeəˈfʊtɪd]	barfuß, barfüßig
toe *n* [təʊ]	Zehe
tiptoe *n* [ˈtɪptəʊ]	Zehenspitze
stand on tiptoe	auf Zehenspitzen stehen
heel *n* [hi:l]	Ferse

26 Körperteile, Organe

Der menschliche Körper 2

Possessive pronouns and parts of the body

Die Zugehörigkeit von Körperteilen zu einer Person wird im Englischen (im Gegensatz zum Deutschen) mit einem Possessivpronomen besonders hervorgehoben.

Please raise **your** hand if you know the answer.	Hebt bitte <u>die</u> Hand, wenn ihr die Antwort kennt.
Sarah hurt **her** foot while playing hockey.	Sarah hat sich beim Hockeyspielen <u>am</u> Fuß verletzt.
Peter's mother crossed **her** fingers for luck.	Peters Mutter drückte ihm <u>die</u> Daumen.
George put **his** hands in **his** pockets.	George steckte <u>die</u> Hände in <u>die</u> Taschen.

---

physical *adj* ['fɪzɪkl] — körperlich
   The doctor said she was **in good physical condition**. — Der Arzt sagte, sie sei in guter körperlicher Verfassung.
   physical exercise — körperliche Betätigung
organ *n* ['ɔːgən] — Organ
   the internal organs — die inneren Organe
tissue *n* ['tɪʃuː] — Körpergewebe, Zellgewebe
cell *n* [sel] — Zelle

---

muscle *n* ['mʌsl] — Muskel
vein *n* [veɪn] — Ader; Vene
nerve *n* [nɜːv] — Nerv
nervous system *n* [ˌnɜːvəsˈsɪstəm] — Nervensystem

---

tonsils *n pl* ['tɒnslz] — Mandeln
   Carl **had his tonsils out**. — Karl ließ sich die Mandeln entfernen.
liver *n* ['lɪvə] — Leber
kidney *n* ['kɪdnɪ] — Niere
appendix *n* [əˈpendɪks] — Blinddarm

---

rib *n* [rɪb] — Rippe
joint *n* [dʒɔɪnt] — Gelenk
ankle *n* ['æŋkl] — Fußknöchel
thumb *n* [θʌm] — Daumen
wrist *n* [rɪst] — Handgelenk
palm *n* [pɑːm] — Handfläche
limb *n* [lɪm] — Glied
   risk life and limb *idiom* — Leib und Leben riskieren

---

hip *n* [hɪp] — Hüfte
waist *n* [weɪst] — Taille
   stripped to the waist — mit nacktem Oberkörper

Körperteile, Organe   **27**

2 Der menschliche Körper

buttocks *n pl* ['bʌtəks] Gesäß, Hintern
penis *n* ['pi:nɪs] Penis, Glied
vagina *n* [və'dʒaɪnə] Vagina, Scheide

eyelid *n* ['aɪlɪd] Augenlid
eyelash *n* ['aɪlæʃ] Augenwimper
eyebrow *n* ['aɪbraʊ] Augenbraue
Wendy **raised her eyebrows** in surprise. Wendy zog überrascht die Augenbrauen hoch.
moustache *n* [mə'stɑ:ʃ] Schnurrbart

2.2 Sexualität, Fortpflanzung

woman, *pl* women *n* ['wʊmən, 'wɪmɪn] Frau
man, *pl* men *n* [mæn, men] Mann
female *adj; n inform* ['fi:meɪl] weiblich, Frauen-; weibliches Wesen, Frau
male *adj; n inform* [meɪl] männlich, Männer-; männliches Wesen, Mann
Typical male/female! Das ist typisch Mann/Frau!
girlfriend *n* ['gɜ:lfrend] (feste) Freundin
boyfriend *n* ['bɔɪfrend] (fester) Freund

partner *n* ['pɑ:tnə] Partner(in)
love *n* [lʌv] Liebe
Betty was John's first love. Betty war Johns erste Liebe.
fall in love with sb sich in jdn verlieben
be in love with sb in jdn verliebt sein
make love to sb mit jdm schlafen
love *v* [lʌv] lieben
He loves her madly. Er liebt sie heiß und innig.
kiss *n; v* [kɪs] Kuss; küssen
She **kissed him goodbye**. Sie gab ihm einen Abschiedskuss.
sex *n* [seks] Geschlecht; Geschlechtsverkehr
have sex with sb mit jdm Geschlechtsverkehr haben
pill *n* [pɪl] (Antibaby-)Pille
be on the pill die Pille nehmen
pleasure *n* ['pleʒə] Vergnügen, Lust
take pleasure in sth Spaß an etwas haben

puberty *n* ['pju:bətɪ] Pubertät
period *n* ['pɪərɪəd] Menstruation, Periode
fertile *adj* ['fɜ:taɪl] fruchtbar

2 Der menschliche Körper

sperm *n* [spɜːm] — Samen(zelle), Sperma
reproduction *n* [ˌriːprəˈdʌkʃn] — Fortpflanzung
pregnant *adj* [ˈpregnənt] — schwanger
pregnancy *n* [ˈpregnəntsɪ] — Schwangerschaft
womb *n* [wuːm] — (Mutter-)Schoß; Gebärmutter

abortion *n* [əˈbɔːʃn] — Schwangerschaftsabbruch, Abtreibung
birth control *n* [ˈbɜːθkənˌtrəʊl] — Geburtenkontrolle
contraceptive *n* [ˌkɒntrəˈseptɪv] — Empfängnisverhütungsmittel
condom *n* [ˈkɒndəm] — Kondom
French letter BE; **rubber** AE *n* *inform* [ˌfrenʃˈletə; ˈrʌbər] — Pariser, Gummi (Kondom)

pet, petted, petted *v inform* [pet, petɪd] — knutschen, fummeln
make out, made, made AE *v inform* [ˌmeɪkˈaʊt, meɪd] — knutschen, fummeln
foreplay *n* [ˈfɔːpleɪ] — Vorspiel
naked *adj* [ˈneɪkɪd] — nackt, unbekleidet
virgin *n* [ˈvɜːdʒɪn] — Jungfrau
sexual *adj* [ˈsekʃʊəl] — sexuell, Geschlechts-
Did you know that Janet **had a sexual relationship with** Leo? — Wusstest du, dass Janet ein Verhältnis mit Leo hatte?
sexual intercourse — Geschlechtsverkehr
heterosexual *adj; n* [ˌhetərəʊˈsekʃʊəl] — heterosexuell; Heterosexuelle(r)
homosexual *adj; n* [ˌhɔʊməʊˈsekʃʊəl] — homosexuell; Homosexuelle(r)
gay *adj; n inform* [geɪ] — schwul; Schwuler
lesbian *adj; n* [ˈlezbɪən] — lesbisch; Lesbierin, Lesbe
affection *n* [əˈfekʃn] — Zuneigung, Liebe
Don't you **feel** any **affection towards** him? — Empfindest du gar keine Zuneigung für ihn?

2.3 Geburt, Lebensentwicklung, Tod

natural *adj* [ˈnætʃrl] — natürlich
die a natural death — eines natürlichen Todes sterben
life, *pl* lives *n* [laɪf, laɪvz] — (das) Leben
I don't want to spend **all my life** with Gary! — Ich will nicht mein ganzes Leben mit Gary verbringen!
early/late in life — in jungen/älteren Jahren

2 Der menschliche Körper

live *v* [lɪv]
live and let live *idiom*
Keith felt he could not **live on** after
his wife's death.

Many people in Asia **live on** rice
and water only.
alive *adj* [əˈlaɪv]
Eric's family thought he was dead,
but he was **still alive**.

leben
leben und leben lassen
Keith dachte, er könne nach dem
Tod seiner Frau nicht mehr weiter-
leben.
Viele Menschen in Asien leben nur
von Reis und Wasser.
am Leben, lebendig, vital
Erics Familie hielt ihn für tot, aber
er war noch am Leben.

---

mother *n* [ˈmʌðə]
father *n* [ˈfɑːðə]
parent *n* [ˈpeərnt]
parents *n pl* [ˈpeərnts]
The little girl never knew her
natural parents.

Mutter
Vater
Elternteil
Eltern
Das kleine Mädchen hat seine
leiblichen Eltern nie kennen
gelernt.

birth *n* [bɜːθ]
The duchess has **given birth to** a
baby girl.
The baby was 50 cm long **at birth**.

Geburt
Die Herzogin hat einem Mädchen
das Leben geschenkt.
Bei der Geburt war das Baby 50 cm
groß.

birthday *n* [ˈbɜːθdeɪ]
Happy birthday!

Geburtstag
Herzlichen Glückwunsch zum
Geburtstag!

be born, was, been *v*
[biːˈbɔːn, wɒs, biːn]
He was born in Chester on October
21st, 1985.

geboren werden/sein

Er wurde/ist am 21. Oktober 1985
in Chester geboren.

---

baby *n* [ˈbeɪbɪ]
Nancy's going to **have a baby**.
pram BE; **baby carriage** AE *n*
[præm; ˈbeɪbɪˌkerɪdʒ]
child, *pl* children *n*
[tʃaɪld, ˈtʃɪldrən]
girl *n* [ɡɜːl]
boy *n* [bɔɪ]

Baby, Säugling
Nancy bekommt ein Kind.
Kinderwagen

Kind

Mädchen
Junge

---

grow, grew, grown *v*
[ɡrəʊ, ɡruː, ɡrəʊn]
grow up
The children have **grown out of**
their shoes again!
growth *n* [ɡrəʊθ]

wachsen, sich entwickeln

aufwachsen, groß werden
Die Kinder sind schon wieder aus
den Schuhen herausgewachsen!
Wachstum

30 Geburt, Lebensentwicklung, Tod

Der menschliche Körper 2

young *adj* [jʌŋ] — jung
youth *n* [juːθ] — Jugend; Jugendliche(r)
Father was a good sportsman **in his youth**. — In seiner Jugend war Vater ein guter Sportler.
There were some **youths** waiting outside the cinema. — Einige Jugendliche warteten draußen vor dem Kino.
teenager *n* [ˈtiːnˌeɪdʒə] — Jugendliche(r), Teenager
adult *n* [ˈædʌlt] — Erwachsene(r)
age *n* [eɪdʒ] — Lebensalter
Grandfather, **at your age** you should be more careful. — Großvater, in deinem Alter solltest du vorsichtiger sein!
Mother's 72 **years of age** now. — Mutter ist jetzt 72 Jahre alt.
Both in Britain and in Germany you are **of age** at 18. — Sowohl in Großbritannien als auch in Deutschland ist man mit 18 volljährig.

old age — das (hohe) Alter

die *v* [daɪ] — sterben
More and more people are **dying of** heart disease every year. — Jedes Jahr sterben immer mehr Menschen an Herzkrankheiten.
die from an injury — an einer Verletzung sterben
die in an accident — bei einem Unfall umkommen
death *n* [deθ] — Tod; Todesfall
World War II caused millions of deaths. — Der 2. Weltkrieg hat Millionen Menschenleben gekostet.
dead *adj* [ded] — tot
(dead) body — Leiche
Over my dead body! *idiom* — Nur über meine Leiche!
bury, buried, buried *v* [ˈberɪ] — begraben, beerdigen
grave *n* [greɪv] — Grab

childhood *n* [ˈtʃaɪldhʊd] — Kindheit
youngster *n* [ˈjʌŋstə] — Kind; Jugendliche(r)
Your boys are certainly **a lively pair of youngsters**, Sally. — Deine Jungen sind wirklich zwei sehr lebendige Burschen, Sally!
teens *n pl* [tiːnz] — Jugendjahre
adolescent *n; adj* [ˌædəˈlesnt] — Jugendliche(r); jugendlich, Jugend-
He still seems like an adolescent although he's already 18. — Er scheint immer noch in der Pubertät zu sein, obwohl er schon 18 ist.
mature *adj* [məˈtjʊə] — reif, entwickelt
Mary's only 13, but she's very mature for her age. — Mary ist erst 13, aber für ihr Alter schon sehr weit entwickelt.

grown-up *adj; n* [ˈgrəʊnʌp] — erwachsen; Erwachsene(r)

Geburt, Lebensentwicklung, Tod

2 Der menschliche Körper

Tim has three grown-up daughters of 32, 28 and 21.	Tim hat drei erwachsene Töchter im Alter von 32, 28 und 21 Jahren.
There are two grown-ups and four children in our family.	Unsere Familie besteht aus zwei Erwachsenen und vier Kindern.
middle-aged adj [ˌmɪdl'eɪdʒd] The man was middle-aged, about fifty, and very tall.	im mittleren Alter Der Mann war mittleren Alters, so um die 50, und sehr groß.
junior adj; n ['dʒuːnɪə] My sister's **several years my junior**.	jüngere(r, s); Jüngere(r) Meine Schwester ist mehrere Jahre jünger als ich.
senior adj; n ['siːnɪə] Brian's **my senior by two years**.	ältere(r, s); Ältere(r) Brian ist zwei Jahre älter als ich.

hospice n ['hɒspɪs]	Hospiz, Pflegeheim für unheilbar Kranke
suicide n ['sjʊɪsaɪd] **commit suicide**	Selbstmord, Freitod Selbstmord begehen
drown v [draʊn] The ferryboat sank and hundreds of people drowned.	ertrinken; ertränken Die Fähre sank und hunderte Menschen ertranken.
fatal adj ['feɪtl] **a fatal injury**	tödlich; sterblich eine tödliche Verletzung
corpse n [kɔːps]	Leiche
remains n pl [rɪ'meɪnz] **his/her mortal remains**	Überreste, Leichnam seine/ihre sterblichen Überreste
mortal adj ['mɔːtəl]	sterblich
funeral n ['fjuːnrəl] **funeral service**	Beerdigung, Begräbnis(feier) Begräbnisgottesdienst
cremate v [krɪ'meɪt]	einäschern
cemetery n ['semətrɪ]	Friedhof

2.4 Sinne und Wahrnehmungen

see, saw, seen v [siː, sɔː, siːn]	sehen
blind adj [blaɪnd]	blind
sight n [saɪt] The technician **lost his sight** in an accident at work. We only **caught sight of** the lion for a moment.	Sehfähigkeit; Sicht Der Techniker verlor bei einem Arbeitsunfall sein Augenlicht. Wir bekamen den Löwen nur einen Moment zu Gesicht.
glasses n pl ['glɑːsɪz] **wear glasses**	Brille eine Brille tragen

Der menschliche Körper 2

sunglasses *n pl* [ˈsʌnˌɡlɑːsɪz] — Sonnenbrille
look *v* [lʊk] — schauen, blicken; aussehen
Look at this/that! — Schau dir das an!
look for sth/sb — nach etw./jdm suchen
He **looked happy**. — Er sah glücklich aus.
seem *v* [siːm] — scheinen
There seemed to be somebody at the door. — Es schien jemand an der Tür zu sein.
The new teacher **seemed nice**. — Der/Die neue Lehrer(in) schien nett zu sein.

notice *n; v* [ˈnəʊtɪs] — Wahrnehmung; Notiz; bemerken, wahrnehmen
The old man **took no notice of** his visitors. — Der alte Mann nahm keine Notiz von den Besuchern.
Did you notice that Monica was terribly nervous? — Hast du bemerkt, dass Monica schrecklich nervös war?
mind BE *v* [maɪnd] — beachten, Acht geben auf
Mind the step! — Vorsicht, Stufe!
observe *v* [əbˈzɜːv] — beobachten
recognize *v* [ˈrekəgnaɪz] — erkennen
Sue looked at me, but she didn't seem to recognize me. — Sue sah mich an, aber sie schien mich nicht zu erkennen.

hear, heard, heard *v* [hɪə, hɜːd] — hören
Speak up; I can't hear you! — Sprich lauter, ich kann dich nicht verstehen!
I **couldn't hear a thing** after the explosion. — Ich konnte nach der Explosion überhaupt nichts mehr hören.
deaf *adj* [def] — gehörlos, taub
Grandma's **deaf in one ear**. — Oma ist auf einem Ohr taub.
sound *n; v* [saʊnd] — Geräusch, Laut, Klang; klingen
Not a sound could be heard. — Kein Laut war zu hören.
Did you hear that? It **sounded like** somebody crying. — Hast du das gehört? Es klang, als würde jemand weinen.
noise *n* [nɔɪz] — Lärm; Geräusch
Don't make so much noise! — Mach(t) nicht so viel Krach!
quiet *adj* [ˈkwaɪət] — ruhig, unbewegt, still
Be/Keep quiet! — Sei(d) still!
silent *adj* [ˈsaɪlənt] — geräuschlos; wortlos
silence *n* [ˈsaɪləns] — Stille; Schweigen
dead silence — Totenstille
The doctor listened **in silence**. — Der Arzt hörte schweigend zu.
still *adj; adv* [stɪl] — bewegungslos; still
The animals in the forest were suddenly very still. — Die Tiere im Wald waren plötzlich sehr still.

Sinne und Wahrnehmungen 33

2 Der menschliche Körper

Most children can't **keep still** for long.	Die meisten Kinder können nicht lange stillhalten.

smell *n* [smel] — Gestank; Geruch; Duft
What's that smell? — Was ist das für ein Geruch?
I love **the smell of** fresh bread. — Ich liebe den Duft von frisch gebackenem Brot!

Have a smell. — Riech mal!
smell, smelt, smelt *v* [smel, smelt] — stinken; riechen; duften
That fish is beginning to smell. — Der Fisch da fängt an zu stinken!
It **smells like** Frank has burnt the dinner. — Es riecht so, als hätte Frank das Abendessen anbrennen lassen.
White wine often **smells of** wild herbs. — Weißwein duftet oft nach Wildkräutern.
Autumn roses **smell the sweetest**. — Herbstrosen duften am süßesten.
nasty *adj* ['nɑ:stɪ] — übel, scheußlich
a nasty smell/taste — ein scheußlicher Geruch/ Geschmack

taste *n* [teɪst] — Geschmack
taste *v* [teɪst] — schmecken; versuchen, probieren
The milk tastes sour. I think it's gone off. — Die Milch schmeckt sauer. Ich glaube, sie ist verdorben.
Taste the wine. It's too sweet. — Probieren Sie den Wein. Er ist zu süß.
Cider **tastes like** the apple juice we used to drink as kids. — Apfelwein schmeckt wie der Apfelsaft, den wir als Kinder früher getrunken haben.
The tea **tasted of** orange blossoms. — Der Tee schmeckte leicht nach Orangenblüten.

feel, felt, felt *v* [fi:l, felt] — fühlen, sich anfühlen; spüren
The old man's body **felt cold**. — Der Körper des alten Mannes fühlte sich kalt an.
After his stroke Ted couldn't feel anything in his right arm. — Nach dem Schlaganfall spürte Ted seinen rechten Arm nicht mehr.
cold *adj* [kəʊld] — kalt
cool *adj* [ku:l] — kühl
warm *adj* [wɔ:m] — warm
hot *adj* [hɒt] — heiß
soft *adj* [sɒft] — weich, zart
hard *adj* [hɑ:d] — hart

sense *n* [sens] — Sinn; Sinneswahrnehmung
sense of smell/taste — Geruchssinn/Geschmackssinn
trace *n* [treɪs] — Spur, kleinste Menge
a trace of curry — ein Hauch / eine Spur von Curry

34 Sinne und Wahrnehmungen

Der menschliche Körper 2

scent n [sent]
the scent of flowers
sensitive adj ['sensɪtɪv]
Young babies are very **sensitive to** the cold.
touch n [tʌtʃ]
A baby's skin is incredibly soft **to the touch.**

Duft
der Duft von Blumen
empfindlich
Kleine Babys sind sehr kälte-empfindlich.
(leichte) Berührung
Die Haut von Säuglingen fühlt sich unglaublich weich an.

vision n ['vɪʒn]
People with normal vision don't need glasses.
short-sighted BE; **near-sighted** AE adj [,ʃɔːtˈsaɪtɪd; ,nɪrˈsaɪtɪd]
long-sighted BE; **far-sighted** AE adj [,lɒŋsaɪtɪd; ,fɑːrˈsaɪtɪd]
contact lens n ['kɒntækt,lenz]

Sehkraft, Sehfähigkeit
Personen mit normaler Sehfähig-keit brauchen keine Brille.
kurzsichtig

weitsichtig

Kontaktlinse

glance n [glɑːns]
at a glance, at first glance
spot, spotted, spotted v [spɒt, spɒtɪd]
It was amazing how quickly he spotted his girlfriend in the crowd.

Blick
auf einen Blick, sofort
erblicken, ausfindig machen

Es war erstaunlich, wie schnell er seine Freundin in der Menschen-menge ausfindig machte.

stare v [steə]
Liz was so amazed, she could only **stand and stare at** her son.

starren
Liz war so verblüfft, dass sie nur dastehen und ihren Sohn anstarren konnte.

observation n [,ɒbzəˈveɪʃn]
keep under observation

Beobachtung
unter Beobachtung halten

2.5 Bewegungen, Aktivitäten

action n ['ækʃn]
You should **take action** before it's too late.
active adj ['æktɪv]
My grandmother's a very active person for her age.
move v [muːv]
Jane was moving her head from side to side laughing.

Aktivität; Bewegung; Handeln
Du solltest etwas tun, bevor es zu spät ist!
aktiv, lebendig
Meine Großmutter ist für ihr Alter noch sehr aktiv.
bewegen; sich bewegen
Jane schüttelte den Kopf und lachte dabei.

2 Der menschliche Körper

Please don't move while I'm taking the photo.	Bitte bewegen Sie sich nicht, während ich fotografiere.
movement *n* ['mu:vmənt]	Bewegung
effort *n* ['efət]	Anstrengung, Mühe
She **made an effort** to get up, but she couldn't.	Sie mühte sich aufzustehen, aber sie schaffte es nicht.
balance *n* ['bæləns]	Gleichgewicht
He **lost his balance** and fell down the stairs.	Er verlor das Gleichgewicht und stürzte die Treppe hinunter.

go, went, gone *v* [gəʊ, went, gɒn]	gehen
Let's **go home**, shall we?	Lass(t) uns nach Hause gehen, ja?
We **must be going** now.	Wir müssen jetzt los!
I'll **go and visit** mother in hospital.	Ich gehe Mutter im Krankenhaus besuchen.
go for a walk	spazieren gehen
go on	weitergehen; weitermachen
go to bed	ins Bett gehen, schlafen gehen
step, stepped, stepped *v* [step, stept]	treten; steigen
step on a nail	in einen Nagel treten
step off the pavement	vom Gehsteig heruntertreten
step forward	vortreten
step back	zurücktreten
step aside	zur Seite treten
step in	eintreten
stick *n* [stɪk]	Gehstock
walk with a stick	am Stock gehen

run, ran, run *v* [rʌn, ræn, rʌn]	laufen, rennen
run away/off	weglaufen, abhauen
hurry *n* ['hʌrɪ]	Eile
There's no hurry.	Es eilt nicht.
I'm **in a hurry.**	Ich bin in Eile.
hurry, hurried, hurried *v* ['hʌrɪ]	sich beeilen
Hurry up!	Beeil dich! / Beeilt euch!
rush *n; v* [rʌʃ]	Hast, Hetze; hasten, hetzen
We had to **make a rush for** the last train.	Wir mussten rennen, um den letzten Zug zu erwischen.
At the hotel entrance, firemen and guests were **rushing in and out.**	Am Hoteleingang hasteten Feuerwehrleute und Gäste ein und aus.
quick *adj* [kwɪk]	flink, schnell
Mona's a very **quick** worker.	Mona arbeitet sehr schnell.

jump *v; n* [dʒʌmp]	springen, hüpfen; Sprung
Here's my car. **Jump in!**	Da ist mein Wagen. Steig ein!

36 Bewegungen, Aktivitäten

Der menschliche Körper

2

jump for joy	Freudensprünge machen
climb v [klaɪm]	klettern, besteigen
climb down	hinab-/herabsteigen
climb up a tree	einen Baum hinaufklettern

come, came, come v [kʌm, keɪm]
kommen
My elder brother **came home** late last night.
Mein älterer Bruder ist gestern Nacht spät nach Hause gekommen.
Come in!
Herein!
Come on!
Komm(t) schon! Los!
follow v [ˈfɒləʊ]
folgen, nachgehen
Follow me!
Folge(n Sie) mir!
enter v [ˈentə]
eintreten, betreten
enter a room/building
ein Zimmer/Gebäude betreten
leave, left, left v [liːv, left]
weggehen
She left without saying goodbye.
Sie ging, ohne sich zu verabschieden.

turn v [tɜːn]
sich drehen
Tony **turned round** and looked at her in surprise.
Tony drehte sich um und sah sie verblüfft an.
forward adv [ˈfɔːwəd]
vorwärts, voran
Liz took two steps forward and stopped.
Liz machte zwei Schritte vorwärts und blieb stehen.
backwards adv [ˈbækwədz]
rückwärts, zurück
go backwards and forwards
hin und her gehen

get, got, got v [get, gɒt]
(sich) holen, beschaffen
bring, brought, brought v [brɪŋ, brɔːt]
bringen; mitbringen
Could you take my breakfast away and bring me my medicine?
Könnten Sie mein Frühstück abräumen und mir meine Medikamente bringen?
Did you remember to bring toothpaste and a toothbrush?
Hast du daran gedacht, Zahnpasta und Zahnbürste mitzubringen?
fetch v [fetʃ]
holen; abholen
Can you bring me a fresh towel? – Sorry, you'll have to fetch it yourself. I'm busy.
Kannst du mir ein frisches Handtuch bringen? – Tut mit Leid, du wirst dir selbst eins holen müssen. Ich bin beschäftigt.
I'll **fetch** you **from** the hospital.
Ich hole dich vom Krankenhaus ab.
carry, carried, carried v [ˈkærɪ]
tragen

lay, laid, laid v [leɪ, leɪd]
legen
Professor Doolittle **laid down** his book and looked up at Eliza.
Professor Doolittle legte sein Buch weg und blickte zu Eliza auf.

Bewegungen, Aktivitäten **37**

2 Der menschliche Körper

drop, dropped, dropped *v*
[drɒp, drɒpt]
Don't drop that bottle!
fall, fell, fallen *v* [fɔːl, fel, ˈfɔːlən]
The boy fell and broke his arm.

fallen lassen; fallen

Lass die Flasche da nicht fallen!
fallen, stürzen
Der Junge stürzte und brach sich den Arm.

fall down
fall off (sth)
fall over
lift *v* [lɪft]
raise *v* [reɪz]
Maureen only raised her head briefly when Phil came in.
He had to **raise his voice** to make himself heard.
hang, hung, hung *v* [hæŋ, hʌŋ]
hang around

hinfallen
(von etw.) herunterfallen
hinfallen, umfallen
hochheben, aufheben
(hoch)heben; erheben
Maureen hob den Kopf nur kurz, als Phil hereinkam.
Er musste deutlich lauter sprechen, um gehört zu werden.
hängen, aufhängen
herumlungern, -hängen

force *v* [fɔːs]
We had to force our way through the crowds.
pull *v* [pʊl]
Little Timmy enjoys pulling his sister's hair.

mit Gewalt (er)zwingen
Wir mussten uns mit Gewalt einen Weg durch die Menge bahnen.
ziehen
Der kleine Timmy hat Spaß daran, seine Schwester an den Haaren zu ziehen.

push *n; v* [pʊʃ]

Stoß, Schubs; schieben, stoßen, drücken

give sb/sth a push
He **pushed the door open** and entered the house.
throw, threw, thrown *v*
[θrəʊ, θruː, θrəʊn]
shake, shook, shaken *v*
[ʃeɪk, ʃʊk, ˈʃeɪkən]
The story made Iris **shake with anger.**
Outside, we were **shaking with the cold.**
tremble *v* [ˈtrembl]
tremble with fear

jdm/etw. einen Stoß versetzen
Er stieß die Türe auf und betrat das Haus.
werfen

(sich) schütteln; zittern, schlottern

Iris schüttelte sich vor Wut wegen der Geschichte.
Draußen zitterten wir vor Kälte.

zittern, beben
vor Angst zittern

reach for sth *v* [riːtʃ]
Alan reached for the bottle and opened it.
take, took, taken *v*
[teɪk, tʊk, ˈteɪkn]

nach etw. greifen
Alan griff nach der Flasche und öffnete sie.
nehmen

38 Bewegungen, Aktivitäten

Der menschliche Körper 2

Please take a seat.	Nehmen Sie bitte Platz!
Shall I **take you home?**	Soll ich dich/Sie nach Hause bringen?
take a walk	spazieren gehen
touch v [tʌtʃ]	berühren, anfassen
Don't touch!	Finger weg! Nicht anfassen!
catch, caught, caught v [kætʃ, kɔːt]	fangen
catch sb up BE; **catch up with sb** AE	jdn einholen

give, gave, given v [gɪv, geɪv, ˈgɪvn]	geben
Can you **give me a hand?**	Kannst du mir mal helfen?
hand v [hænd]	reichen, geben
Hand me the hammer, please.	Reich mir bitte mal den Hammer.
put, put, put v [pʊt]	setzen, stellen; legen
Will you **put** that knife **down!**	Leg sofort das Messer weg!
put out the light/fire	das Licht ausmachen / das Feuer löschen
put up a tent	ein Zelt aufstellen

join v [dʒɔɪn]	verbinden, zusammenfügen
join hands	sich die Hände reichen
hold, held, held v [həʊld, held]	halten
Susan and Tom walked along the beach **holding hands.**	Susan und Tom gingen Hand in Hand den Strand entlang.
fold v [fəʊld]	falten
Amy sat down at her desk and **folded her arms.**	Amy setzte sich an ihren Schreibtisch und verschränkte die Arme.

close v [kləʊz]	schließen, zumachen
Close the window, please.	Mach bitte das Fenster zu!
shut, shut, shut v [ʃʌt]	schließen, zumachen
open v [ˈəʊpn]	öffnen, aufmachen
He didn't **open his mouth** once during the discussion.	Er hat während der Diskussion nicht einmal den Mund aufgemacht.

stand, stood, stood v [stænd, stʊd]	stehen
How could you just **stand by** and do nothing?	Wie konntest du nur einfach daneben stehen und nichts tun?
lean, leant/leaned, leant/leaned v [liːn, lent/liːnd]	(sich) lehnen
Pat Garrett **leant against** the bar and looked round for Billy.	Pat Garrett lehnte an der Theke und sah sich nach Billy um.
Frank **leaned forward** and smiled at Mabel.	Frank beugte sich vor und lächelte Mabel an.
Lean on me.	Stütz' dich bei mir auf!

Bewegungen, Aktivitäten 39

2 Der menschliche Körper

sit, sat, sat *v* [sɪt, sæt]
Why are we **sitting around** doing nothing?
He **sat down** in a big armchair.

sitzen; sich setzen
Warum sitzen wir herum und tun nichts?
Er setzte sich in einen großen Sessel

rest *n; v* [rest]

Ruhepause, Erholung; (sich) ausruhen

have a rest
lie, lay, lain *v* [laɪ, leɪ, leɪn]
lie down
get up, got up, got up *v* [ˌgetˈʌp, gɒt]

eine Pause machen, sich erholen
liegen
sich hinlegen
aufstehen

tired *adj* [ˈtaɪəd]
dead tired
exhausted *adj* [ɪgˈzɔːstɪd]
yawn *v* [jɔːn]
sleep *n* [sliːp]
go to sleep
sleep, slept, slept *v* [sliːp, slept]
Sleep well!
asleep *adj* [əˈsliːp]
fall asleep
be fast asleep
awake *adj* [əˈweɪk]
We were **wide awake** as soon as the alarm went off.
wake (up), woke/waked, woken/ waked *v* [weɪk(ʌp), wəʊk/weɪkt, ˈwəʊkn/weɪkt]
Can you wake me at seven o'clock tomorrow morning?
I **woke up** at 5 am and couldn't go back to sleep.

müde
todmüde
erschöpft
gähnen
Schlaf
einschlafen
schlafen

Schlaf(t) gut!
im Schlaf, schlafend
einschlafen
fest schlafen
wach
Wir waren sofort hellwach, als der Wecker klingelte.
(auf)wecken; aufwachen

Kannst du mich morgen früh um sieben Uhr wecken?
Ich wachte um 5 Uhr morgens auf und konnte nicht mehr einschlafen.

hit, hit, hit *v* [hɪt]
The burglar hit me on the head.

Susan was hit by a car while crossing the street.

schlagen; treffen
Der Einbrecher schlug mir auf den Kopf.
Susan wurde von einem Auto angefahren, als sie die Straße überquerte.

knock *n* [nɒk]
Wasn't that **a knock at the door**?

Schlag, Stoß
Hat es da nicht an der Tür geklopft?

Bewegungen, Aktivitäten

Der menschliche Körper 2

knock v [nɒk] — klopfen; schlagen
knock at the door — anklopfen
knock sb out — jdn k. o. schlagen
bite, bit, bitten v [baɪt, bɪt, ˈbɪtn] — beißen
People sometimes **bite their nails** when they're nervous. — Manchmal kauen Leute Fingernägel, wenn sie nervös sind.
tear, tore, torn v [teə, tɔː, tɔːn] — reißen; zerreißen
Joe **tore up** the card before I could read it. — Joe zerriss die Karte, bevor ich sie lesen konnte.
split, split, split v [splɪt] — spalten, teilen
Cathy split the logs and piled them up next to the fireplace. — Cathy spaltete die Holzscheite und schichtete sie neben dem Kamin auf.

Let's **split up**; you go that way and we'll go this way. — Teilen wir uns auf: Ihr geht dorthin, und wir gehen in diese Richtung.

vanish v [ˈvænɪʃ] — verschwinden, sich auflösen
hide, hid, hidden/hid v [haɪd, hɪd, ˈhɪdn] — (sich) verstecken, verbergen
Kevin hid in the cupboard before the burglars entered the room. — Kevin versteckte sich im Schrank, bevor die Einbrecher ins Zimmer kamen.

show, showed, shown v [ʃəʊ, ʃəʊd, ʃəʊn] — zeigen
Can you show me the way? — Können Sie mir den Weg zeigen?

right-handed adj [ˌraɪtˈhændɪd] — rechtshändig
left-handed adj [ˌleftˈhændɪd] — linkshändig
He's right-handed/left-handed. — Er ist Rechtshänder/Linkshänder.

crawl v [krɔːl] — krabbeln, kriechen, robben
The baby can crawl now. — Das Baby kann jetzt schon krabbeln.

tiptoe v [ˈtɪptəʊ] — auf Zehenspitzen gehen
stroll n; v [strəʊl] — kleiner Spaziergang, Bummel; bummeln, schlendern

Would you care for a stroll in the garden, Emma? — Hättest du Lust auf einen kleinen Spaziergang durch den Garten, Emma?

wander v [ˈwɒndə] — ziellos umherwandern/-streifen
He **wandered about** the streets until it got dark. — Er streifte in den Straßen herum, bis es dunkel wurde.
restless adj [ˈrestləs] — unruhig, ruhelos
Peter's very restless at night; he just can't sleep! — Peter ist nachts sehr unruhig; er kann einfach nicht schlafen!

Bewegungen, Aktivitäten 41

2 Der menschliche Körper

pace *n* [peɪs] — Schritt, Gang; Tempo
lead, led, led *v* [liːd, led] — führen, vorangehen
We got John to **lead the way.** — Wir ließen John vorangehen.

insert *v* [ɪnˈsɜːt] — einführen, einstecken
insert a coin — eine Münze einwerfen
wrap, wrapped, wrapped *v* [ræp, ræpt] — (ein)wickeln
The baby should be **wrapped in** a blanket; it's cold now. — Man sollte das Baby in eine Decke wickeln; es ist jetzt kalt!
wrap presents — Geschenke einpacken
undo, undid, undone *v* [ˌʌnˈduː, ˌʌnˈdɪd, ˌʌnˈdʌn] — aufmachen, aufbinden, abnehmen
Will you undo me, please? *inform* — Machst du mir bitte mal die Knöpfe / den Reißverschluss auf?
strip, stripped, stripped *v* [strɪp, strɪpt] — (sich) ausziehen
strip naked — sich nackt ausziehen

remove *v* [rɪˈmuːv] — entfernen, wegschaffen
Would you please **remove** your papers **from** my desk? — Würden Sie bitte Ihre Zeitungen von meinem Schreibtisch entfernen?
shift *v* [ʃɪft] — leicht/etwas verschieben
Could you help me shift the cupboard, please? — Könntest du mir bitte helfen, den Schrank etwas zu verschieben?
drag, dragged, dragged *v* [dræg] — ziehen, schleppen, zerren
lower *v* [ˈləʊə] — senken, hinablassen
They lowered the injured man slowly down the cliff. — Sie ließen den Verletzten langsam die Felswand hinab.
tip, tipped, tipped *v* [tɪp, tɪpt] — um-/auskippen
Be careful or your chair will **tip over.** — Sei vorsichtig, sonst kippt dein Stuhl um!
spin, spun, spun *v* [spɪn, spʌn] — (sich) schnell drehen
He **spun round** and saw a man running off. — Er fuhr herum und sah einen Mann davonrennen.
roll *v* [rəʊl] — rollen
The children were rolling a huge ball across the lawn. — Die Kinder rollten einen riesigen Ball über den Rasen.
roll up a poster — ein Plakat einrollen
wind, wound, wound *v* [waɪnd, waʊnd] — aufziehen
Have you **wound the clock?** — Hast du die Uhr aufgezogen?
You have to **wind** the toy car **up** or it won't work. — Man muss das Spielzeugauto aufziehen, sonst läuft es nicht.

Bewegungen, Aktivitäten

Der menschliche Körper   2

tickle v ['tɪkl]
Many children love it when you
tickle them.

kitzeln
Viele Kinder lassen sich sehr gerne
kitzeln.

pat, patted, patted v [pæt]
She patted his hand and told him
not to worry.

tätscheln; (einen Hund) streicheln
Sie tätschelte seine Hand und sagte
ihm, er solle sich keine Sorgen
machen.

seize v [siːz]

ergreifen, fest packen

stroke n [strəʊk]
Henry split the log with a single
stroke of his axe.
Celia **can't swim a stroke**. idiom

Schlag; Zug
Henry spaltete den Holzklotz mit
einem einzigen Axthieb.
Celia kann überhaupt nicht
schwimmen.

stroke v [strəʊk]
Our cat doesn't like being stroked.

streicheln
Unsere Katze lässt sich nicht gerne
streicheln.

pinch v [pɪnʃ]
Pinch me. I must be dreaming!

zwicken, kneifen
Kneif mich mal; ich glaub', ich
träume!

prick v [prɪk]

stechen

kneel, knelt, knelt v [niːl, nelt]
Lucy **knelt down** and looked under
the bed.

knien
Lucy kniete sich hin und schaute
unters Bett.

bend, bent, bent v [bend, bent]
Fred **bent down** and picked up a
pin.

biegen; (sich) beugen/bücken
Fred bückte sich und hob eine
Stecknadel auf.

wiggle v [wɪgl]
Would you please stop wiggling
and sit still?

wackeln, zappeln
Würdest du bitte aufhören zu
zappeln und stillsitzen!

twist v [twɪst]
Phyllis **twisted** her long black hair
into a knot.

drehen; sich (her)umdrehen
Phyllis drehte ihr langes
schwarzes Haar zu einem Knoten
zusammen.

twist round

sich umdrehen

punch v [pʌnʃ]
Tom punched his brother on the
nose.
She's already punched holes in the
writing paper.

boxen, schlagen; lochen
Tom boxte seinem Bruder auf die
Nase.
Sie hat das Schreibpapier bereits
gelocht.

blow n [bləʊ]
at a (single) blow

Schlag, Hieb
mit einem (einzigen) Schlag

bump into sb/sth v [ˌbʌmp'ɪntʊ]

mit jdm/etw. zusammenstoßen

squeeze v [skwiːz]

drücken, pressen

Bewegungen, Aktivitäten   **43**

2 Der menschliche Körper

The bus was full, but I managed to **squeeze in.**
Der Bus war voll, aber ich konnte mich noch hineinquetschen.

squash v [skwɒʃ]
quetschen

Don't squash the bag! It's got the cakes in it.
Quetscht die Tasche nicht; da sind die Kuchen drin!

scratch n; v [skrætʃ]
Kratzer; (sich) kratzen

If you scratch my back, I'll scratch yours. idiom
Eine Hand wäscht die andere.

clap, clapped, clapped v [klæp, klæpt]
klatschen

They **clapped their hands** to the music.
Sie klatschten zur Musik in die Hände.

nod, nodded, nodded v [nɒd]
nicken

signal, signalled, signalled v ['sɪgnl]
Zeichen geben, signalisieren

wave v [veɪv]
winken

She **waved goodbye.**
Sie winkte zum Abschied.

suck v [sʌk]
saugen, lutschen

The children sucked the juice out of the oranges.
Die Kinder saugten den Saft aus den Orangen.

chew v [tʃuː]
kauen

swallow v ['swɒləʊ]
schlucken

I can't swallow these pills; my throat hurts too much.
Ich kann diese Pillen nicht runterschlucken; mein Hals tut zu weh!

spit, spat, spat v [spɪt, spæt]
spucken

No spitting!
Nicht auf den Boden spucken! (Verbotsschild)

If you don't like it, **spit it out.**
Wenn es dir nicht schmeckt, spuck es aus!

breathe v [briːð]
atmen

snore v [snɔː]
schnarchen

sob, sobbed, sobbed v [sɒb]
schluchzen

yell v [jel]
schreien

scream n; v [skriːm]
schriller Aufschrei, Kreischen; schreien, kreischen

scream for help
um Hilfe schreien

scream at sb
jdn anschreien

whistle n; v ['wɪsl]
Pfiff, Pfeifen; pfeifen

light up, lit/lighted, lit/lighted v [ˌlaɪt'ʌp, lɪt/'laɪtɪd]
aufleuchten, strahlen

The boy's face **lit up** when he saw his mother.
Der Junge fing an zu strahlen, als er seine Mutter sah.

grin, grinned, grinned v [grɪn]
grinsen

Bewegungen, Aktivitäten

Der menschliche Körper **2**

glance *v* [glɑːns] Please **glance through** this report.	blicken, schauen Bitte sehen Sie sich diesen Bericht einmal kurz durch.

2.6 Aussehen

like *prep* [laɪk] Barbara **looks** very much **like** her father, doesn't she? **What does he look like?** It **looks good/bad**. **change** *v* [tʃeɪndʒ] You haven't changed much in the past few years.	(ähnlich) wie Barbara sieht ihrem Vater sehr ähnlich, nicht wahr? Wie sieht er aus? Es sieht gut/schlecht aus. sich verändern Du hast dich in den letzten paar Jahren nicht sehr verändert.
figure *n* ['fɪgə] **slim** *adj* [slɪm] **thin** *adj* [θɪn] Our sister looked very thin after her long illness. **fat** *adj* [fæt] **short** *adj* [ʃɔːt] Napoleon was a short man. **tall** *adj* [tɔːl] Bob's only 16, but he's already taller than his father. **big** *adj* [bɪg] He's a big man and a great sportsman, too.	Figur schlank dünn, mager Unsere Schwester sah nach ihrer langen Krankheit sehr dünn aus. dick, fettleibig klein (gewachsen) Napoleon war ein kleiner Mann. groß (gewachsen) Bob ist erst 16, aber er ist schon größer als sein Vater. groß, kräftig Er ist groß und kräftig und auch ein großartiger Sportler.
beauty *n* ['bjuːtɪ] **beauty contest** **beautiful** *adj* ['bjuːtɪfl] **a beautiful woman** **lovely** *adj* ['lʌvlɪ] Grandma had lovely brown hair. **pretty** *adj* ['prɪtɪ] **attractive** *adj* [ə'træktɪv] **handsome** *adj* ['hænsəm] **a handsome man** **good-looking** *adj* [ˌgʊd'lʊkɪŋ] **ugly** *adj* ['ʌglɪ]	Schönheit Schönheitswettbewerb schön, sehr gut aussehend eine schöne Frau wunderschön Oma hatte wunderschönes braunes Haar. hübsch attraktiv, anziehend gut aussehend, hübsch ein gut aussehender Mann gutaussehend hässlich

Aussehen **45**

2 Der menschliche Körper

blond(e) adj; n [blɒnd] blond, hell(häutig); Blondine
fair adj [feə] hell, blond
  fair hair blondes Haar
dark adj [dɑːk] dunkel
  dark hair dunkles Haar

appearance n [əˈpɪərns] Aussehen
  We were shocked by her Wir waren schockiert über ihr
  appearance; she looked so ill. Aussehen; sie sah so krank aus!
image n [ˈɪmɪdʒ] Abbild, Ebenbild
  That child is **the image of** her Dieses Kind ist das Ebenbild seiner
  mother. Mutter.

feminine adj [ˈfemɪnɪn] weiblich, Frauen-
  Not many young women today Nicht viele junge Frauen tragen
  wear feminine clothes such as skirts heute feminine Kleidung wie etwa
  and blouses. Röcke und Blusen.
masculine adj [ˈmæskjʊlɪn] männlich, Männer-
style n [staɪl] Stil, Art
  the latest style die neueste Mode

sexy adj [ˈseksɪ] sexy, attraktiv
plump adj [plʌmp] mollig, rundlich
smart adj [smɑːt] schick, elegant
  You look very smart. Are you going Du siehst sehr schick aus. Gehst
  out? du aus?
magnificent adj [mægˈnɪfɪsnt] großartig, glänzend, herrlich
  look magnificent großartig aussehen

complexion n [kəmˈplekʃn] Gesichtsfarbe, Teint
  pale complexion blasser Teint
pale adj [peɪl] blass
turn/go red v [tɜːn/gəʊˈred] erröten
suntan n [ˈsʌntæn] Sonnenbräune
  You've got a great suntan! Du bist aber schön braun!

curl n [kɜːl] Locke, Haarwelle
  What lovely hair she's got! Do you Was für wunderbares Haar sie
  think her curls are natural? hat! Glaubst du, ihre Locken sind
  echt?
greasy adj [ˈgriːsɪ] fettig, ölig, schmierig
  greasy hair fettiges Haar
turn grey v [tɜːnˈgreɪ] graue Haare bekommen
bald adj [bɔːld] kahl-/glatzköpfig

Der menschliche Körper

2.7 Körperpflege und Kosmetik

bath *n* [bɑːθ]
Bad
  have a bath
  ein Bad nehmen, baden
shower *n* ['ʃaʊə]
Dusche
  I prefer **having/taking a shower** to
  Lieber dusche ich als zu baden.
  having a bath.
wash *v* [wɒʃ]
(sich) waschen
  Wash your hands, please.
  Wasch dir bitte die Hände.
have a wash BE; **wash up** AE *v*
sich waschen
[hævə'wɒʃ; ˌwɑː'ʃ'ʌp]
soap *n* [səʊp]
Seife
clean *adj* [kliːn]
sauber, rein
dirty *adj* ['dɜːtɪ]
schmutzig
towel *n* ['taʊəl]
Handtuch

comb *n* [kəʊm]
Kamm
razor *n* ['reɪzə]
Rasiermesser, Rasierer
electric razor *n* [ɪˌlektrɪk'reɪzə]
Elektrorasierer
electric shaver *n* [ɪˌlektrɪk'ʃeɪvə]
Elektrorasierer
shave *v; n* [ʃeɪv]
(sich) rasieren; Rasur
  Oliver's beard has begun to grow;
  Oliver bekommt einen Bart; er
  he shaves every day now.
  rasiert sich jetzt jeden Tag.
  have a shave
  sich rasieren
  shaving brush/cream/foam
  Rasierpinsel/-creme/-schaum
spray *n; v* [spreɪ]
Spray, Sprühdose; sprühen
  hairspray
  Haarspray
cut, cut, cut *v* [kʌt]
schneiden
  Where can I **get my hair cut**?
  Wo kann ich mir die Haare
  schneiden lassen?
brush *v* [brʌʃ]
bürsten, putzen
  Have you **brushed your hair** yet?
  Hast du dir schon die Haare
  gebürstet?
  Don't forget to **brush your teeth**.
  Vergiss nicht, die Zähne zu putzen!
toothbrush *n* ['tuːθbrʌʃ]
Zahnbürste
toothpaste *n* ['tuːθpeɪst]
Zahnpasta
  a tube of toothpaste
  eine Tube Zahnpasta
tube *n* [tjuːb]
Tube

hygiene *n* ['haɪdʒiːn]
Hygiene, Sauberkeit
  personal hygiene
  persönliche Körperpflege
hygienic *adj* [haɪ'dʒiːnɪk]
hygienisch
oral *adj* ['ɔːrl]
mündlich, Mund-
  Oral hygiene is important for
  Zahn- und Mundpflege ist wichtig
  healthy teeth.
  für gesunde Zähne.
washbasin *n* ['wɒʃˌbeɪsn]
Waschbecken

Körperpflege und Kosmetik

2 Der menschliche Körper

flannel BE; **washcloth** AE *n* ['flænl; 'wɑ:ʃklɑ:θ]	Waschlappen

shampoo *n* [ʃæm'pu:]	Shampoo, Haarwaschmittel
barber *n* ['bɑ:bə]	(Herren-)Friseur
at the barber's	beim (Herren-)Friseur
barbershop AE *n* ['bɑ:rbərʃɑ:p]	(Herren-)Friseurladen
hairdresser *n* ['heə‚dresə]	Friseur, Friseurin
at the hairdresser's	beim Friseur
hair salon AE *n* [‚hərsə'lɑ:n]	Friseur(salon)
haircut *n* ['heəkʌt]	Haarschnitt, Frisur
I need a haircut.	Ich muss mir die Haare schneiden lassen.
hairdryer *n* ['heə‚draɪə]	Föhn
wig *n* [wɪg]	Perücke
beauty parlour *n* ['bju:tɪpɑ:lə]	Schönheitssalon

make-up *n* ['meɪkʌp]	Make-up
Judy's coming in a minute; she's just **putting on some make-up.**	Judy kommt in einer Minute; sie legt nur ihr Make-up auf.
lipstick *n* ['lɪpstɪk]	Lippenstift
perfume *n* ['pɜ:fju:m]	Parfum, Duft
sun cream *n* ['sʌnkri:m]	Sonnencreme
ointment *n* ['ɔɪntmənt]	Salbe
If your lips are sore, put some of this ointment on them.	Wenn deine Lippen wund sind, trage etwas von dieser Salbe auf.
powder *n* ['paʊdə]	Puder
face powder	Gesichtspuder
nailscissors *n pl* ['neɪlsɪzəz]	Nagelschere
nailfile *n* ['neɪlfaɪl]	Nagelfeile
nail polish *n* ['neɪlpɒlɪʃ]	Nagellack

Falsche Freunde

Englisches Wort	Thematische Bedeutung(en)	Falscher Freund	Englische Entsprechung(en)
action *n*	Handlung; Aktivität	Aktion	campaign, promotion
ankle *n*	Knöchel	Enkel	grandson
be fast asleep *v*	fest schlafen	fast	nearly, almost
clap *v*	klatschen	klappen	work (out)
fatal *adj*	tödlich; sterblich	fatal	embarrassing, awkward

48 Körperpflege und Kosmetik

Der menschliche Körper 2

Falsche Freunde			
Englisches Wort	Thematische Bedeutung(en)	Falscher Freund	Englische Entsprechung(en)
glance *n; v*	Blick; blicken	Glanz; glänzen	glory; shine
human *adj* ['hju:mən]	menschlich, Menschen-	human	humane [hju:ˈmeɪn]
personal *adj* ['pɜːsnl]	persönlich, privat	Personal; personell	personnel [ˌpɜːsnˈel], staff; personnel/staff ~
plump *adj*	mollig, rundlich	plump	crass
pregnant *adj*	schwanger	prägnant	concise
rest *n*	Ruhepause	Rest	remains
restless *adj*	unruhig, ruhelos	restlos	complete, total
spin *v*	(sich) schnell drehen	spinnen	be crazy
spot *n*	Fleck	Spott	ridicule
turn *v*	sich (um)drehen	turnen	do gymnastics
wander *v*	ziellos herumstreifen, bummeln	wandern	hike, go walking

Körperpflege und Kosmetik 49

3 Gesundheit und Medizin

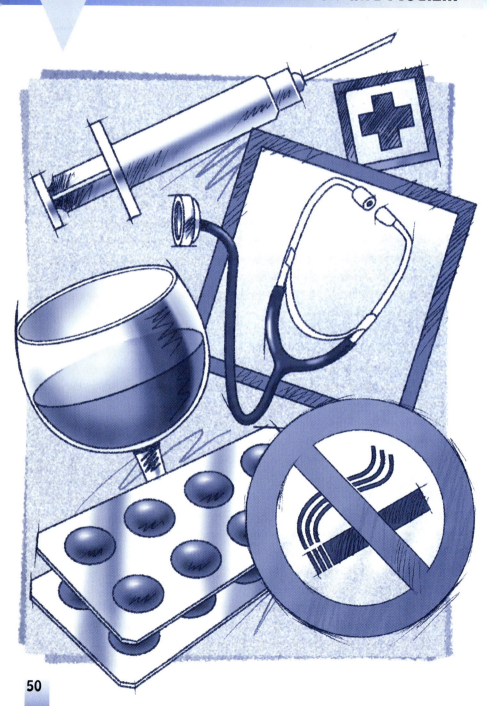

Gesundheit und Medizin 3

3.1 Gesundheit, Krankheit

condition n [kənˈdɪʃn]
Mark's really **out of condition** since he gave up sports.

Gesundheitszustand; Kondition
Seit er keinen Sport mehr treibt, hat Mark überhaupt keine Kondition mehr.

health n [helθ]
Polly's parents are **in good health** in spite of their age.
in poor health

Gesundheit
Pollys Eltern sind trotz ihres Alters bei guter Gesundheit.
in schlechter gesundheitlicher Verfassung

healthy adj [ˈhelθɪ]
lead a healthy life
well adj [wel]
Get well soon!
Bert's **getting better** now after having (the) flu.
fit adj [fɪt]
We **keep fit** by jogging every day.

gesund, kräftig
ein gesundes Leben führen
gesund, genesen
Gute Besserung!
Bert geht's nach seiner Grippe jetzt schon besser.
gesund, frisch, fit
Wir halten uns durch tägliches Joggen fit.

normal adj [ˈnɔːml]
Maggie's feeling better; her temperature's **back to normal**.
sane adj [seɪn]
insane adj [ɪnˈseɪn]
Some people are still discussing whether Hitler was insane or not.

normal, gewöhnlich
Maggie geht es besser, ihre Temperatur ist wieder ganz normal.
geistig gesund, normal
geisteskrank, verrückt
Manche Leute diskutieren immer noch darüber, ob Hitler verrückt war oder nicht.

trouble n [ˈtrʌbl]
What's the trouble?
Adam's still **having trouble with** his back.
sick adj [sɪk]
fall/go/be taken sick
I feel sick!
I think I'm going to **be sick**.

Beschwerden
Was fehlt (Ihnen/dir)?
Adam hat immer noch Rückenbeschwerden.
krank; übel, schlecht
krank werden
Mir ist schlecht!
Ich glaube, ich muss mich gleich übergeben.

ill adj [ɪl]
Hugh's **seriously ill**. He must stay in hospital.
illness n [ˈɪlnɪs]
There's been a lot of illness in the village this winter.
disease n [dɪˈziːz]

krank
Hugh ist ernstlich krank; er muss im Krankenhaus bleiben.
Krankheit
In diesem Winter hat es im Dorf viele Erkrankungen gegeben.
Infektionskrankheit

Gesundheit, Krankheit **51**

3 Gesundheit und Medizin

Compared with AIDS, flu is a fairly harmless disease.	Im Vergleich mit Aids ist Grippe eine ziemlich harmlose Infektion.
heart disease	Herzleiden, -krankheit
spread, spread, spread v [spred, spred]	(sich) ausbreiten, verbreiten
The disease spread quickly throughout Africa.	Die Infektion breitete sich schnell in ganz Afrika aus.
weak adj [wiːk]	schwach, geschwächt
a weak heart	ein schwaches Herz
weak eyes	schlechte Augen
strong adj [strɒŋ]	kräftig, stark
Dick's **as strong as a horse.** idiom	Dick ist bärenstark.
Sonia's **getting stronger** every day.	Sonja wird von Tag zu Tag wieder kräftiger.

stress n [stres]	Stress, Belastung, Überlastung
Lots of people **break down under the stress** of work.	Viele Leute brechen unter ihrem Arbeitsstress zusammen.
damage v ['dæmɪdʒ]	schaden, beschädigen
Smoking damages your health.	Rauchen schadet Ihrer Gesundheit.
harm v [haːm]	schaden, schädigen
harmful adj ['haːmfʊl]	schädlich, gefährlich
harmless adj ['haːmlɪs]	unschädlich, ungefährlich
risk n [rɪsk]	Risiko, Gefahr
risk of infection	Ansteckungsgefahr
run/take a risk	ein Risiko eingehen
risk v [rɪsk]	riskieren, aufs Spiel setzen
poison n ['pɔɪzn]	Gift

sore adj [sɔː]	schmerzend, weh; rauh, entzündet
Everyone **was so sore** after the long bicycle ride that we couldn't get out of bed the next day.	Nach der langen Radfahrt tat allen alles so weh, dass wir am nächsten Tag nicht aufstehen konnten.
I can hardly speak because I've got **a sore throat.**	Ich kann kaum sprechen, ich habe eine Halsentzündung.
cold n [kəʊld]	Erkältung, Schnupfen
I've got a really **nasty cold.**	Ich habe eine wirklich üble Erkältung.
catch, caught, caught v [kætʃ, kɔːt]	(ein)fangen
catch a cold	sich erkälten
cough n; v [kɒf]	Husten; husten
flu n [fluː]	Grippe
Tina's in bed with flu.	Tina liegt mit Grippe im Bett.
temperature n ['temprətʃə]	Körpertemperatur, Fieber
You've got a temperature!	Sie haben Fieber!
Let me **take your temperature.**	Ich möchte Ihre Temperatur messen.

52 Gesundheit, Krankheit

3 Gesundheit und Medizin

 Aches and pains

Pain ist das allgemeine Wort, das im Englischen benutzt wird, um ein stechendes, unangenehmes Körpergefühl zu beschreiben. **Pain** kann ein kleiner, spitzer Schmerz sein, z. B. verursacht durch einen Nadelstich, oder etwas Ernstes wie ein starker Schmerz in der Brust oder im Rücken.

back pain	Schmerz im Rücken
chest pain	Schmerz in der Brust
neck pain	Schmerz im Genick
be a pain in the neck idiom	auf den Wecker gehen

Ache bezeichnet dumpfe, länger anhaltende Schmerzen.

backache	Rückenschmerz*en*
earache	Ohrenschmerz*en*
headache	Kopfschmerz*en*
stomachache	Bauchschmerz*en*
toothache	Zahnschmerz*en*

Aber man kann nicht alles, was im Deutschen *Schmerz* oder *Schmerzen* heißt, mit **pain** oder **ache** ausdrücken, z. B.

Mr Miller's got **a sore throat**.	Herr Miller hat <u>Halsschmerzen</u>.
I've got **a sore foot**.	Mein <u>Fuß tut weh</u>.

headache n [ˈhedeɪk]
I've got a terrible headache and a cough today.
backache n [ˈbækeɪk]
toothache n [ˈtuːθeɪk]
Jim's got terrible toothache. He has to see the dentist.

Kopfschmerzen
Ich habe heute furchtbare Kopfschmerzen und Husten.
Rückenschmerzen
Zahnschmerzen
Jim hat fürchterliche Zahnschmerzen; er muss zum Zahnarzt gehen.

wound n; v [wuːnd]
seriously adv [ˈsɪərɪəsli]
Two men were **seriously injured** in the fight.
injure v [ˈɪndʒə]
injury n [ˈɪndʒri]
do sb/oneself an injury
cut, cut, cut v [kʌt]
bleed, bled, bled v [bliːd, bled]
Have you cut your finger? It's bleeding!
stick, stuck, stuck v [stɪk, stʌk]
The boy had a sweet stuck in his throat.

Wunde; verwunden, verletzen
ernst(lich), schwer
Bei der Schlägerei wurden zwei Männer schwer verletzt.
verletzen
Verletzung
jdn/sich verletzen
schneiden
bluten
Hast du dich in den Finger geschnitten? Er blutet!
stecken; stechen
Dem Jungen steckte ein Bonbon im Hals.

Gesundheit, Krankheit **53**

3 Gesundheit und Medizin

Frank **stuck** his knife **into** the other man's hand.	Frank stach dem anderen Mann mit dem Messer in die Hand.

bump n [bʌmp] — Beule
break, broke, broken v
[breɪk, brəʊk, ˈbrəʊkn] — brechen
broken adj [ˈbrəʊkn] — gebrochen
Lucy was taken to hospital with **a broken leg**. — Lucy wurde mit einem Beinbruch ins Krankenhaus eingeliefert.
hurt, hurt, hurt v [hɜːt] — verletzen; schmerzen, weh tun
The old lady **hurt her back** when she fell. — Die alte Dame verletzte sich am Rücken, als sie hinfiel.
My arm hurts like hell! — Mein Arm tut höllisch weh!
pain n [peɪn] — (stechender) Schmerz
I've got a terrible pain in my stomach. — Ich habe einen schrecklichen Schmerz im Bauch.
She's been **in pain** for days. — Sie hat seit Tagen schwere Schmerzen.

attack n [əˈtæk] — Anfall
Sheila had a nasty **attack of flu** and couldn't go to work. — Sheila hatte einen schweren Grippeanfall und konnte nicht arbeiten gehen.
heart attack — Herzanfall; Herzinfarkt
suffer v [ˈsʌfə] — leiden; erleiden
Office workers often **suffer from** headaches. — Büroangestellte leiden oft unter Kopfschmerzen.

shock n [ʃɒk] — Schock
breakdown n [ˈbreɪkdaʊn] — Zusammenbruch
a nervous breakdown — ein Nervenzusammenbruch
unconscious adj [ʌnˈkɒnʃəs] — bewusstlos
consciousness n [ˈkɒnʃəsnɪs] — Bewusstsein
The driver **lost consciousness** immediately after the accident. — Der Fahrer verlor sofort nach dem Unfall das Bewusstsein.

ache n [eɪk] — (dumpfe, länger anhaltende) Schmerzen
Uncle Edward is only 35, but he's got the **aches and pains** of a sixty-year-old. idiom — Onkel Edward ist erst 35, aber er hat die Wehwehchen eines Sechzigjährigen.
earache — Ohrenschmerzen
stomachache — Bauchschmerzen
ache v [eɪk] — schmerzen, weh tun
tender adj [ˈtendə] — empfindlich, zart
a tender spot — eine empfindliche Stelle
weakness n [ˈwiːknɪs] — Schwäche

54 Gesundheit, Krankheit

Gesundheit und Medizin 3

strength *n* [streŋθ]
After her difficult operation Cynthia
slowly **recovered her strength**.
sweat *n; v* [swet]
fever *n* ['fiːvə]
I think she's got a fever. I'll take her
temperature.

Robustheit, Kraft, Kräfte
Nach ihrer schweren Operation
kam Cynthia wieder zu Kräften.
Schweiß; schwitzen
Fieber
Ich glaube, sie hat Fieber. Ich messe
mal ihre Temperatur.

contagious *adj* [kən'teɪdʒəs]
Chickenpox is a **contagious
disease**.
infectious *adj* [ɪn'fekʃəs]
infection *n* [ɪn'fekʃn]
inflammation *n* [ˌɪnflə'meɪʃn]
Inflammation is usually caused by
an infection.

ansteckend, Infektions-
Windpocken sind eine an-
steckende Krankheit.
ansteckend
Infektion, ansteckende Krankheit
Entzündung
Entzündungen werden normalerweise von einer Infektion ausgelöst.

bacteria *n pl* [bæk'tɪərɪə]
virus *n* ['vaɪərəs]
poisonous *adj* ['pɔɪznəs]
shiver *v* ['ʃɪvə]
Ivy was in bed **shivering with cold**.

Bakterien
Virus
giftig
zittern, beben
Ivy lag im Bett und zitterte vor
Kälte.

sneeze *n; v* [sniːz]
atishoo! *interj* [ə'tɪʃuː]
allergy ['ælədʒɪ]

Niesen; niesen
hatschi!
Allergie

seasick *adj* ['siːsɪk]
carsick *adj* ['kɑːsɪk]
Fortunately, I never **get carsick/
seasick**.
vomit *v* ['vɒmɪt]
Nick vomited shortly after he ate
the fish.

seekrank
reisekrank *(beim Autofahren)*
Zum Glück wird mir im Auto / auf
dem Schiff nie übel.
(sich) erbrechen, übergeben
Nick musste sich übergeben, kurz
nachdem er den Fisch gegessen
hatte.

chickenpox *n* ['tʃɪkɪnˌpɒks]
measles *n* ['miːzlz]
  German measles
scarlet fever *n* [ˌskɑːlət'fiːvə]
mumps *n* [mʌmps]
swollen *adj* ['swəʊlən]
pneumonia *n* [njuː'məʊnɪə]

Windpocken
Masern
Röteln
Scharlach
Mumps
geschwollen
Lungenentzündung

stroke *n* [strəʊk]

Schlaganfall

Gesundheit, Krankheit 55

3

Gesundheit und Medizin

Wayne's father had a stroke and died last year.	Waynes Vater ist letztes Jahr nach einem Schlaganfall gestorben.
paralyzed *adj* ['pærlaɪzd]	gelähmt
stiff *adj* [stɪf]	steif
a stiff neck	ein steifer Hals

ulcer *n* ['ʌlsə]	(Magen-)Geschwür
cancer *n* ['kænsə]	Krebs
crisis, *pl* **crises** *n* ['kraɪsɪs, 'kraɪsiːz]	Krise, Krankheitshöhepunkt
wreck *n; v* [rek]	Wrack; ruinieren, zerstören
Clive's been ill so often; he's now a **physical wreck.**	Clive war so oft krank; er ist jetzt ein körperliches Wrack.
All this trouble with her boss has **wrecked her health.**	Der ganze Ärger mit ihrem Chef hat ihre Gesundheit ruiniert.
nerves *n pl* [nɜːvz]	Nerven
The noise is **getting on my nerves!**	Der Lärm geht mir auf die Nerven!
tic *n* [tɪk]	Tick, Zucken *(im Gesicht)*
a nervous tic	ein Tick/nervöses Zucken

internal *adj* [ɪn'tɜːnl]	innere(r, s)
internal bleeding/injuries	innere Blutung/Verletzungen
severe *adj* [sɪ'vɪə]	schwer, schlimm
I often get severe headaches after smoking a lot.	Wenn ich viel geraucht habe, bekomme ich oft schwere Kopf-schmerzen.
vital *adj* ['vaɪtl]	lebenswichtig
The heart is **a vital organ.**	Das Herz ist ein lebenswichtiges Organ.

moan *v* [məʊn]	stöhnen, ächzen
faint *v* [feɪnt]	in Ohnmacht fallen
She **fainted from** loss of blood.	Sie fiel wegen des Blutverlusts in Ohnmacht.
senseless *adj* ['senslɪs]	bewusstlos
The boy was **knocked senseless** by a heavy blow to the head.	Der Junge verlor durch einen schweren Schlag an den Kopf das Bewusstsein.

3.2 Medizinische Versorgung

emergency *n* [ɪ'mɜːdʒnsɪ]	Notfall
In an emergency, dial 999 (GB) / 911 (USA).	Wählen Sie im Notfall 999 (GB) / 911 (USA).
ambulance *n* ['æmbjələns]	Krankenwagen

56 Medizinische Versorgung

Gesundheit und Medizin 3

hospital *n* [ˈhɒspɪtl]
be in hospital BE; **be in the hospital** AE
Krankenhaus
im Krankenhaus sein/liegen

patient *n* [peɪʃnt]
Patient(in)

nurse *n* [nɜːs]
Krankenschwester

male nurse
Krankenpfleger

doctor *n* [ˈdɒktə]
Doktor, Arzt, Ärztin

dentist *n* [ˈdentɪst]
Zahnarzt, Zahnärztin

at the doctor's/dentist's
beim Arzt/Zahnarzt

fill *v* [fɪl]
plombieren, füllen

Laura **had two teeth filled** at the dentist's yesterday.
Laura ließ sich gestern beim Zahnarzt zwei Zähne plombieren.

filling *n* [ˈfɪlɪŋ]
Zahnfüllung, Plombe

My filling's come out!
Mir ist die Plombe rausgefallen!

have sth out, had, had *v* [ˌhævsʌmθɪŋˈaʊt, hæd]
sich etw. entfernen lassen

I'm **having a tooth out** today!
Ich muss mir heute einen Zahn ziehen lassen!

examine *v* [ɪgˈzæmɪn]
untersuchen

examination *n* [ɪgˌzæmɪˈneɪʃn]
Untersuchung

test *n* [test]
Untersuchung, Analyse

blood test
Blutuntersuchung

test *v* [test]
untersuchen, testen

You should **have your eyes tested**.
Sie sollten Ihre Augen untersuchen lassen!

care *n* [keə]
Pflege; Versorgung

take care of sb
sich um jdn kümmern, jdn versorgen

medical care *n* [ˌmedɪklˈkeə]
medizinische Versorgung

program(me) *n* [ˈprəʊgræm]
Programm

A US government program which provides medical care for the elderly is called "Medicare".
Ein Programm der US-Regierung zur medizinischen Betreuung der älteren Menschen nennt sich „Medicare".

insure *v* [ɪnˈʃʊə]
versichern (lassen)

insurance *n* [ɪnˈʃʊərns]
Versicherung

(private) health insurance
(private) Krankenversicherung

treat *v* [triːt]
behandeln

It is very difficult to successfully treat somebody who has AIDS.
Es ist sehr schwierig, jemanden erfolgreich zu behandeln, der Aids hat.

treatment *n* [ˈtriːtmənt]
Behandlung

medical *adj* [ˈmedɪkl]
medizinisch, ärztlich

Medizinische Versorgung 57

3 Gesundheit und Medizin

medical treatment	medizinische Behandlung
medical insurance	Krankenversicherung
medicine *n sg* ['medsɪn]	Medizin; Arznei, Medikament(e)
Alex wants to study medicine.	Alex will Medizin studieren.
You shouldn't take too much medicine.	Man sollte nicht zu viele Medikamente nehmen.
pill *n* [pɪl]	Pille, Tablette
tablet *n* ['tæblɪt]	Tablette
chemist BE; **pharmacist** AE *n* ['kemɪst; 'fɑːrməsɪst]	Drogist(in); Apotheker(in)
at the chemist's/pharmacy	in der Drogerie/Apotheke
pharmacy *n* ['fɑːməsɪ]	Apotheke
drugstore AE *n* ['drʌgstɔːr]	Drogerie; Apotheke

cure *v* [kjʊə]	heilen
Dr Parkinson cured my stomach problems.	Dr. Parkinson hat meine Magenbeschwerden geheilt.
exercise *n* ['eksəsaɪz]	körperliche Aktivität, Bewegung
You should **take more exercise** in order to get fit again.	Sie sollten sich mehr bewegen, um wieder körperlich fit zu werden.
improve *v* [ɪm'pruːv]	sich bessern
Lorna's health improved a lot during her holiday.	Während ihres Urlaubs hat sich Lornas Gesundheitszustand sehr gebessert.
improvement *n* [ɪm'pruːvmənt]	Besserung
At first, there was **little improvement in** her condition.	Anfangs besserte sich ihr Zustand kaum.
save *v* [seɪv]	retten
Dr Simpson saved Guy's life after the accident.	Dr. Simpson hat Guy nach dem Unfall das Leben gerettet.

preventive *adj* [prɪ'ventɪv]	vorbeugend, Präventiv-
preventive medicine	Präventivmedizin
preventive measure	vorbeugende Maßnahme
protection *n* [prə'tekʃn]	Schutz
There is no sure **protection against** infection.	Es gibt keinen sicheren Schutz gegen Infektionen/Ansteckung.
check-up *n* ['tʃekʌp]	gründliche Untersuchung, Kontrolle
cancer screening *n* ['kænsəˌskriːnɪŋ]	Krebsvorsorgeuntersuchung
X-ray *n* ['eksreɪ]	Röntgenaufnahme/-untersuchung
have an X-ray	geröntgt werden
take an X-ray	eine Röntgenaufnahme machen

first aid *n* [ˌfɜːstˈeɪd]	Erste Hilfe

Medizinische Versorgung

Gesundheit und Medizin 3

Our teacher's doing **a course in first aid**.	Unser(e) Lehrer(in) macht einen Erste-Hilfe-Kurs.
iodine n [ˈaɪədiːn]	Jod(tinktur)
bandage n [ˈbændɪdʒ]	Verband, Binde
plaster BE; **Band-Aid** AE n [ˈplɑːstə, ˈbændeɪd]	(Heft-)Pflaster
pressure n [ˈpreʃə]	Druck
high/low blood pressure	hoher/niedriger Blutdruck
remedy n [ˈremɪdɪ]	Heilmittel, Hausmittel
Onions are an old-fashioned **remedy for** a cough.	Zwiebeln sind ein altes Hausmittel gegen Husten.
injection n [ɪnˈdʒekʃn]	Spritze, Injektion
give sb an injection	jdm eine Spritze geben
rub, rubbed, rubbed v [rʌb]	(ein)reiben
Rub this ointment **on** your chest.	Reiben Sie Ihre Brust mit dieser Salbe ein.

ward n [wɔːd]	Krankenstation
surgeon n [ˈsɜːdʒn]	Chirurg(in)
surgery n [ˈsɜːdʒrɪ]	Sprechzimmer, Arztpraxis (BE); Chirurgie
surgery hours BE	Sprechstunde(n)
have surgery	operiert werden
doctor's office AE n [ˈdɑːktərzˈɑːfɪs]	Arztpraxis
office hours AE [ˈɑːfɪsˌaʊrz]	Sprechstunde(n)
prescribe v [prɪˈskraɪb]	verschreiben, verordnen
The doctor **prescribed** these tablets **for** our son's mumps.	Der Arzt hat unserem Sohn diese Tabletten gegen Mumps verschrieben.
prescription n [prɪˈskrɪpʃn]	Rezept, Verordnung
This medicine is available **on prescription** only.	Dieses Medikament ist rezeptpflichtig.
prescription charges	Rezeptgebühren
operate v [ˈɒpreɪt]	operieren
He **was operated on** for cancer.	Er wurde an Krebs operiert.
operating theatre BE; **operating room** AE	Operationssaal
operation n [ˌɒpˈreɪʃn]	Operation

relax v [rɪˈlæks]	(sich) entspannen
You do look tired! Lie down and relax for a while.	Du siehst aber müde aus! Leg dich hin und entspann dich ein wenig.
relief n [rɪˈliːf]	Linderung, Erleichterung
These tablets should give you **relief from** the pain.	Diese Tabletten müssten Ihre Schmerzen lindern.
recover v [rɪˈkʌvə]	sich erholen; wieder erlangen

Medizinische Versorgung 59

3 Gesundheit und Medizin

Just keep the child warm, and she'll soon recover.
He **recovered his sight** after the operation.
recovery n [rɪˈkʌvrɪ]
We thought he would die, but he **made an amazing recovery**.
fitness n [ˈfɪtnəs]
support v [səˈpɔːt]
When the patient got up, the nurse held his arm and supported him.

heal v [hiːl]
Some injuries heal more quickly than others.

Halten Sie das Kind nur warm und es wird sich bald erholen.
Nach der Operation erlangte er sein Augenlicht wieder.
Erholung, Gesundung
Wir dachten, er würde sterben, aber er erholte sich erstaunlich gut.
Gesundheit, Fitness
stützen, halten
Beim Aufstehen wurde der Patient von einer Krankenschwester gestützt.

(ver)heilen
Manche Verletzungen heilen schneller als andere.

3.3 Genussmittel, Drogen

drink n [drɪŋk]
Drink and drugs are a big problem in many schools.
drink, drank, drunk v
[drɪŋk, dræŋk, drʌŋk]
He doesn't smoke or drink.
alcohol n [ˈælkəhɒl]
How can you drink so much alcohol?
drunk adj [drʌŋk]
Dean **gets drunk** every evening after work.
give up, gave, given v
[ˌgɪvˈʌp, geɪv, ˈgɪvn]
David's uncle finally managed to give up alcohol.

(alkoholisches) Getränk
Alkohol und Drogen sind in vielen Schulen ein großes Problem.
(gewohnheitsmäßig) Alkohol trinken
Er raucht und trinkt nicht.
Alkohol, Alkoholisches
Wie kannst du nur so viel Alkohol trinken?
betrunken
Dean betrinkt sich jeden Abend nach der Arbeit.
aufgeben, aufhören mit

Davids Onkel hat es schließlich doch geschafft, das Trinken aufzugeben.

tobacco n [təˈbækəʊ]
a tin of tobacco
cigar n [sɪˈgɑː]
cigarette n [ˌsɪgrˈet]
mild adj [maɪld]
a mild cigar/cigarette
packet n [ˈpækɪt]
a packet of cigarettes BE

Tabak
eine Dose Tabak
Zigarre
Zigarette
mild, leicht
eine leichte Zigarre/Zigarette
Packung, Schachtel
eine Schachtel Zigaretten

60 Genussmittel, Drogen

Gesundheit und Medizin   3

pipe *n* [paɪp] — Pfeife
smoke *n* [sməʊk] — Rauch; was zu rauchen
  I need a smoke now. *inform* — Ich muss jetzt eine rauchen!
smoking *n* ['sməʊkɪŋ] — (das) Rauchen
  No smoking! — Rauchen verboten!
  no-smoking area — Nichtraucherzone
smoke *v* [sməʊk] — rauchen

drug *n* [drʌg] — Droge, Rauschgift
  Phil takes drugs. / Phil's on drugs. — Phil nimmt Drogen.
  hard drugs / soft drugs — harte Drogen / weiche Drogen
  drug user — Drogenkonsument(in)
  drug traffic — Drogenhandel
take, took, taken *v* [teɪk, tʊk, 'teɪkn] — (ein)nehmen, konsumieren

alcoholic *n; adj* [ˌælkə'hɒlɪk] — Alkoholiker(in); alkoholisch
alcoholism *n* ['ælkəhɒlɪzm] — Alkoholismus, Alkoholkrankheit
pissed BE *adj vulg* [pɪst] — stockbesoffen
sober *adj* ['səʊbə] — nüchtern
  as sober as a judge *idiom* — stocknüchtern

smoker *n* ['sməʊkə] — Raucher(in)
  Eric's a heavy smoker. — Eric ist ein starker Raucher.
non-smoker *n* [ˌnɒn'sməʊkə] — Nichtraucher(in)
smoky *adj* ['sməʊkɪ] — verraucht, rauchig
plain *adj* [pleɪn] — filterlos, ohne Filter
  plain cigarette — Zigarette ohne Filter
filter *adj; n* ['fɪltə] — Filter-; Filter
  filter cigarette — Filterzigarette

addict *n* ['ædɪkt] — Süchtige(r)
  drug addict — Drogenabhängige(r)
marijuana, marihuana *n* — Marihuana
[ˌmærɪ'hwɑːnə]
grass *n sl* [grɑːs] — Gras (*Marijuana*)
joint *n* [dʒɔɪnt] — Joint (*Zigarette mit Marihuana*)
hashish *n* ['hæʃiːʃ] — Haschisch
hash *n inform* ['hæʃ] — Hasch
ecstasy *n* ['ekstəsɪ] — Ecstasy
heroin *n* ['herəʊɪn] — Heroin
cocaine *n* [kəʊ'keɪn] — Kokain
coke *n sl* [kəʊk] — Koks (*Kokain*)
crack *n sl* [kræk] — Crack (*Kokainmischung*)
dealer *n sl* ['diːlə] — Drogenhändler(in), Dealer(in)

high *adj inform* [haɪ] — high, berauscht

Genussmittel, Drogen   61

3 Gesundheit und Medizin

stoned *adj sl* [stəʊnd]   total weg/voll *(unter Drogen)*
withdrawal *n* [wɪðˈdrɔːəl]   Drogenentzug
  withdrawal symptoms   Entzugserscheinungen
detoxification *n* [diːˌtɒksɪfɪˈkeɪʃn] Entgiftung
substitute drug *n*   Ersatzdroge
[ˈsʌbstɪtjuːtˌdrʌg]

Falsche Freunde

Englisches Wort	Thematische Bedeutung(en)	Falscher Freund	Englische Entsprechung(en)
ambulance *n*	Krankenwagen	Ambulanz	accidents and emergency (ANE) BE; emergency room (ER) AE
packet *n*	kleine Packung/ Schachtel	Paket	parcel
serious *adj*	ernst; schwer	seriös	respectable
smoking *n*	(das) Rauchen	Smoking	dinner-jacket BE, tuxedo AE
tablet *n*	Tablette	Tablett	tray
vital *adj*	lebenswichtig	vital	full of life, vigorous

Genussmittel, Drogen

Psyche, Geist, Verhalten

4

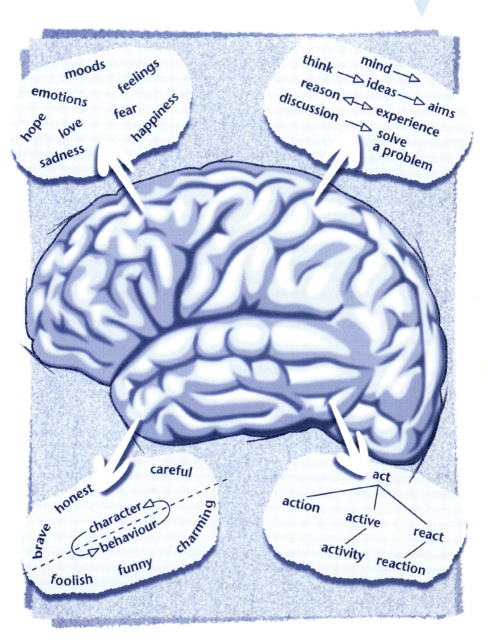

4 Psyche, Geist, Verhalten

4.1 Gefühle

mood n [muːd] — Stimmung, Laune
 be in a good/bad mood — gute/schlechte Laune haben
 I'm really **in the mood for** doing nothing. — Mir ist so richtig nach Faulenzen zu Mute.
emotion n [ɪˈməʊʃn] — starkes/bewegtes Gefühl, Emotion
 Discussions about the use of nuclear power often produce strong emotions. — Diskussionen über die Nutzung der Atomkraft erregen die Gemüter oft stark.
emotional adj [ɪˈməʊʃnl] — emotional, Gefühls-
 emotional problems — seelische Probleme
feeling n [ˈfiːlɪŋ] — Gefühl
 I had **a strange feeling** that something bad would happen. — Ich hatte das komische Gefühl, dass etwas Schlimmes passieren würde.
 Sheila **hurt James' feelings** when she called him a fool. — Sheila verletzte James, als sie ihn einen Dummkopf nannte.
strange adj [streɪndʒ] — komisch, seltsam
suppress v [səˈpres] — unterdrücken
 If you suppress your feelings, it only makes things worse. — Wenn man seine Gefühle unterdrückt, macht man alles nur noch schlimmer.
feel, felt, felt v [fiːl, felt] — (sich) fühlen
 I've never felt happier in my life. — Ich habe mich im Leben noch nie so glücklich gefühlt.

Feelings and emotions

feeling — *Gefühl (das, was man für eine Person oder eine Sache empfindest)*
No-one realized what his **true feelings** were for her. — *Niemand erkannte, was er <u>wirklich</u> für sie <u>empfand</u>.*
There was a **feeling of sadness** about her. — *Sie verbreitete ein <u>Gefühl von Traurigkeit</u>.*
Sorry, I didn't mean **to hurt your feelings**. — *Tut mir Leid. Ich wollte <u>dich</u> nicht <u>verletzen</u>.*

emotion — *Emotion (ein starkes, bewegtes Gefühl)*
Emotions were running high in the last fifteen minutes of the match. — *<u>Die Emotionen</u> kochten in den letzten fünfzehn Minuten des Spiels über.*

impress v [ɪmˈpres] — beeindrucken
 I'm not impressed. — Das beeindruckt mich nicht.
impression n [ɪmˈpreʃn] — Eindruck
 Your first impression is often the most important one. — Der erste Eindruck ist oft der beste.

64 Gefühle

Psyche, Geist, Verhalten 4

hope n; v [həʊp]
Tomorrow's going to be a great
day. – I hope so!
hopeless adj ['həʊplɪs]
You're hopeless!

Hoffnung; hoffen
Morgen wird ein großartiger Tag. –
Das hoffe ich!
hoffnungslos, aussichtslos
Dir ist nicht zu helfen!

care v [keə]
I don't care!
I believe he really does **care about**
his parents.
be fond of, was, been v
[bɪˌfɒnd'ɒv, wɒs, biːn]
My grandfather's very fond of
children and animals.
like v [laɪk]
love n; v [lʌv]
be in love with sb
fall in love with sb
Vera loves David **with all her heart**
and soul. idiom
mad adj inform [mæd]
I'm **mad about** you!
attract v [ə'trækt]
They were **attracted to** each other
from day one.
admire v [əd'maɪə]

angehen, berühren
Das ist mir egal!
Ich glaube, dass seine Eltern ihm
wirklich etwas bedeuten.
gern/lieb haben

Mein Großvater hat Kinder und
Tiere sehr gern.
mögen, gern haben
Liebe; lieben
in jdn verliebt sein
sich in jdn verlieben
Vera liebt David aus ganzem
Herzen.
verrückt
Ich bin verrückt nach dir!
anziehen
Vom ersten Augenblick an fühlten
sie sich zueinander hingezogen.
bewundern

concerned adj [kən'sɜːnd]
Karen **was concerned about** her
little brother's safety.
worried adj ['wʌrɪd]
Roger's always **worried about**
money, although he earns a good
salary.
worry n ['wʌrɪ]
Doris **hasn't got a worry in the**
world.
worry, worried, worried v ['wʌrɪ]
Don't worry!
anxious adj ['æŋkʃəs]
be anxious about sth/sb
nervous adj ['nɜːvəs]
upset adj [ʌp'set]
Julian was very **upset by** the news.

besorgt
Karen war um die Sicherheit ihres
kleinen Bruders besorgt.
besorgt, beunruhigt
Roger macht sich immer Sorgen
ums Geld, obwohl er ein gutes
Gehalt hat.
Sorge
Doris hat überhaupt keine Sorgen.

sich Sorgen machen
Mach dir keine Sorgen!
besorgt
sich um etw./jdn Sorgen machen
nervös
durcheinander, bestürzt
Julian war sehr bestürzt über die
Nachricht.

Gefühle 65

4 Psyche, Geist, Verhalten

fear *n; v* [fɪə] — Angst, Furcht; (be)fürchten
afraid *adj* [ə'freɪd] — ängstlich
Douglas couldn't say why, but he was suddenly afraid. — Douglas wusste nicht warum, aber plötzlich hatte er Angst.
Sue' s very **afraid of** water. — Sue ist sehr wasserscheu.
scared *adj inform* [skeəd] — schreckhaft, scheu, verschüchtert
Sandra's **scared of** heights. — Sandra hat Höhenangst.
frightened *adj* ['fraɪtnd] — verängstigt, erschreckt, furchtsam
My brother's **frightened of** the dark. — Mein Bruder hat große Angst vor der Dunkelheit.
frightening *adj* ['fraɪtnɪŋ] — furchterregend

anxious *adj* ['æŋkʃəs] — bestrebt, auf etw. aus
The children were anxious to start building the new treehouse. — Die Kinder konnten es kaum erwarten, mit dem Bau des neuen Baumhauses zu beginnen.

excited *adj* [ɪk'saɪtɪd] — aufgeregt, erregt, begeistert
Peter was so excited when he saw his new bike. — Peter war sehr aufgeregt, als er sein neues Fahrrad sah.
glad *adj* [glæd] — froh, erfreut
I'm glad to meet you. — Es freut mich, Sie kennen zu lernen.

happy *adj* ['hæpɪ] — glücklich, zufrieden
Gwen's a very happy baby; she almost never cries. — Gwen ist ein sehr zufriedenes Baby; sie weint fast nie.
happiness *n* ['hæpɪnəs] — Glück
wonderful *adj* ['wʌndəfʊl] — toll, wunderbar
joy *n* [dʒɔɪ] — Freude
She **jumped for joy.** *idiom* — Sie machte einen Freudensprung.
keen *adj* [kiːn] — begeistert, leidenschaftlich
He's very **keen on** bowling. — Er kegelt für sein Leben gern.
I'm very **keen to** meet her. — Ich möchte sie unbedingt kennen lernen.

laugh *v* [lɑːf] — lachen
laugh about sth/sb — über etw./jdn lachen
laugh at sb — jdn auslachen
laughter *n* ['lɑːftə] — Gelächter
merry *adj* ['merɪ] — fröhlich, heiter, lustig
Merry Christmas! — Fröhliche/Frohe Weihnachten!
pleasure *n* ['pleʒə] — Vergnügen, Freude
I always **take pleasure in** having a nice warm bath. — Ich genieße es jedes Mal sehr, wenn ich ein schönes heißes Bad nehme.

smile *n; v* [smaɪl] — Lächeln; lächeln

66 Gefühle

Psyche, Geist, Verhalten 4

The child **smiled at** me and I smiled back.
Das Kind lächelte mich an, und ich lächelte zurück.

humour *n* ['hju:mə]
Humor

a sense of humour
ein Sinn für Humor

enjoy *v* [ɪn'dʒɔɪ]
genießen

Are you **enjoying yourself?**
Amüsieren Sie sich gut?

grateful *adj* ['greɪtfʊl]
dankbar

I'm very **grateful to** all of you for the help you've given me.
Ich bin euch allen für eure Hilfe sehr dankbar.

touched *adj* [tʌtʃt]
gerührt; bewegt

I was very **touched by** your letter of thanks.
Ich war von Ihrem Dankschreiben sehr bewegt.

pity *n* ['pɪtɪ]
Mitleid; Bedauern

have/take pity on sb
Mitleid mit jdm haben

That's a pity.
Das ist bedauerlich/schade!

regret, regretted, regretted *v* [rɪ'gret]
bedauern

We regret to inform you that we are unable to offer you the job.
Wir bedauern, Ihnen mitteilen zu müssen, dass wir Ihnen die Stelle nicht anbieten können.

sorry *adj* ['sɒrɪ]
traurig

We're very sorry, but we can't come on Friday.
Es tut uns sehr Leid, aber wir können am Freitag nicht kommen.

I'm **sorry about** last night.
Es tut mir Leid wegen gestern Abend.

Judy **feels sorry for** Pam.
Es tut Judy Leid um Pam.

feel bad about sth, felt, felt *v* [fi:l ˌbædə'baʊt, felt]
wegen etw. ein schlechtes Gefühl/ Gewissen haben

Marion **felt bad about** having been so angry.
Marion hatte ein schlechtes Gewissen, weil sie so wütend gewesen war.

angry *adj* ['æŋgrɪ]
ärgerlich, verärgert

be angry about sth
über etw. verärgert sein

be angry with sb
über jdn verärgert sein

mad *adj inform* [mæd]
böse, wütend, sauer

Why do you always get so **mad at** me?
Warum bist du immer so wütend auf mich?

bother *v* ['bɒðə]
belästigen, ärgern, stören

It doesn't really bother me.
Es ist mir ziemlich egal.

annoying *adj* [ə'nɔɪɪŋ]
ärgerlich, lästig

Sometimes you can be so annoying!
Manchmal gehst du mir richtig auf den Geist!

annoyed *adj* [ə'nɔɪd]
verärgert, ärgerlich

Gefühle 67

4 Psyche, Geist, Verhalten

become, became, become *v*
[bɪˈkʌm, bɪˈkeɪm]
I become very annoyed when
people talk too much.
hate *v* [heɪt]
I hate washing up right after meals.

stand, stood, stood *v* [stænd, stʊd]
I can't stand arrogant people!

werden
Ich werde sehr ärgerlich, wenn
Leute zu viel reden.
hassen, nicht leiden können
Ich hasse es, gleich nach dem Essen
Geschirr zu spülen.
ertragen, ausstehen
Ich kann überhebliche Menschen
nicht ausstehen!

awful *adj* [ˈɔːfʊl]
terrible *adj* [ˈterəbl]
nasty *adj* [ˈnɑːstɪ]
He's always very **nasty to** his little
brother.

schrecklich, scheußlich
fürchterlich, schrecklich
abscheulich; gemein, gehässig
Er ist immer sehr gemein zu
seinem kleinen Bruder.

want *v* [wɒnt]
I don't **want to** go out tonight.
I'm too tired.
wish *n; v* [wɪʃ]
I wish you were going to the party
with me.

wollen
Ich möchte heute Abend nicht
ausgehen. Ich bin zu müde.
Wunsch; wünschen
Ich wünschte, du würdest mit zur
Party gehen!

nice *adj* [naɪs]
It was such a nice party!
pleasant *adj* [ˈpleznt]
We had a pleasant evening at
home.
satisfied *adj* [ˈsætɪsfaɪd]
He's not really **satisfied with** his
present salary.
content *adj* [kənˈtent]
Her job is not that interesting, but
she's quite content anyway.

nett, schön
Es war wirklich eine schöne Party!
angenehm, nett
Wir verbrachten einen netten
Abend zu Hause.
zufrieden
Er ist mit seinem jetzigen Gehalt
eigentlich nicht zufrieden.
zufrieden
Ihre Arbeit ist nicht besonders
interessant, aber sie ist trotzdem
ganz zufrieden.

secure *adj* [sɪˈkjʊə]
The little girl **felt safe and secure** in
her mother's arms.

sicher, geborgen
Das kleine Mädchen fühlte sich in
den Armen seiner Mutter sicher
und geborgen.

sad *adj* [sæd]
sadness *n* [ˈsædnɪs]
bear, bore, born *v* [beə, bɔː, bɔːn]
The loss of her mother was more
than Iris could bear.

traurig
Traurigkeit
ertragen
Der Verlust ihrer Mutter war mehr,
als Iris ertragen konnte.

68 Gefühle

Psyche, Geist, Verhalten 4

suffer *v* [ˈsʌfə]
Janet's life has been hard and she has suffered a great deal.
Richard's wife **suffers from** severe depression.

erleiden, leiden
Janet hat ein schweres Leben und sie hat viel erlitten.
Richards Frau leidet unter schweren Depressionen.

cry, cried, cried *v* [kraɪ]
weep, wept, wept *v* [wiːp, wept]
Wayne wept when he heard the bad news.

laut weinen
Tränen vergießen, weinen
Wayne weinte, als er die schlimme Nachricht hörte.

tear *n* [tɪə]
in tears

Träne
in Tränen aufgelöst

burst, burst, burst *v* [bɜːst]
burst into tears

bersten, ausbrechen
in Tränen ausbrechen

lonely *adj* [ˈləʊnlɪ]
Aunt Mabel lives all by herself and is very lonely.

einsam, verlassen
Tante Mabel lebt ganz allein und ist sehr einsam.

miss *v* [mɪs]
We really missed our father while he was abroad.

vermissen
Wir haben unseren Vater echt vermisst, als er im Ausland war.

disappointed *adj* [ˌdɪsəˈpɔɪntɪd]
I was very **disappointed with** my exam results.
She's very **disappointed in** him.

enttäuscht
Ich war von meinen Prüfungsergebnissen sehr enttäuscht.
Sie ist von ihm sehr enttäuscht.

disappointing *adj* [ˌdɪsəˈpɔɪntɪŋ]
disappointment *n* [ˌdɪsəˈpɔɪntmənt]
unfortunately *adv* [ʌnˈfɔːtʃnətlɪ]
Unfortunately my friend didn't have enough money to go to the cinema with me.

enttäuschend
Enttäuschung
leider, unglücklicherweise
Mein Freund hatte leider nicht genug Geld, um mit mir ins Kino zu gehen.

surprise *n; v* [səˈpraɪz]
surprising *adj* [səˈpraɪzɪŋ]
surprised *adj* [səˈpraɪzd]
shock *n* [ʃɒk]
He got **the shock of his life** when he opened the door.

Überraschung; überraschen
überraschend
überrascht
Schock, Schreck
Als er die Tür öffnete, bekam er den Schock seines Lebens.

shocked *adj* [ʃɒkt]
Rita was shocked when she heard about her parents' accident.

entsetzt, schockiert
Rita war entsetzt, als sie vom Unfall ihrer Eltern erfuhr.

shocking *adj* [ˈʃɒkɪŋ]
John's behaviour at the party was quite shocking.

entsetzlich, schockierend
Johns Benehmen auf der Party war einfach schockierend.

guilty *adj* [ˈgɪltɪ]
feel guilty about sth

schuldig
wegen etw. Schuldgefühle haben

Gefühle **69**

4 Psyche, Geist, Verhalten

ashamed adj [əˈʃeɪmd] beschämt, peinlich berührt
Kevin was **ashamed of** his brother's table manners.
Kevin schämte sich für die Tischmanieren seines Bruders.

embarrassing adj [ɪmˈbærəsɪŋ] peinlich, unangenehm
embarrassed adj [ɪmˈbærəst] verlegen, peinlich
Malcolm was very embarassed that he had forgotten his parents' 25th wedding anniversary.
Es war Malcolm sehr peinlich, dass er den 25. Hochzeitstag seiner Eltern vergessen hatte.

jealous adj [ˈdʒeləs] eifersüchtig
be jealous of sb auf jdn eifersüchtig sein
jealousy n [ˈdʒeləsɪ] Eifersucht
envious adj [ˈenvɪəs] neidisch
envy n [ˈenvɪ] Neid
envy, envied, envied v [ˈenvɪ] beneiden

enthusiasm n [ɪnˈθjuːzɪæzm] Enthusiasmus, Begeisterung
enthusiastic adj [ɪnˌθjuːzɪˈæstɪk] begeistert
Duncan is very **enthusiastic about** playing in his band at weekends.
An Wochenenden macht Duncan mit seiner Band begeistert Musik.

sensational adj [senˈseɪʃnl] sensationell; sensationslüstern
excitement n [ɪkˈsaɪtmənt] Aufregung
eager adj [ˈiːgə] ungeduldig, begierig
The children were very **eager to** open their presents.
Die Kinder brannten darauf, ihre Geschenke auszupacken.

inspire v [ɪnspaɪə] anregen, inspirieren
cheer v [tʃɪə] (zu)jubeln
The crowd cheered after the President's speech.
Die Menge jubelte nach der Rede des Präsidenten.

blame n; v [bleɪm] Schuld; die Schuld geben
Bill **took the blame for** something his friend had done.
Bill nahm die Schuld für etwas auf sich, was sein Freund getan hatte.
Whenever anything was broken, Mother always blamed Jennifer.
Wenn irgendetwas zu Bruch ging, gab Mutter immer Jennifer die Schuld.

So I'm going to see my lawyer next week. – **I don't blame you.**
Ich werde also nächste Woche meinen Rechtsanwalt aufsuchen. – Da hast du Recht.

tense adj [tens] angespannt, nervös
tension n [ˈtenʃn] Spannung
uneasy adj [ʌnˈiːzɪ] unwohl, unsicher, unruhig
relieved adj [rɪˈliːvd] erleichtert
relief n [rɪˈliːf] Erleichterung

Gefühle

Psyche, Geist, Verhalten 4

astonish v [əˈstɒnɪʃ]
Sarah was **astonished to hear** that
I had passed my exams.

erstaunen
Sarah war erstaunt darüber, dass
ich meine Prüfungen bestanden
hatte.

astonishment n [əˈstɒnɪʃmənt]
amazed adj [əˈmeɪzd]
I'm always **amazed at** how quickly
my money disappears.
amazement n [əˈmeɪzmənt]
Jenny listened **in amazement** to
her friend's story.

Erstaunen
verblüfft, erstaunt
Ich bin immer wieder verblüfft,
wie schnell mein Geld weg ist.
Verblüffung, Erstaunen
Erstaunt hörte Jenny die
Geschichte ihrer Freundin an.

sigh n; v [saɪ]
She **sighed with relief** when her
guests finally left.
sentimental adj [ˌsentɪˈmentl]

Samantha has kept all of the
pictures of her old boyfriends
for sentimental reasons.
homesick adj [ˈhəʊmsɪk]
Jimmy was homesick after only two
days at camp.

Seufzer; seufzen
Sie atmete erleichtert auf, als ihre
Gäste endlich gingen.
sentimental, gefühlvoll; gefühls-
mäßig
Samantha hat aus Sentimentalität
alle Fotos von ihren früheren
Verehrern aufbewahrt.
heimwehkrank
Jimmy hatte schon nach zwei
Tagen im Zeltlager Heimweh.

indifferent adj [ɪnˈdɪfrənt]
Lucy's husband seemed **indifferent
to** her feelings.
moody adj [ˈmuːdɪ]
rotten adj [ˈrɒtn]
be in a rotten mood
miserable adj [ˈmɪzrəbl]
guilt n [gɪlt]
Ruth discovered that her
depressions were caused by
feelings of guilt.
depressed adj [dɪˈprest]
depression n [dɪˈpreʃn]

gleichgültig
Lucys Mann schienen ihre Gefühle
gleichgültig zu sein.
launisch
scheußlich, ekelhaft
mies gelaunt sein
elend, unglücklich
Schuld
Ruth fand heraus, dass ihre
Depressionen von Schuld-
komplexen ausgelöst wurden.
deprimiert
Depression

appeal n; v [əˈpiːl]

sex appeal
I'm afraid the idea doesn't **appeal
to** me very much.
fancy, fanc**ie**d, fanc**ie**d v [ˈfænsɪ]

Reiz, Anziehungskraft; zusagen,
reizen
Sex-Appeal
Ich fürchte, dieser Gedanke sagt
mir nicht sehr zu.
gefallen; Lust haben (auf/zu)

Gefühle 71

4 Psyche, Geist, Verhalten

I don't fancy having to go to work tomorrow.	Es gefällt mir nicht, dass ich morgen zur Arbeit gehen muss.
Do you fancy a drink?	Hast du Lust, etwas zu trinken?
desire n; v [dɪˈzaɪə]	Sehnsucht, starker Wunsch; begehren
attraction n [əˈtrækʃn]	Anziehungskraft
feel an attraction to sb	sich zu jdm hingezogen fühlen
affection n [əˈfekʃn]	Zuneigung
tender adj [ˈtendə]	zärtlich
be tender to sb	zu jdm zärtlich sein
passion n [ˈpæʃn]	Leidenschaft
passionate adj [ˈpæʃnət]	leidenschaftlich

contempt n [kənˈtempt]	Verachtung
show contempt for sb	Verachtung für jdn zeigen
hold sb in contempt	jdn verachten
dislike v [dɪsˈlaɪk]	nicht mögen, ungern tun
I dislike having to change my plans.	Ich ändere meine Pläne sehr ungern.
nuisance n [ˈnjuːsns]	Ärgernis, Plage
What a nuisance!	Wie ärgerlich/lästig!

Mood and temper

A **mood** is a state of mind in which one emotion is the most important one.
If you are **in a good mood**, then it's happiness or joy.
If you're **in a bad mood**, then everyone else should be careful – you're probably very sad, angry or both!
If someone's **in a temper**, then they feel a very strong negative emotion – usually anger.

aggression n [əˈgreʃn]	Aggression
temper n [ˈtempə]	Laune, Stimmung; Wut
You don't want to make him angry; he's got an awful temper.	Du solltest ihn besser nicht ärgern; er kann sehr unangenehm werden.
be in a good/bad temper	gute/schlechte Laune haben
anger n [ˈæŋgə]	Zorn, Wut
rage n [reɪdʒ]	Wut, Rasen, Toben
in a rage	in Rage, wütend
fury n [ˈfjʊəri]	heftige Wut
furious adj [ˈfjʊəriəs]	sehr wütend, rasend vor Wut
Nick's mother wasn't just angry; she was furious!	Nicks Mutter war nicht bloß ärgerlich, sie war rasend vor Wut!
quarrel n [ˈkwɒrəl]	Streit

Gefühle

Psyche, Geist, Verhalten 4

quarrel, quarrelled, quarrelled *v* ['kwɒrəl]
They are always **quarrelling about** something or other.

(sich) streiten

Sie stritten sich dauernd über dies und das.

satisfy, satisfied, satisfied *v* ['sætɪsfaɪ]
Hard work was the only thing that would satisfy Roy's new boss.

zufrieden stellen; befriedigen

Harte Arbeit war das Einzige, womit man Roys neuen Chef zufriedenstellen konnte.

satisfaction *n* [ˌsætɪs'fækʃn]
please sb *v* [pli:z]
Carl pleased his colleagues by finishing the report on time.

Zufriedenheit; Befriedigung
jdn zufrieden stellen, jdm gefallen
Carl stellte seine Kollegen zufrieden, indem er den Bericht termingerecht abschloss.

pleased *adj* [pli:zd]
Well, you seem very **pleased with** yourself today!

zufrieden; erfreut
Na, du wirkst ja heute sehr mit dir selbst zufrieden!

delight *n* [dɪ'laɪt]
It was a delight having you here.

Freude, Vergnügen
Es war eine Freude, Sie zu Besuch zu haben.

delighted *adj* [dɪ'laɪtɪd]
She was **delighted with** the results of her exams.

entzückt, hoch erfreut
Sie war über ihre Prüfungsergebnisse hoch erfreut.

thrill *n* [θrɪl]
It's a great thrill to stand on stage for the first time.

Erregung, Nervenkitzel
Es ist ein wahnsinniges Gefühl, zum ersten Mal auf der Bühne zu stehen.

the thrill of a lifetime
thrilling *adj* ['θrɪlɪŋ]
a thrilling experience
terrific *adj* [tə'rɪfɪk]
spirits *n pl* ['spɪrɪts]
in high spirits

das Erlebnis eines ganzen Lebens
aufregend, erregend
eine aufregende Erfahrung
fantastisch, sagenhaft
Laune, Stimmung
(in) sehr guter Laune

grief *n* [gri:f]
despair *n* [dɪ'speə]
desperate *adj* ['desprət]
horror *n* ['hɒrə]
The woman looked on **in horror** as the car hit the child.

Trauer, tiefer Kummer
Verzweiflung
verzweifelt
Entsetzen, Grauen, Horror
Die Frau sah voller Entsetzen zu, wie das Kind vom Auto erfasst wurde.

scary *adj inform* ['skeərɪ]
It's scary to be alone in a strange house at night.

unheimlich, gruselig
Es ist unheimlich, die Nacht allein in einem fremden Haus zu verbringen.

Gefühle 73

4 Psyche, Geist, Verhalten

panic *n* ['pænɪk]
panic, panicked, panicked *v*
['pænɪk, 'pænɪkt]

Panik
in Panik geraten

long for *v* [ˌlɒŋ'fɔː]
The young couple longed for a
home of their own.
respect *n; v* [rɪ'spekt]
have respect for sb/sth
appreciate *v* [ə'priːʃɪeɪt]
I'd really appreciate that.
trust *n; v* [trʌst]

sich sehnen nach
Das junge Paar sehnte sich nach
einem eigenen Zuhause.
Respekt; respektieren
Respekt vor jdm./etw. haben
schätzen, zu schätzen wissen
Das wäre mir wirklich sehr lieb.
Vertrauen; trauen, vertrauen

sympathetic *adj* [ˌsɪmpə'θetɪk]
Jane is very **sympathetic to** people
in trouble.
sympathy *n* ['sɪmpəθɪ]
He had no **sympathy for** her
because she refused to help herself.
compassion *n* [kəm'pæʃn]
concern *n* [kən'sɜːn]

mitfühlend, verständnisvoll
Jane hat sehr viel Verständnis für
Menschen in Not.
Mitleid, Mitgefühl
Er hatte kein Mitleid mit ihr, weil
sie sich selbst nicht helfen wollte.
Mitgefühl, Mitleid
Sorge, Beunruhigung

4.2 Denken, Vorstellung, Wollen

mind *n* [maɪnd]
bear/keep sth in mind
change one's mind
Nelly **made up her mind** never to
return home.

Gedächtnis; Geist, Verstand
etw. nicht vergessen
es sich anders überlegen
Nelly entschloss sich, niemals nach
Hause zurückzukehren.

conscience *n* ['kɒnʃns]
clear/guilty conscience
reason *n* ['riːzn]
Just tell me **the reason why.**
Tim won't **listen to reason.**
truth *n* [truːθ]
tell the truth
meaning *n* ['miːnɪŋ]
understand, understood, under-
stood *v* [ˌʌndə'stænd, ˌʌndə'stʊd]
follow *v* ['fɒləʊ]
I don't quite **follow.**

Gewissen
reines/schlechtes Gewissen
Grund; Vernunft
Sag mir nur weshalb.
Tim lässt sich nichts sagen.
Wahrheit
die Wahrheit sagen
Bedeutung
verstehen, begreifen

verstehen, folgen können
Ich verstehe nicht ganz.

aim *n* [eɪm]

Ziel

Psyche, Geist, Verhalten 4

It had always been his aim to go to university.

Es war schon immer sein Ziel zu studieren.

idea n [aɪˈdɪə]

Gedanke; Idee, Einfall

I've got **no idea** how to solve this problem.

Ich habe keine Ahnung, wie man dieses Problem lösen könnte.

experience n [ɪkˈspɪərɪəns]

Erfahrung

David has already had quite **a bit of experience** in that area.

Auf diesem Gebiet hat David schon so einige Erfahrungen gemacht.

---

dream, dreamt/dreamed, dreamt/ dreamed v [driːm, dremt/driːmd]

träumen

dream n [driːm]

Traum

nightmare n [ˈnaɪtmeə]

Alptraum

---

sense n [sens]

Sinn; Verstand, Vernunft

That doesn't **make sense to** me.

Das leuchtet mir nicht ein.

common sense

gesunder Menschenverstand

nonsense n [ˈnɒnsens]

Unsinn, Blödsinn

joke n; v [dʒəʊk]

Witz; witzeln, Witze reißen

tell a joke

einen Witz erzählen

You're joking!

Mach keine Witze!

---

dull adj [dʌl]

geistig langsam, schwerfällig

All work and no play makes Jack a dull boy. idiom

Arbeit ist nur das halbe Leben.

stupid adj [ˈstjuːpɪd]

dumm, blöd

That was a very stupid thing to do.

Das war wirklich sehr dumm.

bright adj [braɪt]

aufgeweckt, intelligent, hell

Tom is a very bright young man.

Tom ist ein sehr aufgeweckter junger Mann.

clever adj [ˈklevə]

begabt, gescheit, klug

intelligent adj [ɪnˈtelɪdʒənt]

intelligent

intelligence n [ɪnˈtelɪdʒəns]

Intelligenz

wise adj [waɪz]

weise

It's not enough to be clever; you must be wise enough to make the most of your intelligence.

Es reicht nicht aus, dass man klug ist; man muss vielmehr weise genug sein, um das Beste aus seiner Intelligenz zu machen.

---

know, knew, known v [nəʊ, njuː, nəʊn]

wissen; kennen

knowledge n [ˈnɒlɪdʒ]

Wissen

basic knowledge

Grundwissen

consider v [kənˈsɪdə]

in Betracht ziehen, überlegen

Have you considered asking your teacher?

Hast du schon mal daran gedacht, deinen Lehrer zu fragen?

Denken, Vorstellung, Wollen

4   Psyche, Geist, Verhalten

decide v [dɪˈsaɪd]
Both ideas are great. I can't **decide between** the two.

(sich) entscheiden
Beide Ideen sind toll, ich kann mich nicht zwischen ihnen entscheiden.

decision n [dɪˈsɪʒn]
judge v [dʒʌdʒ]
Judge for yourself.

Entscheidung
(be)urteilen
Urteilen Sie selbst!

think, thought, thought v [θɪŋk, θɔːt]
I don't think so.
What are you **thinking about** now?
What do you **think about** the election results?
Whenever I **think of** our last holiday I have to laugh. It was a disaster!

denken

Ich glaube nein/nicht.
Worüber denkst du gerade nach?
Was hältst du von den Wahlergebnissen?
Immer wenn ich an unseren letzten Urlaub denke, muss ich lachen. Er war eine Katastrophe!

find, found, found v [faɪnd, faʊnd]
I **found** the new museum most interesting.
come up with sth, came, come v [ˌkʌmˈʌpwɪð sʌmðɪŋ, keɪm]
He's always **coming up with** new ideas.
thought n [θɔːt]
A penny for your thoughts. idiom
have second thoughts
on second thought

finden, denken
Ich fand, dass das neue Museum sehr interessant ist.
auf etw. kommen, sich etw. ausdenken
Ihm fällt immer etwas Neues ein.
Gedanke
Woran denkst du gerade?
Bedenken haben
wenn man sich das noch einmal überlegt…

positive adj [ˈpɒzətɪv]
negative adj [ˈnegətɪv]
positive/negative thinking
concentrate v [ˈkɒnsəntreɪt]
concentrate on sth
concentration n [ˌkɒnsənˈtreɪʃn]

positiv
negativ
positives/negatives Denken
(sich) konzentrieren
sich auf etw. konzentrieren
Konzentration

crazy adj [ˈkreɪzi]
mad adj [mæd]
normal adj [ˈnɔːml]
practical adj [ˈpræktɪkl]
I'm afraid your idea doesn't sound very practical.
reasonable adj [ˈriːznəbl]
Be reasonable. You know I didn't mean to hurt your feelings.
sensible adj [ˈsensəbl]

verrückt
wahnsinnig, verrückt
normal
praktisch, realistisch
Ich fürchte, deine Idee klingt nicht sehr realistisch.
vernünftig
Sei vernünftig. Du weißt, dass ich dich nicht verletzen wollte.
vernünftig

76   Denken, Vorstellung, Wollen

Psyche, Geist, Verhalten　4

Let's be **sensible about** this! | Bleiben wir in dieser Sache doch vernünftig!
silly *adj* ['sɪlɪ] | töricht, albern

ℹ️ Mad, insane, bananas

In English there are many expressions for **mad**. Here are some examples:

bananas	She went bananas when I told her we had won the lottery.	*Sie ist ausgeflippt, als ich ihr erzählte, dass wir den Jackpot geknackt haben.*
crazy	You must be crazy if you think I'm going to believe that silly story.	*Du musst verrückt sein, wenn du meinst, ich kaufe dir diese alberne Geschichte ab.*
insane	That's insane! You can't mean that.	*Das ist Irrsinn! Das meinst du doch nicht wirklich.*
mad	Are you mad? I haven't got that kind of money!	*Hast du noch alle? So viel Geld habe ich überhaupt nicht.*
off the wall	He's completely off the wall.	*Er hat komplett ein Rad ab.*

---

simple *adj* ['sɪmpl] | einfach, schlicht
The simple truth is I just don't like him! | Die einfache Wahrheit ist: Ich mag ihn eben nicht!
doubtful *adj* ['daʊtfʊl] | zweifelnd, skeptisch
The librarian looked doubtful when I told him my story. | Der Bibliothekar blickte skeptisch drein, als ich ihm meine Geschichte erzählte.

appear *v* [ə'pɪə] | (er)scheinen
It appears to me that Trevor's story could be true. | Mir scheint, dass Trevors Geschichte wahr sein könnte.
certain *adj* ['sɜːtn] | sicher, bestimmt
sure *adj* [ʃʊə] | sicher
be sure of oneself | selbstsicher sein
misunderstanding *n* [ˌmɪsʌndə'stændɪŋ] | Missverständnis
I'm sure it's just a simple misunderstanding. | Ich bin sicher, dass es sich nur um ein Missverständnis handelt.
confuse *v* [kən'fjuːz] | verwirren
Our teacher only confused us with her explanation. | Unsere Lehrerin hat uns mit ihrer Erläuterung nur verwirrt.
confusion *n* [kən'fjuːʒn] | Verwirrung

discuss *v* [dɪ'skʌs] | diskutieren
discussion *n* [dɪ'skʌʃn] | Diskussion
mean, meant, meant *v* [miːn, ment] | meinen
What do you **mean by** that? | Was meinst du damit?

Denken, Vorstellung, Wollen　77

4 Psyche, Geist, Verhalten

plan *n* [plæn]
Plan

point *n* [pɔɪnt]
Punkt; Zweck, Sinn
I think **you've got a point** there.
Ich glaube, da haben Sie Recht.
There's no point in asking her.
Es hat keinen Sinn, sie zu fragen.
The point is …
Der springende Punkt ist …
point of view
Standpunkt, Betrachtungsweise

point *v* [pɔɪnt]
(hin)deuten
point sth out
auf etw. aufmerksam machen

get at, got, got *v* [ˌget'æt, gɒt]
hinauswollen auf
What are you really getting at?
Auf was willst du eigentlich
hinaus?

view *n* [vju:]
Meinung, Ansicht
Have you heard Terry's **views on**
unemployment?
Hast du schon Terrys Ansichten
über die Arbeitslosigkeit gehört?

problem *n* ['prɒbləm]
Problem

solve *v* [sɒlv]
lösen
solve a problem
ein Problem lösen

puzzle *n* ['pʌzl]
Rätsel

matter *n* ['mætə]
Sache, Angelegenheit
You haven't heard the last of this
matter.
In dieser Sache ist das letzte Wort
noch nicht gesprochen.

refer, referred, referred *v* [rɪ'fɜ:]
sich beziehen
Could you tell me what plan you're
referring to?
Können Sie mir bitte sagen, auf
welchen Plan Sie sich beziehen?

realize *v* ['rɪəlaɪz]
wahrnehmen
Do you realize that it's Tuesday
already?
Ist dir klar, dass heute schon
Dienstag ist?

forget, forgot, forgotten *v*
vergessen
[fə'get, fə'gɒt, fə'gɒtn]

memory *n* ['memrɪ]
Erinnerung; Gedächtnis
I have happy **memories of** my
childhood.
Ich habe glückliche Erinnerungen
an meine Kindheit.
When we get older, our memory
usually gets worse.
Wenn wir älter werden, lässt unser
Gedächtnis gewöhnlich nach.

remember *v* [rɪ'membə]
sich erinnern; daran denken
I'm sorry, but I can't seem to
remember your name.
Es tut mir Leid, aber ich kann
mich an Ihren Namen nicht
erinnern.
Benny always remembers to give
his wife flowers on her birthday.
Benny denkt immer daran, seiner
Frau zum Geburtstag Blumen zu
schenken.

remind sb *v* [rɪ'maɪnd]
jdn erinnern
Did you remind Anne to take her
key with her?
Hast du Anne daran erinnert, ihren
Schlüssel mitzunehmen?

78 Denken, Vorstellung, Wollen

Psyche, Geist, Verhalten 4

Our English teacher **reminds me of** my aunt.	Unsere Englischlehrerin erinnert mich an meine Tante.

aware *adj* [ə'weə]
You should always **be aware of** what's going on around you.
conscious *adj* ['kɒnʃəs]
He was perfectly **conscious of** what he was doing.

bewusst; klar
Man sollte sich immer darüber klar sein, was um einen herum passiert.
bewusst
Es war ihm vollkommen bewusst, was er tat.

imagine *v* [ɪ'mædʒɪn]
accept *v* [ək'sept]
suppose *v* [sə'pəʊz]
I suppose it was the only thing left for him to do.
guess *v* [ɡes]
I guess we could go to Holland again next weekend.

Guess where we're going on holiday this summer!

sich vorstellen
annehmen, akzeptieren
vermuten, annehmen
Ich nehme an, das war das Einzige, was er noch tun konnte.
vermuten, schätzen; (er)raten
Ich schätze, wir können nächstes Wochenende wieder nach Holland fahren.
Rat mal, wohin wir diesen Sommer in Urlaub fahren!

analyse *v* ['ænəlaɪz]
determine *v* [dɪ'tɜ:mɪn]
The magistrate determined that carelessness was the cause of the accident.
assume *v* [ə'sju:m]
assumption *n* [ə'sʌmpʃn]
consideration *n* [kən,sɪdr'eɪʃn]
After long consideration, the committee reached a decision.
suspicion *n* [sə'spɪʃn]

analysieren
feststellen
Als Unfallursache stellte der Richter Fahrlässigkeit fest.

vermuten, annehmen
Vermutung, Annahme
Überlegung
Nach reichlicher Überlegung traf der Ausschuss eine Entscheidung.
Verdacht, Argwohn

conclude *v* [kən'klu:d]
Thus it can be concluded that …
prove, proved, proved/**proven** *v* [pru:v, pru:vd, pru:vn]
proof *n* [pru:f]
They've got no proof that he committed the crime.
work out *v* [,wɜ:k'aʊt]
I hope **everything works out for** you.
solution *n* [sə'lu:ʃn]
the solution to a problem

eine Folgerung ziehen
Daraus ergibt sich, dass …
beweisen

Beweis(e)
Sie haben keine Beweise, dass er das Verbrechen begangen hat.
klappen, funktionieren
Ich hoffe, dass bei dir/euch alles klappt.
Lösung
die Lösung eines Problems

Denken, Vorstellung, Wollen 79

4 Psyche, Geist, Verhalten

figure out v [ˌfɪɡərˈaʊt] — herausfinden

theory n [ˈθɪərɪ] — Theorie
theoretical adj [θɪəˈretɪkl] — theoretisch
probable adj [ˈprɒbəbl] — wahrscheinlich
probability n [ˌprɒbəˈbɪlətɪ] — Wahrscheinlichkeit
In all probability, she won't even come. — Aller Wahrscheinlichkeit nach wird sie nicht einmal kommen.

procedure n [prəˈsiːdʒə] — Prozedur; Verfahrensweise
outline n; v [ˈaʊtlaɪn] — Umriss, Zusammenfassung; kurz umreißen
Tom **gave us a brief outline of** the doctor's lecture. — Tom fasste den Vortrag des Arztes für uns kurz zusammen.
project n [ˈprɒdʒekt] — Projekt
proposal n [prəˈpəʊzl] — Vorschlag
option n [ˈɒpʃn] — Alternative, Möglichkeit
preference n [ˈprefrəns] — Vorliebe, Wunsch
compromise n [ˈkɒmprəmaɪz] — Kompromiss

talented adj [ˈtæləntɪd] — talentiert, begabt
smart adj [smɑːt] — hell, intelligent; schlau, raffiniert
Jack's really smart; he does well at school. — Jack ist wirklich hell. Er ist gut in der Schule.
Edgar thinks he's so damn smart that nobody knows what he's up to. — Edgar glaubt, er ist so verdammt schlau, dass keiner weiß, was er vorhat.

wit n [wɪt] — Verstand, Geist; Witz
His **quick wit** always makes him the life and soul of the party. — Seine Schlagfertigkeit macht ihn immer zum Mittelpunkt jeder Party.
I'm **at my wits' end** with the children. — Ich weiß mir keinen Rat mehr mit den Kindern.
mental adj [ˈmentl] — geistig
mental health — Geisteszustand
understanding n [ˌʌndəˈstændɪŋ] — Auffassungsgabe; Verständnis
I believe I now have a better **understanding of** the problem. — Ich glaube, dass ich das Problem jetzt besser verstehe.
imagination n [ɪˌmædʒɪˈneɪʃn] — Vorstellungskraft, Fantasie
Her **wild imagination** makes her an excellent storyteller. — Dank ihrer lebhaften Fantasie ist sie eine ausgezeichnete Erzählerin.
imaginary adj [ɪˈmædʒɪnrɪ] — Fantasie-, frei erfunden
When I was a boy, I had an imaginary friend that only I could see. — Als ich ein kleiner Junge war, hatte ich einen Fantasiefreund, den nur ich sehen konnte.

Denken, Vorstellung, Wollen

Psyche, Geist, Verhalten 4

shallow *adj* ['ʃæləʊ] — oberflächlich
ignorant *adj* ['ɪgnərənt] — unwissend; unhöflich
mindless *adj* ['maɪndləs] — stupid(e), hirnlos
  mindless destruction — sinnlose Zerstörung
prejudice *n* ['predʒʊdɪs] — Vorurteil
  My father has his prejudices and one of them is a **prejudice against** foreigners. — Mein Vater hat so seine Vorurteile; eins davon ist gegen Ausländer gerichtet.
mistaken *adj* [mɪ'steɪkn] — im Irrtum
  I believe you're mistaken. — Ich glaube, Sie irren sich.
misleading *adj* [ˌmɪs'liːdɪŋ] — irreführend

4.3 Charakter, Verhalten

person *n* ['pɜːsn] — Mensch, Person
character *n* ['kærɪktə] — Charakter
strength *n* [streŋθ] — Stärke
  strength of character — Charakterstärke
fault *n* [fɔːlt] — Fehler
  It's not my fault. — Ich kann nichts dafür.
  character fault — Charakterschwäche
habit *n* ['hæbɪt] — (An-)Gewohnheit
  a good/bad/nasty habit — eine gute/schlechte/üble Gewohnheit

like *prep* [laɪk] — ähnlich wie
  It's so like/unlike you to get drunk. — Es passt ganz und gar (nicht) zu dir, dich zu betrinken.

brave *adj* [breɪv] — mutig, tapfer
courage *n* ['kʌrɪdʒ] — Mut, Tapferkeit, Courage
confident *adj* ['kɒnfɪdnt] — zuversichtlich, sicher
  self-confident — selbstsicher
confidence *n* ['kɒnfɪdns] — Vertrauen, Zuversicht
  have confidence in sb/sth — Vertrauen zu jdm / in etw. haben
  self-confidence — Selbstvertrauen

careful *adj* ['keəfʊl] — vorsichtig, behutsam
  You should be **careful with** important decisions like this. — Sie sollten mit solch wichtigen Entscheidungen behutsam umgehen.

careless *adj* ['keəlɪs] — unvorsichtig, achtlos
helpless *adj* ['helplɪs] — hilflos
confused *adj* [kən'fjuːzd] — verwirrt

4 Psyche, Geist, Verhalten

Now I'm confused! Are we going to the cinema or the theatre?

Jetzt bin ich ganz durcheinander! Gehen wir nun ins Kino oder ins Theater?

curious adj ['kjʊərɪəs]
I'm curious to know why Teddy did that.

neugierig
Ich möchte gerne wissen, warum Teddy das getan hat.

determined adj [dɪ'tɜːmɪnd]
Lisa is a very determined person; she knows what she wants.

entschlossen
Lisa ist sehr entschlossen; sie weiß, was sie will.

fool n [fuːl]
He's a bigger fool than I thought.

Narr, Dummkopf
Er ist dümmer, als ich dachte.

foolish adj ['fuːlɪʃ]

unklug, dumm, töricht

funny adj ['fʌnɪ]
It was a funny situation. – Funny strange or funny ha-ha?

lustig, komisch; seltsam
Es war eine komische Situation. – Komisch-merkwürdig oder komisch-lustig?

That's a funny thing to say.

Das klingt seltsam.

strange adj [streɪndʒ]
A strange thing happened to me on the way to work today.

seltsam, eigenartig
Auf dem Weg zur Arbeit ist mir heute etwas Eigenartiges passiert.

friendly adj ['frendlɪ]

freundlich

charming adj ['tʃɑːmɪŋ]

entzückend, liebenswürdig

generous adj ['dʒenrəs]
Even though he hasn't got a lot of money, he's very generous.

großzügig
Obwohl er nicht viel Geld hat, ist er sehr großzügig.

kind adj [kaɪnd]
It was very **kind of** you to send us a card.

liebenswürdig, freundlich
Es war sehr liebenswürdig von Ihnen, uns eine Karte zu schicken.

kindness n ['kaɪndnɪs]

Liebenswürdigkeit, Freundlichkeit

helpful adj ['helpfʊl]

hilfreich

good, better, best adj
[gʊd, 'betə, best]

gut

gentle adj ['dʒentl]

sanft, zart

nice adj [naɪs]

nett

pleasant adj ['plezsnt]
Oliver has such a pleasant personality.

angenehm
Oliver hat so eine angenehme Art.

honest adj ['ɒnɪst]
Deborah's a very honest person; she never tells lies.

ehrlich
Deborah ist ein sehr ehrlicher Mensch, sie lügt nie.

fair adj [feə]

fair, gerecht

proud adj [praʊd]

stolz

Charakter, Verhalten

Psyche, Geist, Verhalten 4

He's **proud of** his youthful appearance.	Er ist stolz auf sein jugendliches Aussehen.

lazy *adj* ['leɪzɪ]	faul
patient *adj* ['peɪʃnt]	geduldig
patience *n* ['peɪʃns]	Geduld
Patience is something I have too little of.	Geduld ist etwas, wovon ich zu wenig besitze.
serious *adj* ['sɪərɪəs]	ernst
nervous *adj* ['nɜːvəs]	nervös
quiet *adj* ['kwaɪət]	ruhig
loud *adj* [laʊd]	laut

spoilt *adj* [spɔɪlt]	verwöhnt, verzogen
spoilt child	verzogenes Kind
rude *adj* [ruːd]	unhöflich, rüde
rough *adj* [rʌf]	roh, grob
cruel *adj* [krʊəl]	grausam

purpose *n* ['pɜːpəs]	Absicht
Yes, he did hit his sister **on purpose**.	Doch, er hat seine Schwester wirklich absichtlich geschlagen!
accident *n* ['æksɪdənt]	Versehen
No, I'm sure he hit his sister **by accident**.	Nein, ich bin sicher, dass er seine Schwester versehentlich getroffen hat.
chance *n* [tʃɑːns]	Zufall
by chance	zufällig

ambition *n* [æm'bɪʃn]	Ehrgeiz, Ziel, Ambition
It's his ambition to become an actor.	Es ist sein großes Ziel, Schauspieler zu werden.
initiative *n* [ɪ'nɪʃətɪv]	Initiative, Vorhaben
failure *n* ['feɪljə]	Misserfolg; Versager(in)
The Goverment's failure to win the war against unemployment cost them the election.	Dass die Regierung im Kampf gegen die Arbeitslosigkeit scheiterte, kostete sie den Wahlsieg.
Matthew is a complete failure in life.	Matthew ist ein kompletter Versager.
loser *n* ['luːzə]	Verlierer(typ)
winner *n* ['wɪnə]	Sieger(typ)
coward *n* ['kaʊəd]	Feigling
liar *n* ['laɪə]	Lügner(in)
superior to *adj* [suː'pɪərɪətʊ]	überlegen
inferior to *adj* [ɪn'fɪərɪətʊ]	unterlegen

Charakter, Verhalten 83

4 Psyche, Geist, Verhalten

trait *n* [treɪ/treɪt] — Eigenschaft
  character trait — Charakterzug, -eigenschaft
quirk *n* [kwɜːk] — (Charakter-)Tick, Marotte
manners *n pl* [ˈmænəz] — Benehmen; Manieren
  good/bad manners — gute/schlechte Manieren
be accustomed to, was, been *v* — gewöhnt sein (an)
[biːəˌkʌstəmdˈtʊ, wɒs, biːn]
used to *adj* [ˈjuːstə] — gewohnt; gewöhnt (an)
  be used to sth — etw. gewohnt/an etw. gewöhnt sein
  get used to sth — sich an etw. gewöhnen
habitual *adj* [həˈbɪtʃʊəl] — notorisch, gewohnheitsmäßig
  a habitual liar — ein notorischer Lügner
responsibility *n* [rɪˌspɒnsəˈbɪlətɪ] — Verantwortung
  take responsibility for sb/sth — die Verantwortung für jdn/etw. übernehmen

attitude *n* [ˈætɪtjuːd] — Einstellung
  When did you notice that your wife's **attitude towards** you had changed? — Wann ist es Ihnen aufgefallen, dass sich die Einstellung Ihrer Frau Ihnen gegenüber geändert hatte?
vice *n* [vaɪs] — Laster
  Smoking is just one of Joe's many vices. — Das Rauchen ist nur eins von Joes vielen Lastern.
image *n* [ˈɪmɪdʒ] — Image, Leitbild
  self-image — Selbstbild
  public image — öffentliches Image
behave *v* [bɪˈheɪv] — sich verhalten/benehmen
  Would you please behave? — Benimm dich bitte!
behaviour *n* [bɪˈheɪvjə] — Verhalten
adapt *v* [əˈdæpt] — (sich) anpassen/gewöhnen
  He **adapted to** the new school quickly. — Er hat sich schnell an die neue Schule gewöhnt.
manner *n* [ˈmænə] — Art, Weise
  behave in an unusual manner — sich ungewöhnlich verhalten
obliged *adj* [əˈblaɪdʒd] — verpflichtet; gezwungen
  Even though he didn't want to, Steve **felt obliged to** participate in the discussion. — Obwohl er nicht wollte, fühlte sich Steve verpflichtet, an der Diskussion teilzunehmen.

self *n uncount* [self] — (das) Ich, (das) Selbst
  James is finally his old self again. — James ist endlich wieder der alte.
will *n* [wɪl] — Wille
  Mike has the strong will one needs to succeed in business. — Mike hat den starken Willen zum Erfolg, den man im Geschäftsleben braucht.

Charakter, Verhalten

Psyche, Geist, Verhalten 4

talent *n* ['tælənt] — Talent, Begabung
dignity *n* ['dɪgnətɪ] — Würde
I suppose that would be **beneath his dignity.** — Ich nehme an, das wäre unter seiner Würde.
fame *n* [feɪm] — Ruhm

spirit *n* ['spɪrɪt] — Elan, Schwung
He always shows a great deal of spirit, no matter what he does. — Er ist immer mit sehr viel Elan dabei, egal was er tut.
optimistic *adj* [ˌɒptɪ'mɪstɪk] — optimistisch
cheerful *adj* ['tʃɪəfʊl] — fröhlich
sociable *adj* ['səʊʃəbl] — gesellig
lively *adj* ['laɪvlɪ] — lebhaft
take a lively **interest in sth/sb** — lebhaftes Interesse für etw./jdn haben

decent *adj* ['diːsnt] — anständig
loyal *adj* ['lɔɪəl] — treu, loyal
She's very **loyal to** her friends. — Sie verhält sich ihren Freunden gegenüber sehr loyal.
loyalty *n* ['lɔɪəltɪ] — Treue, Loyalität
sincere *adj* [sɪn'sɪə] — aufrichtig, ehrlich
reliable *adj* [rɪ'laɪəbl] — zuverlässig
hard-working *adj* [ˌhɑːd'wɜːkɪŋ] — fleißig

modest *adj* ['mɒdɪst] — bescheiden
reserved *adj* [rɪ'zɜːvd] — reserviert, zurückhaltend
Stella's very reserved and it's difficult to know what's on her mind. — Stella ist sehr zurückhaltend, und es ist schwer einzuschätzen, an was sie gerade denkt.
tactful *adj* ['tæktfʊl] — taktvoll
Mike must think of a tactful way to tell his girlfriend the truth. — Mike muss überlegen, wie er seiner Freundin die Wahrheit schonend beibringen kann.
moderate *adj* ['mɒdrət] — gemäßigt, moderat
Steve's a man of fairly moderate views, so he's easy to get along with. — Steve ist ein Mensch mit gemäßigten Ansichten; daher kann man leicht mit ihm auskommen.
tolerant *adj* ['tɒlrənt] — tolerant
cautious *adj* ['kɔːʃəs] — sehr vorsichtig

frank *adj* [fræŋk] — offen, ehrlich
He's always very **frank in** expressing his opinions. — Er sagt seine Meinung immer ganz offen.
bold *adj* [bəʊld] — mutig, kühn, selbstbewusst
emancipated *adj* [ɪ'mænsɪpeɪtɪd] — emanzipiert

Charakter, Verhalten 85

4 Psyche, Geist, Verhalten

creative *adj* [krɪˈeɪtɪv] — kreativ, schöpferisch

pessimistic *adj* [ˌpesɪˈmɪstɪk] — pessimistisch
sarcastic *adj* [sɑːˈkæstɪk] — sarkastisch
wicked *adj* [ˈwɪkɪd] — böse, gemein, niederträchtig
mean *adj* [miːn] — geizig; gemein, bösartig
greedy *adj* [ˈɡriːdɪ] — gierig, habgierig, geldgierig

snob *n* [snɒb] — Snob
arrogant *adj* [ˈærəɡənt] — arrogant, überheblich
ridicule *n* [ˈrɪdɪkjuːl] — Spott
  pour ridicule on sb — jdn mit Spott überhäufen
show-off *n* [ˈʃəʊɒf] — Angeber(in)
bore *n* [bɔː] — langweilige, lästige Person

nosy *adj inform* [nəʊzɪ] — neugierig
childish *adj* [ˈtʃaɪldɪʃ] — kindisch
clumsy *adj* [ˈklʌmzɪ] — ungeschickt, plump
  Susan's such a clumsy child; she's always dropping things. — Susan ist ein solcher Tollpatsch! Sie lässt dauernd Sachen fallen.

sensitive *adj* [ˈsensɪtɪv] — empfindlich, sensibel
  Diana's a sensitive child whose feelings are easily hurt. — Diana ist ein sensibles Kind und emotional leicht verletzbar.
shy *adj* [ʃaɪ] — scheu, schüchtern
  Daniel's a shy child who doesn't like strangers. — Daniel ist ein schüchternes Kind: Er mag keine Fremden.
timid *adj* [ˈtɪmɪd] — ängstlich, scheu
  Emma was too timid to ask the policeman for directions. — Emma war zu ängstlich, den Polizisten nach dem Weg zu fragen.

strict *adj* [strɪkt] — streng
stubborn *adj* [ˈstʌbən] — stur
notorious *adj* [nəˈtɔːrɪəs] — berüchtigt
suspicious *adj* [səˈspɪʃəs] — misstrauisch
violent *adj* [ˈvaɪələnt] — gewalttätig

4.4 Fähigkeiten, Aktivitäten

ability *n* [əˈbɪlətɪ] — Fähigkeit
able *adj* [ˈeɪbl] — fähig, kompetent
  Many people are not **able to** solve simple mathematical problems. — Viele Leute sind nicht fähig, einfache mathematische Probleme zu lösen.

Psyche, Geist, Verhalten 4

unable *adj* [ʌnˈeɪbl]   unfähig, inkompetent

act *v* [ækt]
     sich verhalten, sich geben
  She acts quite friendly, but I don't
think she likes me.
     Sie gibt sich ganz freundlich, aber
ich glaube, sie mag mich nicht.

deal with, **dealt**, **dealt** *v*
[ˌdiːlˈwɪð, delt]
     behandeln, umgehen mit
  Katherine is finally learning to **deal
with** her problems.
     Katherine lernt nun endlich, mit
ihren Problemen umzugehen.

handle *v* [ˈhændl]
     umgehen / fertig werden mit,
anpacken
  I think she handled the situation
quite well.
     Ich meine, sie hat die Situation
ganz gut gemeistert.

control *n* [kənˈtrəʊl]
     Kontrolle
  out of/under control
     außer/unter Kontrolle

control, **controlled**, **controlled** *v*
[kənˈtrəʊl]
     kontrollieren, beherrschen
  When he gets angry, he just can't
control himself.
     Wenn ihn die Wut packt, kann er
sich einfach nicht beherrschen.

cope *v* [kəʊp]
     zurechtkommen / fertig werden
  Jack had to be sent to a mental
hospital because he could no
longer cope.
     Jack musste in ein psychiatrisches
Krankenhaus, weil er nicht mehr
zurechtkam.
  Tracey is learning to **cope with** her
problems.
     Tracey lernt, mit ihren Problemen
zurechtzukommen.

come to terms with, **came**, **come** *v*
[ˌkʌmtə/ʊˈtɜːmzˈwɪð, keɪm]
     akzeptieren lernen, sich abfinden
mit
  Ray's doctors have told him that he
has to come to terms with his
illness.
     Rays Ärzte haben ihm gesagt, dass
er seine Krankheit akzeptieren
lernen muss.

depend on *v* [dɪˌpendˈɒn]
     angewiesen sein; sich verlassen auf
  At university, I had to depend on
my parents for my support.
     Als ich an der Universität studierte,
war ich auf die Unterstützung
meiner Eltern angewiesen.

rely on, **relied**, **relied** *v* [rɪˌlaɪˈɒn]
     sich verlassen auf

put up with sth/sb, **put**, **put** *v*
[pʊtˌʌpˈwɪð, pʊt]
     sich mit etw./jdm abfinden

take sth for granted, **took**, **taken** *v*
[teɪksʌmθɪŋfɔːˈgrɑːntɪd, tʊk, teɪkn]
     etw. für selbstverständlich halten

give in, **gave**, **given** *v*
[ˌgɪvˈɪn, geɪv, gɪvn]
     nachgeben

active *adj* [ˈæktɪv]
     aktiv, tätig

effort *n* [ˈefət]
     Anstrengung, Versuch
  make an effort
     sich anstrengen

Fähigkeiten, Aktivitäten   **87**

4 Psyche, Geist, Verhalten

try *n* [traɪ]
It's certainly **worth a try.**
have a try
try, tried, tried *v* [traɪ]
attempt *n; v* [əˈtempt]

Versuch
Es ist bestimmt einen Versuch wert.
es versuchen
versuchen
Versuch; versuchen, probieren

continue *v* [kənˈtɪnjuː]
Many of the pupils continued
talking even during the lesson.

fortsetzen, weitermachen
Viele Schüler unterhielten sich
sogar während des Unterrichts
weiter.

carry on, carried, carried *v*
[ˌkærɪˈɒn]
wait for sb/sth *v* [ˌweɪtˈfɔː]
finish *v* [ˈfɪnɪʃ]
None of the pupils in the class were
able to finish the test.

weitermachen

auf jdn/etw. warten
fertig machen, beenden
Kein Schüler der Klasse schaffte es,
den Test zu Ende zu schreiben.

plan, planned, planned *v* [plæn]
recommend *v* [ˌrekəˈmend]
My teacher has **recommended** a
number of books **to** me.
threaten *v* [ˈθretn]
His father **threatened to** send him
to his room.
force *v* [fɔːs]

planen
empfehlen
Mein(e) Lehrer(in) hat mir einige
Bücher empfohlen.
drohen, bedrohen
Sein Vater drohte damit, ihn auf
sein Zimmer zu schicken.
zwingen

achieve *v* [əˈtʃiːv]
achieve a goal
create *v* [kriˈeɪt]
committed *adj* [kəˈmɪtɪd]
Dora is a committed socialist.
Robin is **committed to** the
preservation of the environment.
acquire *v* [əˈkwaɪə]
Although he's been living in the US
for 20 years, he's never acquired an
American accent.

erreichen
ein Ziel erreichen
schaffen, kreieren
engagiert, verpflichtet
Dora ist eine engagierte Sozialistin.
Robin engagiert sich für die Erhaltung der Umwelt.
annehmen, erwerben
Obwohl er schon seit 20 Jahren in
den USA lebt, hat er nie einen
amerikanischen Akzent
angenommen.

capable *adj* [ˈkeɪpəbl]
be capable of doing sth
be good at sth, was, been *v*
[biːˌɡʊdˈæt, wɒs, biːn]

fähig
fähig sein, etw. zu tun
gut in/bei etw. sein

fascinate *v* [ˈfæsɪneɪt]

faszinieren; in seinen/ihren Bann
ziehen

88 Fähigkeiten, Aktivitäten

Psyche, Geist, Verhalten

4

As a boy, Marvin fascinated his friends with his exciting stories.	Als Junge faszinierte Marvin seine Freunde mit seinen aufregenden Geschichten.

fascination n [ˌfæsɪnˈeɪʃn]
Computers **hold a special fascination for** kids.

Faszination; Bann
Computer üben auf Jugendliche eine besondere Faszination aus.

amuse v [əˈmjuːz]
Laura **amused** all her friends **with** her jokes and stories.

amüsieren; unterhalten
Laura unterhielt alle ihre Freundinnen mit ihren Witzen und Geschichten.

disappoint v [ˌdɪsəˈpɔɪnt]

enttäuschen

annoy v [əˈnɔɪ]
The boss really annoys me.

irritieren; ärgern
Der Chef geht mir wirklich auf die Nerven!

frighten v [ˈfraɪtn]
Being alone in the dark frightens most small children.

erschrecken, ängstigen
Im Dunkeln allein zu sein, ängstigt die meisten Kleinkinder.

---

approve v [əˈpruːv]
Larry's wife **approved of** Glen's taste in clothes.

gutheißen, billigen
Larrys Frau fand Glens Kleidergeschmack gut.

encourage sb v [ɪnˈkʌrɪdʒ]
discourage sb from (doing) sth v [dɪˈskʌrɪdʒ]

jdn ermutigen, jdm zureden
jdm von etw. abraten

urge v [ɜːdʒ]
The rest of the team urged Ed to finish playing the game.

zureden; drängen
Die restliche Mannschaft drängte Ed, das Spiel zu Ende zu spielen.

comfort v [ˈkʌmfət]

trösten

---

react v [rɪˈækt]

reagieren

reaction n [rɪˈækʃn]
a positive/negative reaction

Reaktion
eine positive/negative Reaktion

hesitate v [ˈhezɪteɪt]

zögern

deny, denied, denied v [dɪˈnaɪ, dɪˈnaɪd]

leugnen, abstreiten

confess v [kənˈfes]

gestehen

guess n [ges]
Your guess is as good as mine.
idiom
have a guess

Vermutung
Da kann ich auch nur raten.

raten, eine Vermutung anstellen

---

propose v [prəˈpəʊz]
They proposed several changes to the club's rules.

vorschlagen
Sie schlugen einige Änderungen an der Vereinssatzung vor.

predict v [prɪˈdɪkt]

vorhersagen, voraussagen

reveal v [rɪˈviːl]

enthüllen, preisgeben

Fähigkeiten, Aktivitäten **89**

4 Psyche, Geist, Verhalten

detect v [dɪ'tekt] — entdecken, herausfinden
deceive v [dɪ'siːv] — täuschen, betrügen
object to sb/sth v [əb͵dʒekt'tʊ] — protestieren, Einwände erheben gegen jdn/etw.

The lawyer **objected to** the way his client was being questioned.
Der Rechtsanwalt protestierte gegen die Art, wie man seinen Mandanten verhörte.

objection n [əb'dʒekʃn] — Einwand
overlook v [͵əʊvə'lʊk] — übersehen
ignore v [ɪg'nɔː] — ignorieren, nicht beachten
reject v [rɪ'dʒekt] — ablehnen, zurückweisen

The board of directors rejected the project immediately.
Der Vorstand der Firma lehnte das Projekt sofort ab.

involve v [ɪn'vɒlv] — beteiligen, hineinziehen

I didn't want to **get involved in** their argument.
Ich wollte mich nicht in ihren Streit hineinziehen lassen.

participate v [paː'tɪsɪpeɪt] — sich beteiligen, teilnehmen

The whole class **participated in** the discussion.
Die ganze Klasse beteiligte sich an der Diskussion.

link v [lɪŋk] — verbinden

Very often unhappiness in an adult can be **linked to** an unhappy childhood.
Sehr oft lässt sich die Unzufriedenheit eines Erwachsenen auf seine unglückliche Kindheit zurückführen.

imitate v ['ɪmɪteɪt] — nachahmen, imitieren
imitation n [͵ɪmɪ'teɪʃn] — Nachahmung, Imitation
pretend v [prɪ'tend] — so tun, als ob; vortäuschen

Falsche Freunde

Englisches Wort	Thematische Bedeutung(en)	Falscher Freund	Englische Entsprechung(en)
become v	werden	bekommen	get
blame v	die Schuld geben	(sich) blamieren	make a fool of sb/ oneself
brave adj	mutig, tapfer	brav	well-behaved
concern n	Sorge, Beunruhigung	Konzern	conglomerate, group (of companies)
curious adj	neugierig	kurios	strange
decent adj	anständig	dezent	discreet, moderate

Fähigkeiten, Aktivitäten

Psyche, Geist, Verhalten 4

Falsche Freunde

Englisches Wort	Thematische Bedeutung(en)	Falscher Freund	Englische Entsprechung(en)
keen (on) *adj*	begeistert (von)	kühn	bold
meaning *n*	Bedeutung	Meinung	opinion
miserable *adj*	elend, unglücklich	miserabel	lousy
notorious *adj*	berüchtigt	notorisch	habitual
prove *v*	beweisen	prüfen	examine, test
realize *v*	wahrnehmen	realisieren	carry out
sensible *adj*	vernünftig	sensibel	sensitive
stupid *adj*	dumm, blöd	stupid(e)	mindless
sympathetic *adj*	mitfühlend, verständnisvoll	sympathisch	nice
sympathy *n*	Mitleid, Mitgefühl	Sympathie	liking
wit *n*	Verstand, Geist	Witz	joke

Fähigkeiten, Aktivitäten

5 Ernährung, Kleidung, Einkaufen

Ernährung, Kleidung, Einkaufen **5**

5.1 Lebensmittel, Kochen, Mahlzeiten

food *n* [fuːd]
They offer many foreign foods at the new supermarket.

Lebensmittel; Essen
Im neuen Supermarkt werden viele ausländische Lebensmittel angeboten.

frozen food
tinned food BE; **canned food** AE
junk food
health food
provide *v* [prəˈvaɪd]
Food and drink will be provided.

tiefgefrorene Lebensmittel
Konserven
ungesundes, minderwertiges Essen
Vollwertkost
(zur Verfügung) stellen, sorgen für
Für Essen und Trinken wird gesorgt.

tin BE; **can** AE *n* [tɪn; kæn]
a tin/can of soup
can *n* [kæn]
a can of beer
fresh *adj* [freʃ]
off BE *adv* [ɒf]; **sour** AE [ˈsaʊə]
The milk**'s off / has gone off.**
keep, kept, kept *v* [kiːp, kept]
We keep our bread in the fridge in summer.

Konservendose
eine Dosensuppe
Getränkedose
eine Dose Bier
frisch
verdorben, hinüber
Die Milch ist hinüber!
aufbewahren
Im Sommer bewahren wir unser Brot im Kühlschrank auf.

fruit, *pl uncount* fruit; fruits *n*
[fruːt, fruːts]
Would you like some more fruit?
Apples, cherries and bananas are my favourite fruits.
apple *n* [ˈæpl]
pear *n* [peə]
cherry *n* [ˈtʃerɪ]
banana *n* [bəˈnɑːnə]
orange *n* [ˈɒrɪndʒ]
lemon *n* [ˈlemən]

Frucht, Obst; Früchte

Möchtest du noch etwas Obst?
Äpfel, Kirschen und Bananen sind meine Lieblingsfrüchte.
Apfel
Birne
Kirsche
Banane
Orange, Apfelsine
Zitrone

vegetable *n* [ˈvedʒtəbl]
bean *n* [biːn]
 baked beans
pea *n* [piː]
 dried/frozen peas
carrot *n* [ˈkærət]
tomato, *pl* tomatoes *n* [təˈmɑːtəʊ]
rice *n* [raɪs]
 brown rice

Gemüse(sorte)
Bohne
 weiße Bohnen in Tomatensoße
Erbse
 getrocknete/tiefgefrorene Erbsen
Karotte, Mohrrübe
Tomate
Reis
 (unpolierter) Naturreis

Lebensmittel, Kochen, Mahlzeiten **93**

5 Ernährung, Kleidung, Einkaufen

potato, *pl* **potatoes** *n* [pə'teɪtəʊ] Kartoffel
  boiled potatoes Salzkartoffeln, gekochte Kartoffeln
  mashed potatoes Kartoffelbrei/-püree
  roast potatoes Röst-/Bratkartoffeln
peel *v* [piːl] schälen, pellen
  peel potatoes Kartoffeln schälen
salad *n* ['sæləd] Salat
  chicken salad Salatplatte mit Huhn; Geflügelsalat
  fruit salad Obstsalat
  salad dressing Salatsoße

flour *n* ['flaʊə] Mehl
bread *n* [bred] Brot
  brown/white bread Misch-/Weißbrot
  bread and butter Butterbrot
loaf *pl* **loaves** *n* [ləʊf, ləʊvz] Laib
  a loaf of bread ein Laib Brot
toast *n* [təʊst] Toast(brot)
  Have another **piece of toast.** Iss doch noch einen Toast!
roll *n* [rəʊl] Brötchen
  ham/cheese roll Schinken-/Käsebrötchen
  sausage roll Blätterteig mit Brätfüllung
biscuit AE *n* ['bɪskɪt] weiches Brötchen; Biskuit
sandwich *n* ['sænwɪdʒ] belegtes Brot, Sandwich
  chicken sandwich Sandwich mit Huhn
cereal *n* ['sɪərɪəl] Getreideflocken (z. B. *Cornflakes*)
  breakfast cereal Frühstücksflocken/-müsli
cornflakes *n pl* ['kɔːnfleɪks] Cornflakes
popcorn *n* ['pɒpkɔːn] Popcorn

pie *n* [paɪ] gedeckter Obstkuchen; Pastete
  fruit/apple pie gedeckter Obst-/Apfelkuchen
  meat pie Fleischpastete
cake *n* [keɪk] Kuchen
  birthday cake Geburtstagskuchen
burn, **burnt/burned, burnt/burned** *v* anbrennen (lassen)
[bɜːn, bɜːnt/bɜːnd]
  burn the cake den Kuchen anbrennen lassen
biscuit BE; **cookie** AE *n* ['bɪskɪt; 'kʊkɪ] Keks, Plätzchen

sugar *n* ['ʃʊgə] Zucker
honey *n* ['hʌni] Honig
jam *n* [dʒæm] Konfitüre, Marmelade
  cherry jam Kirschmarmelade/-konfitüre
marmalade *n* ['mɑːmleɪd] Marmelade aus Zitrusfrüchten
  orange/lemon marmalade Orangen-/Zitronenmarmelade

94 Lebensmittel, Kochen, Mahlzeiten

Ernährung, Kleidung, Einkaufen 5

jelly n ['dʒelɪ] | Gelee, Marmelade
strawberry jelly | Erdbeergelee

sweet BE; **candy** AE n | Bonbon, Süßigkeit
[swiːt; 'kændɪ]
a bag of sweets/candy | eine Tüte Bonbons
chewing gum n ['tʃuːɪŋgʌm] | Kaugummi
chocolate n ['tʃɒklət] | Schokolade
a chocolate | eine Praline
a bar of chocolate | eine Tafel Schokolade; ein Schokoriegel
hot chocolate | heiße Schokolade, Kakao
ice cream n [ˌaɪs'kriːm] | Speiseeis, Eiskrem
What about some dessert? There's some ice cream left. | Wie wär's mit einem Nachtisch? Es ist noch etwas Eiskrem da.
Three ice creams, please. | Drei Portionen Eis, bitte!

cream n [kriːm] | Sahne, Rahm
As sweet, we're having fruit pie with cream. | Zum Nachtisch gibt's Obstkuchen mit Sahne.
butter n ['bʌtə] | Butter
margarine n [ˌmɑːdʒə'riːn] | Margarine
cheese n [tʃiːz] | Käse
various cheeses | verschiedene Käsesorten

meat n [miːt] | Fleisch
cold/cooked meats | Aufschnitt
lean adj [liːn] | mager, fettarm
lean meat | mageres Fleisch
fatty adj ['fætɪ] | fett(haltig)
fatty food | fettes Essen
gravy n ['greɪvɪ] | Bratensoße
sauce n [sɔːs] | Soße
tomato/chocolate sauce | Tomatensoße, Ketschup / Schoko(laden)soße
dressing n ['dresɪŋ] | Salatsoße

beef n [biːf] | Rindfleisch
veal n [viːl] | Kalbfleisch
pork n [pɔːk] | Schweinefleisch
bacon n ['beɪkn] | durchwachsener Speck
bacon and eggs | Eier mit Speck
ham n [hæm] | Schinken
cooked ham | gekochter Schinken
sausage n ['sɒsɪdʒ] | Wurst
pork/beef sausages | Schweins-/Rindsbratwürste

Lebensmittel, Kochen, Mahlzeiten 95

5 Ernährung, Kleidung, Einkaufen

hot dog n [ˈhɒtdɒg] — heißes Würstchen in Brötchen
lamb n [læm] — Lammfleisch
  leg of lamb — Lammkeule
kebab n [kɪˈbæb] — Döner (Kebab)
chop n [tʃɒp] — Kotelett
  pork/lamb chop — Schweine-/Lammkotelett

chicken n [ˈtʃɪkɪn] — Huhn, Hähnchen
  chicken soup — Hühnersuppe
egg n [eg] — Ei
  Half a dozen eggs, please. — Sechs Eier, bitte!
  fried eggs — Spiegeleier
  scrambled eggs — Rühreier
  hard-boiled/soft-boiled egg — hart gekochtes/weiches Ei

fish, pl fish n [fɪʃ] — Fisch
  fish fingers BE; **fishsticks** AE — Fischstäbchen
  fish and chips — Fisch mit Pommes frites
chips BE; **French fries** AE n pl [tʃɪps; ˌfrenʃˈfraɪz] — Pommes frites
crisps BE; **chips** AE n pl [krɪsps; tʃɪps] — Kartoffelchips
salt n [sɔːlt] — Salz
pass v [pɑːs] — hin-/herreichen
  Pass the salt, please. — Kann ich bitte mal das Salz haben?
pepper n [ˈpepə] — Pfeffer

drink n [drɪŋk] — Getränk
  The drinks are on me. idiom — Die Getränke gehen auf meine Rechnung.
  have a drink — etwas trinken
  soft drink — alkoholfreies Getränk
drink, drank, drunk v [drɪŋk, dræŋk, drʌŋk] — trinken
thirsty adj [ˈθɜːstɪ] — durstig
water n [ˈwɔːtə] — Wasser
  mineral water — Mineralwasser
juice n [dʒuːs] — Saft
  orange/tomato juice — Orangen-/Tomatensaft
milk n [mɪlk] — Milch
  a pint of milk — 0,57 l Milch
coffee n [ˈkɒfɪ] — Kaffee
  We'd like three coffees, please. — Wir hätten gern drei Kaffee, bitte!
tea n [tiː] — Tee
  Do you take milk in your tea? — Nehmen Sie Milch zum Tee?
  tea bag — Teebeutel

Ernährung, Kleidung, Einkaufen 5

whisky, whiskey n ['wɪskɪ]
Scotch whisky / Irish whiskey
A double whisky, please.
beer n [bɪə]
Edgar had two beers after dinner.

bitter BE n ['bɪtə]
A pint of bitter, please.
mild BE n [maɪld]
A half of mild, please.
wine n [waɪn]
white/red wine
dry/medium/sweet wine

Whisky
schottischer/irischer Whisky
Bitte einen doppelten Whisky!
Bier
Edgar trank zwei Glas Bier nach dem Abendessen.
„Bitter" *(halbdunkle Biersorte)*
Ein großes „Bitter", bitte!
„Mild" *(leichte dunkle Biersorte)*
Ein kleines „Mild", bitte!
Wein
Weißwein/Rotwein
trockener/halbtrockener/lieblicher Wein

make, made, made v [meɪk, meɪd]
I'll make you a sandwich.
Could you **make breakfast** tomorrow?
prepare v [prɪ'peə]
prepare dinner
spoil, spoilt, spoilt v [spɔɪl, spɔɪlt]
You'll spoil the steaks if you fry them for longer than 3 minutes.
cook n; v [kʊk]
Bob's a better cook than his father, isn't he?
Who's going to cook dinner tonight?

kochen, machen
Ich mache dir ein belegtes Brot.
Könntest du morgen das Frühstück machen?
zubereiten, kochen
das Abendessen zubereiten
verderben, ruinieren
Du verdirbst die Steaks, wenn du sie länger als 3 Minuten brätst.
Koch, Köchin; kochen
Bob kocht besser als sein Vater, nicht wahr?
Wer kocht heute das Abendessen?

boil v [bɔɪl]
I'll boil you an egg for breakfast.
fry, fried, fried v [fraɪ, fraɪd]
grill BE; **broil** AE v [grɪl; brɔɪl]
barbecue n; v ['bɑːbɪkjuː]

kochen
Ich koche dir ein Ei zum Frühstück.
(in der Pfanne) braten
im Ofen grillen
Grill; Grillparty; im Freien grillen

steak n [steɪk]
rare adj [reə]
medium adj ['miːdɪəm]
well-done adj [ˌwel'dʌn]
Do you want your steak rare, medium or well-done?
roast adj [rəʊst]
roast beef/chicken/pork/lamb

Steak
blutig, „englisch" durchgebraten
halb durchgebraten
durchgebraten
Möchten Sie Ihr Steak „englisch", halb oder ganz durchgebraten?
gebraten, Brat-
Rinderbraten/Brathähnchen/ Schweinebraten/Lammbraten

Lebensmittel, Kochen, Mahlzeiten 97

5 Ernährung, Kleidung, Einkaufen

bake *v* [beɪk]
We bake our own bread.
baked potatoes

backen
Wir backen unser Brot selbst.
in der Schale gebackene Kartoffeln

spread, spread, spread *v* [spred]
Margarine usually spreads more
easily than butter.
mix *v* [mɪks]
Put flour and butter into a bowl and
mix well.
Shall I mix you a drink?
beat, beat, beaten *v* [biːt, 'biːtn]
Beat two eggs, then add sugar …

(sich) streichen (lassen)
Margarine lässt sich normalerweise
leichter streichen als Butter.
mischen, verrühren
Geben Sie Mehl und Butter in eine
Schüssel und verrühren Sie gut.
Soll ich dir einen Drink mixen?
schlagen
Schlagen Sie zwei Eier schaumig,
geben Sie dann Zucker dazu …

hunger ['hʌŋgə]
hungry *adj* ['hʌŋgrɪ]
I'm very hungry.
eat, ate, eaten *v* [iːt, et, 'iːtn]
We're **eating out** tonight.
have, had, had *v* [hæv, hæd]
Have another piece of cake.
Have a cup of tea with us.
No thanks, I've had enough.
try, tried, tried *v* [traɪ]
Have you ever tried health food?

Hunger
hungrig
Ich habe großen Hunger.
essen
Wir gehen heute Abend essen.
essen, trinken
Iss noch ein Stück Kuchen!
Trink eine Tasse Tee mit uns!
Nein danke, ich bin satt.
versuchen, probieren
Haben Sie schon mal Vollwertkost
versucht?

delicious *adj* [dɪ'lɪʃəs]
That apple pie of yours was
delicious, Judy.
terrible *adj* ['terəbl]
plain *adj* [pleɪn]
plain cooking
mild *adj* [maɪld]
mild cheese/wine/whisky/taste

delikat, lecker
Dein gedeckter Apfelkuchen war
lecker, Judy.
scheußlich, furchtbar
einfach, bescheiden
einfache, bürgerliche Küche
mild, nicht würzig
milder Käse/Wein/Whisky/
Geschmack

hot *adj* [hɒt]
Mind the soup! It's very hot.
Do you enjoy hot Indian dishes,
too?
salty *adj* ['sɔːltɪ]
sour *adj* ['saʊə]
The milk's **gone sour.**
sour cream
sweet *adj* [swiːt]

heiß; scharf gewürzt
Vorsicht, die Suppe ist sehr heiß!
Isst du auch gern scharf gewürzte
indische Gerichte?
salzig
sauer
Die Milch ist sauer geworden.
saure Sahne
süß

98 Lebensmittel, Kochen, Mahlzeiten

Ernährung, Kleidung, Einkaufen   5

dry *adj* [draɪ] — trocken
  dry wine/bread — trockener Wein/trockenes Brot
bitter *adj* ['bɪtə] — bitter
  This tea tastes bitter. — Dieser Tee schmeckt bitter.

thin *adj* [θɪn] — dünn
  Can I have a thin slice of cheese, please? — Kann ich bitte eine dünne Scheibe Käse haben?
thick *adj* [θɪk] — dick
  thick gravy — dicke Bratensoße
slice *n* [slaɪs] — Scheibe
  a slice of bread/cheese/meat — eine Scheibe Brot/Käse/Fleisch

barrel *n* ['bærl] — Fass
  a barrel of wine/beer — ein Fass Wein/Bier
bottle *n* ['bɒtl] — Flasche
  a bottle of milk/wine — eine Flasche Milch/Wein
pint *n* [paɪnt] — 0,57 Liter
  A **pint of bitter**, please. — Ein großes Bier, bitte!
  half a pint of milk — *(ca.)* ein Viertelliter Milch

glass *n* [glɑːs] — Glas
  a glass of wine — ein Glas Wein
cup *n* [kʌp] — Tasse
  a cup of tea/coffee — eine Tasse Tee/Kaffee
  Add three cups of flour and stir. — Drei Tassen Mehl hinzufügen und umrühren.

teacup *n* ['tiːkʌp] — Teetasse
jar *n* [dʒɑː] — Gefäß, Glas
  a jar of cherry jam — ein Glas Kirschmarmelade
pot *n* [pɒt] — Topf; Kanne
  Bruce poured a tin of soup in a pot and made himself something to eat. — Bruce goss eine Dosensuppe in einen Topf und machte sich etwas zu essen.
  a pot of tea — eine Kanne Tee
teapot *n* ['tiːpɒt] — Teekanne
bowl *n* [bəʊl] — Schüssel, Schale
  salad bowl — Salatteller/-schüssel
  sugar bowl — Zuckerdose
plate *n* [pleɪt] — Teller
lay, laid, laid *v* [leɪ, leɪd] — legen; decken
  lay the table BE — den Tisch decken
set, set, set *v* [set] — setzen; decken
  set the table AE — den Tisch decken

knife, *pl* knives *n* [naɪf, naɪvz] — Messer

Lebensmittel, Kochen, Mahlzeiten   **99**

5 Ernährung, Kleidung, Einkaufen

fork *n* [fɔːk]   Gabel
spoon *n* [spuːn]   Löffel
knife, fork and spoon   Besteck

meal *n* [miːl]   Mahlzeit
  main meal   Hauptmahlzeit
dish *n* [dɪʃ]   Gericht
  I just loved that Chinese dish   Ich fand das chinesische Gericht,
  Pauline made for us last Saturday.   das Pauline letzten Samstag für uns gekocht hat, einfach wundervoll.

breakfast *n* ['brekfəst]   (das) Frühstück
  Just toast and orange marmalade   Nur Toast und Orangenmarmelade
  for breakfast, please.   zum Frühstück, bitte.
lunch *n* [lʌnʃ]   (das leichte) Mittagessen
tea BE *n* [tiː]   (das) Abendessen
dinner *n* ['dɪnə]   (das große) Abendessen
  have breakfast/lunch/dinner   frühstücken / zu Mittag essen / zu Abend essen

  What's **for dinner** tonight?   Was gibt's heute zum Abendessen?
supper *n* ['sʌpə]   (das) Abendessen
  Have you had supper yet, darling?   Hast du schon etwas zu Abend gegessen, Liebling?

Meals and mealtimes

What people call *meals* in English can sometimes be very confusing. Here are some general rules which may help to make things a bit clearer.

The meals are generally known as **breakfast**, **lunch** and **dinner**. Nowadays, **lunch** is what most people say when they talk about the midday meal. **Dinner** is the larger and more important meal of the day in many families in Britain and the United States because it's the only meal, besides breakfast, where the whole family is generally together.

But, as you can see, there are still differences:

lunch
AE/BE   a (light) meal in the middle of the day

dinner
AE   the main meal of the day generally in the evening
BE   for working-class people the midday meal;
       for middle-class people the evening meal

supper
AE   a (light) meal in the evening
BE   a large meal in the early evening;
       or a small meal just before going to bed

tea
BE   for working-class people and people in the north of Britain,
       a family's main meal in the early evening

Lebensmittel, Kochen, Mahlzeiten

5 Ernährung, Kleidung, Einkaufen

picnic n ['pɪknɪk] — Picknick
  have a picnic — picknicken
snack n [snæk] — Imbiss, kleine Mahlzeit
  hot and cold snacks — warme und kalte Imbisse
  snack bar — Imbissstube

hors d'œuvre n [ˌɔːˈdɜːv] — Vorspeise
starter BE n ['stɑːtə] — Vorspeise
soup n [suːp] — Suppe
  cream of tomato soup — Tomatencremesuppe
main adj [meɪn] — Haupt-
  main course — Hauptgang/-gericht
sweet n [swiːt] — süße Nachspeise
  What about a sweet? Chocolate ice cream? — Wie wär's mit etwas Süßem: Schokoladeneis?
dessert n [dɪˈzɜːt] — Nachspeise
  I'd like ice cream **for dessert**. — Ich hätte gern Eis als Nachspeise.

groceries n pl ['grəʊsrɪz] — Lebensmittel
grapefruit n ['greɪpfruːt] — Grapefruit, Pampelmuse
lime n [laɪm] — Limone
spinach n ['spɪnɪdʒ] — Spinat
cauliflower n ['kɒlɪˌflaʊə] — Blumenkohl
cucumber n ['kjuːkʌmbə] — (Salat-)Gurke
peanut n ['piːnʌt] — Erdnuss
  peanut butter — Erdnussbutter

pack n [pæk] — Päckchen, Schachtel, Packung
  six pack — Sechserpackung (Bier, Cola usw.)
preserve v [prɪˈzɜːv] — konservieren, einmachen
  preserving jar — Einmachglas
preserves n pl [prɪˈzɜːvz] — Eingemachtes
process v ['prəʊses] — verarbeiten, bearbeiten
  Milk has to be processed before it can be bottled. — Milch muss sterilisiert werden, bevor man sie abfüllen kann.
processed adj ['prəʊsest] — verarbeitet, bearbeitet
  processed cheese — Schmelzkäse
raw adj [rɔː] — roh, ungekocht, Roh-
  raw meat — rohes Fleisch
rotten adj ['rɒtn] — faul, verdorben
  rotten eggs — faule Eier

mince BE; **ground beef** AE n [mɪns; 'graʊndˌbiːf] — Hackfleisch
liver n ['lɪvə] — Leber

Lebensmittel, Kochen, Mahlzeiten **101**

5   Ernährung, Kleidung, Einkaufen

kidney n ['kɪdnɪ]	Niere
steak and kidney pie	Pastete mit Fleisch und Nieren
kidney bean	Gartenbohne

spice n [spaɪs]	Gewürz
spicy adj ['spaɪsɪ]	scharf gewürzt, würzig
vanilla n; adj [və'nɪlə]	Vanille; Vanille-
vanilla ice cream	Vanilleeis
mint n [mɪnt]	Minze; Pfefferminz
roast lamb and mint sauce	Lammbraten mit Minzsoße
cinnamon n ['sɪnəmən]	Zimt
garlic n ['gɑːlɪk]	Knoblauch
curry n ['kʌrɪ]	Currygewürz/-gericht
chicken curry	Currygericht mit Huhn
mustard n ['mʌstəd]	Senf
oil n [ɔɪl]	Öl
salad oil	Salatöl
vinegar n ['vɪnɪgə]	Essig

refreshment n [rɪ'freʃmənt]	Erfrischung (Getränke und Imbiss)
Light refreshments will be served during the flight.	Während des Fluges werden Getränke und ein leichter Imbiss gereicht.
refreshing adj [rɪ'freʃɪŋ]	erfrischend
non-alcoholic adj [ˌnɒnælkə'hɒlɪk]	alkoholfrei
non-alcoholic drink	alkoholfreies Getränk
squash BE n [skwɒʃ]	Fruchtsaftkonzentrat/-getränk
orange squash	Orangensaftgetränk
lemonade n [ˌlemə'neɪd]	Zitronenlimonade, Limonade (BE)
coke n [kəʊk]	Cola
syrup n ['sɪrəp]	Sirup; Saft
fruit syrup	Fruchtsirup
sip n [sɪp]	Schlückchen
have/take a sip	nippen
sip, sipped, sipped v [sɪp, sɪpt]	nippen, schlürfen
Maggie only **sipped at** her whisky.	Maggie nippte nur an ihrem Whisky.
straw n [strɔː]	Strohhalm, Trinkhalm

ale n [eɪl]	Ale (englische Biersorte)
light/brown ale	helles/dunkles Flaschenbier
real ale	traditionell gebrautes Bier vom Fass
lager BE n ['lɑːgə]	Lager (helles herbes Bier, etwa wie Pils)
draught BE; **draft** AE adj [drɑːft]	vom Fass, Fass-
draught/draft beer	Bier vom Fass, Fassbier
cocktail n ['kɒkteɪl]	Cocktail

102   Lebensmittel, Kochen, Mahlzeiten

Ernährung, Kleidung, Einkaufen

I'll mix us a cocktail, shall I?	Ich mixe uns einen Cocktail, ja?
sherry n ['ʃerɪ]	Sherry
vitamin n ['vɪtəmɪn]	Vitamin
protein n ['prəʊti:n]	Protein, Eiweiß
dairy product n ['deərɪ‚prɒdʌkt]	Molkerei-/Milchprodukt
yoghurt n ['jɒgət]	Joghurt
milk shake n ['mɪlk‚ʃeɪk]	Milchmixgetränk, Milchshake
recipe n ['resɪpɪ]	(Koch-)Rezept
ingredients n pl [ɪn'gri:dɪənts]	Zutaten
stir, stirred, stirred v [stɜ:]	umrühren
Stir well.	Gut umrühren!
stir-fry v; adj [‚stɜ:'fraɪ]	(unter Rühren) kurz anbraten; kurz angebraten
stir-fry vegetables	kurz angebratenes Gemüse
whip, whipped, whipped v [wɪp, wɪpt]	schlagen
whipped cream	Schlagsahne
squeeze v [skwi:z]	ausdrücken, auspressen
toss v [tɒs]	mischen, anmachen
toss the salad	den Salat anmachen
batter n ['bætə]	flüssiger Teig
paste n [peɪst]	fester Teig; Mark; Paste, Brotaufstrich
Sally **mixed** flour, milk, fat and water **to a firm paste.**	Sally knetete Mehl, Milch, Fett und Wasser zu einem festen Teig.
tomato paste	Tomatenmark
fish paste	Fischpaste *(Brotaufstrich)*
pastry n ['peɪstrɪ]	Teig; Gebäck
sponge (cake) n ['spʌndʒ‚keɪk)]	Biskuit(kuchen)
dough n [dəʊ]	fester Teig *(z. B. für Brot, Brötchen)*
doughnut n ['dəʊnʌt]	*etwa:* Krapfen, Berliner
pancake n ['pænkeɪk]	Pfannkuchen
pizza n ['pi:tsə]	Pizza
topping n ['tɒpɪŋ]	Belag *(z. B. einer Pizza)*
pudding n ['pʊdɪŋ]	Dessert, Nachspeise; Pudding
rice pudding	Reisbrei
plum pudding	Plumpudding, traditioneller Weihnachtskuchen *(schwerer Kuchen mit Früchten und Gewürzen)*
porridge BE; **oatmeal** AE n ['pɒrɪdʒ; 'əʊtmi:l]	Haferbrei
oats n pl [əʊts]	Haferflocken

Lebensmittel, Kochen, Mahlzeiten

5 Ernährung, Kleidung, Einkaufen

toffee n [ˈtɒfɪ] — Karamel(bonbon)
jelly BE; **jello** AE n [ˈdʒelɪ;ˈdʒeloʊ] — Grütze, Wackelpeter

cuisine n [kwiːˈziːn] — Küche, Art zu kochen
  German/Italian cuisine — deutsche/italienische Küche
flavour n [ˈfleɪvə] — Geschmack(srichtung)
  I'll buy you an ice-cream; what flavour would you like? — Ich kaufe dir ein Eis; was für eins möchtest du?
tasty adj [ˈteɪstɪ] — schmackhaft, wohlschmeckend
yum! interj [jʌm] — mmm!, lecker!
tender adj [ˈtendə] — zart
  a tender/tough steak — ein zartes/zähes Steak
tough adj [tʌf] — zäh
appetite n [ˈæpɪtaɪt] — Appetit
  For an old man he's got a good appetite. — Für einen alten Mann hat er einen gesunden Appetit.

saucepan n [ˈsɔːspən] — Kochtopf
pan n [pæn] — Pfanne
  pots and pans — Töpfe und Pfannen
  frying-pan — Bratpfanne
kettle n [ˈketl] — Wasserkessel
  Can you please **put the kettle on**? — Setzt du bitte das Wasser auf?
  The kettle's boiling. — Das Wasser kocht.
lid n [lɪd] — Deckel
sieve n [sɪv] — Sieb

crockery n [ˈkrɒkrɪ] — Geschirr
saucer n [ˈsɔːsə] — Untertasse
  cup and saucer — Tasse und Untertasse
cutlery n [ˈkʌtlrɪ] — Besteck
teaspoon n [ˈtiːspuːn] — Teelöffel
tablespoon n [ˈteɪblspuːn] — Esslöffel
toaster n [ˈtəʊstə] — Toaster
tray n [treɪ] — Tablett
  baking tray — Backblech
baking dish n [ˈbeɪkɪŋˌdɪʃ] — Backform

lunchtime n [ˈlʌnʃtaɪm] — Mittagspause/-zeit
  Shall we meet for a quick sandwich **at lunchtime?** — Treffen wir uns in der Mittagspause kurz auf ein(en) Sandwich?
portion n [ˈpɔːʃn] — Portion
  serve generous portions — große Portionen servieren
pour v [pɔː] — eingießen
  May I **pour you another drink?** — Darf ich dir noch was einschenken?

Lebensmittel, Kochen, Mahlzeiten

Ernährung. Kleidung. Einkaufen 5

remains BE *n pl* [rɪ'meɪnz]
I'll **clear away the remains of** the
meal while you do the dishes.
leftovers *n pl* ['left͜ˌəʊvəz]
What's for dinner? – Just leftovers,
I'm afraid.

Reste
Ich räume das übrig gebliebene
Essen weg, während ihr abspült.
Essensreste, Aufgewärmtes
Was gibt's zum Abendessen? –
Leider nur Aufgewärmtes.

5.2 Kleidung und Zubehör

quality *n* ['kwɒlətɪ]
of high/poor quality
cloth *n* [klɒθ]
Various kinds of cloth are produced
in this factory.
cotton *adj; n* ['kɒtn]

cotton shirt/dress
wool *n* [wʊl]
pure new wool
woollen *adj* ['wʊlən]
woollen pullover/sweater

Qualität
von hoher/schlechter Qualität
Stoff, Tuch
In dieser Fabrik werden ganz
verschiedene Stoffe hergestellt.
baumwollen, Baumwoll-;
Baumwolle
Baumwollhemd/-kleid
Wolle
reine Schurwolle
wollen, Woll-
Wollpullover

put on, put, put *v* [ˌpʊt'ɒn]
Shall I **put on** my best suit tonight?

dress *v* [dres]
Sandra **dresses well.**
She loves to **dress in** white.
Hurry up and **get dressed!**
take off, took, taken *v*
[ˌteɪk'ɒf, tʊk, 'teɪkn]
take off one's clothes
undress *v* [ˌʌn'dres]

anziehen
Soll ich heute Abend meinen
besten Anzug anziehen?
(sich) anziehen/kleiden
Sandra zieht sich gut an.
Sie kleidet sich sehr gern in Weiß.
Beeil dich mit dem Anziehen!
(etw.) ausziehen

sich ausziehen
(sich) ausziehen

fashion *n* ['fæʃn]
These jeans are **the latest fashion.**
in fashion/out of fashion

fashionable *adj* ['fæʃnəbl]
old-fashioned *adj* [ˌəʊld'fæʃnd]
model *n* ['mɒdl]
Tina works as a **fashion model.**
Frank's a **male model.**

Mode
Diese Jeans sind der letzte Schrei.
in Mode, modern / aus der Mode,
unmodern
modisch
altmodisch, veraltet
Mannequin/Model, Dressman
Tina arbeitet als Mannequin.
Frank ist Dressman.

Kleidung und Zubehör 105

5 Ernährung, Kleidung, Einkaufen

clothes *n pl* [kləʊðz] — Kleider, Kleidung
  warm/light clothes — warme/leichte Kleidung
wear, wore, worn *v* [weə, wɔː, wɔːn] — tragen
dress *n* [dres] — Kleid
  Carol wore a long blue **evening dress** when she went to the opera. — Carol trug in der Oper ein langes blaues Abendkleid.
  You are expected to wear **evening dress** for a formal dinner. — Es wird erwartet, dass man zu einem formellen Essen Abendkleidung trägt.

dressmaker *n* ['dres,meɪkə] — (Damen-)Schneider(in)
spot *n* [spɒt] — Punkt, Tupfen
  Sophie wore a yellow dress with black spots. — Sophie trug ein gelbes Kleid mit schwarzen Punkten.
stripe *n* [straɪp] — Streifen
  Ann wore a blue blouse with white stripes. — Ann trug eine blaue Bluse mit weißen Streifen.
blouse *n* [blaʊz] — Bluse
skirt *n* [skɜːt] — Rock

suit *n* [suːt] — Anzug; Hosenanzug
shirt *n* [ʃɜːt] — Hemd
collar *n* ['kɒlə] — Kragen
button *n* ['bʌtn] — Knopf
  a row of buttons — eine Knopfreihe
tie *n* [taɪ] — Krawatte
tailor *n* ['teɪlə] — (Herren-)Schneider(in)
jacket *n* ['dʒækɪt] — Jacke, Jackett

T-shirt *n* ['tiːʃɜːt] — T-Shirt
sweatshirt *n* ['swetʃɜːt] — Sweatshirt
pullover *n* ['pʊl,əʊvə] — Pullover
sweater *n* ['swetə] — Pullover
cardigan *n* ['kɑːdɪgən] — Strickjacke
coat *n* [kəʊt] — Mantel
  fur coat — Pelzmantel
pocket *n* ['pɒkɪt] — Tasche
  coat/trouser pocket — Mantel-/Hosentasche
handkerchief *n* ['hæŋkətʃɪf] — Taschentuch
hankie, hanky *n inform* ['hæŋkɪ] — Taschentuch

trousers BE; **pants** AE *n pl* — lange Hose(n)
['traʊzəz; pænts]
  Do you know where my blue trousers are? — Weißt du, wo meine blaue Hose ist?
  I need a new **pair of trousers**. — Ich brauche eine neue Hose.

106 Kleidung und Zubehör

Ernährung, Kleidung, Einkaufen 5

jeans n pl [dʒiːnz]	Jeans
shorts n pl [ʃɔːts]	Shorts, kurze Hose(n)
pair n [peə]	Paar
a pair of jeans/shorts	(ein Paar) Jeans/Shorts
belt n [belt]	Gürtel

cap n [kæp]	Mütze, Kappe
baseball cap	Baseballmütze
hat n [hæt]	Hut
glove n [glʌv]	Handschuh
a pair of gloves	(ein Paar) Handschuhe
handbag BE; **purse** AE n	Handtasche
[ˈhænbæg; pɜːrs]	
wallet n [ˈwɒlɪt]	Brieftasche

sock n [sɒk]	Socke
a pair of socks	ein Paar Socken
stocking n [ˈstɒkɪŋ]	Strumpf
a pair of stockings	ein Paar Strümpfe
tights n pl [taɪts]	Strumpfhose(n)
She needs new tights every other day.	Sie braucht alle paar Tage neue Strumpfhosen.
a pair of tights	eine Strumpfhose
shoe n [ʃuː]	Schuh
a pair of shoes/boots	(ein Paar) Schuhe/Stiefel
boot n [buːt]	Stiefel
leather/rubber boots	Leder-/Gummistiefel
trainers n pl [ˈtreɪnəz]	Turnschuhe

style n [staɪl]	Stil, Mode
the latest style	die neueste Mode
design n; v [dɪˈzaɪn]	Entwurf, Design; entwerfen
pattern n [ˈpætn]	Muster; Schnittmuster
kilt n [kɪlt]	Schottenrock
striped adj [straɪpt]	gestreift
dot n [dɒt]	Punkt, Fleck
polka dot	Tupfen; getupft, gepunktet

fabric n [ˈfæbrɪk]	Stoff, Gewebe
silk n; adj [sɪlk]	Seide; seiden, Seiden-
linen n; adj [ˈlɪnɪn]	Leinen, Wäsche; Leinen-
leather n; adj [ˈleðə]	Leder; ledern, Leder-
leather jacket	Lederjacke
synthetic fibre n [sɪnˈθetɪkˈfaɪbə]	Kunstfaser

stain n [steɪn]	Schmutz-/Farbfleck

Kleidung und Zubehör **107**

5 Ernährung, Kleidung, Einkaufen

stained *adj* [steɪnd] — fleckig, gefleckt
shabby *adj* [ˈʃæbɪ] — abgetragen, schäbig
He was wearing a shabby old coat and dirty jeans. — Er trug einen abgetragenen alten Mantel und schmutzige Jeans.

raincoat *n* [ˈreɪnkəʊt] — Regenmantel
macintosh, mac BE *n inform* [ˈmækɪntɒʃ, mæk] — Regenmantel
umbrella *n* [ʌmˈbrelə] — Regenschirm
scarf, *pl* scarves *n* [skɑːf, skɑːvz] — Schal, Halstuch
bomber jacket *n* [ˈbɒmə‚dʒækɪt] — Fliegerjacke

ribbon *n* [ˈrɪbn] — Stoffband
She wore a yellow ribbon in her hair. — Sie trug ein gelbes Band im Haar.
panty hose *n* [ˈpæntɪ‚həʊz] — Nylonstrümpfe/-strumpfhose
underwear *n* [ˈʌndəweə] — Unterwäsche
knickers BE *n pl* [ˈnɪkəz] — Schlüpfer
panties *n pl* [ˈpæntɪz] — Damenslip(s)
pants BE; **briefs** AE *n pl* [pænts; briːfs] — Herrenunterhose(n)
Maud bought some panties for herself and five pairs of pants for her husband. — Maud kaufte kaufte sich ein paar Slips und für ihren Mann fünf Unterhosen.
briefs *n pl* [briːfs] — Slip(s)
slip *n* [slɪp] — Unterrock
bra *n* [brɑː] — Büstenhalter
vest BE; **undershirt** AE *n* [vest; ˈʌndərʃɜːrt] — Unterhemd
nightdress BE; **nightgown** AE *n* [ˈnaɪtdres; ˈnaɪtgaʊn] — (Damen-)Nachthemd
nightshirt BE *n* [ˈnaɪtʃɜːt] — (Herren-)Nachthemd
pyjamas *n pl* [pəˈdʒɑːməz] — Schlafanzug
a pair of pyjamas — ein Schlafanzug

swimming costume BE *n* [ˈswɪmɪŋ‚kɒstjuːm] — Badeanzug
swimsuit *n* [ˈswɪmsuːt] — Badeanzug
bathing suit *n* [ˈbeɪðɪŋ‚suːt] — Badeanzug
swimming trunks *n pl* [ˈswɪmɪŋ‚trʌŋks] — Badehose(n)
bathing trunks BE *n* [ˈbeɪðɪŋ‚trʌnks] — Badehose(n)

dinner-jacket BE; **tuxedo** AE *n* [ˈdɪnə‚dʒækɪt; tʌkˈsiːdəʊ] — Smoking

Kleidung und Zubehör

Ernährung, Kleidung, Einkaufen **5**

waistcoat BE; **vest** AE *n*
['weɪstkəʊt; vest]
sleeve *n* [sliːv]
He **rolled up his sleeves** and
started work.
zip BE; **zipper** AE *n* [zɪp; 'zɪpər]
do up / undo a zip

zip, zipped, zipped *v* [zɪp, zɪpt]
unzip, unzipped, unzipped *v*
[ʌn'zɪp, ʌn'zɪpt]
zip/unzip a dress/bag

Velcro fastener *n* ['velkrəʊˌfɑːsnə]

Weste

Ärmel
Er krempelte die Ärmel hoch und
ging an die Arbeit.
Reißverschluss
einen Reißverschluss zu-/auf-
machen
(Reißverschluss) zumachen
(Reißverschluss) aufmachen

den Reißverschluss eines Kleides/
einer Handtasche zu-/aufmachen
Klettverschluss

disguise *n; v* [dɪs'gaɪz]
in disguise
Donald **disguised himself as** a
woman so that the police would
not recognize him.

Verkleidung; verkleiden
verkleidet
Donald verkleidete sich als Frau,
damit ihn die Polizei nicht
erkannte.

5.3 Schmuck

valuable *adj* ['væljʊəbl]
jewel *n* ['dʒuːəl]
jewellery *n* ['dʒuːəlrɪ]
Sharon always wears valuable
jewellery.
ring *n* [rɪŋ]
a silver/gold ring
In the US and in Britain a **wedding
ring** is generally worn on the third
finger of the left hand.

silver *adj; n* ['sɪlvə]
gold *adj; n* [gəʊld]

wertvoll
Edelstein, Juwel
Schmuck
Sharon trägt immer wertvollen
Schmuck.
Ring
ein silberner/goldener Ring
In den USA und in Großbritannien
wird der Ehering gewöhnlich am
Ringfinger der linken Hand
getragen.

silbern, Silber-; Silber
golden, Gold-; Gold

valuables *n pl* ['væljʊəblz]
Don't leave any valuables in your
hotel room.
pearl *n* [pɜːl]
necklace *n* ['neklɪs]
pearl necklace
bracelet *n* ['breɪslɪt]

Wertsachen
Lassen Sie keine Wertsachen in
Ihrem Hotelzimmer!
Perle
Halskette
Perlenkette
Armband

Schmuck **109**

5 Ernährung, Kleidung, Einkaufen

silver bracelet	Silberarmband
earring *n* ['ɪərɪŋ]	Ohrring
pierce *v* [pɪəs]	piercen, durchstechen
Dennis **had** his ears and nose **pierced.**	Dennis ließ sich die Ohren und die Nase piercen.
tattoo *n; v* [tæ'tu:]	Tätowierung; tätowieren

5.4 Einkaufen

shopping *n* ['ʃɒpɪŋ]	Einkaufen; Einkäufe
shopping list	Einkaufsliste
window shopping	Schaufensterbummel
Lorna left **the shopping** in the car.	Lorna ließ die Einkäufe im Wagen.
do one's shopping	einkaufen, Einkäufe machen
shop, shopped, shopped *v* [ʃɒp, ʃɒpt]	einkaufen
Linda wanted to **shop around** before she decided what to buy.	Linda wollte sich vor der Kaufentscheidung noch ein bisschen umsehen.
go shopping	einkaufen gehen
shop BE; **store** AE *n* [ʃɒp; stɔ:r]	Laden
shop window	Schaufenster
customer *n* ['kʌstəmə]	Kunde, Kundin
regular customer	Stammkunde, Stammkundin
counter *n* ['kaʊntə]	Ladentisch; Tresen
shop assistant BE; **clerk** AE *n* ['ʃɒpə,sɪstənt; klɑ:k]	Verkäufer(in)
A good shop assistant knows a lot about the things she or he sells.	Ein(e) gute(r) Verkäufer(in) ist bestens informiert über die Waren, die sie/er verkauft.
salesperson *n* ['seɪlz,pɜ:sn]	Verkäufer(in)
help *v* [help]	helfen, bedienen
Can I help you?	Ja bitte? / Kann ich Ihnen helfen?
serve *v* [sɜ:v]	bedienen
Are you being served?	Werden Sie schon bedient?
baker *n* ['beɪkə]	Bäcker(in)
at the baker's	in der Bäckerei, beim Bäcker
butcher *n* ['bʊtʃə]	Metzger(in), Fleischer(in)
grocer *n* ['grəʊsə]	Lebensmittelhändler(in)
greengrocer BE *n* ['gri:n,grəʊsə]	Gemüsehändler(in)
bookshop BE; **bookstore** AE *n* ['bʊkʃɒp; 'bʊkstɔ:r]	Buchhandlung
clothes shop *n* ['kləʊðz,ʃɒp]	Textilgeschäft

Ernährung, Kleidung, Einkaufen 5

jeweller n ['dʒuːələ] — Juwelier(in)
supermarket n ['suːpəˌmɑːkɪt] — Supermarkt
department store n [dɪ'pɑːtmənt ˌstɔː] — Warenhaus, Kaufhaus
self-service n [ˌself'sɜːvɪs] — Selbstbedienung
market n ['mɑːkɪt] — Markt
  street market — Straßenmarkt

open adj ['əʊpn] — geöffnet, offen
The shops in most towns are open on Saturdays till 6 p.m. but shut on Sundays. — In den meisten Städten sind die Läden samstags bis 18 Uhr geöffnet, aber sonntags geschlossen.
closed adj [kləʊzd] — geschlossen
shut BE adj [ʃʌt] — geschlossen
set up, set, set v [ˌset'ʌp] — eröffnen, aufmachen
  set up shop — einen Laden eröffnen
close down v [ˌkləʊz'daʊn] — (ein Geschäft) schließen, aufgeben

sales n pl [seɪlz] — Schlussverkauf, Ausverkauf
  in the sales — im Schlussverkauf
bargain n ['bɑːgɪn] — Gelegenheitskauf, Schnäppchen
These boots **are a real bargain.** — Diese Stiefel sind wirklich sehr günstig!

special offer n [ˌspeʃl'ɒfə] — Sonderangebot
second-hand adj [ˌsekənd'hænd] — gebraucht, Gebraucht-
  second-hand clothes — gebrauchte Kleider
  second-hand shop — Gebrauchtwarenladen

include v [ɪn'kluːd] — einschließen, enthalten
VAT is **included in** the price. — Die Mehrwertsteuer ist im Preis enthalten.

total adj; n ['təʊtl] — gesamt; Gesamtbetrag, Summe
change n [tʃeɪndʒ] — Wechselgeld
Excuse me, but I'm afraid you haven't given me the correct change. — Entschuldigung, aber Sie haben mir leider nicht richtig herausgegeben.

free adj [friː] — kostenlos
cheap adj [tʃiːp] — billig
expensive adj [ɪk'spensɪv] — teuer
reasonable adj ['riːznəbl] — vernünftig
At our shop you get good quality **at a reasonable price.** — In unserem Geschäft bekommen Sie gute Qualität zu einem vernünftigen Preis.

quality n ['kwɒlətɪ] — Qualität
price n [praɪs] — Preis

Einkaufen 111

5 Ernährung, Kleidung, Einkaufen

price list	Preisliste
price rise/cut	Preiserhöhung/-senkung
price tag	Preisschild
prices go up/down	die Preise steigen/fallen
put the prices up/down	die Preise erhöhen/senken

how much? *adv* [haʊ'mʌtʃ]
How much is that?
cost, cost, cost *v* [kɒst]
Excuse me, how much does this ring cost?
charge *v* [tʃɑːdʒ]
We **charge extra for** plastic bags.

wie viel?
Wie viel / Was kostet das?
kosten
Entschuldigen Sie, was kostet dieser Ring?
in Rechnung stellen, berechnen
Wir berechnen Plastiktüten zusätzlich.

receipt *n* [rɪ'siːt]
complaint *n* [kəm'pleɪnt]
All **complaints** should be **made to** the manager.

Kassenbon; Quittung
Reklamation
Bei Reklamationen wenden Sie sich bitte an den Geschäftsführer / die Geschäftsführerin.

try on, tried, tried *v* [ˌtraɪ'ɒn]
I never buy a pair of jeans without **trying them on** first.
size *n* [saɪz]
This shirt is three sizes too big for me.
What size do you take?
a small/large size
standard *adj* ['stændəd]
standard sizes
ready-made *adj* [ˌredɪ'meɪd]
ready-made clothes

anprobieren
Ich kaufe nie Jeans, ohne sie vorher anzuprobieren.
Größe
Dieses Hemd ist mir drei Nummern zu groß.
Welche Größe (haben Sie)?
eine kleine/große Größe
Konfektions-, Standard-
Standardgrößen
seriengefertigt, Konfektions-
Konfektionskleidung

fit, fitted, fitted *v* [fɪt]
This suit doesn't fit (me).
go with, went, gone *v*
[ˌgəʊ'wɪð, went, gɒn]
These jeans **go well with** your leather jacket.
match *v* [mætʃ]
Your coat and gloves **don't match**.

passen
Dieser Anzug passt (mir) nicht.
passen zu

Diese Jeans passen gut zu Ihrer Lederjacke.
zusammenpassen
Dein Mantel und die Handschuhe passen nicht zusammen.

suit *v* [suːt]
Pink **suits her very well**.
tight *adj* [taɪt]
These shoes are too tight.

gut aussehen, stehen
Rosa steht ihr sehr gut.
eng
Diese Schuhe sind (mir) zu eng.

Ernährung, Kleidung, Einkaufen 5

loose *adj* [luːs]   weit
  loose clothes   weite Kleider
small *adj* [smɔːl]   klein
  This dress is too small for me.   Dieses Kleid ist mir zu klein.
large *adj* [lɑːdʒ]   groß

Money

In America and Great Britain men generally do not use **purses** (BE) or **change purses** (AE) to carry their **loose change**. These are items used mostly by *women*.
Men carry their **paper money** – **notes** (BE) or **bills** (AE) – in a **wallet**. **Coins** are carried loosely in a pocket of their trousers (BE) or pants (AE).

shopping basket *n* [ˈʃɒpɪŋˌbɑːskɪt]   Einkaufskorb
shopping bag *n* [ˈʃɒpɪŋˌbæg]   Einkaufstasche
plastic *adj* [ˈplæstɪk]   Plastik-; aus Kunststoff
  plastic bag   Plastikbeutel, -tüte
purse BE; **change purse** AE *n* [pɜːs; ˈtʃeɪndʒpɜːrs]   Geldbörse *(für Frauen)*
pay, paid, paid *v* [peɪ]   bezahlen
  pay cash   bar bezahlen
  pay by cheque/credit card   mit Scheck/Kreditkarte bezahlen
spend, spent, spent *v* [spend, spent]   (Geld) ausgeben
  Most people **spend** the largest part of their income **on** food and rent.   Die meisten Menschen geben den größten Teil ihres Einkommens für Lebensmittel und Miete aus.

buy, bought, bought *v* [baɪ, bɔːt]   kaufen
waste *v* [weɪst]   verschwenden
  waste money (on sth)   Geld (für etw.) verschwenden
afford *v* [əˈfɔːd]   sich leisten
  It's a shame I **can't afford** that coat.   Schade, dass ich mir diesen Mantel nicht leisten kann!

purchase *n* [ˈpɜːtʃəs]   Kauf, Einkauf
  hire purchase BE; **installment plan** AE [ˌhaɪəˈpɜːtʃəs; ɪnˈstɔːlmənt ˌplæn]   Ratenkauf
  June **bought** her new TV **on hire purchase / on the installment plan.**   June kaufte ihren neuen Fernseher auf Raten.
shopper *n* [ˈʃɒpə]   Käufer(in)
shopaholic *n* [ˌʃɒpəˈhɒlɪk]   Einkaufssüchtige(r)
shopping centre *n* [ˈʃɒpɪŋˌsentə]   Einkaufszentrum
(shopping) mall AE *n* [mɔːl]   Einkaufszentrum

5 Ernährung, Kleidung, Einkaufen

escalator n ['eskəleɪtə] — Rolltreppe
hypermarket BE n ['haɪpə͵mɑːkɪt] — (sehr großer) Verbrauchermarkt
discount store n ['dɪskaʊnt͵stɔː] — Discountladen
trolley BE; **shopping cart** AE n — Einkaufswagen
['trɒlɪ; 'ʃɑːpɪŋ͵kɑːrt]

wrap, wrapped, wrapped v — einwickeln, einpacken
[ræp, ræpt]
wrapping n ['ræpɪŋ] — Verpackung
unwrap, unwrapped, unwrapped v — auswickeln, -packen
[ʌn'ræp, ʌn'wræpt]
label n ['leɪbl] — Etikett, Aufkleber; Aufschrift
label, labelled, labelled v ['leɪbl] — etikettieren; mit einer Aufschrift versehen

In Great Britain, genetically-modified foods must be labelled "GM". — In Großbritannien müssen gen-veränderte Lebensmittel die Aufschrift „GM" tragen.

bar code n ['bɑːkəʊd] — Strichcode *(auf Waren)*
  bar code reader — Strichcode-Lesegerät/Scanner
cashier n [kə'ʃɪə] — Kassierer(in)
cash desk BE n ['kæʃdesk] — Kasse
check out v [͵tʃek'aʊt] — an der Kasse zahlen
checkout (counter) n — Supermarkt-Kasse
['tʃekaʊt (͵kaʊntə)]
electronic cash, e-cash n — E-Cash, Cybergeld
[͵elek'trɒnɪk͵kæʃ, 'iːkæʃ]

dear BE adj [dɪə] — teuer
reduction n [rɪ'dʌkʃn] — Senkung, Ermäßigung
  price reduction — Preissenkung
economical adj [͵iːkə'nɒmɪkl] — sparsam; günstig
It's more economical to buy things in the sales. — Es ist günstiger, Sachen im Schlussverkauf zu kaufen.
guarantee n; v [͵gærn'tiː] — Garantie; garantieren
refund n; v ['riːfʌnd; rɪ'fʌnd] — Rückzahlung/-erstattung; zurückzahlen

The shopkeeper **refunded the full price to** the customer. — Der Ladenbesitzer erstattete dem Kunden den vollen Preis.
shopkeeper BE; **storekeeper** AE n — Ladenbesitzer(in)
['ʃɒp͵kiːpə; 'stɔːr͵kiːpər]

114 Einkaufen

5 Ernährung, Kleidung, Einkaufen

Falsche Freunde

Englisches Wort	Thematische Bedeutung(en)	Falscher Freund	Englische Entsprechung(en)
biscuit *n*	Keks BE, Brötchen AE	Biskuit	sponge (cake)
can *n*	Getränkedose	(Kaffee-/Tee-)Kanne	pot; jug
chips BE *n pl*	Pommes frites	Chips	crisps BE
dress *n*	Kleid	Dress (= *Sporttrikot*)	outfit, strip BE
fabric *n*	Stoff, Gewebe	Fabrik	factory
jacket *n*	Sakko, Jackett	(Strick-)Jacke	cardigan
lager *n*	Lagerbier	(Waren-)Lager	store room
lemon *n*	Zitrone	Limone	lime
marmalade *n*	Zitrusfrüchte-Marmelade	Marmelade (*allgemein*)	jam
mince BE *n*	Hackfleisch	Minze	mint
pass *v*	hin-/herreichen	passen	fit
roll *n*	Brötchen	Rolle	role
slip *n*	Unterrock	Slip (*Damen-/Herrenunterhose*)	panties; briefs
spend *v*	(Geld) ausgeben	spenden	contribute
thick *adj*	dick(flüssig)	dick (= *fett*)	fat
trainers BE *n pl*	Laufschuhe	Trainer	coach
vest BE *n*	Unterhemd	Weste	waistcoat BE, vest AE

Einkaufen **115**

6 Wohnen

Wohnen **6**

6.1 Bauen, Haus, Gebäude, Bewohner

build, built, built *v* [bɪld, bɪlt]   bauen
  built of stone   aus Naturstein gebaut
material *n* [mə'tɪərɪəl]   Material, Baustoff
  Wood has once again become a   Holz ist wieder zu einem häufig
  widely used **building material**.   benutzten Baustoff geworden.
brick *n* [brɪk]   Ziegel(stein), Backstein
  The house was totally destroyed –   Das Haus war total zerstört – nur
  nothing but a pile of old bricks.   ein Haufen alter Ziegelsteine.
  a building of red brick   ein roter Ziegelbau
  a brick wall   eine Ziegel(stein)mauer
paint *n; v* [peɪnt]   Farbe, Anstrich; (an)streichen
  Wet paint!   Vorsicht, frisch gestrichen! *(Schild)*
  Let's paint the front door green.   Streichen wir die Haustür doch
     grün!
brush *v* [brʌʃ]   Bürste, Pinsel

roof *n* [ruːf]   Dach
chimney *n* ['tʃɪmnɪ]   Schornstein
window *n* ['wɪndəʊ]   Fenster
wall *n* [wɔːl]   Wand; Mauer
  inside/outside walls   Innen-/Außenwände
ceiling *n* ['siːlɪŋ]   Zimmerdecke
floor *n* [flɔː]   Fußboden; Stockwerk
ground floor BE *n* [ˌgraʊnd'flɔː]   Erdgeschoss
  The Browns live **on the ground**   (Die) Browns wohnen im
  floor.   Erdgeschoss.
first floor *n* [ˌfɜːst'flɔː]   Erdgeschoss (AE); erster Stock (BE)
upper *adj* ['ʌpə]   obere(r, s)
  the upper floors   die oberen Stockwerke
top *adj* [tɒp]   Dach-, oberste(r, s)
  on the top floor   im obersten Stockwerk / im
     Dachgeschoss
attic *n* ['ætɪk]   Dachboden
cellar *n* ['selə]   Keller
basement *n* ['beɪsmənt]   Unter-/Kellergeschoss; Souterrain
  basement flat   Wohnung im Souterrain

lift BE; **elevator** AE *n*   Fahrstuhl, Lift, Aufzug
[lɪft; 'eləˌveɪtər]
  We **took the lift/elevator** to the   Wir fuhren mit dem Fahrstuhl in
  10th floor.   den 10. Stock.
stairs *n pl* [steəz]   Treppe
  He went up the stairs to his   Er ging die Treppe zu seinem
  bedroom.   Schlafzimmer hinauf.

Bauen, Haus, Gebäude, Bewohner **117**

6 Wohnen

step *n* [step]　　　　　　　　　(Treppen-)Stufe
Mind the step!　　　　　　　　Vorsicht, Stufe! *(Schild)*

entrance *n* ['entrəns]　　　　　Eingang
exit *n* ['eksɪt]　　　　　　　　Ausgang
　emergency exit　　　　　　　Notausgang
way in/out BE *n* [ˌweɪˈɪn/ˈaʊt]　Eingang/Ausgang
front *adj* [frʌnt]　　　　　　　Vorder-, Straßen-
　front garden BE; **front yard** AE　Vorgarten
back *adj* [bæk]　　　　　　　　Hinter-
　back garden BE; **backyard** AE　Garten (hinterm Haus);
　　　　　　　　　　　　　　　　　Hinterhof
fence *n* [fens]　　　　　　　　Zaun
　garden fence　　　　　　　　Gartenzaun
garage *n* ['gærɑːdʒ]　　　　　Garage

building *n* ['bɪldɪŋ]　　　　　Gebäude
tall *adj* [tɔːl]　　　　　　　　hoch
　TV towers are **tall buildings.**　Fernsehtürme sind hohe Gebäude.
house *n* [haʊs]　　　　　　　Haus
cottage *n* ['kɒtɪdʒ]　　　　　Häuschen (auf dem Land)
　weekend cottage　　　　　　Wochenendhäuschen
hut *n* [hʌt]　　　　　　　　　Hütte
block *n* [blɒk]　　　　　　　Block, Gebäudekomplex
　block of flats BE; **apartment**　Wohnblock
　house AE
　an office block　　　　　　　ein Bürogebäude

museum *n* [mjuːˈzɪəm]　　　Museum
　the British Museum　　　　　das Britische Museum *(in London)*
palace *n* ['pælɪs]　　　　　　Palast
　The Queen lives in **Buckingham**　Die Königin wohnt im
　Palace when she's in London.　Buckingham-Palast, wenn sie
　　　　　　　　　　　　　　　　　sich in London aufhält.
wing *n* [wɪŋ]　　　　　　　　Seitenflügel
　the east/west wing of the palace　der östliche/westliche Seitenflügel
　　　　　　　　　　　　　　　　　des Palastes
tower *n* ['taʊə]　　　　　　　Turm
　the Tower of London　　　　der Londoner Tower *(früher Königs-*
　　　　　　　　　　　　　　　　　burg, heute Museum)
ruin *n* ['rʊɪn]　　　　　　　　Ruine
　be/lie in ruins　　　　　　　in Trümmern liegen, zerstört sein

architect *n* ['ɑːkɪtekt]　　　Architekt(in)
architecture *n* ['ɑːkɪtektʃə]　Architektur
construct *v* [kənˈstrʌkt]　　　bauen, errichten

118 Bauen, Haus, Gebäude, Bewohner

Wohnen 6

construction *n* [kən'strʌkʃn] — Konstruktion; Bau
  under construction — im Bau
  construction company/works — Baufirma/-arbeiten
site *n* [saɪt] — Grundstück
  building site — Bauplatz
foundations *n pl* [faʊn'deɪʃnz] — Fundament
structure *n* ['strʌktʃə] — Bauwerk; Bauform
  The new community centre is an attractive structure. — Das neue Gemeindezentrum ist ein reizvolles Bauwerk.
rebuild, rebuilt, rebuilt *v* [ˌriː'bɪld, ˌriː'bɪlt] — wieder aufbauen, nachbauen

concrete *adj; n* ['kɒŋkriːt] — Beton-; Beton
bricklayer *n* ['brɪkleɪə] — Maurer
timber BE; **lumber** AE *n* ['tɪmbə; 'lʌmbər] — Bauholz
joiner BE *n* ['dʒɔɪnə] — Zimmerer(in)
carpenter *n* ['kɑːpəntə] — Schreiner(in), Tischler(in)
woodwork *n* ['wʊdwɜːk] — hölzerne Bauteile am Haus
  It's time to paint the woodwork; just look at the doors and window frames! — Es wird Zeit, die Holzteile am Haus zu streichen. Sieh dir nur die Türen und Fensterrahmen an!

exterior *n* [ek'stɪərɪə] — Äußeres, Fassade
interior *n* [ɪn'tɪərɪə] — Innenraum; Innengestaltung
post *n* [pəʊst] — Pfosten, Stützbalken
  door post — Türpfosten
support *v* [sə'pɔːt] — tragen, stützen, ruhen
  The roof of the cottage **is supported by** four wooden posts. — Das Dach des Bauernhauses ruht auf vier Holzpfählen.
pillar *n* ['pɪlə] — Säule
balcony *n* ['bælkənɪ] — Balkon
patio *n* ['pætɪəʊ] — Terrasse
doorway *n* ['dɔːweɪ] — Eingang, Tür
  The Winters were waiting **in the doorway** to welcome their guests. — Die Winters standen am Eingang, um ihre Gäste zu begrüßen.
driveway *n* ['draɪvweɪ] — Einfahrt, Zufahrt
porch *n* [pɔːtʃ] — Vorbau, Vordach (BE); Veranda (AE)
veranda *n* [və'rændə] — Veranda

staircase *n* ['steəkeɪs] — Treppe, Treppenhaus
landing *n* ['lændɪŋ] — Treppenabsatz, Etagenabsatz

cabin *n* ['kæbɪn] — Hütte
shed *n* [ʃed] — Schuppen
  tool shed — Geräteschuppen

Bauen, Haus, Gebäude, Bewohner **119**

6 Wohnen

farmhouse n [ˈfɑːmhaʊs]	Bauernhaus
extension n [ɪkˈstenʃn]	Anbau, Erweiterungsbau
bungalow n [ˈbʌŋgləʊ]	Bungalow, einstöckiges Haus
detached house n [dɪˈtætʃthaʊs]	freistehendes Haus
semi-detached house BE; **duplex** AE n [ˌsemɪdɪˈtætʃthaʊs; ˈduːpleks]	Doppelhaushälfte
terraced house BE; **row house / townhouse** AE n [ˈterəstˌhaʊs; ˈrəʊˌhaʊs/ˈtaʊnˌhaʊs]	Reihenhaus
terrace n [ˈterəs] We like to have our meals on the terrace when the weather's nice. Leo lives in a terrace in Whitley Road.	Terrasse; Reihenhausanlage (BE) Wir essen gerne auf der Terrasse, wenn das Wetter schön ist. Leo wohnt in einer Reihenhaus- anlage an der Whitley Road.

council house BE n [ˈkaʊnslhaʊs]	Haus (aus sozialem Wohnungsbau)
council flat BE n [ˈkaʊnslflæt]	Sozialwohnung
one or two room flat BE / **apartment** AE n [ˈwʌnɔːtuːruːmˌflæt/əˈpɑːrtmənt]	Appartement
bedsit(ter) BE; **rented room** AE [ˈbedsɪt(ə); ˌrentɪdˈruːm]	möbliertes Zimmer
owner-occupied flat BE; **condominium** AE n [ˌəʊnəˈɒkjəpaɪdflæt; ˌkɑːndəˈmɪnɪəm]	Eigentumswohnung

6.2 Wohnung, Einrichtung

home n [həʊm] I've left my keys **at home**.	Wohnung, Zuhause; Heimat Ich habe meine Schlüssel daheim gelassen!
Her home's in Fort Worth, Texas.	Ihr Heimatort ist Fort Worth, Texas.
flat BE; **apartment** AE n [flæt; əˈpɑːrtmənt]	Wohnung
two bedroom flat/apartment	Dreizimmerwohnung
share v [ʃeə] Judy and Tim share a flat.	teilen, zusammen benutzen Judy und Tim haben eine gemeinsame Wohnung.
separate adj [ˈseprət] Each flat has a separate entrance.	getrennt, eigen- Jede Wohnung hat einen eigenen Eingang.

landlady n [ˈlænˌleɪdɪ]	Vermieterin
landlord n [ˈlænlɔːd]	Vermieter

Wohnen 6

rent *n; v* [rent]
  Do you own this flat or do you just
  rent it?
  Mrs White's going to rent me a
  room.
let, let, let *v* [let]
  The house next to ours was to let
  last year.
sale *n* [seɪl]
  Is this house **for sale**?
move *v* [muːv]
  We're **moving to** Bristol soon.
  move house BE

Miete; mieten, vermieten
  Gehört diese Wohnung dir oder
  hast du sie nur gemietet?
  Frau White will mir ein Zimmer
  vermieten.
vermieten
  Das Haus neben unserem stand
  letztes Jahr zur Vermietung.
Verkauf
  Wird dieses Haus verkauft?
umziehen
  Wir ziehen bald nach Bristol.
  umziehen

ℹ Places to live

Ein Gespräch mit Engländern oder Amerikanern über Wohnverhältnisse kann schnell
zu Missverständnissen führen, wenn man nicht auf die unterschiedliche Denk- und
Ausdrucksweise vorbereitet ist.
Der Satz „Ich lebe in einer Dreizimmer-Wohnung." ist für Deutschsprachige eine klare
Aussage über die Wohnverhältnisse: Wohnzimmer, Schlafzimmer, Kinderzimmer,
Küche, Bad. Für Englischsprechende dagegen ist er missverständlich; sie würden
nämlich sagen: "I live in a two bedroom flat/apartment."

flat, apartment	A **flat** (BE) and an **apartment** (AE) is a group of connected rooms within a building separate from other groups of connected rooms. The building itself is called a **block of flats** (BE) or an **apartment building** (AE).
bedsit(ter)	A **bedsit(ter)** (BE) is a **rented room** (AE) that you live and sleep in. Some bedsits even have cooking and washing facilities.
two bedroom flat/ apartment/house	A **two bedroom flat** has a kitchen, bathroom, living room and two bedrooms, perhaps one larger than the other.
owner-occupied flat, condominium	An **owner-occupied flat** (BE) or **condominium** (AE) is a flat/apartment which is owned by the people who live in it.
terraced house, row house, town-house	A **terraced house** (BE) or **a row house/townhouse** (AE) refers to houses in a row which are connected to each other.
semi-detached house, duplex detached house	A **semi-detached house** (BE) or **duplex (house)** (AE) is connected to one other house only. A **detached house** is one that is not connected to any other house.

---

gate *n* [geɪt]
  Please close the garden gate.
door *n* [dɔː]
  front/back door

Tor, Pforte
  Bitte mach das Gartentor zu.
Tür
  Haus-/Gartentür

Wohnung, Einrichtung **121**

6 Wohnen

bell/doorbell *n* [bel/ˈdɔːbel] Klingel, Glocke
If you come home late, please don't ring the doorbell. Falls du spät heimkommst, klingle bitte nicht.
ring, rang, rung *v* [rɪŋ, ræŋ, rʌŋ] klingeln, läuten
open *adj* [ˈəʊpn] offen, geöffnet
Please don't leave the door open. Bitte lass(t) die Tür nicht offen!
shut *adj* [ʃʌt] geschlossen
Was the door shut when the children left for school? War die Tür geschlossen, als die Kinder zur Schule losgingen?
lock *n; v* [lɒk] Türschloss; abschließen, verschließen
unlock *v* [ʌnˈlɒk] aufschließen, öffnen
key *n* [kiː] Schlüssel

hall *n* [hɔːl] Diele, Flur
entrance hall Diele, Vorplatz
room *n* [ruːm] Zimmer; Platz
Rooms to let! Zimmer zu vermieten!
There's **plenty of room for** a large family in this house. Dieses Haus bietet genügend Platz für eine große Familie.
living room *n* [ˈlɪvɪŋrʊm] Wohnzimmer
dining room *n* [ˈdaɪnɪŋrʊm] Esszimmer; Speisesaal
kitchen *n* [ˈkɪtʃɪn] Küche
bedroom *n* [ˈbedrʊm] Schlafzimmer

toilet *n* [ˈtɔɪlɪt] Toilette
public toilet BE; **restroom** AE öffentliche Toilette
loo BE *n inform* [luː] Klo
flush *v* [flʌʃ] (das WC) spülen
bathroom *n* [ˈbɑːθrʊm] Bad(ezimmer); Toilette (AE)
bath BE; **bathtub** AE *n* [bɑːθ; ˈbæθtʌb] Badewanne
plumber *n* [ˈplʌmə] Installateur(in), Klempner(in)

downstairs *adv* [ˌdaʊnˈsteəz] unten; (ins Erdgeschoss) hinunter
Sheila **went downstairs** and joined the party. Sheila ging ins Erdgeschoss hinunter und gesellte sich zu den Gästen.
the people downstairs die Leute, die unten wohnen
upstairs *adv* [ˌʌpˈsteəz] oben, im ersten Stock; hinauf
go upstairs hinaufgehen
view *n* [vjuː] Aussicht
We live in a house with **a fine view of** the sea. Wir wohnen in einem Haus mit schönem Blick auf das Meer.

heating *n* [ˈhiːtɪŋ] Heizung
central heating Zentralheizung

122 Wohnung, Einrichtung

Wohnen 6

turn up/down v [ˌtɜːnˈʌp/ˈdaʊn]	auf-/abdrehen
turn the heat up/down	die Heizung auf-/abdrehen
furniture n [ˈfɜːnɪtʃə]	Möbel
a piece of furniture	ein Möbelstück
furnished adj [ˈfɜːnɪʃt]	möbliert, eingerichtet
furnished room/flat	möbliertes Zimmer / möblierte Wohnung
modern adj [ˈmɒdn]	modern
curtain n [ˈkɜːtn]	Vorhang
We must get some new curtains for the living-room window.	Wir brauchen neue Vorhänge für das Wohnzimmerfenster.
carpet n [ˈkɑːpɪt]	Teppich
fitted/wall-to-wall carpet	Teppichboden
bed n [bed]	Bett
double/single bed	Doppel-/Einzelbett
king-size/queen-size bed	Bett mit Übergröße
make the beds	die Betten machen
bedclothes n pl [ˈbedkləʊðz]	Bettwäsche, Bettzeug
pillow n [ˈpɪləʊ]	Kopfkissen
pillow case	Kopfkissenbezug
sheet n [ʃiːt]	Betttuch
change the sheets	die Betten neu beziehen
blanket n [ˈblæŋkɪt]	(Bett-)Decke
towel n [ˈtaʊəl]	Handtuch
tea towel BE; **dish towel** AE	Geschirrtuch
paper towel	Papierhandtuch
table n [ˈteɪbl]	Tisch
Everybody was sitting at the table having dinner.	Alle saßen am Tisch und aßen zu Abend.
coffee table	Couchtisch
desk n [desk]	Schreibtisch
chair n [tʃeə]	Stuhl
cushion n [ˈkʊʃn]	Sofa-/Stuhlkissen
comfortable adj [ˈkʌmfətəbl]	bequem
armchair n [ˌɑːmˈtʃeə]	Sessel, Lehnstuhl
sofa n [ˈsəʊfə]	Sofa, Couch
bench n [benʃ]	Sitzbank
rubbish BE; **trash/garbage** AE n [ˈrʌbɪʃ; træʃ/ˈɡɑːrbɪdʒ]	Müll, Abfall
rubbish bin BE; **trash/garbage can** AE	Müll-/Abfalleimer
dustbin BE n [ˈdʌstbɪn]	Mülltonne, Abfalleimer

Wohnung, Einrichtung **123**

6 Wohnen

waste paper basket *n*   Papierkorb
['weɪstpeɪpə͵bɑːskɪt]

cooker BE; **stove** AE *n* ['kʊkə; stoʊv]   Koch-/Küchenherd
  electric/gas cooker BE   Elektro-/Gasherd
  electric/gas stove AE   Elektro-/Gasherd
oven *n* ['ʌvn]   Backröhre, Backofen
microwave *n* ['maɪkrəweɪv]   Mikrowelle(nherd)
fridge *n* [frɪdʒ]   Kühlschrank
freezer *n* ['friːzə]   Gefrierschrank, -truhe

cupboard *n* ['kʌbəd]   Schrank
  clothes cupboard BE   Kleiderschrank
closet AE *n* ['klɑːzɪt]   Wandschrank, Kleiderschrank
  walk-in closet AE   begehbarer Schrank
wardrobe *n* ['wɔːdrəʊb]   Kleiderschrank

shelf, *pl* **shelves** *n* [ʃelf, ʃelvz]   Brett, Bord; Regal
bookshelf *n* ['bʊkʃelf]   Bücherbord/-brett
  bookshelves   Bücherregal
drawer *n* ['drɔːə]   Schublade
  chest of drawers   Kommode
box *n* [bɒks]   Schachtel, Kiste

light *n* [laɪt]   Licht
lamp *n* [læmp]   Lampe
switch *n; v* [swɪtʃ]   Schalter; schalten
  light switch   Lichtschalter
  switch the lights on/off   das Licht an-/ausmachen
electrician *n* [͵ɪlek'trɪʃn]   Elektriker(in)

mirror *n* ['mɪrə]   Spiegel
picture *n* ['pɪktʃə]   Bild
clock *n* [klɒk]   Wand-/Standuhr
  The clock in the hall **struck seven**.   Die Uhr in der Diele schlug sieben.
alarm (clock) *n* [ə'lɑːm(klɒk)]   Wecker
  I'll **set the alarm for** seven, OK?   Ich stelle den Wecker auf sieben, ja?

doormat *n* ['dɔːmæt]   Fußmatte, Fußabstreifer
slam, slammed, slammed *v* [slæm]   zuschlagen, zuknallen; zufallen
  Don't slam the door!   Knall(t) die Tür nicht zu!
  There was a wind blowing, and   Ein Wind kam auf und plötzlich
  suddenly the door **slammed shut**.   knallte die Tür zu.
coat peg *n* ['kəʊtpeg]   Kleiderhaken
clothes peg BE; **clothes pin** AE *n*   Wäscheklammer
['kləʊðzpeg; 'kloʊðzpɪn]

124   Wohnung, Einrichtung

Wohnen 6

lounge BE *n* [laʊndʒ]	Wohnzimmer
sitting room BE *n* ['sɪtɪŋrʊm]	Wohnzimmer
study *n* ['stʌdɪ]	Arbeits-, Studierzimmer
cosy *adj* ['kəʊzɪ]	gemütlich
a **cosy little room**	ein gemütliches kleines Zimmer
candle *n* ['kændl]	Kerze
light a candle	eine Kerze anzünden
candlelight *n* ['kændllaɪt]	Kerzenlicht, -schein
fireplace *n* ['faɪəpleɪs]	(offener) Kamin
sit by the fireplace	am (offenen) Kamin sitzen
radiator *n* ['reɪdɪeɪtə]	Heizkörper

lavatory *n* ['lævətrɪ]	Toilette
washbasin *n* ['wɒʃˌbeɪsn]	Waschbecken

(light) bulb *n* [(laɪt) bʌlb]	Glühbirne
socket *n* ['sɒkɪt]	Lampenfassung; Steckdose
plug *n* [plʌg]	Elektrostecker
plug in, plugged, plugged *v* [ˌplʌg'ɪn]	hineinstecken, anschließen
torch BE; **flashlight** AE *n* [tɔːtʃ; 'flæʃlaɪt]	Taschenlampe
battery *n* ['bætrɪ]	Batterie

china *n* ['tʃaɪnə]	Porzellan
vase *n* [vɑːz]	Vase
flowerpot *n* ['flaʊəpɒt]	Blumentopf

mattress *n* ['mætrɪs]	Matratze
quilt *n* [kwɪlt]	Steppdecke
duvet BE *n* ['djuːveɪ]	Steppdecke
duvet cover BE	Steppdeckenbezug
rug *n* [rʌg]	kleiner Teppich; dicke Wolldecke
bedside rug	Bettvorleger

couch *n* [kaʊtʃ]	Couch, Sofa
stool *n* [stuːl]	Hocker
antique *adj; n* [æn'tiːk]	antik; Antiquität
frame *n* [freɪm]	Rahmen
picture/window frame	Bilder-/Fensterrahmen

decorate *v* ['dekreɪt]	tapezieren; anstreichen
a **newly decorated room**	ein frisch gestrichenes/tapeziertes Zimmer
wallpaper *n* ['wɔːlˌpeɪpə]	Tapete(n)

Wohnung, Einrichtung **125**

6 Wohnen

6.3 Haushalt und Hausarbeiten

housewife, *pl* housewives *n*
['haʊswaɪf, 'haʊswaɪvz]
househusband *n*
['haʊsˌhʌzbənd]

Hausfrau

Hausmann

clean *v* [kliːn]
I've got to clean the bathroom –
where are the cleaning things?
use *v* [juːz]
Please don't use the tea towel to
clean the table.
cloth *n* [klɒθ]
   dishcloth
   tablecloth
wash up BE**; wash the dishes** AE *v*
[ˌwɒʃ'ʌp; 'wɑːʃðəˌdɪʃɪz]
Why don't you wash up and I'll dry.

dishes *n pl* ['dɪʃɪz]
I don't mind **doing the dishes** on
my own.
wash *v* [wɒʃ]
washing *n* ['wɒʃɪŋ]
   do the washing
dry, dried, dried *v* [draɪ]
The washing's drying well today.
   dry the dishes
iron *v* ['aɪən]
   switch the iron on/off

reinigen, putzen
   Ich muss das Bad putzen – wo sind
   die Putzsachen?
benutzen, nehmen
   Nimm bitte nicht das Geschirrtuch
   zum Tischabwischen!
Tuch, Lappen; Decke
   Spültuch
   Tischdecke
(Geschirr) spülen

   Komm, du spülst, und ich trockne
   ab.
Geschirr
   Es macht mir nichts aus, das
   Geschirr allein abzuspülen.
waschen
Wäsche
   die Wäsche waschen
(ab)trocknen
   Die Wäsche trocknet heute gut.
   das Geschirr abtrocknen
bügeln
   das Bügeleisen ein-/ausschalten

dirty *adj* ['dɜːtɪ]
dust *n; v* [dʌst]

dusty *adj* ['dʌstɪ]
duster *n* ['dʌstə]
sweep, swept, swept *v*
[swiːp, swept]
I only swept the floor this morning!

broom *n* [bruːm]
broomstick *n* ['bruːmstɪk]

schmutzig, dreckig
Staub, Schmutz; abstauben,
Staub wischen
staubig, schmutzig
Staublappen
kehren, fegen

   Ich habe den Fußboden doch erst
   heute Morgen gekehrt!
Besen
Besenstiel

mend *v* [mend]

reparieren; flicken

126 Haushalt und Hausarbeiten

Wohnen 6

sew, sewed, **sewn**/sewed *v* [səʊ, səʊd, səʊn/səʊd]	nähen
needle *n* ['niːdl]	Nadel
cotton *n* ['kɒtn]	(Baumwoll-)Garn
pin *n* [pɪn]	Stecknadel
safety pin	Sicherheitsnadel
scissors *n pl* ['sɪzəz]	Schere
a pair of scissors	eine Schere
sharp *adj* [ʃɑːp]	scharf

light, lit/lighted, **lit**/lighted *v* [laɪt, lɪt/laɪtɪd]	anzünden
lighter *n* ['laɪtə]	Feuerzeug
match *n* [mætʃ]	Streichholz
Have you got a light/match?	Hast du / Haben Sie Feuer?
a box of matches	eine Schachtel Streichhölzer
ashtray *n* ['æʃtreɪ]	Aschenbecher

household *n* ['haʊshəʊld]	Haushalt
run a household	einen Haushalt führen
housework *n* ['haʊswɜːk]	Hausarbeit
housekeeper *n* ['haʊsˌkiːpə]	Haushälter(in)

store *v* [stɔː]	lagern, aufbewahren
store food	Lebensmittel lagern
tin opener BE**; can opener** AE *n* ['tɪnˌəʊpnə; 'kænˌoupnər]	Dosenöffner
bottle opener *n* ['bɒtlˌəʊpnə]	Flaschenöffner
corkscrew *n* ['kɔːkskruː]	Korkenzieher

bucket *n* ['bʌkɪt]	Eimer
laundry *n* ['lɔːndrɪ]	Wäsche
do the laundry	die Wäsche waschen
washing machine *n* ['wɒʃɪŋməˌʃiːn]	Waschmaschine
sewing machine *n* ['səʊɪŋməˌʃiːn]	Nähmaschine
thread *n* [θred]	Faden
needle and thread	Nadel und Faden

sink *n* [sɪŋk]	Spülbecken, Spüle
kitchen sink	Küchenspüle
tap BE**; faucet** AE *n* [tæp; 'fɔːsɪt]	Wasserhahn
turn (the tap/faucet) on/off	(den Hahn) auf-/zudrehen
hot-water/cold-water tap/faucet	Warm-/Kaltwasserhahn
washing-up BE *n* [ˌwɒʃɪŋ'ʌp]	Abwasch
do the washing-up BE	abwaschen, das Geschirr spülen
dishwasher *n* ['dɪʃˌwɒʃə]	Geschirrspüler

Haushalt und Hausarbeiten

6 Wohnen

polish v [ˈpɒlɪʃ]   polieren, putzen
  Shall I **polish your shoes** as well?   Soll ich deine Schuhe auch putzen?
  polish the floor   den Boden bohnern
clear v [klɪə]   aufräumen, abräumen
  clear the table   den Tisch abräumen
  clear out a cupboard   einen Schrank ausräumen
  clear up a desk BE   einen Schreibtisch aufräumen
tidy adj [ˈtaɪdɪ]   sauber, ordentlich, aufgeräumt
tidy up, tidied, tidied v [ˌtaɪdɪˈʌp]   aufräumen
mess n [mes]   Durcheinander, Unordnung
  make a mess   Unordnung/Dreck machen
vacuum cleaner n [ˈvækjuːmˌkliːnə]   Staubsauger
vacuum v [ˈvækjuːm]   staubsaugen
  After tidying up the room the   Nachdem sie das Zimmer aufge-
  housekeeper started vacuuming.   räumt hatte, begann die Haushäl-
                                             terin mit dem Staubsaugen.

Falsche Freunde

Englisches Wort	Thematische Bedeutung(en)	Falscher Freund	Englische Entsprechung(en)
apartment AE n	Wohnung (jeder Größe)	Appartement (1-2 Zimmer)	one- or two-room flat/apartment
box n	Schachtel, Kiste	Box (= Lautsprecher)	(loud)speaker
clock n; alarm clock n	Wand-/Standuhr; Wecker	Glocke; Alarmglocke	bell; alarm bell
closet AE n	Einbauschrank, Wandschrank	Klosett (= Toilette)	toilet
housework	Hausarbeit	Hausaufgaben	homework
hut n	Hütte	Hut	hat
kitchen n	Küche	Kittchen	jail
mess n	Durcheinander, Unordnung	Messe	mass; (trade) fair
rent n	Miete	Rente	pension
stool n	Hocker	Stuhl	chair
wall n	Wand; Mauer	Wall	rampart

Haushalt und Hausarbeiten

Privatleben, soziale Beziehungen 7

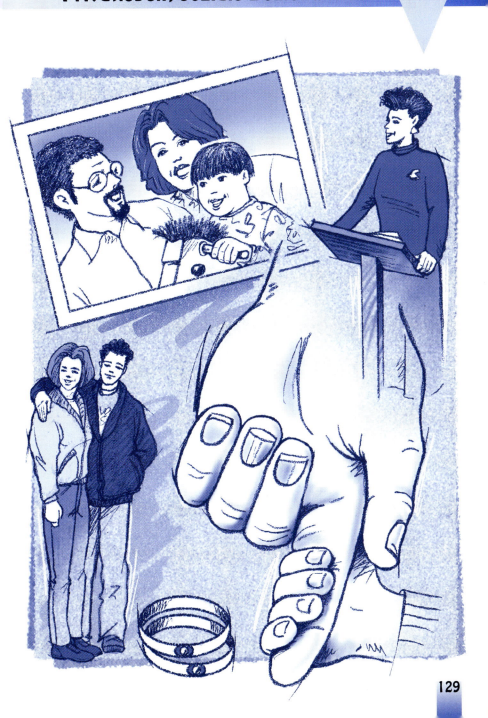

7 Privatleben, soziale Beziehungen

7.1 Familie und Privatleben

family *n* ['fæmlɪ] | Familie
nuclear family | Kleinfamilie
extended family | Großfamilie
start a family | eine Familie gründen
family planning | Familienplanung, Geburten-regelung

member *n* ['membə] | Mitglied
Ron's **a member of** our family, so we have to help him. | Ron gehört zur Familie, deswegen müssen wir ihm helfen.
relation *n* [rɪ'leɪʃn] | Verwandte(r)
What relation is Geoff to you? | Wie ist Geoff mit dir/Ihnen verwandt?

relative *n* ['relətɪv] | Verwandte(r)
Amy's not **a relative/relation of mine**; she's just a friend of the family. | Amy ist nicht mit mir verwandt; sie ist einfach mit unserer Familie befreundet.

wife, *pl* **wives** *n* [waɪf, waɪvz] | Ehefrau
husband *n* ['hʌzbənd] | Ehemann
parent *n* ['peərənt] | Elternteil
Daniel's parents have been together since high school. | Daniels Eltern sind seit der High School *(AE: Höhere Schule)* zusam-men.

single parent | Alleinerziehende(r)
mother *n* ['mʌðə] | Mutter
mum BE**; mom** AE *n inform* [mʌm; mɑːm] | Mama, Mutti
father *n* ['fɑːðə] | Vater
dad *n inform* [dæd] | Papa, Vati
daughter *n* ['dɔːtə] | Tochter
son *n* [sʌn] | Sohn
sister *n* ['sɪstə] | Schwester
brother *n* ['brʌðə] | Bruder
my brother(s) and sister(s) | meine Geschwister
twin *adj; n* [twɪn] | Zwillings-; Zwilling
Who's Sheila's twin? | Wer ist Sheilas Zwillingsbruder/-schwester?

twin brother/sister | Zwillingsbruder/-schwester

bring up, brought, brought *v* [ˌbrɪŋ'ʌp, brɔːt] | aufziehen, erziehen
It's not easy for parents to bring up children if both of them work. | Es ist für Eltern nicht einfach, Kinder aufzuziehen, wenn Vater und Mutter arbeiten gehen.

130 Familie und Privatleben

Privatleben, soziale Beziehungen 7

raise v [reɪz]
  Grandmother **raised a large family.**

auf-/großziehen
  Großmutter hat viele Kinder großgezogen.

baby n ['beɪbɪ]

Baby, Säugling

nappy BE; **diaper** AE n
['næpɪ, 'daɪəpər]

Windel

babysit, babysat, babysat v
['beɪbɪsɪt, 'beɪbɪsæt]

babysitten

babysitter n ['beɪbɪˌsɪtə]

Babysitter(in)

babysitting n ['beɪbɪˌsɪtɪŋ]

Babysitten

child, pl **children** n
[tʃaɪld, 'tʃɪldrən]

Kind

  Rachel is **an only child**, you know.
  So her family is everything to her.

  Weißt du, Rachel ist ein Einzelkind.
  Deshalb bedeutet die Familie ihr alles.

kid n inform [kɪd]

Kind

  We've planned a special holiday with the kids this year.

  Dieses Jahr haben wir einen besonderen Urlaub mit den Kindern geplant.

teenager n ['tiːnˌeɪdʒə]

Jugendliche(r), Teenager

grandparents n pl ['græn,peərənts]

Großeltern

grandmother n ['græn,mʌðə]

Großmutter

  grandma inform

  Oma

grandfather n ['græn,fɑːðə]

Großvater

  grandpa/grand(d)ad inform

  Opa

grandchild, pl **grandchildren** n
['græn,tʃaɪld, 'græn,tʃɪldrən]

Enkelkind

granddaughter n ['græn,dɔːtə]

Enkelin

grandson n ['grænsʌn]

Enkel

aunt n [ɑːnt]

Tante

uncle n ['ʌŋkl]

Onkel

niece n [niːs]

Nichte

nephew n ['nefjuː]

Neffe

cousin n ['kʌzn]

Cousin/Vetter, Cousine

parents-in-law n pl ['peərəntsɪnlɔː]

Schwiegereltern

mother-in-law n ['mʌðərɪnlɔː]

Schwiegermutter

father-in-law n ['fɑːðərɪnlɔː]

Schwiegervater

daughter-in-law n ['dɔːtərɪnlɔː]

Schwiegertochter

son-in-law n ['sʌnɪnlɔː]

Schwiegersohn

sister-in-law n ['sɪstərɪnlɔː]

Schwägerin

brother-in-law n ['brʌðərɪnlɔː]

Schwager

engaged adj [ɪn'geɪdʒd]

verlobt

Familie und Privatleben **131**

7 Privatleben, soziale Beziehungen

John's **engaged to** my sister.

John ist mit meiner Schwester verlobt.

get engaged
marry, married, married v ['mærɪ]
Jennifer, will you marry me?

sich verloben
heiraten
Jennifer, willst du meine Frau werden?

marriage n ['mærɪdʒ]
My parents **have a very happy marriage**.
married adj ['mærɪd]
Chris and Eve have been married for over 30 years.
Hilary's **married to** a butcher.

Ehe
Meine Eltern führen eine sehr glückliche Ehe.
verheiratet
Chris und Eve sind seit über dreißig Jahren verheiratet.
Hilary ist mit einem Metzger verheiratet.

Did you know that Frank finally **got married**?
couple n ['kʌpl]
There were only **married couples** at the party.
live together v [ˌlɪvtə'geðə]
Are Pat and Joe living together?

Hast du gewusst, dass Frank doch endlich geheiratet hat?
Paar
Auf dem Fest waren nur Ehepaare.
(als Paar) zusammenleben
Leben Pat und Joe zusammen?

break up, broke, broken v [ˌbreɪk'ʌp, brəʊk, 'brəʊkn]
Their marriage has broken up.
separate v ['sepreɪt]
divorce v [dɪ'vɔːs]
Muriel and Bruce divorced last year after 20 years of marriage.

zerbrechen, auseinander gehen

Ihre Ehe ist zerbrochen.
sich trennen, auseinander gehen
sich scheiden lassen
Nach 20 Jahren Ehe ließen sich Muriel und Bruce vergangenes Jahr scheiden.

get divorced
divorced adj [dɪ'vɔːst]

sich scheiden lassen
geschieden

related adj [rɪ'leɪtɪd]
We call him Uncle John, but he's not really **related to** us.

verwandt
Wir nennen ihn Onkel John, aber er ist eigentlich nicht mit uns verwandt.

relations n pl [rɪ'leɪʃnz]
maintain v [meɪn'teɪn]
Dave has always **maintained good relations** with his ex-wife because of the children.

Beziehung(en)
unterhalten, pflegen
Dave hat wegen der Kinder immer eine gute Beziehung zu seiner Exfrau gepflegt.

foster adj ['fɒstə]
foster child/parents
guardian n ['gɑːdɪən]

Pflege-
Pflegekind/-eltern
Vormund

132 Familie und Privatleben

Privatleben, soziale Beziehungen 7

adopt *v* [ə'dɒpt] — adoptieren
adoption *n* [ə'dɒpʃn] — Adoption

elder *adj* ['eldə] — ältere(r, s)
My elder brother's 21, my younger one's only 12. — Mein älterer Bruder ist 21, der jüngere ist erst 12.
eldest *adj; n* ['eldɪst] — älteste(r, s); Älteste(r, s)
Don is the eldest son of Lord Dunstan. — Don ist der älteste Sohn von Lord Dunstan.
Ellen ist the eldest of seven children. — Ellen ist die Älteste von sieben Kindern.

ancestor *n* ['ænsestə] — Vorfahre/Vorfahrin
great-grandfather/ great-grandmother *n* [ˌgreɪt'græn.fɑːðə/ˌgreɪt'græn,mʌðə] — Urgroßvater/-mutter
great-uncle/great-aunt *n* [ˌgreɪt'ʌŋkl/ˌgreɪt'ɑːnt] — Großonkel/-tante

bachelor *n* ['bætʃlə] — Junggeselle
engagement *n* [ɪn'geɪdʒmənt] — Verlobung
break off, broke, broken *v* [ˌbreɪk'ɒf, brəʊk, 'brəʊkn] — (auf)lösen
Anne and Christopher have broken off their engagement. — Anne und Christopher haben ihre Verlobung gelöst.
fiancé, fiancée *n* [fɪ'ɑ̃ːseɪ] — Verlobter, Verlobte
bride *n* [braɪd] — Braut
bridegroom *n* ['braɪdgrʊm] — Bräutigam
wedding *n* ['wedɪŋ] — Hochzeit
wedding cake — Hochzeitskuchen
divorce *n* [dɪ'vɔːs] — Ehescheidung
Mike **wants a divorce**. — Mike will sich scheiden lassen.
Vivien **got a divorce from** her husband two years ago. — Vivien ließ sich vor zwei Jahren von ihrem Mann scheiden.
widow *n* ['wɪdəʊ] — Witwe
widower *n* ['wɪdəʊə] — Witwer

7.2 Soziale Strukturen, Gruppen und Lebensbedingungen

society *n* [sə'saɪəti] — (die) Gesellschaft
be based on, was, been *v* [bɪˌbeɪst'ɒn, wɒz, biːn] — aufgebaut sein auf

Soziale Strukturen, Gruppen und Lebensbedingungen **133**

7 Privatleben, soziale Beziehungen

Modern industrial society is based on education and jobs for everyone as well as a social welfare system.

Die moderne Industriegesellschaft baut auf Ausbildung und Arbeitsplätze für alle als auch auf ein soziales Wohlfahrtssystem.

system n ['sɪstəm]
System

social adj ['səʊʃl]
gesellig; sozial, Gesellschafts-
  a social evening
  ein geselliger Abend
  social problems
  soziale Probleme
  social structures
  gesellschaftliche Strukturen
  social services
  Sozialeinrichtungen
  social policies
  Sozialpolitik
Strong processes of **social change** can be felt in many families today.
In vielen Familien kann man heute einen Prozess starken gesellschaftlichen Wandels miterleben.

individual adj; n [ˌɪndɪ'vɪdjʊəl]
individuell, persönlich; Einzelne(r), Individuum

In western society today, individual liberty is very important.
In der westlichen Gesellschaft spielt heute die individuelle Freiheit eine sehr wichtige Rolle.

Society is not only made up of individuals alone, but also the groups to which these individuals belong.
Die Gesellschaft besteht nicht nur aus Einzelnen, sondern auch aus den Gruppen, zu denen diese gehören.

progress n ['prəʊgres]
Fortschritt
  make progress
  Fortschritte machen

process n ['prəʊses]
Vorgang, Prozess, Ablauf

unit n ['juːnɪt]
Einheit, Baustein, Element
  The family is the **basic unit of** society.
  Die Familie ist das Grundelement der Gesellschaft.

people n ['piːpl]
Menschen, Leute
  the common people
  die einfachen Leute

population n [ˌpɒpjʊ'leɪʃn]
Bevölkerung(santeil), Bewohner

generation n [ˌdʒenə'reɪʃn]
Generation

gap n [gæp]
Lücke, Kluft; Konflikt
  the generation gap
  der Generationenkonflikt

background n ['bækgraʊnd]
soziale Herkunft; Bildungsniveau
  family/social background
  Familienmilieu, soziale Herkunft
  What's Dick's **educational background**?
  Was für eine Ausbildung hat Dick?

role n [rəʊl]
Rolle
  The generation gap **plays an important role in** any society.
  Der Generationenkonflikt spielt in jeder Gesellschaft eine wichtige Rolle.

134 Soziale Strukturen, Gruppen und Lebensbedingungen

Privatleben, soziale Beziehungen 7

nation n ['neɪʃn] — Nation, Volk
  the Sioux nation — das Volk der Sioux
national adj ['næʃnl] — National-, Volks-
  national character/custom — Nationalcharakter; Volksgebrauch
race n [reɪs] — Rasse
  race relations — Beziehungen zwischen den Rassen
Native American adj; n — indianisch, Indianer-; Indianer(in)
[ˌneɪtɪvəˈmerɪkən]
black adj; n [blæk] — schwarz; Schwarze(r)
Afro-American adj; n — afro-amerikanisch; Afro-Ameri-
[ˌæfrəʊəˈmerɪkən] — kaner(in)
coloured adj; n ['kʌləd] — farbig; Farbige(r)
Asian adj; n ['eɪʃn] — asiatisch; Asiat(in)
Hispanic adj; n [hɪˈspænɪk] — hispanisch; Hispano-Amerikaner(in)
white adj; n [waɪt] — weiß; Weiße(r)

class n [klɑːs] — soziale Klasse, Schicht
upper class n; adj ['ʌpəˌklɑːs] — Oberschicht; Oberschicht(en)-
  British society is traditionally — Die britische Gesellschaft wird
  divided into upper, middle and — gewöhnlich in Ober-, Mittel- und
  working class. — Arbeiterschicht unterteilt.
rich adj [rɪtʃ] — reich
middle class n; adj — Mittelschicht; Mittelschicht(en)-,
['mɪdlˌklɑːs] — bürgerlich-spießig
  middle class attitudes/ — spießige Einstellung / bürgerliche
  background — Herkunft
well-off adj [ˌwelˈɒf] — wohlhabend, begütert
lower adj ['ləʊə] — untere(r, s)
  lower middle class — untere Mittelschicht
working class n; adj — Arbeiterklasse; Arbeiterklassen-
['wɜːkɪŋˌklɑːs]
poor adj [pʊə] — arm
  the poor/well-off/rich — die Armen/Wohlhabenden/
   — Reichen

group n [gruːp] — Gruppe
  age group — Altersgruppe
  parents' action group — Elterninitiative
movement n ['muːvmənt] — Bewegung
  the Labour Movement — die Arbeiterbewegung

young adj [jʌŋ] — jung
  young people — junge Leute, die Jugend
guy n [gaɪ] — Typ
mate BE n [meɪt] — Kumpel

Soziale Strukturen, Gruppen und Lebensbedingungen 135

7 Privatleben, soziale Beziehungen

punk n [pʌŋk] — Punker(in); Ganove (AE)
skinhead n ['skɪnhed] — Skin(head)
gothic n inform ['gɒθɪk] — Grufti

freak n sl [fri:k] — ausgeflippter Typ, Freak, Fan
  health freak inform — Gesundheitsapostel
  computer freak inform — Computernarr/-freak
goody-goody n inform — Musterkind, Tugendbold
['gʊdɪˌgʊdɪ]
swot BE n inform [swɒt] — Streber(in)
nerd AE n sl [nɜ:rd] — Schwachkopf
wimp n inform [wɪmp] — Schwächling, Waschlappen
wuss AE n sl [wʊs] — Schwächling, Waschlappen

cool adj sl [ku:l] — cool, super, stark
awesome AE adj inform ['ɑ:səm] — obercool, total geil
  The party was awesome! Awesome! — Die Party war echt obercool! Total geil!

weird adj inform [wɪəd] — seltsam, verrückt
gross adj [grəʊs] — krass; widerlich
  That's so gross! — Das ist echt widerlich!
spooky adj inform ['spu:kɪ] — unheimlich, gruselig
get down, got, got v sl — fertig machen, runterziehen
[ˌget'daʊn, gɒt]
  Don't let school **get you down.** — Lass dich von der Schule nicht unterkriegen!

pocket money BE; **allowance** AE n — Taschengeld
['pɒkɪtˌmʌnɪ; ə'laʊəns]
  Some parents only give their children a small allowance. — Einige Eltern geben ihren Kindern nur wenig Taschengeld.
help out v [ˌhelp'aʊt] — aushelfen
  Many children like to help out around the house; many teenagers don't. — Viele Kinder helfen gerne bei der Hausarbeit, viele Teenager nicht.
chore n [tʃɔ:] — lästige Arbeit, Aufgabe, Pflicht
  do the chores — die Hausarbeit erledigen

youth club n — Jugendklub
['ju:θˌklʌb]
youth hostel n — Jugendherberge
['ju:θˌhɒstl]

old adj [əʊld] — alt
  old people — alte Leute, die Alten

136 Soziale Strukturen, Gruppen und Lebensbedingungen

Privatleben, soziale Beziehungen

old people's home	Senioren-/Altenheim
old age	das (hohe) Alter
elderly *adj; n* ['eldəlı]	älter; die Älteren, die ältere Generation
an elderly lady	eine alte/ältere Dame
We should really do more for **the elderly.**	Wir sollten wirklich mehr für die älteren Menschen tun.
home for the elderly	Altenheim
old age *adj* [ˌəuld'eɪdʒ]	Alters-, Alten-
retired *adj* [rɪ'taɪəd]	pensioniert, im Ruhestand
pension *n* ['penʃn]	Rente, Pension
Mrs Brown goes to town every week to collect her pension.	Frau Brown geht jede Woche in die Stadt, um ihre Rente abzuholen.
old age pension	Altersrente, Pension
pensioner *n* ['penʃnə]	Rentner(in)
old age pensioner (OAP) BE	Rentner(in)
handicapped *adj* ['hændɪkæpt]	behindert
physically/mentally handicapped	körperlich/geistig behindert
the handicapped [ðə'hændɪkæpt]	die Behinderten

status *n* ['steɪtəs]	Stellung, Status; Prestige
social status	gesellschaftliche Stellung
status symbol	Statussymbol
privilege *n* ['prɪvɪlɪdʒ]	Privileg, Vorzug
Prominent members of the club **enjoy certain privileges.**	Prominente Klubmitglieder genießen bestimmte Privilegien.
prominent *adj* ['prɒmɪnənt]	prominent, sehr bekannt

poverty *n* ['pɒvətɪ]	Armut
live in poverty	in Armut leben
starve *v* [stɑːv]	hungern
starve to death	verhungern
homeless *adj; n* ['həumləs]	obdachlos; Obdachlose(r)
outsider *n* [ˌaut'saɪdə]	Außenseiter(in)

wealth *n* [welθ]	privater Reichtum, Privatvermögen
wealth tax BE	Vermögenssteuer
wealthy *adj* ['welθɪ]	wohlhabend, reich
Tracy comes from a wealthy family.	Tracy stammt aus einer wohlhabenden Familie.
prosperity *n* [prɒs'perətɪ]	Wohlstand, wirtschaftlicher Erfolg
luxury *n* ['lʌkʃrɪ]	Luxus, Überfluss
live a life of luxury	ein Leben im Luxus führen
millionaire *n* [ˌmɪljə'neə]	Millionär(in)
servant *n* ['sɜːvnt]	Diener(in), Bedienstete(r)

Soziale Strukturen, Gruppen und Lebensbedingungen **137**

7 Privatleben, soziale Beziehungen

tribe *n* [traɪb]
The inhabitants of most African countries belong to many different tribes.

Volksstamm
Die Einwohner der meisten afrikanischen Länder gehören vielen verschiedenen Stämmen an.

immigrant *n* ['ɪmɪgrənt]
racial *adj* ['reɪʃl]
There are still serious **racial problems** between whites and blacks in Britain today.
The candidate lost the election because many of his opinions were clearly racial.

Einwanderer, Einwanderin
Rassen-; rassistisch
Es gibt jetzt immer noch ernste Rassenkonflikte zwischen Weißen und Schwarzen in Großbritannien.
Der Kandidat verlor die Wahl, weil viele seiner Ansichten eindeutig rassistisch waren.

racist *n* ['reɪsɪst]
minority *n* [maɪ'nɒrətɪ]
racial minority
multicultural *adj* [ˌmʌltɪ'kʌltʃrəl]
ghetto *n* ['getəʊ]

Rassist(in), Rassenfanatiker(in)
Minderheit(sgruppe)
rassische/ethnische Minderheit
multikulturell
Ghetto

membership *n* ['membəʃɪp]
supporter *n* [sə'pɔːtə]
The gang's leader was cheered by the members of his gang and its supporters.

Mitgliedschaft
Anhänger(in)
Der Bandenführer wurde von seinen Bandenmitgliedern und Anhängern bejubelt.

security *n* [sɪ'kjʊərətɪ]
social security

Sicherheit, Geborgenheit
Sozialhilfe (BE); staatliche Sozialversicherung (AE)

National Insurance BE *n* [ˌnæʃnlɪn'ʃʊərns]
welfare AE *n* ['welfer]
welfare state
disabled *adj; n* [dɪ'seɪbld]

staatliche Sozialversicherung

Sozialhilfe
Wohlfahrtsstaat
(körperlich oder geistig) behindert; Behinderte(r)

Simon has been disabled since the car accident.
the disabled

Simon ist seit dem Autounfall körperlich behindert.
die Behinderten

7.3 Soziale Beziehungen, Sozialverhalten

relationship *n* [rɪ'leɪʃnʃɪp]
She's got a very good **relationship with** her brother.
a good working relationship

Beziehung, Verhältnis
Sie hat ein sehr gutes Verhältnis zu ihrem Bruder.
eine gute berufl. Zusammenarbeit

Privatleben, soziale Beziehungen 7

personal adj ['pɜːsnl] — persönlich
  personal relationship — persönliche Beziehung
form v [fɔːm] — aufbauen, bilden
  form a relationship with sb — eine Beziehung zu jdm aufbauen
contact n ['kɒntækt] — Kontakt, Berührung
  After several tries, the social worker finally **made contact with** the group of skinheads. — Nach mehreren Versuchen bekam der Sozialarbeiter schließlich Kontakt zu der Gruppe von Skins.
contac... — ...t jdm Kontakt aufnehmen
meet, ... — ...h treffen; (sich) kennenlernen
[miːt, m...]
  We me... — ...ir haben uns gestern Abend in ...nserer Stammkneipe getroffen.

  Come... — ...omm, ich mache dich mit meiner ...chwester bekannt!
  — ...ällig treffen

run into —
[ˌrʌn'intu...]
  You'll n... — ...ate mal, wen ich heute zufällig in
  town to... — ...er Stadt getroffen habe!
meeting — ...ffen, Versammlung, Sitzung
  I won't... — ...h komme heute zum Abendessen
  there's a... — ...cht nach Hause; wir haben um
  club at 5... — ...nf ein Treffen des Computer-...bs.

get toge... — ...mmenkommen, sich ...mmensetzen
[ˌgetə'ge...]
  Why don... — ...zen wir uns doch zusammen
  things over... — und besprechen alles!

friend n [frend] — Freund(in); Bekannte(r)
  She's **a friend of mine**. — Sie ist eine gute Bekannte von mir.
  a close friend — ein(e) gute(r)/enge(r) Freund(in)
  When you move around a lot as a child, you have to learn to **make** new **friends** quickly. — Wenn man als Kind öfters umzieht, muss man lernen, schnell neue Freundschaften zu schließen.
girlfriend n ['gɜːlfrend] — (feste) Freundin
  Sheila's not my girlfriend. We're just good friends. — Sheila ist nicht meine Freundin, wir sind nur gut befreundet.
boyfriend n ['bɔɪfrend] — (fester) Freund
  Have you met Dominic? He's my new boyfriend. — Kennst du Dominic schon? Er ist mein neuer Freund.
date n [deɪt] — Verabredung
  Sandra's **out on a date**. — Sandra ist ausgegangen, sie hat eine Verabredung.
date AE v [deɪt] — mit jdm (aus)gehen
  John's dating Sandra, you know. — John geht nämlich mit Sandra.

Soziale Beziehungen, Sozialverhalten

7 Privatleben, soziale Beziehungen

go out, went, gone v
[ˌgəʊˈaʊt, went, gɒn]
Have you heard who Peter's **going out with**?

ausgehen
Hast du schon gehört, mit wem Peter (aus)geht?

Friends and acquaintances

Englisch-Lerner verstehen manchmal nicht, warum sie von Amerikanern oder Briten missverstanden, vielleicht sogar belächelt werden, wenn sie etwas über ihren Bekannten- und Freundeskreis zu erzählen. Heißt denn **friend** nicht einfach *Freund*? Leider nein: Wer im Englischen als **friend** bezeichnet wird, ist aus deutscher Sicht nicht unbedingt *ein(e) Freund(in)*. In beiden Sprachen gibt es unterschiedliche Nuancen zwischen *Bekannte(r)* und *Freund(in)*:

acquaintance	flüchtige(r) Bekannte(r)
friend	Bekannte(r), Freund(in)
a close friend	ein(e) gute(r) / enge(r) Freund(in)
an old friend	ein(e) alte(r) Bekannte(r)/Freund(in)
your best friend	dein(e) beste(r) Freund(in)
mate (BE) / buddy, pal (AE)	Kumpel, guter Freund (Männersprache)
my friend / a friend of mine	ein(e) Freund(in) von mir
her boyfriend / his girlfriend	ihr (fester) Freund / seine (feste) Freundin
a friend from school	ein(e) Schulkamerad(in)/-freund(in)
a friend from university	ein Kommilitone / eine Kommilitonin, ein(e) Studienfreund(in)

Is Gerry **a friend of yours**?
– No, he's just someone I know.
How about Nigel? – Sure! I know him. He's **a friend of mine**.
Is Julia **your girlfriend**?
– No, we're just friends.
Let's stop fighting and **be friends** again!
It's not easy to **make friends** at a new school.

Ist Gerry ein Freund von dir?
– Nein, nur ein Bekannter.
Und Nigel? – Sicher kenne ich Nigel. Er ist ein Freund von mir.
Ist Julia deine Freundin? / Gehst du mit Julia?
– Nein, wir kennen uns nur.
Hören wir auf zu streiten und vertragen wir uns wieder!
Es ist nicht leicht, in einer neuen Schule Anschluss zu finden.

---

stranger n [ˈstreɪndʒə]
A lot of people don't trust strangers.

Fremde(r)
Viele Leute misstrauen Fremden.

get to know, got, got v
[ˌgetəˈnəʊ, gɒt]

kennen lernen

get on with, got, got v
[getˈɒnˌwɪð, gɒt]
We've always got on with our neighbours.

auskommen mit
Wir sind immer gut mit unseren Nachbarn ausgekommen.

---

popular adj [ˈpɒpjʊlə]

beliebt, gefragt

140 Soziale Beziehungen, Sozialverhalten

Privatleben, soziale Beziehungen

be **popular with** sb	bei jdm beliebt sein
join v [dʒɔɪn]	sich anschließen, beitreten
Will you join us for a drink?	Möchtest du / Möchten Sie nicht ein Glas mit uns trinken?
take part in, took, taken v [teɪkˌpɑːt'ɪn, tʊk, teɪkn]	mitmachen bei, teilnehmen an
Nelly did not take part in the meeting as she had wanted to because she wasn't feeling well.	Nelly beteiligte sich an der Sitzung nicht so, wie sie es vorgehabt hatte, weil es ihr nicht gut ging.
alone adj [əˈləʊn]	allein
Leave me alone! idiom	Lass mich in Frieden!

call n [kɔːl]	Ruf; Bitte
a call for help	ein Hilferuf
call v [kɔːl]	laut rufen
call for help	um Hilfe rufen
Just **call on** us if you need any help.	Wenn Sie Hilfe brauchen, wenden Sie sich einfach an uns.
aid n [eɪd]	Hilfe, Unterstützung
There will be a sale **in aid of** the poor next weekend.	Nächstes Wochenende gibt es einen Basar zugunsten der Armen.
help n; v [help]	Hilfe; helfen, fördern
Can I **be of any help?**	Kann ich irgendwie behilflich sein?
help each other	einander helfen
helper n [ˈhelpə]	Helfer(in)
give away, gave, given v [ˌgɪvəˈweɪ, geɪv, gɪvn]	spenden
Sonia gives her old clothes away to a local charity.	Sonja spendet ihre Altkleider einer örtliche Wohlfahrtsorganisation.
look after v [ˌlʊkˈɑːftə]	aufpassen auf, versorgen
In extended families, grandmothers used to look after the children.	In Großfamilien haben die Großmütter früher die Kinder versorgt.
I must look after myself.	Ich muss für mich selbst sorgen.
mind v [maɪnd]	sich kümmern um
Mind your own business! idiom	Kümmere dich um deine eigenen Angelegenheiten!
care n [keə]	Fürsorge, Pflege
A social worker **takes care of** those **in her care.**	Eine Sozialarbeiterin kümmert sich um ihre Schützlinge.
social worker n [ˈsəʊʃlˌwɜːkə]	Sozialarbeiter(in)

responsible adj [rɪˈspɒnsəbl]	verantwortlich, verantwortungsbewusst
Why don't you feel **responsible for** your family at all?	Warum fühlst du dich überhaupt nicht für deine Familie verantwortlich?

Soziale Beziehungen, Sozialverhalten **141**

Privatleben, soziale Beziehungen

share n [ʃeə]
All members **have done their fair share in** building the new club house.
There'll be no allowance for you this week, I'm afraid. You haven't done your **share of** the chores.

Anteil
Alle Mitglieder haben ihren angemessenen Teil zum Bau des neuen Klubheims beigetragen.
Du kriegst diese Woche leider kein Taschengeld: Du hast deinen Anteil Hausarbeit nicht gemacht.

argue v [ˈɑːgjuː]
Parents and children often **argue about** household chores.

(sich) streiten
Eltern streiten oft mit ihren Kindern über lästige Haushaltsarbeiten.

argument n [ˈɑːgjəmənt]
react v [rɪˈækt]
How did your boss **react to** your suggestion?

Streit, Auseinandersetzung
reagieren
Wie hat dein Chef auf deinen Vorschlag reagiert?

crowd n [kraʊd]
There was quite a crowd at the soccer match yesterday.
push v [pʊʃ]
turn n [tɜːn]
Please stop pushing! **Wait your turn.**

Menschenmenge
Es waren gestern sehr viele Zuschauer beim Fußballspiel.
schieben, drängeln
Reihe(nfolge)
Bitte nicht drängeln! Warten Sie, bis Sie an der Reihe sind.

risk n [rɪsk]
at your own risk
Hugh **ran the risk of** being arrested by the police.
I promise I won't **take any risks.**

Risiko, Gefahr
auf (dein/euer/Ihr) eigenes Risiko
Hugh riskierte, von der Polizei verhaftet zu werden.
Ich verspreche, keinerlei Risiko einzugehen.

trouble n [ˈtrʌbl]
Audrey **got into trouble with** her family when they found out she was seeing a black man.

Schwierigkeiten, Ärger
Audrey bekam Ärger mit ihrer Familie, als die herausbekam, dass sie mit einem Schwarzen ging.

trick n [trɪk]
Many children like **playing tricks on** their teachers.
fun n [fʌn]
make fun of sb

Trick, Streich, Falle
Viele Kinder spielen ihren Lehrern gerne einen Streich.
Spaß, Vergnügen
sich über jdn lustig machen

way of life n [ˌweɪəvˈlaɪf]
custom n [ˈkʌstəm]
celebrate v [ˈselɪbreɪt]

Lebensstil
Gewohnheit, Brauch, Sitte
feiern

Privatleben, soziale Beziehungen 7

Mark celebrated his 18th birthday with all his friends.	Mark feierte seinen 18. Geburtstag mit all seinen Freunden und Bekannten.

communicate v [kəˈmjuːnɪkeɪt]
communicative adj
[kəˈmjuːnɪkətɪv]
  Christopher's a very communicative person, in other words, a gossip.
cooperate v [kəʊˈɒpreɪt]
cooperation n [kəʊˌɒpəˈreɪʃn]
cooperative adj [kəʊˈɒprətɪv]
  have a cooperative attitude

kommunizieren, sich austauschen
mitteilsam, gesprächig

  Christopher ist sehr gesprächig, in anderen Worten: eine Klatschtante.
zusammenarbeiten
Zusammenarbeit, Hilfe
kooperativ, hilfsbereit
  eine hilfsbereite Haltung zeigen

neighbourhood n [ˈneɪbəhʊd]
partnership n [ˈpɑːtnəʃɪp]
friendship n [ˈfrenʃɪp]
  He did it **out of friendship**, not for money.
mutual adj [ˈmjuːtʃʊəl]
  mutual affection
  mutual friends
acquaintance n [əˈkweɪntəns]

  We **made Paula's acquaintance** in Cornwall last year. form
acquainted adj [əˈkweɪntɪd]
  We were **acquainted with** the Smiths for many years, but nothing close.

Nachbarschaft
Partnerschaft
Freundschaft
  Er hat es aus Freundschaft getan, nicht wegen Geld.
gegenseitig, beiderseitig
  gegenseitige Zuneigung
  gemeinsame Freunde/Bekannte
flüchtige(r) Bekannte(r); Bekanntschaft

  Wir haben Paula's Bekanntschaft letztes Jahr in Cornwall gemacht.
bekannt, vertraut
  Wir kannten die Smiths seit vielen Jahren, hatten aber keine enge Beziehung zu ihnen.

popularity n [ˌpɒpjəˈlærəti]
  enjoy great popularity
publicity n [pʌbˈlɪsəti]

  publicity campaign

Beliebtheit
  sich großer Beliebtheit erfreuen
Publicity, öffentliche Aufmerksamkeit
  Öffentlichkeitskampagne

contribute v [kənˈtrɪbjuːt]
contribution n [ˌkɒntrɪˈbjuːʃn]
  make a contribution (to sth)
handout n inform [ˈhændaʊt]
assist v [əˈsɪst]
assistance n [əˈsɪstns]
  Can I **be of any assistance?** form
charity n [ˈtʃærɪti]

beitragen; spenden
Beitrag; Spende
  einen Beitrag (zu etw.) leisten
Unterstützung, Geldzuwendung
helfen, unterstützen
Hilfe, Unterstützung
  Kann ich irgendwie behilflich sein?
Wohlfahrtsorganisation; Menschenfreundlichkeit

Soziale Beziehungen, Sozialverhalten **143**

7 Privatleben, soziale Beziehungen

do sth out of charity

Many charities assist people who are in need.

etw. aus Menschenfreundlichkeit tun
Viele Wohlfahrtsorganisationen unterstützen Menschen, die in Not sind.

benefit v ['benɪfɪt]
The poor and the unemployed **benefit from** contributions to charity.

profitieren, Nutzen ziehen
Die Armen und die Arbeitslosen profitieren von Spenden an Wohlfahrtsorganisationen.

humane adj [hjuːˈmeɪn]
a humane society / humane treatment

human, menschlich
eine humane Gesellschaft / menschliche Behandlung

adapt to sth v [əˌdæptˈtʊ]
Having lived in London for so long Louise found it difficult to **adapt to** country life.

(sich) anpassen, gewöhnen an
Nachdem Louise so lange in London gelebt hatte, fiel es ihr schwer, sich an das Leben auf dem Lande zu gewöhnen.

accompany, accompanied, accompanied v [əˈkʌmpənɪ]
Demonstrations are sometimes accompanied by violence.

begleiten

Demonstrationen sind manchmal von Gewalttätigkeiten begleitet.

link n [lɪŋk]
The police couldn't find any **link between** the young men **and** the local drug scene.

Verbindung
Die Polizei konnte die jungen Männer nicht mit der örtlichen Drogenszene in Verbindung bringen.

lifestyle n ['laɪfstaɪl]
conduct n ['kɒndʌkt]
At the end of the school year, Gary won a prize for good conduct.

Lebensstil
Benehmen, Führung
Am Schuljahresende bekam Gary einen Preis für gutes Benehmen.

discreet adj [dɪˈskriːt]
Tina's boyfriend waited for her at a discreet distance.

dezent
Tinas Freund wartete in dezenter Entfernung auf sie.

respectable adj [rɪˈspektəbl]
Even young people **from respectable homes** can be found among drug users.

seriös, angesehen
Es gibt sogar junge Leute aus angesehenen Familien unter den Drogenkosumenten.

moral adj ['mɒrəl]
moral support
moral values/principles

moralisch
moralische Unterstützung
moralische Werte/Grundsätze

responsibility n [rɪˌspɒnsəˈbɪlətɪ]

Looking after children is not only a mother's responsibility.

Verantwortung; Zuständigkeit, Aufgabe
Es ist nicht nur die Aufgabe der Mütter, auf die Kinder aufzupassen.

144 Soziale Beziehungen, Sozialverhalten

Privatleben, soziale Beziehungen 7

principle n ['prɪnsəpl]
Some business people have no principles; they'll do anything for money.
Grundsatz, Prinzip
Einige Geschäftsleute haben keinerlei Prinzipien; für Geld tun sie alles.

come out, came, come v [ˌkʌm'aʊt, keɪm]
sich (als Homosexueller/Lesbierin) outen/zu erkennen geben

tradition n [trə'dɪʃn]
Tradition, Brauch

progressive adj [prə'gresɪv]
Many people have progressive ideas but don't act accordingly.
fortschrittlich
Es gibt viele Leute, die fortschrittlich denken, aber nicht entsprechend handeln.

demonstrate v ['demənstreɪt]
demonstrieren

demonstrator n ['demənstreɪtə]
Demonstrant(in)

demonstration n [ˌdemən'streɪʃn]
Demonstration, Kundgebung

powerless adj ['paʊəlɪs]
That's the law, I'm afraid, and we're powerless to change it.
machtlos
So ist leider das Gesetz. Wir haben nicht die Macht, es zu ändern.

anti-social adj [ˌæntɪ'səʊʃl]
unsozial

neglect v [nɪ'glekt]
vernachlässigen

isolation n [ˌaɪsə'leɪʃn]
Isolation, Abgeschiedenheit
live in isolation
zurückgezogen leben

circumstances n pl ['sɜːkəmstænsɪz]
Umstände, Bedingungen; Verhältnisse

You can't blame him for dropping out of school **under the circumstances**.
Man kann ihm unter diesen Umständen nicht vorwerfen, dass er die Schule schmeißt.
under no circumstances
unter gar keinen Umständen

prejudice n ['predʒədɪs]
Jack's father is so full of prejudice.
Vorurteil
Jacks Vater hat jede Menge Vorurteile!

racial prejudice
Rassenvorurteile

prejudiced adj ['predʒədɪst]
Why are so many whites **prejudiced against** black people?
voreingenommen
Warum haben so viele Weiße Vorurteile gegen Schwarze?

discriminate v [dɪ'skrɪmɪneɪt]
unterscheiden, Unterschiede machen

Foreigners have not always been **discriminated against** in this country.
Nicht immer wurden Ausländer hierzulande diskriminiert.

discrimination n [dɪˌskrɪmɪ'neɪʃn]
Discrimination against Catholics has a long and bloody tradition in Northern Ireland.
Diskriminierung, Benachteiligung
Die Diskriminierung von Katholiken hat in Nordirland eine lange und blutige Tradition.

Soziale Beziehungen, Sozialverhalten **145**

7 Privatleben, soziale Beziehungen

crass adj [kræs]
  crass behaviour
  a crass remark
pressure n ['preʃə]
  be under pressure
  put pressure on sb

plump, unfein, derb
  plumpes/derbes Benehmen
  eine unfeine Bemerkung
Druck
  unter Druck stehen
  jdn unter Druck setzen

---

flatter sb v ['flætə]
mislead, misled, misled v
[ˌmɪsˈliːd, ˌmɪsˈled]
  Barry was misled into thinking his
  colleagues would support him.

jdm schmeicheln
irreführen, täuschen

  Barry nahm irrigerweise an, dass
  seine Kollegen ihn unterstützen
  würden.

pull v [pʊl]
  Are you pulling my leg? idiom

  Pull the other one. idiom

  pull the wool over sb's eyes idiom
trick sb v [trɪk]
  The old lady was tricked into
  giving all her money to her
  nephew.
betray v [bɪˈtreɪ]

ziehen, zerren
  Du willst mich wohl auf den Arm
  nehmen?
  Das kannst du deiner Großmutter
  erzählen!
  jdm Sand in die Augen streuen
jdn mit einem Trick hereinlegen
  Die alte Dame wurde mit Tricks
  dazu gebracht, ihr ganzes Geld
  ihrem Neffen zu geben.
enttäuschen, verraten, im Stich
lassen

---

bully n ['bʊlɪ]
bully, bullied, bullied v ['bʊlɪ]
battered adj ['bætəd]
  battered wives/babies
suppress v [səˈpres]
  suppress the facts / the truth

Tyrann, Schläger
tyrannisieren, schikanieren
misshandelt, verprügelt
  misshandelte Ehefrauen/Säuglinge
unterdrücken, unterschlagen
  die Tatsachen / die Wahrheit
  unterschlagen

---

incident n ['ɪnsɪdənt]
  The demonstration ended without
  incident.
affair n [əˈfeə]
  Your private affairs don't concern
  me.
conflict n ['kɒnflɪkt]
riot n ['raɪət]
  race riots
hooligan n ['huːlɪgən]
vandal n ['vændl]
vandalism n ['vændlɪzm]

Vorfall, Zwischenfall, Ereignis
  Die Demonstration endete ohne
  Zwischenfälle.
Affäre; Angelegenheit
  Dein Privatleben geht mich nichts
  an.
Konflikt, Auseinandersetzung
Krawall, Aufruhr
  Rassenkrawalle
Randalierer(in)
Rowdy
Vandalismus, Zerstörungswut

146 Soziale Beziehungen, Sozialverhalten

Privatleben, soziale Beziehungen

Falsche Freunde

Englisches Wort	Thematische Bedeutung(en)	Falscher Freund	Englische Entsprechung(en)
engaged *adj*	verlobt	engagiert	active, committed
flatter *v*	schmeicheln	flattern	flutter
gang *n*	Bande	Gang	passage, corridor; walk
pension *n*	Rente	Pension (= *einfaches Hotel*)	guesthouse, boarding house

Soziale Beziehungen, Sozialverhalten

8 Lernen, Erziehung, Bildungswesen

Lernen, Erziehung, Bildungswesen 8

8.1 Lernen, Erziehung

learn, learnt/learned, **learnt/**
learned v [lɜːn, lɜːnt/lɜːnd]
Nowadays all young people learn to
speak at least one foreign language.

lernen
Heutzutage lernen alle jungen
Leute zumindest eine Fremd-
sprache.

Is it still worthwhile for students to
learn a few short poems **by heart?**

Lohnt es sich noch für Schüler/
Schülerinnen, ein paar kurze
Gedichte auswendig zu lernen?

study, studied, studied v ['stʌdɪ]
Don't bother John; he's in his room
studying.
Cathy wants to go to university and
study mathematics.

lernen; studieren
Stör(t) John nicht! Er ist in seinem
Zimmer und lernt.
Cathy will auf die Universität
gehen und Mathematik studieren.

concentrate v ['kɒnsntreɪt]
Schools today ought to **concentrate on** teaching learning techniques rather than on dates and
facts.

sich konzentrieren
Die Schulen sollten sich heute
mehr auf die Vermittlung von
Lerntechniken als auf Daten und
Fakten konzentrieren.

practice n ['præktɪs]
I'm rather **out of practice,** I'm
afraid.

Übung, Praxis
Ich fürchte, ich bin ziemlich aus
der Übung.

practise v ['præktɪs]
Most learners of English need to
practise speaking more than
writing.

üben
Die meisten Englisch-Lernenden
brauchen mehr Übung im
Sprechen als im Schreiben.

train v [treɪn]

Jack's going to **train as** a teacher
when he finishes school.

eine (berufliche) Ausbildung
machen
Jack will eine Lehrerausbildung
machen, wenn er die Schule
abgeschlossen hat.

memory n ['memrɪ]
have a good/bad memory

Gedächtnis
ein gutes/schlechtes Gedächtnis
haben

difficulty n ['dɪfɪkəltɪ]
Many children **have difficulty in**
concentrating.

Schwierigkeit, Problem
Vielen Kindern fällt es schwer, sich
zu konzentrieren.

improve v [ɪm'pruːv]
Your work has improved a great
deal, Diana.

sich (ver)bessern
Du hast große Fortschritte
gemacht, Diana!

improvement n [ɪm'pruːvmənt]
I think I've noticed an **improvement in** Pamela's work.

Verbesserung, Fortschritte
Ich meine beobachtet zu haben,
dass Pamelas Arbeit sich verbessert
hat.

Lernen, Erziehung 149

8 Lernen, Erziehung, Bildungswesen

great/little improvement | große/geringe Fortschritte
progress n sg ['prəʊgres] | (der) Fortschritt, (die) Fortschritte
Henry's **making very good progress in** biology. | Henry macht sehr gute Fortschritte in Biologie.
advantage n [əd'vɑːntɪdʒ] | Vorteil, Vorzug
If I were you, I'd **take advantage of** the opportunity to learn another language. | An deiner Stelle würde ich die Gelegenheit nutzen, eine weitere Sprache zu lernen.
disadvantage n [ˌdɪsəd'vɑːntɪdʒ] | Nachteil
Children who cannot speak their mother tongue properly will always **be at a disadvantage** at school. | Kinder, die ihre eigene Muttersprache nicht richtig beherrschen, werden in der Schule immer im Nachteil sein.

step n [step] | Schritt
step by step | Schritt für Schritt, schrittweise

---

education n [ˌedʒʊ'keɪʃn] | schulische Erziehung; (Aus-)Bildung
receive a good education | eine gute Ausbildung erhalten
educate v ['edʒʊkeɪt] | (aus)bilden
Many important people in Britain were educated at Oxford or Cambridge. | Viele bedeutende Personen in Großbritannien erhielten ihre Ausbildung in Oxford oder Cambridge.

an educated man/woman | ein gebildeter Mann/eine gebildete Frau

bring up, brought, brought v [ˌbrɪŋ'ʌp, brɔːt] | aufziehen, erziehen
John was **brought up by** his grandmother. | John wurde von seiner Großmutter aufgezogen.
upbringing n ['ʌpˌbrɪŋɪŋ] | (familiäre) Erziehung; Kinderstube
Tom's upbringing still shows in spite of his good education. | Man merkt Tom trotz seiner guten Ausbildung seine (schlechte) Kinderstube an.

---

relationship n [rɪ'leɪʃnʃɪp] | Verhältnis, Beziehung
Sandra has a good **relationship with** her parents. | Sandra hat ein gutes Verhältnis zu ihren Eltern.
love n [lʌv] | Liebe; Freude
The parents' love of their children is the basis for the children's future happiness. | Die Liebe der Eltern zu ihren Kindern ist die Grundlage für deren zukünftiges Glück.
responsible adj [rɪ'spɒnsəbl] | verantwortlich; verantwortungsbewusst
We're very happy with Sam's teacher; she's such a responsible person! | Wir sind mit Sams Lehrerin sehr zufrieden: Sie ist so verantwortungsbewusst!

Lernen, Erziehung

Lernen, Erziehung, Bildungswesen 8

Parents **are responsible for** their children's education.
Die Eltern sind für die Ausbildung ihrer Kinder verantwortlich.

punish v [ˈpʌnɪʃ]
bestrafen

Children shouldn't be **punished for** making mistakes.
Man sollte Kinder nicht dafür bestrafen, dass sie Fehler machen.

trouble n [ˈtrʌbl]
Ärger, Schwierigkeiten

make trouble
Ärger machen

---

learner n [ˈlɜːnə]
Lernende(r)

talent n [ˈtælənt]
Begabung, Talent

There's an art exhibition of **local talent** in the town hall.
Im Rathaus findet eine Kunstausstellung hiesiger Talente statt.

Joan's got **a talent for** music.
Joan ist musikalisch sehr begabt.

talented adj [ˈtæləntɪd]
begabt, talentiert

profit v [ˈprɒfɪt]
profitieren, gewinnen

Jamie didn't **profit** much **from** changing schools.
Jamie hat durch seinen Schulwechsel nicht viel gewonnen.

---

manners n pl [ˈmænəz]
Manieren, Benehmen

have good/bad manners
gute/schlechte Manieren haben

polite adj [pəˈlaɪt]
höflich

politeness n [pəˈlaɪtnɪs]
Höflichkeit

---

obey v [əˈbeɪ]
gehorchen, befolgen

punishment n [ˈpʌnɪʃmənt]
Strafe, Bestrafung

severe punishment
strenge Bestrafung

severe adj [sɪˈvɪə]
streng, hart

strict adj [strɪkt]
streng, konsequent

a strict teacher
ein(e) strenge(r) Lehrer(in)

authoritarian adj [ɔːˌθɒrɪˈteəriən]
autoritär

anti-authoritarian adj [ˌæntɪɔːˌθɒrɪˈteəriən]
antiautoritär

(anti-)authoritarian upbringing
(anti)autoritäre Erziehung

praise n; v [preɪz]
Lob; loben

Parents should **praise** their children not only **for** good marks but also **for** clever ideas.
Die Eltern sollten ihre Kindern nicht nur für gute Noten loben, sondern auch für kluge Gedanken.

---

develop v [dɪˈveləp]
(sich) entwickeln, entfalten

Education is a means of developing a child's personality.
Die schulische Erziehung dient der Entfaltung der kindlichen Persönlichkeit.

personality n [ˌpɜːsəˈnælɪtɪ]
Persönlichkeit, Charakter

Lernen, Erziehung **151**

8.2 Schule, Unterricht

school *n* [sku:l] — Schule
Do the Dawsons' children still **go to school**? — Gehen die Kinder der Dawsons noch zur Schule?
Pat **left school** when she was 16. — Pat verließ mit 16 die Schule.
at school — in der Schule
school exchange — Schüleraustausch

British schools

Age	School system	Exams
18		*A levels, AS levels, GNVQs*
17		
16	4th assessment test	GCSEs
15		
14	3rd assessment test	
13		
12	Secondary School	
11	2nd assessment test	
10		
9		
8		
7	1st assessment test	
6		
5	Primary School	

In Britain all children must attend school from the age of five to sixteen. 93% of all students in Britain go to a school in the **state school system**. 7% go to a school in the **independent school system** (private school / public school).
All **state schools** and most **private/public schools** use the **National Curriculum**. Pupils are taught in English, mathematics, science, design and technology, information technology, history, geography, music, art, physical education and religious education.
At the ages of 7, 11, 14 and 16, pupils take national assessment tests in English, mathematics and science so that their individual level can be compared to national standards.
Pupils in the state school system generally attend **comprehensive schools** until they are 16 or 18. About 6% go to **grammar schools** which are **state schools** which only accept pupils who, at the age of 11, pass a special examination.
A **preparatory school** or **prep school** is a **private school / public school** that pupils start at the age of seven and then attend until they are 16 or 18.

Lernen, Erziehung, Bildungswesen

8

private school n [ˈpraɪvɪtˌskuːl]
public school n [ˈpʌblɪkˌskuːl]

The independent school system in Great Britain consists of all private schools.
state school BE n [ˈsteɪtˌskuːl]
state school system

Privatschule *(mit Schulgebühren)*
traditionsreiche Privatschule *(wie Eton und Harrow,* BE); öffentliche Schule (AE)
Das nichtöffentliche Schulwesen in Großbritannien besteht aus sämtlichen Privatschulen.
staatliche/öffentliche Schule
öffentliches Schulwesen

---

pupil n [ˈpjuːpl]
schoolboy/schoolgirl BE n [ˈskuːlbɔɪ/ˈskuːlgɜːl]
student n [ˈstjuːdnt]

schoolchildren n pl [ˈskuːltʃɪldrən]
teacher n [ˈtiːtʃə]

Schüler(in) (BE); Grundschüler(in) (AE)
Schuljunge, Schüler / Schulmädchen, Schülerin
Student(in) (BE); Schüler(in), Student(in) (AE)
Schulkinder, Schüler(innen)
Lehrer(in)

---

course n [kɔːs]
form BE**; grade** AE n [fɔːm; greɪd]
What form/grade are you in?
class n [klɑːs]
We've got an English class at 10 o'clock tomorrow.
beginners' class
evening class
classmate n [ˈklɑːsmeɪt]
lesson n [ˈlesn]
Tim **gives private lessons in** maths.

Kurs, Lehrgang
Schulklasse
In welcher Klasse bist du?
Unterricht(sstunde)
Wir haben morgen um 10 Uhr Englisch.
Anfängergruppe, -kurs
Abendkurs
Klassenkamerad(in)
Unterrichtsstunde
Tim gibt Privatunterricht/ Nachhilfestunden in Mathe.

---

subject n [ˈsʌbdʒɪkt]
What's your **favourite subject**?
We've got to write an essay **on the subject of** "Pollution and Politics".

physics n [ˈfɪzɪks]
chemistry n [ˈkemɪstri]
biology n [baɪˈɒlədʒi]
mathematics n [ˌmæθəˈmætɪks]
maths BE**; math** AE n inform [mæθ(s)]
computer science/studies n [kəmˈpjuːtəˌsaɪəns/ˌstʌdɪz]
geography n [dʒɪˈɒgrəfi]
history n [ˈhɪstri]

Schul-/Studienfach; Thema
Was ist dein Lieblingsfach?
Wir müssen einen Aufsatz über das Thema „Umweltverschmutzung und Politik" schreiben.

Physik
Chemie
Biologie
Mathematik
Mathe

Informatik

Geographie, Erdkunde
Geschichte

Schule, Unterricht **153**

8 Lernen, Erziehung, Bildungswesen

language n ['læŋgwɪdʒ]	Sprache
foreign language	Fremdsprache
English n ['ɪŋglɪʃ]	Englisch
French n [frenʃ]	Französisch
German n ['dʒɜːmən]	Deutsch
Spanish n ['spænɪʃ]	Spanisch
Italian n [ɪ'tælɪən]	Italienisch
Russian n ['rʌʃn]	Russisch
Latin n ['lætɪn]	Latein(isch)

art n [ɑːt]	Kunst(erziehung)
music n ['mjuːzɪk]	Musik(unterricht)
religious instruction (RI) BE n [rɪ'lɪdʒəsɪn'strʌkʃn (ˌɑːr'aɪ)]	Religion(sunterricht)
religious education (RE) BE n [rɪ'lɪdʒəsˌedʒʊ'keɪʃn(ˌɑːr'iː)]	Religion(sunterricht), religiöse Erziehung
physical education (PE) n ['fɪzɪklˌedʒʊ'keɪʃn(ˌpiː'iː)]	Sport(unterricht)
games BE n [geɪmz]	Sport(unterricht)
sports day BE n ['spɔːtsˌdeɪ]	Sportfest
timetable n ['taɪmˌteɪbl]	Stundenplan
schedule AE n ['skedʒuːl]	Stundenplan

classroom n ['klɑːsrʊm]	Klassenzimmer
board n [bɔːd]	Tafel, Wandtafel
Please write the complete sentence **on the board**, Jim.	Jim, schreib bitte den ganzen Satz an die Tafel.
notice board	schwarzes Brett
chalk n [tʃɔːk]	Kreide
a piece of chalk	ein Kreidestück
duster BE; **eraser** AE n ['dʌstə; ɪ'reɪzər]	Tafelschwamm; Lappen
wipe v [waɪp]	wischen
Please wipe the board, Peter.	Bitte wisch die Tafel ab, Peter!
cassette recorder n [kə'setrɪˌkɔːdə]	Kassettenrecorder
TV n [ˌtiː'viː]	Fernseher
video recorder n ['vɪdɪəʊrɪˌkɔːdə]	Videorecorder
computer n [kəm'pjuːtə]	Computer

school bag n ['skuːlbæg]	Schultasche, Schulranzen
pen n [pen]	Stift, Schreiber
ballpoint (pen)	Kugelschreiber
fountain-pen	Füllfederhalter, Füller
Biro BE n ['baɪrəʊ]	Kuli

154 Schule, Unterricht

Lernen, Erziehung, Bildungswesen   8

pencil *n* ['pensl]   Bleistift
  pencil case   Federmäppchen
  pencil sharpener   Bleistiftspitzer
ink *n* [ɪŋk]   Tinte
paper *n* ['peɪpə]   Papier
  a piece/sheet of paper   ein Blatt Papier
  writing paper   Schreibpapier, Briefpapier
rubber BE; **eraser** AE *n*   Radiergummi
['rʌbə; ɪ'reɪzər]
ruler *n* ['ruːlə]   Lineal

---

book *n* [bʊk]   Buch
  textbook   Lehrbuch
  workbook   Arbeits-/Übungsbuch
exercise book BE; **notebook** AE *n*   Übungsheft
['eksəsaɪzˌbʊk; 'noʊtbʊk]
read, read, read *v* [riːd, red]   lesen
flashcard *n* ['flæʃˌkɑːd]   Flashcard (Leselernkarte)
dictionary *n* ['dɪkʃnrɪ]   Wörterbuch
look up *v* [ˌlʊk'ʌp]   nachschlagen
  If you don't know what an English   Wenn du nicht weißt, was ein
  word means, **look it up** in the   englisches Wort bedeutet, dann
  dictionary.   schlag es im Wörterbuch nach.

---

attend *v* [ə'tend]   besuchen
  Hilary attends the local grammar   Hilary besucht das örtliche
  school.   Gymnasium.
absent *adj* ['æbsnt]   abwesend
  Three girls were **absent from**   Gestern haben drei Mädchen im
  school yesterday.   Unterricht gefehlt.

---

teach, taught, taught *v* [tiːtʃ, tɔːt]   unterrichten, lehren
basics *n pl* ['beɪsɪks]   Grundlagen
  In their first year at school children   In ihrem ersten Schuljahr lernen
  learn the basics of reading, writing   die Kinder die Grundlagen des
  and arithmetic.   Lesens, Schreibens und Rechnens.
method *n* ['meθəd]   Methode, Verfahren
  teaching method   Unterrichtsmethode
groupwork *n* ['gruːpwɜːk]   Gruppenarbeit
pairwork *n* ['peəwɜːk]   Partnerarbeit
role-play *n* ['rəʊpleɪ]   Rollenspiel
task *n* [tɑːsk]   Aufgabe
  The teacher **set** each child **a task**.   Die Lehrerin / Der Lehrer gab
                                           jedem Kind eine Aufgabe.

exercise *n* ['eksəsaɪz]   Übung

Schule, Unterricht   **155**

8 Lernen, Erziehung, Bildungswesen

Would you do exercise no. 3 for homework, please?

example n [ɪgˈzɑːmpl]
  for example

instruction n [ɪnˈstrʌkʃn]
  Follow the instructions.

attention n [əˈtenʃn]
  pay attention to sth/sb

Bitte macht Übung 3 als Hausaufgabe.
Beispiel
  zum Beispiel
Arbeitsanweisung, Anleitung
  Befolgt/Befolgen Sie die Anweisungen.
Aufmerksamkeit
  etw. beachten / jdm zuhören

---

speak, spoke, spoken v
[spiːk, spəʊk, ˈspəʊkn]
  speak up
fluently adv [ˈfluːəntlɪ]
  George speaks French fluently.

sprechen

  lauter sprechen
fließend, flüssig
  George spricht fließend Französisch.

listen v [ˈlɪsn]
  listen to sb/sth
dialogue n [ˈdaɪəlɒg]
conversation n [ˌkɒnvəˈseɪʃn]
  You should take a class in English conversation, Fritz.
aloud adv [əˈlaʊd]
  Read the dialogue **aloud**, please.

(zu)hören
  jdm / einer Sache zuhören
Dialog, Gespräch
Unterhaltung, Konversation
  Du solltest einen Kurs in englischer Konversation machen, Fritz.
laut
  Bitte lies/lest den Dialog laut vor.

---

write, wrote, written v
[raɪt, rəʊt, ˈrɪtn]
dictation n [dɪkˈteɪʃn]
spell, spelt/spelled, spelt/spelled v
[spel, spelt/speld]
  How do you spell "dialogue"?
  Can you spell your name for me, please?
spelling n [ˈspelɪŋ]
alphabet n [ˈælfəbɪt]
letter n [ˈletə]
  in capital/small letters

schreiben; verfassen

Diktat
(richtig) schreiben; (laut) buchstabieren
  Wie schreibt man „dialogue"?
  Können Sie mir bitte Ihren Namen buchstabieren?
Rechtschreibung; Schreibweise
Alphabet
Buchstabe
  in Groß-/Kleinbuchstaben

---

blank n [blæŋk]
  Fill in the blanks in the text.

fill in BE; **fill out** AE v
[ˌfɪlˈɪn; ˌfɪlˈaʊt]
complete v [kəmˈpliːt]
  Please complete the text by filling in the missing words.

Leerzeile, Lücke im Text
  Setze/Setzt Wörter in die Textlücken ein.
einsetzen, ausfüllen

ergänzen
  Bitte ergänze/ergänzt den Text durch Einsetzen der fehlenden Wörter.

156 Schule, Unterricht

Lernen, Erziehung, Bildungswesen

translate v [trænz'leɪt]
translate from English into German
übersetzen
aus dem Englischen ins Deutsche übersetzen

translation n [trænz'leɪʃn]
Übersetzung

vocabulary n [və'kæbjəlrɪ]
Wortschatz
I've got a lot of new **vocabulary items** to learn by tomorrow.
Ich muss bis morgen eine Menge neue Vokabeln lernen.

mind map n ['maɪndˌmæp]
Wortnetz; Gedächtniskarte

summary n ['sʌmrɪ]
Zusammenfassung, Kurzfassung

essay n ['eseɪ]
Aufsatz, Essay

---

sum n [sʌm]
Summe
do sums BE
einfache Rechenaufgaben machen

calculate v ['kælkjəleɪt]
(be/aus)rechnen

figure n ['fɪɡə]
Zahl

add v [æd]
addieren, zusammenzählen
Add 13 **and** 9.
Addiere/Addiert 13 und 9.
Add these ten figures **up** and write down the sum.
Zählen Sie diese zehn Zahlen zusammen und schreiben Sie die Summe auf.

subtract v [səb'trækt]
abziehen, subtrahieren
Peter, please **subtract** 17 **from** 112. – That's 95.
Peter, bitte zieh 17 von 112 ab. – Das gibt 95.

multiply, multiplied, multiplied v ['mʌltɪplaɪ]
multiplizieren
2 **multiplied by** 5 is 10.
2 mal 5 ist 10.

times adj [taɪmz]
multipliziert mit, mal
2 times 5 is 10.
2 mal 5 ist 10.

divide v [dɪ'vaɪd]
teilen, dividieren
75 **divided by** 5 is 15.
75 durch 5 ist 15.

---

homework n ['həʊmwɜːk]
Hausaufgabe(n)

prepare v [prɪ'peə]
vorbereiten
prepare for a test/exam
sich auf eine Prüfung vorbereiten

study n ['stʌdɪ]
Arbeitszimmer

---

break n [breɪk]
Pause
a five-minute break
eine fünfminütige Pause
lunch break
Mittagspause
at break
in der (Schul-)Pause

recess AE n ['riːses]
Pause *(in der Grundschule)*

bell n [bel]
Klingel, Glocke
The children went back into the classroom when the bell rang.
Die Kinder gingen ins Klassenzimmer zurück, als es klingelte.

playground n ['pleɪɡraʊnd]
Schulhof; Spielplatz

day off n [deɪ'ɒf]
schulfreier Tag

Schule, Unterricht **157**

8 Lernen, Erziehung, Bildungswesen

holidays BE; **vacation** AE *n pl*
['hɒlədeɪz; veɪ'keɪʃn]
  Summer holidays begin in August
  this year.

(Schul-)Ferien

Die Sommerferien beginnen dieses
Jahr im August.

level *n* ['levl]
test *n; v* [test]
  test paper

Niveau, Leistungsstand
Klassenarbeit, Test; prüfen, testen
  schriftliche Klassenarbeit,
  Schulaufgabe

  take a test / an exam
exam *n* [ɪg'zæm]
final *adj; n* ['faɪnl]
  Frank's **doing his final exams** next
  month.
  When's your last final?

  eine Prüfung machen
(Abschluss-)Klausur, Prüfung
Abschluss-; Abschlussklausur
  Frank macht im nächsten Monat
  seine Abschlussprüfung.
  Wann ist deine letzte Abschluss-
  klausur?

cheat *v* [tʃiːt]
correct *adj; v* [kə'rekt]
right *adj* [raɪt]
  Please find the right answer.

mogeln, schummeln
richtig; verbessern, korrigieren
richtig, korrekt
  Bitte finden Sie die richtige
  Antwort heraus.

wrong *adj* [rɒŋ]
  This answer's wrong, I'm afraid.
  I think I've done this exercise **the
  wrong way.**
true *adj* [truː]
  Mark whether these statements are
  true or false.
false *adj* [fɔːls]
mistake *n* [mɪ'steɪk]
  spelling mistake
  by mistake
tick *n* [tɪk]
  Put a tick next to the right answer.
tick BE *v*; **tick off** AE *v* [tɪk; ˌtɪk'ɑːf]
  Tick the tasks on the list as you do
  them.

falsch, unrichtig
  Diese Antwort ist leider falsch.
  Ich glaube, dass ich diese Übung
  falsch bearbeitet habe.
richtig, wahr
  Markieren Sie: Sind diese Aussagen
  richtig oder falsch?
falsch, unrichtig
Fehler
  Rechtschreibfehler
  aus Versehen
Häkchen
  Haken Sie die richtige Antwort ab.
abhaken
  Haken Sie die Aufgaben auf der
  Liste ab, wenn Sie sie machen.

point *n* [pɔɪnt]
  You get two points for each correct
  answer.
out of *prep* [ˌaʊt'ɒv]
  You've only got **two out of ten** in
  the maths test.
mark BE; **grade** AE *n* [mɑːk; greɪd]

Punkt
  Für jede richtige Antwort bekommt
  man zwei Punkte.
von
  Du hast nur zwei von zehn möglichen Punkten in der Mathearbeit.
Note, Zensur

158 Schule, Unterricht

Lernen, Erziehung, Bildungswesen 8

Lyn always **gets good/bad marks in** French. / Lyn bekommt in Französisch immer gute/schlechte Noten.

In American schools, F is **the worst grade.** / In amerikanischen Schulen ist F die schlechteste Note.

mark; grade AE *v* [mɑːk; greɪd] / benoten, korrigieren

result *n* [rɪˈzʌlt] / Ergebnis, Resultat
exam results / Prüfungsergebnisse

good at *adj* [ˈgʊdæt] / gut in
At school Grace was always good at sports. / In der Schule war Grace in Sport immer gut.

pass *v* [pɑːs] / (eine Prüfung) schaffen, bestehen
Good news, Nancy! You've **passed the exam!** / Gute Nachricht, Nancy! Du hast die Prüfung bestanden!

fail *v* [feɪl] / (eine Prüfung) nicht bestehen, durchfallen

I'm afraid you've **failed the exam** again, Terry. / Ich fürchte, du hast die Prüfung wieder nicht bestanden, Terry!

flunk AE *v inform* [flʌŋk] / durchrasseln, -fliegen
school report BE**; report card** AE *n* [ˌskuːlrɪˈpɔːt; rɪˈpɔːrtˌkɑːrd] / Schulzeugnis

crèche BE *n* [kreʃ] / Kinderkrippe
nursery *n* [ˈnɜːsrɪ] / Kinderkrippe, Kinderhort
day nursery BE**; daycare center** AE / Kindertagesstätte
The company has a day nursery for the children of the employees. / Die Firma hat eine Kindertagesstätte für die Kinder ihrer Beschäftigten.

nursery school *n* [ˈnɜːsrɪˌskuːl] / Kindergarten, Vorschule
nursery school teacher / Kindergärtner(in), Erzieher(in)
kindergarten *n* [ˈkɪndəˌgɑːtn] / Vorschule

primary *adj* [ˈpraɪmrɪ] / Primar-, Grund-
primary education / Grundbildung, Primarstufe des Bildungswesens

primary school BE**; elementary school** AE / Primarschule, Grundschule

elementary *adj* [ˌelɪˈmentrɪ] / elementar, Grund-
elementary education / Elementarunterricht, grundlegende Bildung

elementary science / Grundkurs in Naturwissenschaften
secondary *adj* [ˈsekəndrɪ] / weiterführend, Sekundar-
secondary education / Sekundarstufe des Bildungswesens
secondary school BE / Sekundarschule
grammar school BE *n* [ˈgræməˌskuːl] / *(etwa:)* Gymnasium

Schule, Unterricht 159

8 Lernen, Erziehung, Bildungswesen

preparatory/prep school BE *n* [prɪˈpærətrɪ/ˈprepˌskuːl] — Privatschule, die vom 7. Lebensjahr bis zum mittleren oder höheren Schulabschluss in GB führt

comprehensive school BE *n* [ˌkɒmprɪˈhensɪvˌskuːl] — *(etwa:)* Gesamtschule

intermediate school AE *n* [ˌɪntərˈmiːdɪətˌskuːl] — *(etwa:)* Grundschule für Fortgeschrittene

middle school AE *n* [ˈmɪdlˌskuːl] — Mittelschule

high school AE *n* [ˈhaɪˌskuːl] — weiterführende/höhere Schule
  junior/senior high school AE — Unter-/Oberstufe der höheren Schule

boarding school *n* [ˈbɔːdɪŋˌskuːl] — Internatsschule

American schools

Age	System 1	System 2	System 3	Grade
17	Senior	High School	High School	12
16	High			11
15	School			10
14	Junior			9
13	High			8
12	School	Middle School	Middle School	7
11	Elementary School			6
10			Intermediate School	5
9				4
8		Elementary School		3
7			Elementary School	2
6				1
5	Kindergarten	Kindergarten	Kindergarten	K

Elementary education in the United States used to consist of grades 1 to 8 only. The need for secondary education gave rise to **high schools** (grades 9 to 12). Nowadays, children in the US must attend school until they are 16 years old.

By the late 1950s it was recognized that having children aged 6 to 13 in the same school caused problems. To solve this, a new system was created (System 1) with a **junior** and a **senior high school**. By the late 1960s most states had introduced this system.

In an effort to make school better fit the needs of pupils, the **middle school** was born. This system (System 2) has been adopted by quite a few of the 50 states.

Some states have taken a further step with System 3 and the introduction of the **intermediate school**. This system makes the years spent in each type of school even shorter. Education in the US is the responsibility of each state, so the system being used may be different from state to state or even within the same state!

8 Lernen, Erziehung, Bildungswesen

headmaster; headmistress;
headteacher BE *n*
[ˌhedˈmɑːstə; ˌhedˈmɪstrɪs; ˌhedˈtiːtʃə]
principal AE *n* [ˈprɪnsəpl]
staff BE; **faculty** AE *n* [stɑːf; ˈfæklt̬ɪ]
staffroom BE; **faculty room** AE *n*
[ˈstɑːfruːm; ˈfæklt̬ɪruːm]
form teacher BE; **homeroom**
teacher AE *n*
[ˈfɔːmˌtiːtʃə; ˈhoʊmruːmˌtiːtʃər]
tutor *n; v* [ˈtjuːtə]

student council *n* [ˌstjuːdntˈkaʊnsl]

Schulleiter(in), Rektor(in)

Schulleiter(in), Rektor(in)
Lehrerkollegium
Lehrerzimmer

Klassenlehrer(in)

Nachhilfelehrer(in); Nachhilfe
geben, betreuen
Schülermitverwaltung

---

arithmetic *n* [əˈrɪθmətɪk]
calculator *n* [ˈkælkjəleɪtə]
economics *n* [ˌiːkəˈnɒmɪks]
  home economics
technology *n* [tekˈnɒlədʒɪ]
woodwork *n* [ˈwʊdwɜːk]
needlework *n* [ˈniːdlwɜːk]
social studies *n pl* [ˈsəʊʃlˌstʌdɪz]
health education *n*
[ˈhelθˌedʒʊˈkeɪʃn]
sex education *n* [ˈseksˌedʒʊˈkeɪʃn]

Rechnen
Taschenrechner
Wirtschaftslehre
  Hauswirtschaftslehre
Technik(unterricht)
Werken mit Holz
Handarbeit, Textilarbeit
Sozialkunde, Gesellschaftslehre
Gesundheitslehre/-erziehung

Sexualkunde

---

curriculum *n* [kəˈrɪkjʊləm]
  National Curriculum BE

assessment test *n* [əˈsesməntˌtest]
optional *adj* [ˈɒpʃnl]
compulsory *adj* [kəmˈpʌlsrɪ]
  compulsory/optional subjects
term *n* [tɜːm]
  It's **end of term** next week.
  autumn/spring/summer term

Lehrplan
  der landesweite britische Lehrplan
Leistungs-, Lernerfolgstest
freiwillig, Wahl-
zwingend, Pflicht-
  Pflicht-/Wahlfächer
Trimester, Semester, Schulhalbjahr
  Nächste Woche ist Trimesterende.
  Herbst-/Frühjahrs-/Sommer-
  trimester

---

uniform *n* [ˈjuːnɪfɔːm]
  school uniform

folder *n* [ˈfəʊldə]
reader *n* [ˈriːdə]
  a first English reader

Uniform
  Schuluniform *(einheitliche Pflicht-*
  kleidung an vielen Schulen in Groß-
  britannien)
Mappe, Schnellhefter
Lesebuch, Lesefibel; Lektüre
  englisches Lesebuch für Anfänger

Schule, Unterricht **161**

8 Lernen, Erziehung, Bildungswesen

globe n [gləʊb]	Globus
compass n ['kʌmpəs]	Kompass; Zirkel
microscope n ['maɪkrəskəʊp]	Mikroskop
overhead projector n [ˌəʊvəhedprəʊ'dʒektə]	Overhead-/Tageslichtprojektor
software n ['sɒftweə]	Software *(Programme, Daten)*
educational software	(Lern-)Software
multimedia CD ROM n [ˌmʌltɪ'miːdɪəˌsiːdiː'rɒm]	Multimedia-CD-ROM

attendance n [ə'tendəns]	Anwesenheit, Schulbesuch
good/poor attendance	regelmäßiger/unregelmäßiger Schulbesuch
absence n ['æbsəns]	Fehlen, Abwesenheit
12 days absence	12 Fehltage

examiner n [ɪg'zæmɪnə]	Prüfer(in)
exam candidate n [ɪg'zæmˌkændɪdət]	Prüfling
oral adj ['ɔːrl]	mündlich
oral exam/examiner	mündliche Prüfung / Prüfer(in) im Mündlichen
comprehension n [ˌkɒmprɪ'henʃn]	Verstehen, Verständnis
reading/listening comprehension	Lese-/Hörverstehen, -verständnis
gist n [dʒɪst]	das Wichtigste
detail n ['diːteɪl]	Einzelheit, Detail
listening for detail/gist	Hören aufs Detail/Wichtigste
written adj ['rɪtn]	schriftlich
written exam/exercise	schriftliche Prüfung/Übung
multiple choice n [ˌmʌltɪpl'tʃɔɪs]	Multiple Choice, Mehrfachauswahl
a multiple choice test item	eine Multiple-Choice-Testaufgabe
handwriting n ['hændˌraɪtɪŋ]	Handschrift

drill n [drɪl]	gesteuerte Übung, Drill
pattern n ['pætn]	Muster, Modell
pattern drill	gesteuerte Übung nach festem Muster
error n ['erə]	Fehler
an error of judgment	eine Fehleinschätzung
learn by trial and error	durch Ausprobieren und Fehler lernen
revise v [rɪ'vaɪz]	wiederholen, überarbeiten

handout n ['hændaʊt]	Arbeitsblatt/-blätter
worksheet n ['wɜːkʃiːt]	Arbeitsblatt

162 Schule, Unterricht

Lernen, Erziehung, Bildungswesen

omit, omitted, omitted v [ə'mɪt]
The second and third paragraphs of the text may be omitted.

underline v [ˌʌndə'laɪn]
put down, put, put v [ˌpʊt'daʊn, pʊt]
Will you please put down in a few sentences what you've just discussed in your group.

note n; v [nəʊt]
I'll **make a note of** it.
Note down the correct answers.

Please note that there is only one correct answer to each question.

notebook n ['nəʊtbʊk]
ring binder n ['rɪŋˌbaɪndə]

aus-/weglassen
Die Absätze 2 und 3 des Textes können weggelassen werden.

unterstreichen
auf-/niederschreiben

Schreibt bitte in wenigen Sätzen auf, was ihr gerade in eurer Gruppe diskutiert habt.

Notiz; notieren, beachten
Ich notiere mir das.
Schreiben Sie die richtigen Antworten auf.

Bitte beachten Sie, dass es zu jeder Frage nur eine richtige Antwort gibt.

Notizbuch, -heft
Ringbuch

---

retell, retold, retold v [ˌriː'tel, ˌriː'təʊld]
Our teacher asked us to retell the story in our own words.

summarize v ['sʌmraɪz]
outline n; v ['aʊtlaɪn]

nacherzählen

Unser(e) Lehrer(in) forderte uns auf, die Geschichte mit eigenen Worten nachzuerzählen.

zusammenfassen, resümieren
Gliederung (z. B. eines Aufsatzes); umreißen, skizzieren

---

certificate n [sə'tɪfɪkət]

the Cambridge Certificates
GCSE (General Certificate of Secondary Education) n [ˌdʒiːsiːes'iː]
A level (Advanced level) n ['eɪˌlevl]
Laura **took her A levels** at Bolton grammar school last summer.

AS level (Advanced Supplementary level) BE n ['eɪesˌlevl]

GNVQ (General National Vocational Qualification) n [ˌdʒiːenviː'kjuː]

Zertifikat, anerkannter Bildungsabschluss
die Cambridge-Zertifikate
mittlerer Schulabschluss in Großbritannien

höherer Schulabschluss in Großbritannien (etwa: Abitur)
Laura hat letzten Sommer am Gymnasium von Bolton ihr Abitur gemacht.

Prüfung zum höheren Schulabschluss in GB mit reduzierter Stoffmenge
höherer Berufsbildungsabschluss in GB (etwa: Fachabitur)

Schule, Unterricht **163**

8 Lernen, Erziehung, Bildungswesen

8.3 Hochschule, Universität

higher education n ['haɪəˌedʒʊ'keɪʃn]
Hochschulbildung

further education n ['fɜːðəredʒʊ'keɪʃn]
Weiterbildung, Fortbildung

college n ['kɒlɪdʒ]
Fach(hoch)schule (BE); Institut/Teil einer Universität (BE); Universität (AE)

College of Art
Kunstakademie

College of Music/Technology
Fachhochschule für Musik/Technik

technical college
technische Fach(hoch)schule

start college
mit dem Studium beginnen

university n; adj [ˌjuːnɪ'vɜːsətɪ]
Universität; Universitäts-, Hochschul-

go to college/university
studieren

university teacher/lecturer
Hochschullehrer(in)

department n [dɪ'pɑːtmənt]
Abteilung, Fachbereich

Department of English/German
Fachbereich Anglistik/Germanistik

school n [skuːl]
Fakultät; Abteilung

medical school
medizinische Fakultät

law faculty BE; **law school** AE n ['lɔːfækltɪ; 'lɔːskuːl]
juristische Fakultät

faculty of arts n ['fækltɪəv'ɑːts]
geisteswissenschaftliche Fakultät

school of physical sciences n [ˌskuːləv'fɪzɪkl'saɪənsɪz]
naturwissenschaftliche Fakultät

campus n ['kæmpəs]
Universitätsgelände, Campus

hall of residence BE; **dormitory** AE n [ˌhɔːləv'rezɪdns; 'dɔːrmətɔːrɪ]
Studentenwohnheim

refectory BE; **cafeteria** AE n [rɪ'fektrɪ; ˌkæfə'tɪrɪə]
Mensa

student n ['stjuːdnt]
Student(in)

medical student
Medizinstudent(in)

law student
Jurastudent(in)

professor n [prə'fesə]
Universitätsprofessor(in)

assistant professor AE
Assistenzprofessor(in)

She's **a professor of** French **at** London University.
Sie ist Romanistik-Professorin an der Universität London.

lecturer BE; **instructor** AE n ['lektʃərə; ɪn'strʌktər]
Hochschuldozent(in)

lecture n ['lektʃə]
Vorlesung, Vortrag

Dr Hunter's **giving a lecture on** Shakespeare's comedies tomorrow.
Dr. Hunter hält morgen eine Vorlesung über Shakespeares Komödien.

a course of lectures
eine Vorlesungsreihe

164 Hochschule, Universität

Lernen, Erziehung, Bildungswesen — 8

scholarship *n* ['skɒləʃɪp]	Schul-/Hochschulstipendium
win a scholarship	ein Stipendium bekommen
degree *n* [dɪ'gri:]	akademischer Grad/Hochschul-
	abschluss
Mike **got his degree** last year.	Mike hat seinen Hochschul-
	abschluss letztes Jahr gemacht.
undergraduate *n* [ˌʌndə'grædʒʊət]	Student(in) vor dem 1. akademi-
	schen Abschluss
graduate *n* ['grædʒʊət]	Student(in) nach dem 1. akademi-
	schen Abschluss
high school graduate AE	High-School-Absolvent(in)
graduate school AE *n*	Hochschule für Studierende nach
['grædʒʊətˌsku:l]	dem 1. akademischen Grad
	(*z. B. BA, BSc*)
graduate *v* ['grædʒʊeɪt]	einen Studienabschluss / (*AE auch:*)
	den High-School-Abschluss
	machen
He **graduated in** law at Sussex	Er machte seinen Abschluss in Jura
University.	an der Universität Sussex.
Most students in the US are 18	Die meisten Schüler(innen) in den
when they **graduate from** high	USA machen ihren High-School-
school.	Abschluss (*etwa: Abitur*) mit 18.

bachelor's degree *n*	Bakkalaureus (*1. akademischer Grad/*
['bætʃələzdɪ'gri:]	*Abschluss*)
Bachelor of Arts (BA) /	Bakkalaureus der Geistes- /
Bachelor of Science (BSc)	Naturwissenschaften (B.A.)
master's (degree) *n*	Magister (*2. akademischer Grad/*
['mɑːstəz(dɪ'gri:)]	*Abschluss*)
Master of Arts (MA) /	Magister der Geistes-/Naturwissen-
Master of Science (MSc)	schaften (M.A.)
doctorate *n* ['dɒktrət]	Doktor(titel), Promotion
Rebecca **took her doctorate** at	Rebecca hat an der Universität
Cambridge University.	Cambridge promoviert.
doctor *n* ['dɒktə]	Doktor
Laura is **a doctor of** philosophy.	Laura ist promovierte Philosophin.
PhD	Dr. phil. (Doktor der Geisteswissen-
	schaften)
MD	Dr. med. (Doktor der Medizin)
ScD	Dr. rer. nat. (Doktor der Naturwis-
	senschaften)
diploma *n* [dɪ'pləʊmə]	Diplom (BE); Abschlusszeugnis (AE)
Douglas **holds a diploma in**	Douglas ist Diplom-Landwirt.
agriculture.	
teacher's diploma BE	Lehrerdiplom

Hochschule, Universität **165**

8 Lernen, Erziehung, Bildungswesen

Falsche Freunde

Englisches Wort	Thematische Bedeutung(en)	Falscher Freund	Englische Entsprechung(en)
board *n*	(Wand-)Tafel	Bord *(= Wandbrett)*	shelf
class *n*	Unterricht(sstunde)	Klasse	form BE, grade AE
college *n* ['kɒlɪdʒ]	Fach(hoch)schule BE; Institut/Teil einer Universität BE; Universität AE	Kollege	colleague ['kɒliːg]
grade AE *n*	Klasse; Note	Grad	degree
high school AE *n*	weiterführende/ höhere Schule	Hochschule	college, university
homework *n*	Hausaufgabe(n)	Hausarbeit	housework
lecture *n*	Vorlesung, Vortrag	Lektüre	reading; reader
mark BE *n*	Note, Zensur	Marke	brand; stamp
note *n*	Notiz	Note	mark BE, grade AE
pass *v*	(eine Prüfung) schaffen, bestehen	passen	fit
textbook *n*	Lehrbuch	Textbuch	script; songbook
tick BE *n*	Häkchen	Tick	tic; quirk

166 Hochschule, Universität

Berufs- und Arbeitswelt 9

9 Berufs- und Arbeitswelt

9.1 Berufsausbildung

professional adj [prə'feʃnl]
Barry's a professional football player.
professional advice

Berufs-, Profi-; fachmännisch
Barry ist Profifußballer.
fachmännischer Rat

expert n ['eksps:t]
Experte, Expertin

skill n [skɪl]
Computer skills are useful in many jobs.

Fertigkeit, Fähigkeit
Praktische Kenntnisse am Computer sind in vielen Berufen nützlich.

basic adj ['beɪsɪk]
basic skills

Grund-, Basis-
Grundfertigkeiten

knowledge n uncount ['nɒlɪdʒ]
Helen's got **a working knowledge of** German.

Wissen, Kenntnisse
Helen hat Grundkenntnisse in Deutsch.

instructor n [ɪn'strʌktə]
driving/ski instructor

Lehrer(in), Kursleiter(in)
Fahr-/Ski-Lehrer(in)

become, became, become v [bɪ'kʌm, bɪ'keɪm]
Jason wants to become a scientist when he grows up.

werden
Jason möchte Naturwissenschaftler werden, wenn er erwachsen ist.

train v ['treɪn]
Sue's **training to be** a nurse.

(sich) ausbilden (lassen)
Sue macht eine Ausbildung als Krankenschwester.

training course n ['treɪnɪŋˌkɔːs]
Ausbildungskurs

offer n ['ɒfə]
Elizabeth got an **offer of a job** today.
There was a **job offer** in today's paper for a part-time secretary.

Angebot
Elizabeth bekam heute eine Stelle angeboten.
In der heutigen Zeitung stand ein Stellenangebot für eine Teilzeit-sekretärin.

apply, applied, applied v [ə'plaɪ]
I'm thinking of **applying for** that job in Australia.
Ruth's **applied to** several companies, but she still hasn't got a job.

sich bewerben
Ich überlege, ob ich mich um die Stelle in Australien bewerben soll.
Ruth hat sich bei einigen Firmen beworben, aber sie hat immer noch keine Stelle.

application n [ˌæplɪ'keɪʃn]
application form
application documents

Bewerbung
Bewerbungsformular
Bewerbungsunterlagen

curriculum vitae (CV) BE; **résumé** AE n [kəˌrɪkjələm'viːtaɪ (ˌsiː'viː); 'rezʊmeɪ]

Lebenslauf

interview n ['ɪntəvjuː]
job interview

Gespräch
Vorstellungsgespräch

168 Berufsausbildung

Berufs- und Arb

counsellor *n* ['kaʊnslə]
   job counsellor
apprentice *n* [ə'prentɪs]
   After leaving school, Richard
   became an apprentice in a
   carpenter's shop.
apprenticeship *n* [ə'prentɪsʃɪp]
occupation *n* [ˌɒkjʊ'peɪʃn]
profession *n* [prə'feʃn]
   the medical profession
   the teaching profession
trade *n* [treɪd]
   Andrew's a plumber **by trade**.
   Andrea's **in the book trade**.
career *n* [kə'rɪə]

Berater(in)
   Berufsberater(in)
Lehrling, Auszubildende(
   Nach der Schule fing Richard als
   Auszubildender in einer
   Schreinerei an.
Lehre, Lehrzeit
Beruf, Tätigkeit
Beruf; Berufsstand
   der Arztberuf; die Ärzteschaft
   der Lehrerberuf; die Lehrerschaft
Handwerksberuf; Branche
   Andrew ist Installateur von Beruf.
   Andrea ist im Buchhandel tätig.
Karriere, Laufbahn

vacancy *n* ['veɪknsɪ]
   There's a vacancy in the accounts
   department.
qualification *n* [ˌkwɒlɪfɪ'keɪʃn]
qualify, qualified, qualified *v*
['kwɒlɪfaɪ]
   In order to **qualify for** the job, you
   need previous experience.
   Martha passed her exam and
   qualified as a doctor.

offene Stelle
   In der Buchhaltung ist eine Stelle
   frei.
Qualifikation
geeignet sein; sich qualifizieren

   Man braucht Berufserfahrung, um
   für diese Stelle geeignet zu sein.
   Martha bestand ihr Examen und
   bekam die Befähigung zur Ärztin.

9.2 Arbeit, Arbeitsbedingungen

job *n* [dʒɒb]
   Gwyneth's got a good job in a
   transport company.
   job centre
living *n* ['lɪvɪŋ]
   What do you do for a living?
sideline *n* ['saɪdlaɪn]
   As a sideline, I play drums in a
   band.
part-time *adj; adv*
['pɑːt̩taɪm; ˌpɑːt'taɪm]
   Nigel only works part-time.
full-time *adj; adv* ['fʊl̩taɪm; ˌfʊl'taɪm]
   Dave's got a full-time job.

Arbeitsplatz, Stelle
   Gwyneth hat eine gute Stelle bei
   einer Speditionsfirma.
   Arbeitsamt
Lebensunterhalt
   Was machen Sie beruflich?
Nebentätigkeit
   Als Nebenjob spiele ich in einer
   Band Schlagzeug.
Teilzeit-; Teilzeit

   Nigel arbeitet nur Teilzeit.
Vollzeit-; ganztags
   Dave hat eine Vollzeitstelle.

Arbeit, Arbeitsbedingungen

ufs- und Arbeitswelt

working hours *n pl* ['wɜːkɪŋ'aʊəz]　Arbeitszeit
flexitime BE; **flextime** AE *n*　gleitende Arbeitszeit, Gleitzeit
['fleks(ɪ)taɪm]

work *n; v* [wɜːk]　Arbeit; arbeiten
　at work　bei/auf der Arbeit
　out of work　arbeitslos
　start work　mit der Arbeit anfangen
　stop work　Feierabend machen
　Desmond has to **work very hard** at　Desmond ist im Büro sehr
　the office.　eingespannt.
　Megan **works for** Lloyds.　Megan arbeitet bei Lloyds.
　Kenny **works as a** taxi driver.　Kenny arbeitet als Taxifahrer.
opportunity *n* [ˌɒpə'tjuːnətɪ]　Gelegenheit, Chance
　Working at your company's office in　Es wäre eine großartige Berufs-
　Sydney would be a great **job**　chance, bei der Filiale Ihrer Firma
　opportunity.　in Sydney zu arbeiten.
　equal opportunities for women　Chancengleichheit für Frauen
run, ran, run *v* [rʌn, ræn]　leiten, betreiben
　run a firm/company　eine Firma leiten/betreiben
manage *v* ['mænɪdʒ]　leiten
　Margaret has managed the com-　Seit dem Tod ihres Mannes leitet
　pany since her husband's death.　Margaret die Firma.
management *n* ['mænɪdʒmənt]　Geschäftsleitung; Management
labour *n* ['leɪbə]　die Arbeitnehmer(schaft)
　labour market　Arbeitsmarkt

employed *adj* [ɪm'plɔɪd]　beschäftigt, angestellt
unemployed *adj* [ˌʌnɪm'plɔɪd]　arbeitslos, ohne Stelle
　the unemployed　die Arbeitslosen
employment *n* [ɪm'plɔɪmənt]　Beschäftigung, Arbeit
unemployment *n* [ˌʌnɪm'plɔɪmənt]　Arbeitslosigkeit
　unemployment rate　Arbeitslosenquote
regular *adj* ['regjələ]　regelmäßig, geregelt
　Angela's got **a regular job** now.　Angela hat jetzt eine feste Arbeit.
steady *adj* ['stedɪ]　fest
　a steady job　eine feste Stelle/Anstellung

boss *n* [bɒs]　Chef(in), Vorgesetzte(r)
employer *n* [ɪm'plɔɪə]　Arbeitgeber(in)
employee *n* [ɪm'plɔɪiː]　Arbeitnehmer(in); Angestellte(r)
worker *n* ['wɜːkə]　Arbeiter(in)
　The factory employs 2000 workers.　Die Fabrik beschäftigt 2000 Arbei-
　　ter und Arbeiterinnen.

freelance *adj* ['friːlɑːns]　freiberuflich
　freelance author　freiberufliche(r) Autor(in)

170 Arbeit, Arbeitsbedingungen

Berufs- und Arb...

self-employed adj [ˌselfɪmˈplɔɪd]　selbständig
　Jason is self-employed.　　　　　Jason ist Selbständiger.
civil servant n [ˌsɪvlˈsɜːvnt]　Beamter, Beamtin
staff n [stɑːf]　　　　　　　　Personal

employ v [ɪmˈplɔɪ]　　　　　beschäftigen
hire v [ˈhaɪə]　　　　　　　einstellen
fire v [ˈfaɪə]　　　　　　　feuern, entlassen
　Tom was fired for drinking on the　　Tom wurde wegen Alkohol am
　job.　　　　　　　　　　　　Arbeitsplatz gefeuert.

noisy adj [ˈnɔɪzɪ]　　　　　laut
　The builders were so noisy yester-　　Die Bauarbeiter machten gestern so
　day that the office staff had to be　　viel Lärm, dass das Büropersonal
　sent home.　　　　　　　　heimgeschickt werden musste.
stress n [stres]　　　　　　Stress
busy adj [ˈbɪzɪ]　　　　　　beschäftigt
　I'm sorry, but Ms Swan is busy at　　Es tut mir Leid, aber Frau Swan ist
　the moment.　　　　　　　im Moment beschäftigt.
　His job keeps Tim very busy.　　Seine Arbeit nimmt Tim sehr in
　　　　　　　　　　　　　Anspruch.
variety n [vəˈraɪətɪ]　　　　Abwechslung; Vielfalt
　It's the variety of activities Pat's job　　Die Vielfalt notwendiger Tätigkeiten
　requires that makes it so interesting.　　machen Pats Arbeit so interessant.
boring adj [ˈbɔːrɪŋ]　　　　langweilig

earn v [ɜːn]　　　　　　　verdienen
　earn a living　　　　　　sich seinen Lebensunterhalt
　　　　　　　　　　　　　verdienen
income n [ˈɪŋkʌm]　　　　　Einkommen
　income tax　　　　　　Lohn-, Einkommenssteuer
pay, paid, paid v [peɪ]　　　(aus)zahlen, bezahlen
pay n [peɪ]　　　　　　　Bezahlung, Lohn, Gehalt
　take-home pay　　　　　Nettolohn, -gehalt
wages n pl [ˈweɪdʒɪz]　　　(Stunden-/Wochen-)Lohn
salary n [ˈsælrɪ]　　　　　(Jahres-/Monats-)Gehalt
weekly adj; adv [ˈwiːklɪ]　　wöchentlich
monthly adj; adv [ˈmʌnθlɪ]　monatlich
rise BE; **raise** AE n [raɪz; reɪz]　Gehaltserhöhung
　get a rise/raise　　　　　eine Gehaltserhöhung bekommen
increase v [ɪnˈkriːs]　　　　erhöhen
　Salaries for office workers were　　Die Gehälter für Büroangestellte
　increased by only two per cent this　　wurden dieses Jahr nur um zwei
　year.　　　　　　　　　　Prozent erhöht.
overtime n [ˈəʊvətaɪm]　　Überstunden, Mehrarbeit
　work overtime　　　　　Überstunden machen

Arbeit, Arbeitsbedingungen 171

ufs- und Arbeitswelt

	Pay
pay	The general word for money paid for work done; used in compounds, e.g. payday.
wages	Money paid for work done, normally calculated at an hourly rate but paid out weekly; usually for physical rather than mental work.
salary	Money paid for work done, usually calculated annually but paid out monthly.
fee	Money paid for work done by a professional (doctor, lawyer, musician, artist), normally in the form of a fixed charge.

holiday n ['hɒlədeɪ]	Feiertag
public holiday	gesetzlicher Feiertag
bank holiday BE; **legal holiday** AE	gesetzlicher Feiertag
holiday BE; **vacation** AE n	Urlaub
['hɒlədeɪ; veɪ'keɪʃn]	
paid holiday/vacation	bezahlter Urlaub
day off n [deɪ'ɒf]	freier Tag, Urlaubstag
break n [breɪk]	Pause
My **lunch break** is at 12 o'clock.	Ich habe um 12 Uhr Mittagspause.
tea/coffee break	(Tee-/Kaffee-)Pause
take a break	eine Pause machen

strike n [straɪk]	Streik
be on strike	streiken
go on strike	in den Streik treten
token strike	Warnstreik
trade union BE; **labor union** AE n	Gewerkschaft
[ˌtreɪd'juːnjən; 'leɪbər ˌjuːnjən]	
shop steward BE; **union representative** AE n	Vertrauensmann/-frau der Gewerkschaft (im Betrieb)
[ˌʃɒp'stjʊəd; juːnjənreprɪ'zentətɪv]	

earnings n pl ['ɜːnɪŋz]	Verdienst, Einkommen
distribute v [dɪ'strɪbjuːt]	verteilen
Some companies distribute their profits among their employees.	Manche Firmen verteilen ihre Gewinne an ihre Mitarbeiter.
reward n; v [rɪ'wɔːd]	Belohnung; belohnen
Tony worked very hard for the company, but got little reward.	Tony hat sehr schwer für seine Firma gearbeitet, aber wenig dafür bekommen.
promote v [prə'məʊt]	befördern
Astrapro Ltd. **promotes** its employees **to** higher positions rather than hiring new people.	Die Astrapro GmbH befördert lieber ihre eigenen Angestellten, anstatt neue Leute einzustellen.

172 Arbeit, Arbeitsbedingungen

Berufs- und Arbeitswelt 6

promotion n [prə'məʊʃn]	Beförderung
get promotion	befördert werden
perk n inform [pɜːk]	Vergünstigung
benefit n ['benɪfɪt]	freiwillige Leistung; Unterstützung
One of the **fringe benefits** of this job is that the company pays my rent.	Eine der zusätzlichen Leistungen dieser Stelle ist, dass die Firma meine Miete bezahlt.
unemployment benefits	Arbeitslosenunterstützung
dole BE n inform [dəʊl]	Arbeitslosenunterstützung
Robert is **on the dole** again.	Robert ist schon wieder arbeitslos.

assembly line n [ə'semblɪˌlaɪn]	Fließband
Sean has been working on the assembly line for five years now.	Sean arbeitet jetzt schon seit fünf Jahren am Fließband.
shift n [ʃɪft]	Schicht
do shift work	Schicht arbeiten
night shift	Nachtschicht
moonlighting n inform ['muːnˌlaɪtɪŋ]	Schwarzarbeit

commuter n [kə'mjuːtə]	Pendler(in)
commute v [kə'mjuːt]	pendeln
telecommute v [ˌtelɪkə'mjuːt]	Heimarbeit am Bildschirm machen
teleworker n ['telɪˌwɜːkə]	Bildschirm(heim)arbeiter(in)

regulation n [ˌregjə'leɪʃn]	Vorschrift
company regulations	Betriebsvorschriften
dismiss v [dɪs'mɪs]	entlassen
Rose was **dismissed for** disobeying company regulations.	Rose wurde entlassen, weil sie die Betriebsvorschriften nicht befolgt hat.
sack BE n; v [sæk]	Rausschmiss; feuern, rausschmeißen
get the sack	rausgeschmissen werden
give sb the sack	jdn rausschmeißen
notice BE n ['nəʊtɪs]	Kündigung
give sb notice	jdm kündigen
hand in one's notice	selbst kündigen
lay off, laid, laid v [ˌleɪ'ɒf, leɪd]	vorübergehend entlassen, auf Kurzarbeit setzen
resignation n [ˌrezɪg'neɪʃn]	(die eigene) Kündigung
resign v [rɪ'zaɪn]	(die eigene Stelle) kündigen
The bookkeeper suddenly **resigned from** her job.	Die Buchhalterin kündigte ganz plötzlich ihre Stellung.
quit, quit/quitted, quit/quitted v [kwɪt]	aufgeben, kündigen
I've had enough. I quit!	Ich habe es satt! Ich kündige!

Arbeit, Arbeitsbedingungen 173

Berufs- und Arbeitswelt

retire v [rɪˈtaɪə]
Raymond retired at the age of sixty.
> in den Ruhestand gehen
> Mit sechzig ging Raymond in den Ruhestand.

personnel n [ˌpɜːsəˈnel]
personnel department/manager
Personal
Personalabteilung/-chef(in)
department n [dɪˈpɑːtmənt]
Abteilung
canteen n [kænˈtiːn]
Kantine
Employees are offered a free daily lunch in the canteen.
> Den Angestellten wird täglich ein kostenloses Mittagessen in der Kantine angeboten.

junior adj [ˈdʒuːnɪə]
Junior-; untergeordnet
junior partner
Juniorpartner(in)
senior adj [ˈsiːnɪə]
Senior-; vorgesetzt
senior partner
Seniorpartner(in)
senior management
Geschäftsleitung
supervisor n [ˈsuːpəvaɪzə]
(Gruppen-)Leiter(in)
foreman, pl **foremen** n [ˈfɔːmən]
Vorarbeiter
forewoman, pl **forewomen** n [ˈfɔːˌwʊmən, ˈfɔːˌwɪmɪn]
Vorarbeiterin

white-collar adj [ˌwaɪtˈkɒlə]
Angestellten-
blue-collar adj [ˌbluːˈkɒlə]
Arbeiter-
white-collar/blue-collar worker
Büroangestellte(r)/Arbeiter(in)
skilled adj [skɪld]
ausgebildet, gelernt
skilled worker
Facharbeiter(in)

Falsche Freunde

Englisches Wort	Thematische Bedeutung(en)	Falscher Freund	Englische Entsprechung(en)
notice BE n	Kündigung	Notiz	note
personnel n	Personal	personell	staff ~
promotion n	Beförderung	Promotion (zum Doktor)	doctorate
quit v	aufgeben, kündigen	quitt (sein)	be even
resign v	(selbst) kündigen	resignieren	give up

174 Arbeit, Arbeitsbedingungen

Freizeit, Unterhaltung, Sport, Spiel 10

10 Freizeit, Unterhaltung, Sport, Spiel

10.1 Freizeit, Hobby, Spiel

leisure n ['leʒə] — Muße, freie Zeit
leisure time BE — Freizeit
leisure centre — Freizeitzentrum
spare time n ['speətaɪm] — Freizeit
What do you do in your spare time? — Was machst du in deiner Freizeit?
activity n [æk'tɪvəti] — Aktivität
leisure time activities — Freizeitaktivitäten
relax v [rɪ'læks] — (sich) entspannen
relaxing adj [rɪ'læksɪŋ] — entspannend
relaxation n [ˌrɪːlæk'seɪʃn] — Entspannung

fun n [fʌn] — Spaß
just for fun — einfach zum Vergnügen
go out, went, gone v — ausgehen
[ˌgəʊ'aʊt, went, gɒn]
night out n [ˌnaɪt'aʊt] — abendlicher Ausgang
have a night out — abends ausgehen
pub n [pʌb] — Kneipe, Lokal
On my night out, I enjoy going to a — Wenn ich abends ausgehe, gehe ich
pub with friends. — gerne mit Freunden in eine Kneipe.
disco n ['dɪskəʊ] — Disko(thek)

event n [ɪ'vent] — Ereignis, Veranstaltung
Our town fair is a popular summer — Unser Stadtfest ist eine beliebte
event. — Sommerveranstaltung.
fair n [feə] — Jahrmarkt, Volksfest
circus n ['sɜːkəs] — Zirkus
popular adj ['pɒpjələ] — populär, beliebt

hobby n ['hɒbi] — Hobby
interest n; v ['ɪntrɪst] — Interesse; (sich) interessieren
Dave **shows no interest in** football — Dave zeigt überhaupt kein
at all. — Interesse für Fußball.
It's not that I don't like sports but — Ich habe nichts gegen Sport, aber
nothing seems to interest me. — ich interessiere mich einfach nicht
— dafür.
interested adj ['ɪntrɪstɪd] — interessiert
What kind of things are you — Wofür interessieren Sie sich? /
interested in? — Wofür interessierst du dich?
interesting adj ['ɪntrɪstɪŋ] — interessant

club n [klʌb] — Klub, Verein
join v [dʒɔɪn] — beitreten
join a club — einem Klub beitreten

176 Freizeit, Hobby, Spiel

Freizeit, Unterhaltung, Sport, Spiel   10

model *adj; n* ['mɒdl]
Janet's brother likes to **build model planes** in his spare time.

Modell-; Modell
Janets Bruder baut in seiner Freizeit gerne Modellflugzeuge.

collect *v* [kə'lekt]
collect stamps/coins

sammeln
Briefmarken/Münzen sammeln

collection *n* [kə'lekʃn]
stamp collection

Sammlung
Briefmarkensammlung

---

dance *n; v* [dɑːns]

Tanz; tanzen

music *n* ['mjuːzɪk]

Musik

musical *adj* ['mjuːzɪkl]

musikalisch; Musik-

instrument *n* ['ɪnstrʊmənt]
Do you play a **musical instrument**?

(Musik-)Instrument
Spielen Sie ein Musikinstrument?

play *v* [pleɪ]
Kay not only **plays the piano**, but the violin as well.

spielen
Kay spielt nicht nur Klavier, sondern auch noch Geige.

sing, sang, sung *v*
[sɪŋ, sæŋ, sʌŋ]

singen

song *n* [sɒŋ]

Lied, Song

---

draw, drew, drawn *v*
[drɔː, druː, drɔːn]

zeichnen

paint *v* [peɪnt]

malen

photography *n* [fə'tɒgrəfɪ]

(die) Fotografie, (das) Fotografieren

photo(graph) *n*
['fəʊtəʊ/'fəʊtəgrɑːf]
Nancy's always **taking photos of** her dog.

Foto(grafie)
Nancy fotografiert dauernd ihren Hund.

photographer *n* [fə'tɒgrəfə]

Fotograf(in)

picture *n* ['pɪktʃə]
Malcolm enjoys **taking pictures** when he's on holiday.

Bild, Foto
Malcolm fotografiert gern, wenn er im Urlaub ist.

camera *n* ['kæmrə]

Fotoapparat; Filmkamera

film *n* [fɪlm]
I'm glad I've got my kids **on film**.

Film
Es freut mich, dass ich Fotos/ Filmaufnahmen von meinen Kindern habe.

a roll of film

ein Film, eine Filmrolle

develop *v* [dɪ'veləp]
develop a roll of film

entwickeln
einen Film entwickeln

flash *n* [flæʃ]

Blitz(licht)

---

album *n* ['ælbʌm]

Album

photo album

Fotoalbum

stamp album

Briefmarkenalbum

scrapbook *n* ['skræpbʊk]

Sammelalbum

Freizeit, Hobby, Spiel   **177**

10 Freizeit, Unterhaltung, Sport, Spiel

playground n ['pleɪgraʊnd] — Spielplatz
  adventure playground — Abenteuerspielplatz
slide n [slaɪd] — Rutsche, Rutschbahn
swing n [swɪŋ] — Schaukel

toy n [tɔɪ] — Spielzeug
doll n [dɒl] — Puppe
ball n [bɔːl] — Ball
bounce v [baʊns] — springen/hüpfen (lassen)
  Kate threw the ball at the wall and it **bounced back.** — Kate warf den Ball gegen die Wand und er sprang zurück.
  Jack **bounced the ball** while he was walking. — Jack ließ den Ball hüpfen, während er spazieren ging.

dice, pl dice n [daɪs] — Würfel
  a throw of the dice — ein Wurf
turn n [tɜːn] — Reihe(nfolge)
  It's your turn. — Du bist an der Reihe.
  take turns — etw. abwechselnd tun
game n [geɪm] — Spiel
  board game — Brettspiel
card n [kɑːd] — (Spiel-)Karte
  game of cards — Kartenspiel
  play cards — Karten spielen
cheat v [tʃiːt] — mogeln
  Ian's sister always **cheats at** cards. — Ians Schwester mogelt immer beim Kartenspielen.
lucky adj ['lʌkɪ] — glücklich, Glücks-
  Pam's so **lucky at** cards! — Pam hat wirklich Glück beim Kartenspiel!
puzzle n ['pʌzl] — Rätsel; Puzzle(spiel)
  jigsaw puzzle ['dʒɪgsɔːˌpʌzl] — Puzzle(spiel)

amusement n [ə'mjuːzmənt] — Vergnügen, Vergnügung
  amusement park — Vergnügungspark, Freizeitpark
theme park n ['θiːmˌpɑːk] — (thematisch gestalteter) Erlebnispark
entertain v [ˌentə'teɪn] — einladen, zu Gast haben
  We love to **entertain** friends at home. — Wir laden gerne Leute zu uns nach Hause ein.
entertainment n [ˌentə'teɪnmənt] — Unterhaltung
recreation n [ˌrekrɪ'eɪʃn] — Erholung; Freizeitgestaltung
  recreation centre — Freizeit-/Erholungszentrum
facilities n pl [fə'sɪlətɪz] — Einrichtungen, Anlagen
  recreational/sporting facilities — Freizeiteinrichtungen/Sportanlagen

178 Freizeit, Hobby, Spiel

Freizeit, Unterhaltung, Sport, Spiel   10

hide-and-seek *n* [ˌhaɪdænd'si:k]	Versteckspiel
balloon *n* [bə'lu:n]	Luftballon
puppet *n* ['pʌpɪt]	Handpuppe
puppet show	Kasperltheater
magic *n* ['mædʒɪk]	Zauber, Zauberei
As if by **magic** a taxi appeared.	Wie durch Zauberei tauchte ein Taxi auf.

chess *n* [tʃes]	Schach(spiel)
chess board/pieces	Schachbrett/-figuren
draughts BE; **checkers** AE *n* [drɑ:fts; tʃekərz]	Dame(spiel)
Draughts/Checkers is a popular board game for two people.	Dame ist eine beliebtes Brettspiel für zwei Personen.

billiards *n* ['bɪlɪədz]	Billard
Billiards is a favourite pub game in many parts of Britain.	In vielen Gegenden von Großbritannien ist Billard ein beliebtes Kneipenspiel.
pool *n*	Poolbillard
Pool is a form of billiards which is very popular in the US.	Pool ist eine Form des Billiardspiels, das in den USA sehr populär ist.
darts *n* [dɑ:ts]	Darts, Wurfpfeilspiel
Darts is a pub game that almost anyone can play.	Darts ist ein Kneipenspiel, das fast jeder spielen kann.
dartboard *n* ['dɑ:tbɔ:d]	Darts-Scheibe

boy scout *n* [ˌbɔɪ'skaʊt]	Pfadfinder
girl guide BE; **girl scout** AE *n* [ˌgɜ:l'gaɪd; 'gɜ:rlˌskaʊt]	Pfadfinderin
hike *n; v* [haɪk]	Wanderung; wandern
On weekends Martha and Alan like to **go for a hike**.	Am Wochenende gehen Martha und Alan gerne wandern.

10.2 Sport

sport *n* [spɔ:t]	Sportart
sports *n pl* [spɔ:ts]	Sport
sports equipment	Sportgeräte, -ausrüstung
sportsman, *pl* sportsmen *n* ['spɔ:tsmən]	Sportler, Athlet
sportswoman, *pl* sportswomen *n* ['spɔ:tsˌwʊmən; 'spɔ:tsˌwɪmɪn]	Sportlerin, Athletin

Sport **179**

10 Freizeit, Unterhaltung, Sport, Spiel

amateur *adj; n* [ˈæmətə] — Amateur-; Amateur(in)
professional *adj; n* [prəˈfeʃnl] — Profi-, Berufs-; Profi
  a professional trainer — ein Profitrainer

play *v* [pleɪ] — spielen
  Have you ever played tennis? — Hast du schon mal Tennis gespielt?
fair *adj* [feə] — fair, gerecht
  fair play — faires Spiel/Verhalten
rule *n* [ruːl] — (Spiel-)Regel

win, won, won *v* [wɪn, wʌn, wʌn] — gewinnen
deserve sth *v* [dɪˈzɜːv] — etw. verdienen / verdient haben
  The team played so well they — Die Manschaft spielte so gut, dass
  deserved to win. — sie verdient gewann.
prize *n* [praɪz] — Preis
  win a prize — einen Preis gewinnen
winner *n* [ˈwɪnə] — Sieger(in)
success *n* [səkˈses] — Erfolg
victory *n* [ˈvɪktrɪ] — Sieg
lose, lost, lost *v* [luːz, lɒst, lɒst] — verlieren
loser *n* [ˈluːzə] — Verlierer(in)
beat, beat, beaten *v* — schlagen, besiegen
[biːt, biːt, ˈbiːtn]
  Germany **beat** England for the first — 1967 schlug Deutschland England
  time **at** football in 1967. — zum ersten Mal im Fußball.
defeat *n* [dɪˈfiːt] — Niederlage

bet, bet/betted, bet/betted *v* — wetten
[bet, bet/ˈbetɪd]
  In Britain you can **bet on** almost — In Großbritannien kann man im
  anything at a bookmaker's. — Wettbüro auf fast alles wetten.
bet *n* [bet] — Wette
  place a bet on sth — auf etw. wetten/setzen
gamble *v* [ˈgæmbl] — (um Geld) spielen
bookmaker *n* [ˈbʊkˌmeɪkə] — Buchmacher

record *n* [ˈrekɔːd] — Rekord
  world record — Weltrekord
competition *n* [ˌkɒmpəˈtɪʃn] — Wettkampf, Wettbewerb
match *n* [mætʃ] — Spiel
game *n* [geɪm] — Spiel
  the Olympic Games / the Olympics — die Olympischen Spiele
cancel, cancelled, cancelled *v* [ˈkænsl] — absagen
  The match was cancelled because — Das Spiel wurde wegen starken
  of heavy rain. — Regens abgesagt.
final *n* [ˈfaɪnl] — Finale, Endspiel

180 Sport

Freizeit, Unterhaltung, Sport, Spiel 10

athletics BE; **track and field** AE *n*
[æθ'letiks; ˌtrækən'fi:ld]
  Athletics is an important part of physical education in the United States.

Leichtathletik

  Leichtathletik ist ein wichtiger Bestandteil des Schulsports in den USA.

athlete *n* ['æθli:t] — Athlet(in)
jump *v* [dʒʌmp] — springen
throw, threw, thrown *v* — werfen
[θrəʊ, θru:, θrəʊn]
run, ran, run *v* [rʌn, ræn, rʌn] — laufen, rennen
race *n* [reɪs] — Rennen, (Wett-)Lauf
start *n* [stɑ:t] — Start
finish *n* ['fɪnɪʃ] — Ziel

---

exercise *n; v* ['eksəsaɪz] — Bewegung, Gymnastikübung; sich bewegen, Sport treiben

  Amanda likes **a bit of exercise** after dinner.

  Nach dem Abendessen hat Amanda gern ein bisschen Bewegung.

  Nick **does his exercises** every morning before breakfast.
  James exercises every day.

  Nick macht jeden Morgen vor dem Frühstück seine Gymnastikübungen.
  James treibt täglich Sport.

aerobics *n* [eə'rəʊbɪks] — Aerobic
  Deirdre **does aerobics** at her fitness club every Tuesday.

  Deirdre macht jeden Dienstag in ihrem Fitness-Klub Aerobic.

practice *n* ['præktɪs] — Übung
  Practice makes perfect. *idiom*

  Übung macht den Meister.

practise *v* ['præktɪs] — üben, trainieren
train *v* [treɪn] — trainieren
  Naomi's been **training for** the Olympics since she was seven.

  Naomi trainiert seit ihrem siebten Lebensjahr für die Olympiade.

training *n* ['treɪnɪŋ] — Training
run *n* [rʌn] — Lauf
  A friend of mine always **goes for a run** in the morning.

  Ein Freund von mir macht jeden Morgen einen Lauf.

jog, jogged, jogged *v* [dʒɒg] — Dauerlauf machen, joggen
  Michelle's brother jogs about 2 miles every morning before going to work.

  Der Bruder von Michelle joggt jeden Morgen vor der Arbeit etwa 2 Meilen.

jogging *n* ['dʒɒgɪŋ] — Dauerlauf, Jogging

---

swim, swam, swum *v* — schwimmen
[swɪm, swæm, swʌm]
swim *n* [swɪm] — Schwimmen
  have a swim — schwimmen

Sport **181**

10 Freizeit, Unterhaltung, Sport, Spiel

go for a swim	schwimmen gehen
pool n [pu:l]	(Schwimm-)Becken
swimming pool	Schwimmbecken; Schwimmbad
dive v [daɪv]	einen Kopfsprung machen; tauchen
sail n; v [seɪl]	Segel; segeln
row v [rəʊ]	rudern
rowing n [ˈrəʊɪŋ]	(das) Rudern

ski n; v [ski:]	Ski; Ski fahren
skiing n [ˈski:ɪŋ]	(das) Skifahren
cross-country skiing	(der) Skilanglauf
downhill skiing	(der) Abfahrtslauf

team n [ti:m]	Team, Mannschaft
player n [ˈpleɪə]	Spieler(in)
captain n [ˈkæptɪn]	Kapitän(in), Spielführer(in)
cheerleader n [ˈtʃɪəˌli:də]	Cheerleader, Anführer(in) *(Person, die das Publikum zum Anfeuern einer Mannschaft animiert)*
The cheerleaders jumped and danced to keep the spectators cheering.	Die Cheerleader hüpften und tanzten, um die Zuschauer zum Anfeuerungsgeschrei zu animiern.

baseball n [ˈbeɪsbɔ:l]	Baseball
basketball n [ˈbɑːskɪtbɔ:l]	Basketball
volleyball n [ˈvɒlibɔ:l]	Volleyball
beach volleyball	Beach-Volleyball

football n [ˈfʊtbɔ:l]	Fußball (BE); American Football (AE)
football ground BE	Fußballplatz
soccer AE n [ˈsɑːkər]	Fußball
goal n [gəʊl]	Tor
net n [net]	Netz
score n; v [skɔ:]	Spielstand, Spielergebnis; (Punkte) erzielen, Tor(e) schießen
What's the score?	Wie steht's?
final score	Endstand, Endergebnis
Leo scored his 20th goal of the season on Saturday.	Am Samstag erzielte Leo seinen 20. Saisontreffer.
aim v [eɪm]	zielen
Mark **aimed for** the goal and the ball flew into the net.	Mark zielte aufs Tor und der Ball flog ins Netz.
kick v [kɪk]	(den Ball) treten

defence n [dɪˈfens]	Verteidigung
defend v [dɪˈfend]	verteidigen

182 Sport

corner n [ˈkɔːnə] — Ecke, Eckstoß
season n [ˈsiːzn] — Saison
  the football **season** — die Fußballsaison

Football

The word **football** means different things to different people in the English-speaking world, but as the games are related so many things are similar:

CHARACTERISTICS	FOOTBALL BE; SOCCER AE	AMERICAN FOOTBALL	RUGBY FOOTBALL	GAELIC FOOTBALL
length of game	2 × 45 min.	4 × 15 min.	2 × 40 min.	2 × 30 min.
players in team	11	11	15	15
shape of field	rectangular	rectangular	rectangular	rectangular
shape of ball	round	oval	oval	oval
how to move the ball	kick head throw	kick carry throw	kick carry throw	kick punch bounce

stadium n [ˈsteɪdɪəm] — Stadion
outdoor adj [ˈaʊtdɔː] — im Freien, Freiluft-
  Cycling is a good form of **outdoor** recreation. — Radfahren ist eine gute Form der Erholung im Freien.
indoor adj [ˈɪndɔː] — Hallen-
  Squash is an **indoor** sport. — Squash ist ein Hallensport.
gymnastics n [dʒɪmˈnæstɪks] — Gymnastik, Turnen
gymnasium n [dʒɪmˈneɪzɪəm] — Turnhalle

forward n [ˈfɔːwəd] — Stürmer(in)
defender n [dɪˈfendə] — Verteidiger(in)
goalkeeper n [ˈgəʊlˌkiːpə] — Torhüter(in)
referee n [ˌrefəˈriː] — Schieds-/Ring-/Kampfrichter(in)
trainer n [ˈtreɪnə] — Trainer(in)
  boxing trainer — Boxtrainer
coach n [kəʊtʃ] — Trainer(in)
  football coach — Fußballtrainer

spectator n [spekˈteɪtə] — Zuschauer(in)
fan n [fæn] — Fan, Anhänger(in)
supporter n [səˈpɔːtə] — Fan, Anhänger(in)
hooligan n [ˈhuːlɪgn] — Hooligan, Rowdy

tournament n [ˈtʊənəmənt] — Turnier
  table tennis tournament — Tischtennis-Turnier

10 Freizeit, Unterhaltung, Sport, Spiel

champion n ['tʃæmpɪən] Meister(in), Sieger(in)
  Olympic champion Olympiasieger(in)
championship n ['tʃæmpɪənʃɪp] Meisterschaft
  world championship Weltmeisterschaft
commercialism n [kə'mɜːʃəlɪzm] Kommerz; Kommerzialisierung
opponent n [ə'pəʊnənt] Gegner
challenge n; v ['tʃælɪndʒ] An-/Herausforderung; herausfordern

outfit n ['aʊtfɪt] Dress, Ausrüstung
  sports outfits Sportkleidung/-ausrüstung
cricket n ['krɪkɪt] Kricket
rugby n ['rʌgbɪ] Rugby
hockey n ['hɒkɪ] Hockey
  field hockey Feldhockey
  ice hockey Eishockey

badminton n ['bædmɪntən] Badminton, Federball
squash n [skwɒʃ] Squash
tennis n ['tenɪs] Tennis
  table tennis Tischtennis
ace n [eɪs] As, Crack
  a tennis ace ein Tennis-As

bowling n ['bəʊlɪŋ] Bowling
  bowling alley Bowlingbahn
skittles BE n pl ['skɪtlz] Kegeln
  play skittles kegeln
golf n [gɒlf] Golf
  golf club Golfklub; Golfschläger
riding n ['raɪdɪŋ] Reiten

sailing n [seɪlɪŋ] Segeln
waterskiing n ['wɔːtəskiːɪŋ] Wasserskilaufen
windsurfing n ['wɪndsɜːfɪŋ] Windsurfen

boxing n Boxen
wrestling n ['reslɪŋ] Ringen

skate n; v [skeɪt] Roll-/Schlittschuh; Roll-/
  Schlittschuh laufen
  ice skates Schlittschuhe
  inline skates Inline-Skates
  roller-skates Rollschuhe
roller-skating n ['rəʊlə,skeɪtɪŋ] Rollschuhlaufen
roller blades n pl ['rəʊlə,bleɪdz] Rollerblades
cycle v ['saɪkl] Rad fahren

184 Sport

Freizeit, Unterhaltung, Sport, Spiel   10

cycling *n* [ˈsaɪklɪŋ]	Radfahren

lead *n* [liːd]	Führung
in the lead	in Führung
behind *adj* [bɪˈhaɪnd]	zurück
France **is 3 goals behind** at the moment.	Frankreich liegt zur Zeit 3 Tore zurück.
nil BE *n* [nɪl]	Null, null, 0
The final score was sixteen nil.	Das Endergebnis war 16 zu 0.
whistle *n* [ˈwɪsl]	Pfeife
The referee **blew his whistle** to stop play.	Der Schiedsrichter pfiff, um das Spiel zu unterbrechen.
head *v* [hed]	köpfen, mit dem Kopf schießen
Cole headed the corner into the net.	Cole köpfte den Eckball ins Netz.
offside *adj* [ˌɒfˈsaɪd]	abseits
foul *n* [faʊl]	Foul
penalty kick *n* [ˈpenltɪˌkɪk]	Strafstoß; Elfmeter
take a penalty kick	einen Elfmeter ausführen
penalty area *n* [ˈpenltɪˌeərɪə]	Strafraum

racket *n* [ˈrækɪt]	Schläger
tennis/squash/badminton racket	Tennis-/Squash-/Badminton-schläger
saddle *n* [ˈsædl]	Sattel
whip *n* [wɪp]	Peitsche
sail *n; v* [seɪl]	Segel; segeln
fish *v* [fɪʃ]	fischen, angeln
go fishing	angeln gehen
fishing rod *n* [ˈfɪʃɪŋˌrɒd]	Angelrute
hook *n* [hʊk]	Haken

10.3 Theater, Kino, Film, Fernsehen

theatre *n* [ˈθɪətə]	Theater
stage *n* [steɪdʒ]	Bühne
show *n* [ʃəʊ]	Show; Aufführung
go to a show	ins Theater gehen
audience *n* [ˈɔːdɪəns]	Zuschauer; Zuhörer; Publikum
queue *n; v* [kjuː]	Menschenschlange; Schlange stehen
line AE *n* [laɪn]	Menschenschlange
stand in line AE	Schlange stehen
box-office *n* [ˈbɒksˌɒfɪs]	(Theater-/Kino-)Kasse
row *n* [rəʊ]	Reihe

Theater, Kino, Film, Fernsehen **185**

10 Freizeit, Unterhaltung, Sport, Spiel

seat *n* [si:t]
We had very good seats in the first
row.

Sitz, Platz
Wir hatten sehr gute Plätze in der
vordersten Reihe.

play *n; v* [pleɪ]
part *n* [pɑ:t]
 play a part
act *n; v* [ækt]
scene *n* [si:n]
actor/actress *n* ['æktə, 'æktrɪs]

Theaterstück; spielen
Rolle
 eine Rolle spielen
Akt; (Theater) spielen
Szene
Schauspieler(in)

watch *v* [wɒtʃ]
 Do you watch a lot of television?
television (TV) *n* ['telɪ,vɪʒn (,ti:'vi:)]
programme *n* ['prəʊgræm]
re-run *n* ['ri:rʌn]
channel *n* ['tʃænl]
hop, hopped, hopped BE; **surf** AE *v*
[hɒp, hɒpt; sɜ:rf]
 Dean's father **hopped from** one
 channel **to** the next so quickly that
 it made me dizzy.
remote control *n* [rɪ'məʊtkən'trəʊl]

zuschauen, (an)sehen
 Siehst du viel fern?
Fernsehen
Fernsehsendung
Wiederholung
Sender
zappen, umschalten

 Deans Vater zappte so schnell von
 einem Programm zum anderen,
 dass mir schwindlig wurde.
Fernbedienung

cinema BE; **movie theater** AE *n*
['sɪnəmə; 'mu:vɪ,θɪətər]
 What's on **at the cinema?**
film BE; **movie** AE *n* [fɪlm; 'mu:vɪ]
 silent film
 Let's **go to the movies.**
picture AE *n* ['pɪktʃər]
 Frank Sinatra acted in his first
 picture in 1943.
 go to the pictures BE *inform*

Kino

 Was läuft im Kino?
Film
 Stummfilm
 Gehen wir doch ins Kino!
Kinofilm
 Frank Sinatra hatte 1943 sein
 Debüt als Filmschauspieler.
 ins Kino gehen

documentary *n* [,dɒkjʊ'mentrɪ]
quiz *n* [kwɪz]
 quiz show
western *n* ['westən]
animation *n* [,ænɪ'meɪʃn]
 The Disney Corporation is famous
 for its animations.
cartoon *n* [kɑ:'tu:n]
 American kids love watching
 cartoons on TV Saturday mornings.

Dokumentarfilm
Quiz
 Quizsendung
Western(film)
Zeichentrickfilm; Animation
 Die Firma Disney ist berühmt für
 ihre Zeichentrickfilme.
Zeichentrickfilm; Karikatur
 Amerikanische Kinder schauen
 gerne samstagvormittags im Fern-
 sehen Zeichentrickfilme an.

Theater, Kino, Film, Fernsehen

Freizeit, Unterhaltung, Sport, Spiel 10

story n ['stɔːrɪ]
It was mostly an action film; there wasn't much of a story at all.

Geschichte, Handlung
Es war überwiegend ein Actionfilm; es gab kaum eine richtige Handlung.

script n [skrɪpt]
film script

Textbuch; Drehbuch
(Film-)Drehbuch

---

director n [dɪ'rektə]
star n [stɑː]
performance n [pə'fɔːməns]
afternoon/evening performance
admission n [əd'mɪʃn]
charge admission
pay admission
cloakroom BE; **checkroom** AE n ['kləʊkrʊm; 'tʃekruːm]
stalls BE; **orchestra** AE n [stɔːlz; 'ɔːkɪstrə]
circle BE; **balcony** AE n ['sɜːkl; 'bælkənɪ]
dress circle BE; **first balcony** AE
upper circle BE; **upper balcony** AE
applaud v [ə'plɔːd]
clap, clapped, clapped v [klæp, klæpt]

Regisseur(in)
(Film-/Fernseh-)Star
Aufführung, Vorstellung
Nachmittags-/Abendvorstellung
Eintritt
Eintritt verlangen
Eintritt bezahlen
Garderobe

Parkett

Rang

erster Rang
zweiter Rang
applaudieren, klatschen
klatschen

---

cast n [kɑːst]
comic n ['kɒmɪk]
producer n [prə'djuːsə]
viewer n ['vjuːə]

Besetzung
Komiker(in)
Produzent(in)
(Fernseh-)Zuschauer(in)

---

feature n ['fiːtʃə]
serial n ['sɪərɪəl]
TV serial
series n ['sɪəriːz]
detective series
soap (opera) n ['səʊp (ˌɒprə)]
thriller n ['θrɪlə]
subtitle n ['sʌbˌtaɪtl]
English/German subtitles

Hauptfilm
Serie, Sendereihe
Fernsehserie
Serie
Krimiserie
Seifenoper (rührselige Fernsehserie)
Thriller, Reißer, Krimi
Untertitel
englische/deutsche Untertitel

---

perform v [pə'fɔːm]
Vanessa **performed on stage** for the last time last night.
rehearsal n [rɪ'hɜːsl]
studio n ['stjuːdɪəʊ]
film/television studio

spielen
Gestern Abend stand Vanessa zum letzten Mal auf der Bühne.
Probe
Studio
Film-/Fernsehstudio

Theater, Kino, Film, Fernsehen **187**

10 Freizeit, Unterhaltung, Sport, Spiel

10.4 Feiertage, Feiern

holiday n ['hɒlədeɪ] — Feiertag
  public holiday — gesetzlicher Feiertag
  bank holiday BE; **legal holiday** AE — gesetzlicher Feiertag
New Year n ['njuːˈjɪə] — Neujahr
  New Year's Eve — Silvester
  New Year's Day — Neujahr(stag)
Easter ['iːstə] — Ostern
  Easter Sunday/Easter Monday — Ostersonntag/Ostermontag
Good Friday n [ˌɡʊdˈfraɪdɪ] — Karfreitag
Whitsun ['wɪtsn] — Pfingsten
Christmas ['krɪsməs] — Weihnachten
  Christmas Eve — Heiliger Abend
  Christmas Day — Erster Weihnachts(feier)tag
  Boxing Day BE — Zweiter Weihnachts(feier)tag

ℹ Public holidays

With only eight *public holidays, Britain* has fewer than any other country in Europe and fewer than the United States which has ten public holidays. Even **New Year's Day** was not always an official holiday in Britain. Most official holidays occur either just before or just after a weekend. Public holidays in Britain generally mean that the banks are closed (*bank holiday*) and some workers (teachers, civil servants etc.) needn't go to work. However, many workers (especially in service industries) still work on public holidays and quite a few shops are still open for at least part of the day.

In the *United States*, most people don't go to work on public holidays and many, but not all shops are closed. Some holidays, such as **Independence Day** (July 4th), are, of course, on the same date every year, but in 1971 a number of holidays were moved to a Monday so that people could enjoy a long weekend.

---

party n ['pɑːtɪ] — Party, Fest
house-warming n ['haʊsˌwɔːmɪŋ] — Einweihungsparty
celebrate v ['seləbreɪt] — feiern
  Joe's mother's celebrating her 50th birthday on Sunday. — Joes Mutter feiert am Sonntag ihren 50. Geburtstag.
birthday n ['bɜːθdeɪ] — Geburtstag
present n ['preznt] — Geschenk
  birthday present — Geburtstagsgeschenk
card n [kɑːd] — Karte
  birthday/Christmas card — Geburtstags-/Weihnachtskarte
engagement n [ɪnˈɡeɪdʒmənt] — Verlobung
wedding n ['wedɪŋ] — Hochzeit
anniversary n [ˌænɪˈvɜːsərɪ] — Jubiläum
  wedding anniversary — Hochzeitstag

188 Feiertage, Feiern

Freizeit, Unterhaltung, Sport, Spiel

baby shower AE *n* ['beɪbɪˌʃaʊə] — Geschenkparty, die von Freundinnen für die werdende Mutter gegeben wird

Halloween *n* [ˌhæləʊ'iːn] — 31. Oktober *(Tag vor Allerheiligen)*
Hogmanay BE *n* ['hɒgməneɪ] — Silvester *(in Schottland)*
eisteddfod BE *n* [aɪs'teðvɒd] — Eisteddfod *(Kulturveranstaltung in walisischer Sprache)*

Royal National Eisteddfod — Königliches Nationales Eisteddfod *(erste Woche im August)*

St David's Day BE *n* [snt'deɪvɪdzˌdeɪ] — Sankt Davidstag *(walisischer Nationalfeiertag, 1. März)*
St Patrick's Day *n* [snt'pætrɪksˌdeɪ] — Sankt Patrickstag *(irischer Nationalfeiertag, 17. März)*

Guy Fawkes Day BE *n* [gaɪ'fɔːksˌdeɪ] — Jahrestag der Pulververschwörung *(5. November; mit Feuerwerk)*
Martin Luther King, Jr.'s Birthday AE *n* ['mɑːtɲˌluːθərˌkiŋ, 'dʒuːnjərz'bɜːrθdeɪ] — Martin-Luther-King-Tag *(20. Januar)*

Presidents' Day AE *n* ['prezɪdntsˌdeɪ] — dritter Montag im Februar

Memorial Day AE *n* [məˈmɔːrɪəlˌdeɪ] — Volkstrauertag *(letzter Montag im Mai)*
Independence Day AE *n* [ˌɪndɪˈpendənsˌdeɪ] — Unabhängigkeitstag *(4. Juli)*
Labor Day AE *n* ['leɪbərˌdeɪ] — Tag der Arbeit *(1. Montag im September)*

Columbus Day AE *n* [kəˈlʌmbəsˌdeɪ] — Kolumbus-Tag *(2. Montag im Oktober)*
Veterans Day AE *n* ['veṭərenzˌdeɪ] — Tag der Kriegsveteranen *(4. Montag im Oktober)*

Thanksgiving Day AE *n* [θæŋks'givɪŋˌdeɪ] — Erntedankfest *(vierter Donnerstag im November)*
Dominion Day *n* [dəˈmɪnjənˌdeɪ] — kanadischer Unabhängigkeitstag *(1. Juli)*

Falsche Freunde

Englisches Wort	Thematische Bedeutung(en)	Falscher Freund	Englische Entsprechung(en)
gymnasium *n*	Turnhalle	Gymnasium	grammar school BE, high school AE
photograph *n*	Foto(grafie)	Fotograf	photographer
photography *n*	(das) Fotografieren	Fotografie	photo(graph)
stadium *n*	Stadion	Stadium	stage

Feiertage, Feiern

11 Reisen und Tourismus

11 Reisen und Tourismus

11.1 Reisevorbereitung, Reise

plan *n* [plæn]
Have you already **made plans for** your next holiday?
Plan
Habt ihr schon Pläne für euren nächsten Urlaub gemacht?

plan, planned, planned *v* [plæn]
planen

arrange *v* [ə'reɪndʒ]
We've **arranged to** go to Paris next spring.
arrangieren, vereinbaren
Wir haben für nächstes Frühjahr eine Reise nach Paris geplant.

adventure *n* [əd'ventʃə]
adventure holiday
Abenteuer
Abenteuerurlaub

holiday BE; **vacation** AE *n* ['hɒlədeɪ; veɪ'keɪʃən]
Urlaub; Ferien

go on holiday/vacation
school holidays/vacation
in Urlaub fahren
Schulferien

travel agency *n* ['trævl,eɪdʒnsɪ]
Reisebüro

book *v* [bʊk]
buchen, reservieren

reserve *v* [rɪ'zɜːv]
buchen, reservieren

book/reserve a room
ein Zimmer buchen

travel *n uncount* ['trævl]
Travel in the 19th century was more difficult than it is today.
(das) Reisen
Das Reisen im 19. Jahrhundert war viel beschwerlicher als heute.

air travel
Flugreise(n)

travel, travelled, travelled *v* ['trævl]
travel by air/car/bus/train/ship
reisen
mit dem Flugzeug/Auto/Bus/Zug/ Schiff reisen

travels *n pl* ['trævlz]
William's travels have taken him all over the world.
(die) Reisen
Durch seine Reisen ist William in die ganze Welt gekommen.

traveller *n* ['trævlə]
Reisende(r)

ready *adj* ['redɪ]
ready to leave
bereit, fertig
abfahrt-/abflugbereit

reach *v* [riːtʃ]
It was almost dark when we finally reached our hotel.
erreichen
Es war fast dunkel, als wir endlich unser Hotel erreichten.

journey BE *n* ['dʒɜːnɪ]
(längere) Reise, Fahrt

trip *n* [trɪp]
take a trip (to)
My uncle's taking us on **a day trip** to the seaside.
Reise, Fahrt, Tour
eine Fahrt/Tour machen
Mein Onkel macht mit uns einen Tagesausflug ans Meer.

return *n; v* [rɪ'tɜːn]
return trip
Rückkehr; zurückkehren
Rückfahrt

abroad *adv* [ə'brɔːd]
go abroad
im/ins Ausland
ins Ausland reisen

11 Reisen und Tourismus

foreign *adj* [ˈfɒrɪn]   ausländisch, Auslands-
foreigner *n* [ˈfɒrɪnə]   Ausländer(in)
tourist *n* [ˈtʊərɪst]   Tourist(in)

luggage BE; **baggage** AE *n*   Gepäck
[ˈlʌgɪdʒ; ˈbægɪdʒ]
  hand luggage/baggage   Handgepäck
  luggage ticket BE; **baggage**   Gepäckschein
  check AE
suitcase *n* [ˈsuːtkeɪs]   Koffer
bag *n* [bæg]   (Reise-)Tasche
  Oh, no! My bag's missing.   Oh Gott! Meine Tasche fehlt!
pack *v* [pæk]   packen
locker *n* [ˈlɒkə]   Schließfach

information *n* [ˌɪnfəˈmeɪʃn]   Information, Auskunft
  tourist information centre   Touristeninformation
inquire *v* [ɪnˈkwaɪə]   sich erkundigen
  She **inquired about** accommoda-   Sie erkundigte sich am Informations-
  tion at the information desk.   schalter nach einem Quartier.
inquiry *n* [ɪnˈkwaɪərɪ]   Erkundigung, Anfrage
way *n* [weɪ]   Weg, Route, Strecke, Fahrt
  Can you **tell me the way to** the   Können Sie mir bitte sagen, wie ich
  station, please?   zum Bahnhof komme?
  On the way to Casablanca, our car   Auf der Fahrt nach Casablanca hat
  broke down.   unser Auto den Geist aufgegeben.
map *n* [mæp]   (Land-)Karte; Stadtplan
find out, found, found *v*   herausfinden
[ˌfaɪndˈaʊt, faʊnd]
  Afterwards we found out that the   Später fanden wir heraus, dass der
  bus only ran on Mondays.   Bus nur montags fuhr.

exchange *v* [ɪksˈtʃeɪndʒ]   (Geld) wechseln
  Excuse me, I'd like to exchange   Entschuldigung, ich möchte gern
  some money.   Geld wechseln.
gift *n* [gɪft]   Geschenk
  gift shop   Souvenirladen

customs *n pl* [ˈkʌstəmz]   Zoll
  customs officer   Zollbeamter, -beamtin
declare *v* [dɪˈkleə]   anmelden, verzollen
  Have you got anything to declare?   Haben Sie etwas zu verzollen?
duty *n* [ˈdjuːtɪ]   Zoll
  He had to **pay duty on** the cigars.   Er musste für die Zigarren Zoll zahlen.
duty-free *adj* [ˌdjuːtɪˈfriː]   zollfrei
  duty-free shop   Dutyfreeshop, zollfreier Laden

192 Reisevorbereitung, Reise

Reisen und Tourismus 11

passport *n* ['pɑːspɔːt] — Reisepass
valid *adj* ['vælɪd] — gültig
invalid *adj* [ɪn'vælɪd] — ungültig
This passport's invalid. — Dieser Reisepass ist ungültig.
stamp *n* [stæmp] — Stempel
She has a stamp in her passport to prove she really was in Bolivia. — Sie hat einen Stempel im Pass, der beweist, dass sie wirklich in Bolivien war.

complete *v* [kəm'pliːt] — ausfüllen
Would you please complete this form and give it to the customs officer? — Füllen Sie bitte dieses Formular aus und geben Sie es dem Zollbeamten.
fill in BE; **fill out** AE *v* [ˌfɪl'ɪn; ˌfɪl'aʊt] — ausfüllen

preparation *n* [ˌprep'reɪʃn] — Vorbereitung
arrangements *n pl* [ə'reɪndʒmənts] — Pläne, Vorbereitungen
make arrangements — Vorbereitungen treffen
booking *n* ['bʊkɪŋ] — Buchung, Reservierung
reservation *n* [ˌrezə'veɪʃn] — Buchung, Reservierung
cancel, cancelled, cancelled *v* ['kænsl] — stornieren, absagen
cancellation *n* [ˌkænsəl'eɪʃn] — Stornierung, Absage
confirmation *n* [ˌkɒnfə'meɪʃn] — Reisebestätigung

package tour *n* ['pækɪdʒˌtʊə] — Pauschalreise
stay *n* [steɪ] — Aufenthalt
extend *v* [ɪk'stend] — verlängern
It was so wonderful in Morocco that Siân extended her stay another week. — Es war so toll in Marakko, dass Siân ihren Aufenthalt um eine Woche verlängerte.

trunk *n* [trʌŋk] — (großer) Koffer; Schrankkoffer
rucksack BE *n* ['rʌksæk] — Rucksack
backpack AE *n; v* ['bækpæk] — Rucksack; mit dem Rucksack wandern

sleeping bag *n* ['sliːpɪŋbæg] — Schlafsack
compass *n* ['kʌmpəs] — Kompass

seaside *n* ['siːsaɪd] — Küste
at the seaside — an der See, am Meer
souvenir *n* [ˌsuːvə'nɪə] — Souvenir, Andenken
souvenir shop — Souvenirladen
sunbathe *v* ['sʌnbeɪð] — sich sonnen

Reisevorbereitung, Reise **193**

11 Reisen und Tourismus

sunscreen *n* ['sʌnskriːn]	Sonnenschutz, Sonnenschutzcreme

document *n* ['dɒkjəmənt]	Dokument, Papier
travel documents	Reisedokumente, -papiere
visa *n* ['viːzə]	Visum
apply for a visa	ein Visum beantragen
inspect *v* [ɪn'spekt]	untersuchen
smuggle *v* ['smʌgl]	schmuggeln
smuggler *n* ['smʌglə]	Schmuggler(in)

11.2 Unterkunft

accommodation *n* [ə,kɒmə'deɪʃn]	Unterkunft, Unterbringung
landlady/landlord *n*	Inhaber(in) einer Pension / eines
['læn,leɪdɪ/'lænlɔːd]	Gasthauses, Wirt(in)
guest *n* [gest]	Gast

camping *n* ['kæmpɪŋ]	Camping
camping site	Campingplatz
camping facilities	Einrichtungen auf dem Camping-platz
campground *n* ['kæmpgraʊnd]	Camping-, Zeltplatz
camp *n; v* [kæmp]	(Zelt-)Lager; zelten
tent *n* [tent]	Zelt
youth hostel *n* ['juːθ,hɒstl]	Jugendherberge
bed and breakfast (B & B) *n*	Übernachtung mit Frühstück
[,bedən'brekfəst (,biːən'biː)]	
Many private homes in Britain offer **bed and breakfast accommodation** for tourists.	Viele Privathaushalte in Groß-britannien bieten Übernachtung mit Frühstück für Touristen an.

inn *n* [ɪn]	Gasthaus, Wirtshaus
motel *n* [məʊ'tel]	Motel
hotel *n* [həʊ'tel]	Hotel
reception *n* [rɪ'sepʃn]	Rezeption, Empfang
at reception	an der Rezeption
receptionist *n* [rɪ'sepʃənɪst]	Portier, Empfangschef/-dame
holiday camp *n* ['hɒlədɪ,kæmp]	Feriendorf
holiday resort *n* ['hɒlədɪrɪ,zɔːt]	Ferienort/-anlage
holiday home *n* ['hɒlədɪ,həʊm]	Ferienhaus/-wohnung

stay *v* [steɪ]	bleiben; übernachten
How long will you be **staying in** Britain?	Wie lange bleiben Sie in Großbritannien?

Reisen und Tourismus   11

What hotel did you **stay at**? — In welchem Hotel haben Sie gewohnt?

room *n* [ru:m] — Zimmer
single/double room — Einzel-/Doppelzimmer
share *v* [ʃeə] — teilen
If we shared a double room, it would be cheaper. — Wenn wir zusammen ein Doppelzimmer nähmen, wäre es billiger.
separate *adj* ['seprət] — getrennt
separate rooms — getrennte Zimmer
disturb *v* [dɪ'stɜ:b] — stören
Please do not disturb! — Bitte nicht stören!

bath *n* [bɑ:θ] — Bad
Would you like a room with **a bath** or **a shower**? — Möchten Sie ein Zimmer mit Bad oder mit Dusche?
shower *n* ['ʃaʊə] — Dusche
bed *n* [bed] — Bett
Has the room got a **double bed** or **twin beds**? — Hat das Zimmer ein Doppelbett oder zwei Einzelbetten?
sheet *n* [ʃi:t] — Betttuch
In holiday home accommodation in Britain, you generally have to bring sheets with you. — Bei Ferienwohnungen und -häusern in Großbritannien muss man meist die Bettwäsche selbst mitbringen.
towel *n* ['taʊəl] — Handtuch

deposit *n* [dɪ'pɒsɪt] — Kaution
porter BE; **bellboy** AE *n* ['pɔːtə; 'belbɔɪ] — Gepäckträger(in), Page
board *n* [bɔ:d] — Verpflegung
full/half board — Voll-/Halbpension
The staff are paid £50 a week in addition to **room and board**. — Das Personal erhält wöchentlich 50 Pfund zusätzlich zu Unterbringung und Verpflegung.
licensed BE *adj* ['laɪsənst] — mit einer Lizenz (für den Verkauf/Ausschank von alkoholischen Getränken)
a fully licensed hotel — ein Hotel mit Alkoholausschank
boarding house *n* ['bɔ:dɪŋhaʊs] — Pension, Gästehaus
guesthouse *n* ['gesthaʊs] — Pension, Gästehaus

caravan BE; **trailer** AE *n* ['kærəvæn; 'treɪlər] — Wohnwagen
camper, motorhome BE; **recreational vehicle (RV)** AE *n* ['kæmpə, 'məʊtə,həʊm; ,rekrɪ'eɪʃnl'viːəkl (,ɑːr'viː)] — Wohnmobil

Unterkunft   **195**

11 Reisen und Tourismus

mobile home n [ˌməʊbaɪlˈhəʊm]   großer Wohnwagen (BE); kleines bewegliches Haus, das man mit einem Fahrzeug abschleppen kann (AE)

put sb up, put, put v [ˌpʊtsʌmbədɪˈʌp]
  put sb up for the night

jdn unterbringen

jdn übernachten lassen

self-catering adj [ˌselfˈkeɪtrɪŋ]   Selbstverpflegung-
  self-catering accommodation   Unterkunft mit Selbstverpflegung

11.3 Gastronomie

bar n [bɑː]   Bar
  How long's the **hotel bar** open?   Bis wann hat die Hotelbar geöffnet?

stool n [stuːl]   Hocker
  bar stool   Barhocker

pub n [pʌb]   Kneipe
  local (pub) BE   Stammkneipe

landlady/landlord BE n [ˈlænˌleɪdɪ, ˈlænlɔːd]   Wirt(in) *(in einer Kneipe)*

regular n [ˈregjələ]   Stammgast *(in einer Kneipe)*

pint n [paɪnt]   großes Bier *(etwa 0,5 l)*
  Can I buy you a pint?   Darf ich dich auf ein Bier einladen?

Cheers! interj [tʃɪəz]   Prost!

nightclub n [ˈnaɪtklʌb]   Nachtlokal/-club

Drinking ages

In Britain and the United States, the sale and drinking of alcohol is more strictly regulated than in Austria, Germany or Switzerland. In Britain, you can only buy and drink alcohol if you are 18 or older. In most states in the US, the **minimum age** is 21. Younger visitors to Britain and the US are often disappointed to find that they are not allowed to go into **pubs** or **bars** because they are not yet of age.
Alcohol can only be sold and drunk in places that have a **licence**. That is why you cannot order alcohol in every restaurant. In Britain, there is usually a sign outside that says **licensed house/bar/club/restaurant/hotel**.

café n [ˈkæfeɪ]   Café

restaurant n [ˈrestrɔ̃ːŋ]   Restaurant, Lokal
  self-service restaurant   Restaurant mit Selbstbedienung

takeaway BE; **takeout restaurant** AE n [ˈteɪkəˌweɪ; ˈteɪkaʊtˌrestərɔ̃ːŋ]   Essen zum Mitnehmen; Imbissbude/-stand

Reisen und Tourismus   11

There's a really good Indian takeaway/takeout restaurant in our street.	Es gibt wirklich gutes indisches Essen zum Mitnehmen in unserer Straße.
Mexican takeaway/takeout	mexikanisches Essen zum Mitnehmen

menu n ['menju:]
Speisekarte

set meal n ['setmi:l]
Tagesmenü

choose, chose, chosen v [tʃu:z, tʃəʊz, 'tʃəʊzn]
(aus)wählen

There's **a lot to choose from** on this menu.
Diese Speisekarte bietet eine sehr große Auswahl.

choice n [tʃɔɪs]
Auswahl, Angebot

They offer **a wide choice of** wines at the new French restaurant.
In dem neuen französischen Restaurant wird eine große Auswahl an Weinen angeboten.

staff n [stɑːf]
Personal

kitchen staff
Küchenpersonal

waiter n ['weɪtə]
Kellner

Waiter! May I have the menu please?
Herr Ober! Kann ich bitte die Speisekarte haben?

waitress n ['weɪtrɪs]
Kellnerin, Serviererin

order v ['ɔːdə]
bestellen

Would you like to order now?
Möchten Sie jetzt gerne bestellen?

serve v [sɜːv]
bedienen, servieren

I'll serve you right away.
Ich bediene Sie sofort.

Today we are serving steak and chips.
Heute haben wir Steak mit Pommes frites.

service n ['sɜːvɪs]
Bedienung

The service in this restaurant's terrible.
Die Bedienung in diesem Lokal ist unmöglich.

service charge
Bedienungsgeld

bill BE; **check** AE n [bɪl; tʃek]
Rechnung

Can I have the bill, please?
Kann ich bitte die Rechnung haben?

tip n [tɪp]
Trinkgeld

leave a tip
ein Trinkgeld geben

toilet BE; **restroom** AE n ['tɔɪlɪt; 'restˌruːm]
öffentliche Toilette

gents BE; **men** AE n [dʒents; men]
(Schild an der) Herrentoilette

ladies n ['leɪdɪz]
(Schild an der) Damentoilette

Gastronomie   **197**

11

Reisen und Tourismus

11.4 Sehenswürdigkeiten

sights *n pl* [saɪts]
  see the sights
sightseeing *n* [ˈsaɪtˌsiːɪŋ]

  go sightseeing
look *n* [lʊk]
  We **had a look at** the Louvre during
  our short stay in Paris.

Sehenswürdigkeiten
  die Sehenswürdigkeiten anschauen
Besichtigung von Sehenswürdigkeiten
  auf Besichtigungstour gehen
Blick
  Während unseres kurzen Aufent-
  halts in Paris haben wir uns den
  Louvre angesehen.

tour *n* [tʊə]
  guided tour of the city
guide *n* [gaɪd]
  travel guide

Rundreise
  Stadtführung/-rundfahrt
(Fremden-)Führer(in)
  Reiseführer(in)

visit *n; v* [ˈvɪzɪt]
visitor *n* [ˈvɪzɪtə]
place of interest *n*
[ˌpleɪsəvˈɪntrɪst]
charge *n* [ˈtʃɑːdʒ]
  Is there a charge to visit the
  castle?
  free of charge
ticket *n* [ˈtɪkɪt]

Besuch; besuchen
Besucher(in), Tourist(in)
Sehenswürdigkeit

Gebühr
  Kostet die Besichtigung des
  Schlosses Eintritt?
  kostenlos
Eintrittskarte; Fahrkarte

square *n* [skweə]
  The market was held in the **town
  square**.
castle *n* [ˈkɑːsl]
palace *n* [ˈpælɪs]
museum *n* [mjuːˈzɪəm]
  the British Museum

Platz
  Der Markt fand auf dem städtischen
  Marktplatz statt.
Burg, Schloss
Schloss, Palast
Museum
  das Britische Museum (in London)

ancient *adj* [ˈeɪnʃnt]
monument *n* [ˈmɒnjəmənt]
  ancient monument

statue *n* [ˈstætʃuː]
  the Statue of Liberty
fountain *n* [ˈfaʊntɪn]
cathedral *n* [kəˈθiːdrəl]
rampart *n* [ˈræmpɑːt]
fee *n* [fiː]

uralt, altertümlich
Denkmal; Monument
  historische Stätte; historisches
  Denkmal
Statue
  die Freiheitsstatue
Springbrunnen; Fontäne
Kathedrale; Dom
(Schutz-)Wall
Gebühr; Eintritt

198 Sehenswürdigkeiten

Reisen und Tourismus

Falsche Freunde

Englisches Wort	Thematische Bedeutung(en)	Falscher Freund	Englische Entsprechung(en)
board *n*	Verpflegung	Bord *(= Wandbrett)*	shelf
gift *n*	Geschenk	Gift	poison
guesthouse *n*	Pension/Gästehaus	Gasthaus	inn
map *n*	(Land-)Karte	Mappe	folder
menu *n*	Speisekarte	Menü	set meal, meal of the day

Sehenswürdigkeiten

12 Bildende Kunst, Musik, Literatur

12 Bildende Kunst, Musik, Literatur

12.1 Bildende Kunst

art *n* [ɑːt]
Kunst

  modern art
  moderne Kunst

  pop art
  Pop-Art *(Kunstrichtung der 1950er und 1960er Jahre)*

  work of art
  Kunstwerk

artist *n* [ˈɑːtɪst]
Künstler(in)

painter *n* [ˈpeɪntə]
Maler(in)

painting *n* [ˈpeɪntɪŋ]
Malerei; Gemälde

  abstract painting
  abstrakte Malerei

  oil painting
  Ölgemälde

paint *v* [peɪnt]
malen

  "Guernica" was **painted by** Picasso in 1937.
  „Guernica" wurde von Picasso im Jahr 1937 gemalt.

brush *n* [brʌʃ]
Pinsel

  paint/flat brush
  Mal-/Flachpinsel

drawing *n* [ˈdrɔːɪŋ]
Zeichnung

  Many of Dürer's most famous drawings are done in pen and ink.
  Viele von Dürers berühmtesten Zeichnungen sind Federzeichnungen.

original *adj* [əˈrɪdʒənl]
Original-

  The museum owns an original oil painting by Whistler.
  Das Museum besitzt ein Original-Ölgemälde von Whistler.

poster *n* [ˈpəʊstə]
Poster, Plakat

print *n* [prɪnt]
Druck

  Many people prefer prints to original paintings because they are much less expensive.
  Viele Leute ziehen Drucke Originalgemälden vor, weil sie viel billiger sind.

museum *n* [mjuːˈzɪəm]
Museum

  a museum of modern art
  ein Museum moderner Kunst

exhibition *n* [ˌeksɪˈbɪʃn]
Ausstellung

gallery *n* [ˈgælrɪ]
Galerie, Ausstellungsraum; Kunsthandlung

  art gallery
  Kunstgalerie; Kunstsammlung

studio *n* [ˈstjuːdɪəʊ]
Studio, Atelier

water colour *n* [ˈwɔːtəˌkʌlə]
Aquarell(bild)

water colours *n pl* [ˈwɔːtəˌkʌləz]
Aquarellfarben

pastel *n* [ˈpæstl]
Pastell(bild/-zeichnung)

pastels *n pl* [ˈpæstlz]
Pastellfarben

pastel crayon *n* [ˌpæstlˈkreɪɒn]
Pastellstift

oil paint *n* [ˈɔɪlˌpeɪnt]
Ölfarbe

oils *n pl* [ɔɪlz]
Ölbilder; Ölfarben

12 Bildende Kunst, Musik, Literatur

collage n [kɒl'ɑ:ʒ]	Collage
engraving n [ɪn'greɪvɪŋ]	Radierung; Stich
portrait n ['pɔːtrɪt]	Porträt
sculpture n ['skʌlptʃə]	Skulptur, Plastik
sculptor/sculptress n ['skʌlptə/'skʌlptrɪs]	Bildhauer(in)
statue n ['stætʃuː]	Standbild, Statue

frame n [freɪm]	Rahmen
picture frame	Bilderrahmen
canvas n ['kænvəs]	Leinwand
easel n ['iːzl]	Staffelei
reproduction n [ˌriːprə'dʌkʃn]	Reproduktion, guter Druck
replica n ['replɪkə]	genaue Kopie eines Kunstwerks
proportion n [prə'pɔːʃn]	Proportion
If a painting is to look realistic, everything must be **in proportion**.	Damit ein Gemälde realistisch wirkt, müssen alle Proportionen stimmen.

---

i Art

Das englische Wort **gallery** hat im Bereich der Kunst zahlreiche Bedeutungen, die verschiedenen deutschen Wörtern entsprechen.

Die Begriffe **oil, water colour** und **pastel** bezeichen im Englischen – anders als im Deutschen – das *Farbmaterial* und das *Kunstwerk*.

Deutsche Lerner verwechseln leicht die englischen Wörter **sculpture** und **sculptor**.

(art) gallery	*(Kunst-)Galerie, Austellungsraum/-räume für eine bestimmte Ausstellung; Kunsthandlung*
the Hayward Gallery	*die Hayward-Galerie (London)*
the Courtauld Institute Galleries	*die Kunstsammlungen des Courtauld-Instituts (London)*
Nolde's famous water colour	*Noldes berühmtes Aquarell*
oils and pastels by Picasso	*Ölgemälde und Pastellbilder von Picasso*
sculpture	*Skulptur, Plastik*
sculptor/sculptress	*Bildhauer(in)*

Since May 2000 London has a new national **museum of modern art** – Tate Modern. The museum is situated on the River Thames in the former Bankside Power Station. Tate Modern is the home to the Tate Gallery's collection of international modern art and the exhibitions include **water colours, pastels, oils** and **collages** from 1900 to the present as well as many **sculptures** by famous **sculptors** such as Henry Moore. The hall of the power station, which runs the entire length of the building, provides a wonderful entrance to the various **galleries**. Visitors can take escalators to six upper floors which have among other things cafés, **gallery shops**, a bar and three levels of **art galleries**. The gallery shops sell excellent **prints** of the **paintings**. There is a glass roof at the top of the building which provides natural light for the **museum**.

Bildende Kunst, Musik, Literatur **12**

12.2 Musik, Musikveranstaltungen

music n [ˈmjuːzɪk] — Musik
classical music — klassische Musik
sound n [saʊnd] — Klang
She loves the sound of a piano. — Sie liebt den Klang des Klaviers.

voice n [vɔɪs] — Stimme
Linda's got a beautiful voice. — Linda hat eine wunderschöne Stimme.

sing, sang, sung v [sɪŋ, sæŋ, sʌŋ] — singen
song n [sɒŋ] — Lied, Song
words n pl [wɜːdz] — Liedtext
If you know the words, just sing along. — Wenn du den Text kennst, sing einfach mit!
song book n [ˈsɒŋbʊk] — Liederbuch

play v [pleɪ] — spielen
What musical instrument do you play? — Welches Musikinstrument spielst du?
instrument n [ˈɪnstrəmənt] — Instrument
musical instrument — Musikinstrument
piano n [pɪˈænəʊ] — Klavier
organ n [ˈɔːgən] — Orgel
keyboards n pl [ˈkiːbɔːdz] — elektronisches Klavier, Keyboard
violin n [ˌvaɪəˈlɪn] — Geige
recorder n [rɪˈkɔːdə] — Blockflöte
flute n [fluːt] — Querflöte
guitar n [gɪˈtɑː] — Gitarre
electric/bass/lead guitar — E-/Bass-/Sologitarre
drum n [drʌm] — Trommel
Recs plays **drums** in a local rock band. — Recs spielt in einer hiesigen Rockband Schlagzeug.
practise v [ˈpræktɪs] — üben
Keith spent hours practising a particularly difficult part of the song. — Keith verbrachte Stunden damit, einen besonders schwierigen Teil des Lieds zu üben.

band n [bænd] — Gruppe, Kapelle, Band
heavy metal band — Heavy-Metal-Gruppe
group n [gruːp] — Gruppe
rock group — Rockgruppe
boy/girl group — Boy-/Girlgruppe
singer n [ˈsɪŋə] — Sänger(in)
lead/background singer — Solo-/Backgroundsänger(in)
drummer n [ˈdrʌmə] — Schlagzeuger(in)

Musik, Musikveranstaltungen **203**

12 Bildende Kunst, Musik, Literatur

keyboarder n ['ki:bɔ:də]	Keyboarder(in)
player n ['pleɪə]	Spieler
guitar/bass player	Gitarrist(in), Bassist(in)
sound check n ['saʊndˌtʃek]	Soundcheck *(Aussteuerung und Klangkontrolle vor einem Auftritt)*

opera n ['ɒprə]	Oper
musical n ['mju:zɪkl]	Musical
concert n ['kɒnsət]	Konzert
open-air adj [ˌəʊpn'eə]	im Freien, Freiluft-
open-air concert	Openair-, Freiluftkonzert
festival n ['festɪvl]	Festival
music festival	Musikfestival
tour v [tʊə]	auf Tournee gehen
Our band toured America last summer.	Letzten Sommer hat unsere Band eine Tour durch Amerika gemacht.

blues n [blu:z]	Blues(musik)
jazz adj; n [dʒæz]	Jazz-; Jazz(musik)
rock'n'roll adj; n [ˌrɒkn'rəʊl]	Rock and Roll-; Rock and Roll (-Musik)
rock adj; n [rɒk]	Rock-; Rock(musik)
heavy metal adj; n [ˌhevɪ'metl]	Heavy-Metal-; Heavy-Metal(-Musik)
folk adj; n [fəʊk]	Folk-; Folk(musik)
pop adj; n [pɒp]	Pop-/Schlager-; Pop(musik)
reggae adj; n ['regeɪ]	Reggae-; Reggae(-Musik)
rap adj; n [ræp]	Rap-; Rap(-Musik)
techno adj; n ['teknəʊ]	Techno-; Techno(-Musik)

harp n [hɑ:p]	Harfe
bagpipes n pl ['bægpaɪps]	Dudelsack
bodhrán n ['bɔran]	irische Handtrommel
tin whistle n ['tɪnˌwɪsl]	kleine Blechflöte, Flageolett
banjo n ['bændʒəʊ]	Banjo

beat n [bi:t]	Rhythmus
pitch n [pɪtʃ]	Tonhöhe; Tonlage; Stimmlage
have perfect pitch	das absolute Gehör haben
tone n [təʊn]	Ton
tune n [tju:n]	Melodie
in tune	tonrein, richtig gestimmt
out of tune	verstimmt
sing in / out of tune	richtig/falsch singen
melody n ['melədɪ]	Melodie
chorus n ['kɔ:rəs]	Refrain
note n [nəʊt]	Note

12 Bildende Kunst, Musik, Literatur

scale n [skeɪl] Diane had to practise playing scales on the piano.	Tonleiter Diane musste auf dem Klavier Tonleitern üben.

orchestra n [ˈɔːkɪstrə]
 choir n [ˈkwaɪə]
   church choir
 ballet n [ˈbæleɪ]
	Orchester
	 Chor
	   Kirchenchor
	 Ballett

lyrics n pl [ˈlɪrɪks] **compose** v [kəmˈpəʊz] **composer** n [kəmˈpəʊzə] **composition** n [ˌkɒmpəˈzɪʃn]	Liedtext komponieren Komponist(in) Komposition, Musikstück
musician n [mjuːˈzɪʃn] **conductor** n [kənˈdʌktə] **pianist** n [ˈpiːənɪst] **guitarist** n [ɡɪˈtɑːrɪst]	Musiker(in) Dirigent(in) Pianist(in) Gitarrist(in)

12.3 Sachtexte, Prosa

text n [tekst] **passage** n [ˈpæsɪdʒ] **section** n [ˈsekʃn] **chapter** n [ˈtʃæptə]	Text Textpassage, -abschnitt längerer Text-/Buchabschnitt Kapitel

paragraph n [ˈpærəɡrɑːf]
 comment n; v [ˈkɒment]
 	
   comment on a text
 	
 commentary n [ˈkɒməntrɪ]
	Textabsatz
	 Kommentar, Anmerkung;
	 kommentieren, Stellung nehmen
	   einen Text kommentieren/ besprechen
	 Kommentar, Erläuterung

story n [ˈstɔːrɪ]
   news story
   short story
   detective story
 essay n [ˈeseɪ]
 diary n [ˈdaɪˈərɪ]
   keep a diary
 biography n [baɪˈɒɡrəfɪ]
 novel n [ˈnɒvl]
 mystery n [ˈmɪstrɪ]
   murder mystery
	Story; Geschichte, Erzählung
	   Zeitungsstory
	   Kurzgeschichte
	   Krimi, Detektivgeschichte
	 Essay, literarischer Aufsatz
	 Tagebuch
	   ein Tagebuch führen
	 Biographie
	 Roman
	 Geheimnis, Rätsel
	   Krimi, Mordgeschichte

12 Bildende Kunst, Musik, Literatur

prose n [prəʊz] — Prosa
fiction n ['fɪkʃn] — Fiktion; erzählende Literatur, Belletristik
light fiction — Unterhaltungsliteratur
science fiction — Sciencefiction
a science-fiction novel — ein Sciencefiction-Roman
novella n [nəʊ'velə] — Novelle
non-fiction n [ˌnɒn'fɪkʃn] — Sachbücher, Sachliteratur
documentary fiction — dokumentarische Tatsachenerzählung

historical adj [hɪ'stɒrɪkl] — historisch, Geschichts-
historical fiction — historische Erzählliteratur
a historical novel — ein Geschichtsroman / historischer Roman

autobiography n [ˌɔːtəbaɪ'ɒgrəfɪ] — Autobiographie
novelist n ['nɒvəlɪst] — Romanschriftsteller(in)
narration n [nə'reɪʃn] — (das) Erzählen, (der) Erzählablauf
narrative adj; n ['nærətɪv] — erzählend, Erzähl-; Erzählung
writer of narrative — Prosaautor(in), Erzähler(in)
episode n ['epɪsəʊd] — Episode, Handlungsabschnitt
An episode is part of a longer narrative and describes a single action. — Eine Episode ist Teil eines längeren Erzähltextes und beschreibt einen einzelnen Vorgang.

proverb n ['prɒvɜːb] — Sprichwort, Spruchweisheit
anecdote n ['ænɪkdəʊt] — Anekdote
parable n ['pærəbl] — Parabel, Beispielerzählung
A parable is a short narrative that contains a moral lesson. — Eine Parabel ist eine kurze Erzählung, die eine moralische Lehre enthält.

allegory n ['ælɪgərɪ] — Allegorie, allegorische Erzählung
fable n ['feɪbl] — Fabel
tale n [teɪl] — Geschichte, Erzählung, Sage
fairy tale — Märchen
legend n ['ledʒənd] — Legende
myth n [mɪθ] — Mythos, mythische Erzählung
utopia n [juː'təʊpjə] — literarische Utopie

narrator n [nə'reɪtə] — Erzähler
first-person narrator — Ich-Erzähler
third-person narrator — Er/Sie-Erzähler
While the first-person narrator is a character in the story, the third-person narrator stands outside it. — Während der Ich-Erzähler eine Figur innerhalb der Handlung ist, steht der Er/Sie-Erzähler außerhalb.
perspective n [pə'spektɪv] — Perspektive, Betrachtungsweise (des Erzählers)

206 Sachtexte, Prosa

Bildende Kunst. Musik. Literatur — 12

narrative perspective	Erzähl(er)perspektive
viewpoint *n* [ˈvjuːpɔɪnt]	Standpunkt (des Erzählers)
point of view *n* [ˈpɔɪntəvˈvjuː]	Standpunkt, Erzähl(er)perspektive
first-person point of view	Ich-Erzähl(er)perspektive
third-person point of view	Er/Sie-Erzähl(er)perspektive
limited *adj* [ˈlɪmɪtɪd]	eingeschränkt
limited/unlimited point of view	(auf wenige Figuren) eingeschränkte / (alle Figuren) umfassende Erzähl(er)perspektive
restricted *adj* [rɪˈstrɪktɪd]	begrenzt, reduziert
restricted point of view	(auf die äußere, beobachtbare Handlung) begrenzte Erzähl(er)perspektive
objective *adj* [əbˈdʒektɪv]	objektiv, neutral, distanziert
A narrator with an **objective point of view** avoids personal opinions, attitudes or emotions.	Ein Erzähler mit objektiver Perspektive vermeidet persönliche Meinungen, Einstellungen oder Gefühle.
omniscient *adj* [ɒmˈnɪsɪənt]	allwissend
With the **omniscient point of view**, the narrator stands outside the story, knows everything and is everywhere.	Bei der Allwissenheitsperspektive steht der Erzähler außerhalb der Handlung, weiß alles und ist überall zugleich.
omniscience *n* [ɒmˈnɪsɪəns]	Allwissenheit
The narrator's omniscience allows him to see, hear and know everything.	Die Allwissenheit des Erzählers ermöglicht, dass er alles sieht, hört und weiß.

12.4 Lyrik

poetry *n* [ˈpəʊɪtrɪ]	Lyrik, Dichtung
poet *n* [ˈpəʊɪt]	Dichter(in)
poem *n* [ˈpəʊɪm]	Gedicht
ballad *n* [ˈbæləd]	Ballade
folk ballad	traditionelle Volksballade

poetic *adj* [pəʊˈetɪk]	poetisch, dichterisch
Rhythm, rhyme and metaphor are **poetic devices**.	Rhythmus, Reim und Metapher sind dichterische Stilmittel.
poetic licence	dichterische Freiheit
metre *n* [ˈmiːtə]	Versmaß
rhyme *n; v* [raɪm]	Reim; (sich) reimen
nursery rhyme	Kindergedicht/-lied

Lyrik **207**

12 Bildende Kunst, Musik, Literatur

In some poems, the last word in each line rhymes.	In manchen Gedichten reimen sich die letzten Wörter aller Zeilen.
alliteration *n* [əˌlɪtəˈreɪʃn]	Alliteration, Stabreim
Alliteration is the repetition of the same sound in words in the same line: "the soft summer sun".	Alliteration ist die Wiederholung desselben Lautes in Wörtern einer Zeile: „die sanfte Sommersonne".
anaphora *n* [əˈnæfərə]	Anapher
An anaphora is the conscious repetition of a word or a phrase at the beginning of following lines.	Anapher heißt die bewusste Wiederholung eines Wortes oder einer Phrase zu Beginn aufeinander folgender Textzeilen.
rhythm *n* [ˈrɪðm]	Rhythmus, Takt
stress *n* [stres]	Betonung

verse *n* [vɜːs]	Strophe; Vers
Robert Frost's poem *A Masque of Reason* is a modern example of **blank verse**.	Das Gedicht *A Masque of Reason* von Robert Frost ist ein modernes Beispiel für Blankvers.
stanza *n* [ˈstænzə]	Strophe
refrain *n* [rɪˈfreɪn]	Refrain
couplet *n* [ˈkʌplɪt]	zweizeilige Strophe
Couplets are two-line stanzas rhyming aa, bb, cc etc.	Couplets sind zweizeilige Strophen mit dem Reimmuster aa, bb, cc usw.
triplet *n* [ˈtrɪplɪt]	dreizeilige Strophe
quatrain *n* [ˈkwɒtreɪn]	vierzeilige Strophe
The Italian sonnet is organized into two quatrains (abba) and two triplets (cde).	Das *italienische Sonett* gliedert sich in zwei Vierzeiler und zwei Dreizeiler.
sonnet *n* [ˈsɒnɪt]	Sonett
The English sonnet has three quatrains (abab, cdcd, efef) followed by a final couplet (gg).	Das *englische Sonett* besteht aus drei Vierzeilern, gefolgt von einem abschließenden Zweizeiler.

lyric *n* [ˈlɪrɪk]	lyrisches Gedicht
A lyric is a short personal poem expressing emotions and thoughts.	Ein lyrisches Gedicht ist ein kurzes persönliches Gedicht, das Gefühle und Gedanken ausdrückt.
elegy *n* [ˈelɪdʒɪ]	Elegie
Elegies are solemn poems dealing with death or the end of something.	Elegien sind ernste und feierliche Gedichte, die vom Tod oder dem Ende einer Sache handeln.
ode *n* [əʊd]	Ode
An ode is a longer poem written to praise someone or something.	Die Ode ist ein längeres Gedicht, das zum Lobpreis einer Person oder eines Gegenstandes geschrieben wird.

Bildende Kunst, Musik, Literatur 12

epic *n* ['epɪk]
  folk epic
  literary epic
epigram *n* ['epɪgræm]
  An epigram is a short witty saying,
  normally in rhyme.

Epos, episches/erzählendes Gedicht
  (mündlich überliefertes) Volksepos
  literarisches Epos
Epigramm
  Das Epigramm ist ein kurzer,
  geistreicher Ausspruch, normalerweise in gereimter Form.

limerick *n* ['lɪmərɪk]
  Limericks are a special type of
  nonsense verse with five lines
  rhyming aabba.

Limerick
  Limericks sind eine spezielle Form
  des Nonsensgedichtes mit fünf
  Zeilen, die sich aabba reimen.

image *n* ['ɪmɪdʒ]

dichterisches Bild; bildlicher
Ausdruck, Metapher
imagery *n* ['ɪmɪdʒrɪ]
simile *n* ['sɪmɪlɪ]
metaphor *n* ['metəfə]
ellipsis *n* [ɪ'lɪpsɪs]
tension *n* ['tenʃn]
  Tension in a poem is achieved
  through a balance of opposite
  elements like *abstract – concrete,*
  serious – ironical.

dichterische Bildsprache, Metaphorik
Gleichnis, Vergleich
Metapher, bildlicher Ausdruck
Ellipse, Auslassung
Spannung(szustand)
  Der Spannungszustand im Gedicht
  entsteht aus einem Gleichgewicht
  gegensätzlicher Elemente wie
  abstrakt – konkret, ernsthaft –
  ironisch.

12.5 Drama

drama *n* ['drɑːmə]
dramatic *adj* [drə'mætɪk]
  dramatic irony
sketch *n* [sketʃ]
play *n* [pleɪ]
  one-act play
comedy *n* ['kɒmɪdɪ]
tragedy *n* ['trædʒɪdɪ]
production *n* [prə'dʌkʃn]
  A new production of Shakespeare's
  Hamlet opened recently in London.

Drama
dramatisch
  dramatische Ironie
Sketch
Theaterstück
  Einakter
Komödie
Tragödie
Produktion, Inszenierung
  Eine neue Inszenierung von
  Shakespeares *Hamlet* hatte
  kürzlich in London Premiere.

theatre *n* ['θɪətə]
stage *n* [steɪdʒ]
  stage directions
actor/actress *n* ['æktə, 'æktrɪs]

Theater
Bühne
  Bühnenanweisungen
Schauspieler(in)

Drama **209**

12 Bildende Kunst, Musik, Literatur

act *n* [ækt]   Akt, Aufzug
  Act III, Scene 4   dritter Akt, vierte Szene
scene *n* [si:n]   Szene
character *n* [ˈkærəktə]   Figur, Person, Rolle *(in Erzählungen bzw. Dramen)*

dialogue *n* [ˈdaɪəlɒɡ]   Dialog
monologue *n* [ˈmɒnəlɒɡ]   Monolog, Selbstgespräch

melodrama *n* [ˈmeləˌdrɑːmə]   Melodram(a) *(gefühlsbetontes Stück mit Musik)*

history (play) *n* [ˈhɪstərɪ (ˈpleɪ)]   Geschichtsdrama, Historie
Richard III is perhaps Shakespeare's   *Richard III* ist wohl das bekann-
best-known history play.   teste Geschichtsdrama von Shakespeare.

epic *adj* [ˈepɪk]   episch, erzählend
  epic theatre   episches Theater
absurd *n* [əbˈsɜːd]   das Absurde
  theatre of the absurd   das absurde Theater

playwright *n* [ˈpleɪraɪt]   Dramatiker(in), Stückeschreiber(in), Bühnenautor(in)

stage *v* [steɪdʒ]   inszenieren; aufführen
Virginia's play is being staged for   Virginias Theaterstück wird am
the first time ever on January 28th.   28. Januar uraufgeführt.
scenery *n* [ˈsiːnərɪ]   Szenerie, Bühnenbild
dénouement *n* [deɪˈnuːmɒŋ]   Auflösung, Ausgang (eines Theater-stückes)

catharsis *n* [kəˈθɑːsɪs]   Katharsis, „seelische Reinigung"
By experiencing pity and fear, the   Im Erleben von Mitleid und Furcht
audience goes through a process of   durchläuft der Zuschauer einen
catharsis.   Prozess der „seelischen Reinigung".

12.6 Arbeit mit Texten

literature *n* [ˈlɪtrətʃə]   Literatur
book *n* [bʊk]   Buch
  a **book by** William Golding   ein Buch von William Golding
read, read, read *v* [riːd, red] lesen
reader *n* [ˈriːdə]   Leser(in); Lesebuch
  "My son isn't much of a reader",   „Mein Sohn ist kein großer Leser",
  the teacher said.   sagte der Lehrer.
  Have you bought the new German   Hast du das neue Deutsch-Lesebuch
  reader we need for school?   gekauft, das wir für die Schule brauchen?

Bildende Kunst, Musik, Literatur 12

work *n* [wɜːk]	Werk
literary work / work of literature	literarisches Werk

author *n* [ˈɔːθə]	Autor(in), Verfasser(in)
writer *n* [ˈraɪtə]	Schriftsteller(in)
write, wrote, written *v*	schreiben, verfassen
[raɪt, rəʊt, ˈrɪtn]	
known *adj* [nəʊn]	bekannt, anerkannt
Isaac Asimov is **known for** his excellent style and humour.	Isaac Asimov ist für seinen überragenden Schreibstil und Humor bekannt.
a **well-known** author	ein(e) berühmte(r) Autor(in)
the **best-known** work	das bekannteste Werk
translation *n*	Übersetzung, Übertragung
[trænzˈleɪʃn]	
English **translation by** Phil Wright	Übersetzung ins Englische von Phil Wright
translate *v*	übersetzen/-tragen
[trænzˈleɪt]	
translated from German **into** English by Phil Wright	aus dem Deutschen ins Englische übertragen von Phil Wright

form *n* [fɔːm]	Form, Struktur
function *n* [ˈfʌŋkʃn]	Funktion, Aufgabe, Bedeutung
What is the function of Rachel's dream in this story?	Welche Funktion hat Rachels Traum in dieser Geschichte?
contrast *n; v* [ˈkɒntrɑːst; kənˈtrɑːst]	Gegensatz, Kontrast; im Kontrast stehen
The fast action of Scene 3 **forms a strong contrast to** the previous scene.	Der rasche Handlungsablauf der 3. Szene bildet einen starken Kontrast zur vorangegangenen Szene.
The form and the function of a text should not **contrast with** each other.	Die Form und die Funktion eines Textes sollten nicht im Kontrast zueinander stehen.
describe *v* [dɪˈskraɪb]	beschreiben
description *n* [dɪˈskrɪpʃn]	Beschreibung
characterize *v*	beschreiben, charakterisieren
[ˈkærəktəraɪz]	
characterization *n*	Charakterisierung, Personenbeschreibung
[ˌkærəktəraɪˈzeɪʃn]	
direct/indirect characterization	direkte/indirekte Charakterisierung
summary *n* [ˈsʌməri]	Zusammenfassung
Write a **summary of** the plot of *Macbeth*.	Schreiben Sie eine Zusammenfassung des Handlungsablaufs von *Macbeth*.

Arbeit mit Texten **211**

12 Bildende Kunst, Musik, Literatur

analyse v ['ænəlaɪz] — analysieren, untersuchen
analysis n [ə'næləsɪs] — Analyse, Untersuchung
  text analysis — Textanalyse
interpret v [ɪn'tɜːprɪt] — interpretieren, deuten
interpretation n [ɪn,tɜːprɪ'teɪʃn] — Interpretation, Deutung
approach n [ə'prəʊtʃ] — Vorgehensweise, Ansatz, Methode
  an easy approach to modern poetry — ein einfacher Zugang zur modernen Lyrik
  new/recent approaches in text analysis — neue/moderne Methoden der Textanalyse
quote v [kwəʊt] — zitieren
quotation n [kwəʊ'teɪʃn] — Zitat

plot n [plɒt] — Handlungsablauf, -führung
action n ['ækʃn] — Handlung
  Where does the action of the play take place? — Wo spielt das Stück?
ending n ['endɪŋ] — Ende, Schluss
  happy ending — Happyend, glücklicher Ausgang

oral adj ['ɔːrəl] — mündlich überliefert
  The Old English epic, *Beowulf,* is a piece of **oral literature**. — Das altenglische *Beowulf*-Epos ist ein Stück mündlich überlieferter Literatur.
literary adj ['lɪtrəri] — literarisch, Literatur-
  literary critic/criticism — Literaturkritiker(in)/Literaturkritik
  literary tradition — literarische Tradition
fictional adj ['fɪkʃnl] — fiktional, erdichtet; belletristisch
non-fictional adj [,nɒn'fɪkʃnl] — nichtfiktional; Sach-
  Novels, plays and poems are fictional texts; essays and biographies are non-fictional texts. — Romane, Dramen und Gedichte sind fiktionale Texte; Essays und Biographien sind Sachtexte.

manuscript n ['mænjəskrɪpt] — (Autoren-)Manuskript
draft n [drɑːft] — Entwurf, erste Fassung
  rough draft — Rohentwurf, Skizze
  final draft — Endfassung
storyline n ['stɔːrɪlaɪn] — Handlung
adaptation n [,ædæp'teɪʃn] — Adaptation, Bearbeitung
  film/stage adaptation — Kino-/Bühnenbearbeitung
selection n [sɪ'lekʃn] — Auswahl
  The teacher chose a **selection of** modern short stories. — Die Lehrerin stellte eine Auswahl moderner Kurzgeschichten zusammen.

Arbeit mit Texten

Bildende Kunst, Musik, Literatur 12

distance n ['dɪstəns]
It is sometimes difficult for writers to **keep their distance from** their literary characters.

Distanz, innerer Abstand
Für Schriftsteller ist es manchmal schwer, Distanz zu ihren literarischen Figuren zu wahren.

critic n ['krɪtɪk] — Kritiker(in)
criticize v ['krɪtɪsaɪz] — kritisieren
criticism n ['krɪtɪsɪzm] — Literaturkritik
review n; v [rɪ'vju:] — Rezension, Besprechung; rezensieren, besprechen

censorship n ['sensəʃɪp] — Zensur

concept n ['kɒnsept]
The play's concept is easy to understand.

Konzept
Die Anlage des Stückes ist leicht durchschaubar.

subject n ['sʌbdʒɪkt] — Gegenstand, Inhalt
theme n [θiːm] — Thema
structure n ['strʌktʃə] — Struktur, Aufbau, Bauform
  the structure of a novel/play/ poem — der Aufbau eines Romans/Stückes/ Gedichtes
formal adj ['fɔːml] — formal, die Form betreffend
  formal criticism — Formkritik, Formanalyse
  formal means/devices — formale Mittel

genre n ['ʒɑ̃:nrə] — Genre, literarische Gattung
tragic adj ['trædʒɪk] — tragisch
  tragic irony — tragische Ironie
comic adj ['kɒmɪk] — komisch
  comic relief — befreiende Komik
parody n ['pærədɪ] — Parodie
satire n ['sætaɪə] — Satire
fantasy n ['fæntəsɪ] — Fantasy (Roman/Film, der in einer unwirklichen, märchenhaften Traumwelt spielt)

tradition n [trə'dɪʃn] — Tradition
classic adj; n ['klæsɪk] — klassisch; Klassiker
The works of T. S. Eliot and Dylan Thomas have become **modern classics.**
Die Werke von T. S. Eliot und Dylan Thomas sind bereits Klassiker der Moderne.

sentimental adj [sentɪ'mentl] — sentimental, übertrieben emotional
  a sentimental novel — ein sentimentaler/moralisch-rührender Roman

romantic adj [rəʊ'mæntɪk] — romantisch
  romantic poetry/poets — romantische Dichtung/Dichter
romanticism n [rəʊ'mæntɪsɪzm] — (die) Romantik

Arbeit mit Texten 213

12 Bildende Kunst, Musik, Literatur

realism n ['rɪəlɪzm] — (der) Realismus
classicism n ['klæsɪsɪzm] — (der) Klassizismus
enlightenment n [ɪn'laɪtnmənt] — (die) Aufklärung
age n [eɪdʒ] — Zeitalter, Epoche, Periode
  the Classic/Romantic Age — die Klassik / die Romantik
  the Age of Enlightenment — das Zeitalter der Aufklärung

contemporary adj — zeitgenössisch, Gegenwarts-
[kən'temprərɪ]
  contemporary literature/writer — Literatur/Schriftsteller der Gegenwart

influence n ['ɪnflʊəns] — Einfluss, Wirkung
  The works of the Classic Age **had a tremendous influence on** many later writers. — Die Werke der Klassik übten einen ungeheuren Einfluss auf viele spätere Schriftsteller aus.
imitation n [ɪmɪ'teɪʃn] — Nachahmung, Imitation

discourse n ['dɪskɔːs] — Diskurs; Textabsicht, Textfunktion
  form/mode of discourse — Diskurstyp
  discourse analysis — Diskursanalyse
narration n [nə'reɪʃn] — Erzählung *(Diskurstyp)*
description n [dɪ'skrɪpʃn] — Beschreibung *(Diskurstyp)*
exposition n [ˌekspə'zɪʃn] — Erklärung, Information *(Diskurstyp)*
argument n ['ɑːɡjəmənt] — Argumentation, Überzeugung *(Diskurstyp)*
persuasion n [pə'sweɪʒn] — Überredung, Beeinflussung *(Diskurstyp)*
instruction n [ɪn'strʌkʃn] — Belehrung, Anweisung *(Diskurstyp)*

presentation n [ˌprezən'teɪʃn] — Darstellung, Darbietung; Inszenierung
  mode of presentation — Darstellungsart, -methode
  panoramic presentation — berichtende, zusammenfassende Darstellung
  scenic presentation — szenische, detaillierte Darstellung
mode n [məʊd] — Modus, Art, Form
panoramic adj [ˌpænə'ræmɪk] — zusammenfassend, berichtend
scenic adj ['siːnɪk] — szenisch, detailliert
setting n ['setɪŋ] — Szenerie, Schauplatz
  the setting of a novel/play — der Schauplatz eines Romans/ Dramas

context n ['kɒntekst] — Kontext, Zusammenhang
  The works of many writers can only be understood **in the context of** their time. — Die Werke vieler Schriftsteller sind nur im Kontext ihrer Zeit zu verstehen.
  in context — im Zusammenhang

214 Arbeit mit Texten

Bildende Kunst, Musik, Literatur 12

introduction *n* [ˌɪntrəˈdʌkʃn] — Einleitung, Vorwort
prologue *n* [ˈprəʊlɒg] — Prolog, Vorrede, Vorspiel
A prologue is often found at the beginning of longer epics or plays. — Ein Prolog findet sich oft am Anfang längerer Epen oder Theaterstücke.

conclusion *n* [kənˈkluːʒn] — Schluss; Schlussszene, -wort
epilogue *n* [ˈepɪlɒg] — Epilog, Nachrede, Schlusswort

exposition *n* [ˌekspəʊˈzɪʃn] — Exposition, Eröffnung
In drama, the exposition has the function of informing the audience about the setting and the main characters. — Im Drama hat die Exposition die Aufgabe, das Publikum über Schauplatz und Hauptfiguren zu informieren.
incident *n* [ˈɪnsɪdent] — Ereignis, Vorfall
suspense *n* [səˈspens] — Spannung, Erwartung, Ungewissheit
create suspense — Spannung erzeugen
anticipation *n* [ænˌtɪsɪˈpeɪʃn] — Vorwegnahme, Vorgriff
flashback *n* [ˈflæʃbæk] — Rückblende
In film and fiction, flashbacks are a way of presenting incidents that took place before the opening scene. — Im Film und in der Erzählliteratur dienen Rückblenden dazu, Ereignisse darzustellen, die schon vor der Anfangsszene stattgefunden haben.

stream of consciousness *n* [ˌstriːməvˈkɒnʃəsnɪs] — Bewusstseinsstrom (*Erzähltechnik, die die emotionale Innenwelt einer Figur darstellt*)

James Joyce's *Ulysses* is one of the best-known examples of modern stream of consciousness novels. — *Ulysses* von James Joyce ist eines der bekanntesten Beispiele für den modernen Bewusstseinsstrom-Roman.

rising action *n* [ˈraɪzɪŋˌækʃn] — steigende Handlung
climax *n* [ˈklaɪmæks] — Höhepunkt
falling action *n* [ˈfɔːlɪŋˌækʃn] — fallende Handlung
anticlimax *n* [ˌæntɪˈklaɪmæks] — Antiklimax, enttäuschender Abschwung der Handlung / des sprachlichen Ausdrucks

motivation *n* [ˌməʊtɪˈveɪʃn] — Motivation, Antrieb, Grund
personification *n* [pəˌsɒnɪfɪˈkeɪʃn] — Personifizierung, Personifikation
Villains in drama or fiction are often personifications of evil. — Die Schurken in Dramen oder Prosa sind oft Personifizierungen des Bösen.

static *adj* [ˈstætɪk] — statisch, fest, unveränderlich
static character — statische Figur

Arbeit mit Texten 215

12 Bildende Kunst, Musik, Literatur

type *n* [taɪp]	Typ, typische Figur
stereotype *n* [ˈstɪərɪətaɪp]	stereotype Figur
dynamic *adj* [daɪˈnæmɪk]	dynamisch, entwicklungsfähig
dynamic character	dynamische Figur
protagonist *n* [prəʊˈtægənɪst]	Hauptfigur
the I as protagonist	der Ich-Erzähler als Hauptfigur
hero/heroine, *pl* **heroes/heroines** *n*	Held, Heldin
[ˈhɪərəʊ(z), ˈherəʊɪn(z)]	
flaw *n* [flɔː]	Fehler, Mangel, Defekt
The **tragic flaw** in the character of the protagonist leads to the catastrophe.	Der tragische charakterliche Defekt der Hauptfigur führt zur Katastrophe.
antagonist *n* [ænˈtægənɪst]	Gegenspieler(in) der Hauptfigur
villain *n* [ˈvɪlən]	Schurke(nfigur)
antithesis *n* [ænˈtɪθɪsɪs]	Antithese, totaler Gegensatz
conflict *n* [ˈkɒnflɪkt]	Konflikt

imagination *n* [ɪˌmædʒɪˈneɪʃn]	Vorstellungskraft, Fantasie
atmosphere *n* [ˈætməsfɪə]	Atmosphäre
mood *n* [muːd]	Stimmung, Gestimmtheit
tone *n* [təʊn]	Ton, Stimmung
The tone in a literary text shows the writer's attitude towards his subject or characters.	In einem literarischen Text zeigt der Ton das Verhältnis des Verfassers zu seinem Gegenstand oder seinen Figuren.
pathos *n* [ˈpeɪθɒs]	Pathos
The pathos in Othello's monologues arouses feelings of sympathy, pity and grief in the audience.	Das Pathos in Othellos Monologen weckt im Publikum Mitgefühl, Mitleid und Trauer.

humour *n* [ˈhjuːmə]	Humor, Laune
humorous *adj* [ˈhjuːmrəs]	humorvoll; lustig
irony *n* [ˈaɪrənɪ]	Ironie
irony of situation	Situationsironie
verbal irony	sprachliche Ironie
sarcasm *n* [ˈsɑːkæzm]	Sarkasmus, beißender Spott

rhetoric *n* [ˈretrɪk]	Rhetorik; Phrasendrescherei
rhetorical *adj* [rɪˈtɒrɪkl]	rhetorisch
rhetorical devices	rhetorische Mittel, Redemittel
rhetorical question	rhetorische Frage, Suggestivfrage
figure of speech *n* [ˌfɪgərəvˈspiːtʃ]	Redensart, Redewendung
figurative *adj* [ˈfɪgrətɪv]	bildlich; übertragen
figurative language	bildliche Sprache
figurative sense	übertragene Bedeutung
literal *adj* [ˈlɪtrəl]	wörtlich

216 Arbeit mit Texten

Bildende Kunst, Musik, Literatur

literal meaning/sense	eigentliche/wörtliche Bedeutung
style *n* [staɪl]	Stil
stylistic *adj* [staɪˈlɪstɪk]	stilistisch
stylistic devices	Stilmittel

understatement *n* [ˌʌndəˈsteɪtmənt]	bewusste Untertreibung
allude to sb/sth *v* [əˌluːdˈtʊ]	auf jdn/etw. anspielen
allusion *n* [əˈluːʒn]	Anspielung
hint *n; v* [hɪnt]	Andeutung; andeuten
The author just **hints at** what might have happened.	Die Autorin deutet nur an, was vielleicht geschehen sein könnte.

exaggerate *v* [ɪgˈzædʒreɪt]	übertreiben
exaggeration *n* [ɪgˌzædʒrˈeɪʃn]	Übertreibung
hyperbole *n* [haɪˈpɜːblɪ]	Hyperbel, massive Übertreibung
tautology *n* [tɔːˈtɒlədʒɪ]	Tautologie (z. B. „weißer Schimmel")
euphemism *n* [ˈjuːfɪmɪzm]	Euphemismus, beschönigender Ausdruck

parallelism *n* [ˈpærəlelɪzm]	Parallelismus
analogy *n* [əˈnælədʒɪ]	Analogie
paraphrase *n* [ˈpærəfreɪz]	Paraphrase, Umschreibung mit anderen Worten
pun *n* [pʌn]	Wortspiel
ambiguous *adj* [æmˈbɪgjʊəs]	mehrdeutig
ambiguity *n* [ˌæmbɪˈgjuːətɪ]	Mehrdeutigkeit, Vieldeutigkeit
paradox *n* [ˈpærədɒks]	Paradox, nicht auflösbarer Widerspruch
symbol *n* [ˈsɪmbl]	Symbol
The rose is seen as **a symbol of** love.	Die Rose wird als Symbol der Liebe betrachtet.
symbolize *v* [ˈsɪmbəlaɪz]	symbolisieren

diction *n* [ˈdɪkʃn]	Wortwahl, Diktion
register *n* [ˈredʒɪstə]	sprachliches Register, Sprachebene
formal/informal/oral register	formelle Sprache / Umgangssprache / gesprochene Sprache
denotation *n* [ˌdiːnəˈteɪʃn]	Hauptbedeutung
connotation *n* [ˌkɒnəˈteɪʃn]	Nebenbedeutung, Assoziation
The denotation of the word *mother* is "a female parent". Its connotations are "warmth, love, security" etc.	Die Hauptbedeutung des Worts *Mutter* ist „weiblicher Elternteil". Seine Nebenbedeutungen sind „Wärme, Liebe, Geborgenheit" usw.
semantic field *n* [sɪˌmæntɪkˈfiːld]	semantisches Feld, Wortfeld

Arbeit mit Texten

12 Bildende Kunst, Musik, Literatur

word family *n* [ˈwɜːd ˌfæmlɪ]
The words "father", "mother", "child" form a semantic field, whereas "child", "childish" and "childlike" belong to a word family.

Wortfamilie
Die Wörter „Vater", „Mutter", „Kind" bilden ein Wortfeld, während „Kind", „kindisch", „kind-lich" zu einer Wortfamilie gehören.

headword *n* [ˈhedwɜːd]
Stichwort

keyword *n* [ˈkiːwɜːd]
Schlüsselwort, wichtiger Begriff

Falsche Freunde

Englisches Wort	Thematische Bedeutung(en)	Falscher Freund	Englische Entsprechung(en)
art *n*	Kunst	Art	way, sort, kind
chorus *n*	Refrain	Chor	choir
critic *n*	Kritiker(in)	Kritik	criticism
fantasy *n*	Fantasy(roman/-film)	Fantasie	imagination
lyrics *n*	Liedtext	Lyrik	poetry
mode *n*	Modus, Art, Form	Mode	fashion
novel *n*	Roman	Novelle	novella
paragraph *n*	Textabsatz	Paragraph (= §§)	section (of a law)
verse *n*	Strophe	Vers	line, rhyme

Arbeit mit Texten

Geschichte, Religion

13

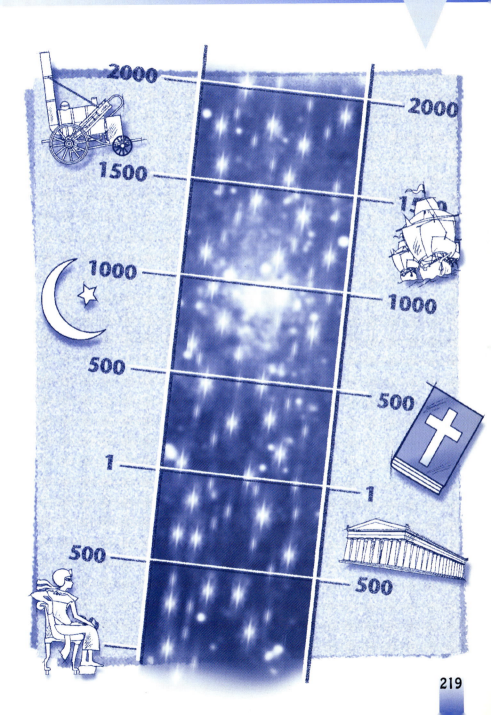

13 Geschichte, Religion

13.1 Geschichte

history *n* ['hɪstrɪ]
for the first time in history
origin *n* ['ɒrɪdʒɪn]
The cave drawings in New Mexico are clearly **of Indian origin**.

original *adj* [ə'rɪdʒənl]
Native Americans are the **original inhabitants** of the New World; they migrated from Asia to North America around 20,000 BC.
BC (before Christ) *adv* [ˌbiː'siː]
modern *adj* ['mɒdn]
modern history
modern society
present-day *adj* [ˌpreznt'deɪ]
Life in present-day France is very different from what it was in the 18th century.

(die) Geschichte
zum ersten Mal in der Geschichte
Ursprung, Herkunft
Die Höhlenzeichnungen in Neu-Mexiko sind eindeutig indianischer Herkunft.

ursprünglich, Ur-
Die Indianer sind die Ureinwohner der Neuen Welt; sie wanderten um ca. 20 000 v. Chr. von Asien nach Nordamerika.
v. Chr. (vor Christi Geburt)
modern, heutig
die neuere/jüngere Geschichte
die heutige Gesellschaft
heutig, gegenwärtig
Das Leben im heutigen Frankreich unterscheidet sich sehr von dem im 18. Jahrhundert.

---

rule *n; v* [ruːl]

Many countries used to be **under British rule**.
Queen Elizabeth I ruled England from 1558 to 1603.
succeed *v* [sək'siːd]
The king was succeeded by his eldest son.

Herrschaft, Regierungszeit; regieren, herrschen (über)
Viele Länder waren früher einmal unter britischer Herrschaft.
Königin Elisabeth I. regierte England von 1558 bis 1603.
nachfolgen
Dem König folgte sein ältester Sohn nach.

---

historic *adj* [hɪ'stɒrɪk]
The first moon landing was **a historic event**.
historical *adj* [hɪ'stɒrɪkl]

of historical interest
legend *n* ['ledʒənd]
mankind *n* [mæn'kaɪnd]
the early history of mankind

bedeutend, historisch
Die erste Mondlandung war ein historisches Ereignis.
geschichtlich, Geschichts-, historisch
von geschichtlicher Bedeutung
Legende, Sage
die Menschheit
die Frühgeschichte der Menschheit

---

explore *v* [ɪk'splɔː]
discover *v* [dɪ'skʌvə]

erkunden, erforschen
entdecken

220 Geschichte

Geschichte, Religion

Christopher Columbus discovered America in 1492 and explored some of the West Indian islands.	Christoph Kolumbus entdeckte Amerika im Jahre 1492 und erforschte einige der Westindischen Inseln.
discovery *n* [dɪˈskʌvrɪ]	Entdeckung
ancient *adj* [ˈeɪnʃənt]	uralt, Früh-, Vor-
ancient history	(die) Frühgeschichte, graue Vorzeit
civilization *n* [ˌsɪvɪlaɪˈzeɪʃn]	Kultur; Zivilisation
ancient civilizations	alte Kulturen

colony *n* [ˈkɒlənɪ]	Kolonie
colonize *v* [ˈkɒlənaɪz]	kolonisieren
conquer *v* [ˈkɒŋkə]	erobern, unterwerfen
The Normans conquered Britain in 1066.	Die Normannen eroberten Britannien im Jahre 1066.
slave *n* [sleɪv]	Sklave, Sklavin
slavery *n* [ˈsleɪvrɪ]	(die) Sklaverei
pioneer *n* [ˌpaɪəˈnɪə]	Pionier
settle *v* [ˈsetl]	ansiedeln, besiedeln
There is evidence that the first people to settle in the New World were Vikings.	Es gibt Beweise, dass die Wikinger die Ersten waren, die die Neue Welt besiedelten.
settler *n* [ˈsetlə]	Siedler(in)
settlement *n* [ˈsetlmənt]	Siedlung, Ansiedlung; Besiedlung
A large Celtic settlement from the third century BC has been discovered in Southwest England.	Eine große keltische Siedlung aus dem dritten Jahrhundert vor Christus wurde im Südwesten Englands entdeckt.
Some people argue that the settlement of North America is still continuing today.	Manche Leute behaupten, dass die Besiedlung Nordamerikas auch heute noch anhält.
trade *v* [treɪd]	handeln, tauschen
French settlers in Canada **traded** food and blankets **for** furs.	Französische Siedler in Kanada tauschten Lebensmittel und Decken gegen Pelze.
trader *n* [treɪdə]	Händler(in)

immigrate *v* [ˈɪmɪgreɪt]	einwandern
immigration *n* [ˌɪmɪˈgreɪʃn]	Einwanderung
immigrant *n* [ˈɪmɪgrənt]	Einwanderer, Einwanderin
emigrate *v* [ˈemɪgreɪt]	auswandern
emigration *n* [ˌemɪˈgreɪʃn]	Auswanderung
emigrant *n* [ˈemɪgrənt]	Auswanderer, Auswanderin

Middle Ages *n pl* [ˌmɪdlˈeɪdʒɪz]	Mittelalter
medieval *adj* [ˌmedɪˈiːvl]	mittelalterlich

Geschichte

13 Geschichte, Religion

a medieval castle	eine mittelalterliche Burg
medieval history	(die) Geschichte des Mittelalters
knight *n* [naɪt]	Ritter
sword *n* [sɔːd]	Schwert
shield *n* [ʃiːld]	Schild
treasure *n* ['treʒə]	Schatz
a buried treasure	ein vergrabener Schatz
outlaw *n* ['aʊtlɔː]	Gesetzlose(r), Bandit(in)
sheriff *n* ['ʃerɪf]	Sheriff
The sheriff and his men searched the woods for hours looking for the outlaws.	Der Sheriff und seine Männer durchsuchten stundenlang den Wald nach den Gesetzlosen.

tradition *n* [trə'dɪʃn]	Tradition
traditional *adj* [trə'dɪʃnl]	traditionell
revolution *n* [ˌrevə'luːʃn]	Revolution
the Industrial Revolution	die industrielle Revolution

13.2 Religion

religion *n* [rɪ'lɪdʒn]	Religion
religious *adj* [rɪ'lɪdʒəs]	religiös
exist *v* [ɪg'zɪst]	existieren
Do you believe that God exists?	Glauben Sie an die Existenz Gottes?
belief *n* [bɪ'liːf]	Glaube
believe *v* [bɪ'liːv]	glauben
Christians **believe in** life after death.	Christen glauben an ein Leben nach dem Tod.
prayer *n* [preə]	Gebet
Many children still **say their prayers** every night before going to bed.	Es gibt immer noch viele Kinder, die jeden Abend vor dem Schlafengehen ihr Nachtgebet sprechen.
silent prayer	Andacht, stilles Gebet
pray *v* [preɪ]	beten
Let us pray. *idiom*	Lasst uns beten!
pray for help	um Hilfe beten

Lord *n* [lɔːd]	Herr, Gott
the Lord's Prayer	das Vaterunser
God *n* [gɒd]	Gott
devil *n* ['devl]	Teufel
heaven *n* ['hevn]	(der) Himmel
hell *n* [hel]	(die) Hölle
soul *n* [səʊl]	Seele

Religion

Geschichte, Religion

charity n ['tʃærɪtɪ] — (die) Nächstenliebe; Almosen
good adj; n [gʊd] — gut; das Gute
　It is not enough to believe that man is good; you must also see the good in man. — Es reicht nicht zu glauben, dass der Mensch gut ist; man muss das Gute im Menschen auch wahrnehmen.
evil adj; n ['iːvl] — böse; das Böse
forbid, forbad(e), forbidden v [fə'bɪd, fə'bæd, fə'bɪdn] — verbieten
　The Koran forbids the eating of pork. — Der Koran verbietet es, Schweinefleisch zu essen.

---

church n [tʃɜːtʃ] — Kirche
　go to church — in die Kirche gehen
service n ['sɜːvɪs] — (der) Gottesdienst
　church service — (der) Gottesdienst
　Sunday services are at nine, eleven and six o'clock. — Die Sonntagsgottesdienste finden um 9, 11 und 18 Uhr statt.
bell n [bel] — Glocke
　In our village, **church bells** can still be heard on Sunday mornings. — In unserem Dorf kann man jeden Sonntagmorgen die Kirchenglocken noch läuten hören.

Separation of church and state in the US

The American Constitution guarantees citizens of the United States not only **freedom of religion**, but also the **separation of church and state**. Today, as when the United States was still a British colony, church and state are not separate in England. The Queen is the head of the **Anglican Church**.

Churches in the United States receive no money from federal or state government and there are no **church taxes**. Churches receive their money from their members directly. Some members regularly contribute a tenth of their income, but most people just put money in the **collection plate** at every **service**.

Religious instruction in public schools, as practised in many European countries, is unconstitutional in the United States. Private schools which do not receive any money from the government may have religious instruction if they so choose. **School prayer** in public schools was declared unconstitutional in the US in 1962. Since then, various religious groups in the US have demanded its reintroduction.

Christ n [kraɪst] — (Jesus) Christus
Christian adj; n ['krɪstʃən] — christlich; Christ(in)
holy adj ['həʊlɪ] — heilig
　the Holy Bible — die Heilige Schrift
Bible n ['baɪbl] — Bibel
cross n [krɒs] — Kreuz
　Jesus Christ **died on the cross**. — Jesus Christus starb am Kreuz.

Religion **223**

Geschichte, Religion

organization n [,ɔ:gənaɪ'zeɪʃn] — Organisation, Unternehmen
Social organizations are very often run by a Christian church. — Wohltätigkeitsorganisationen werden oft von einer christlichen Kirche getragen.

charity n ['tʃærɪtɪ] — Wohltätigkeit(sverein)
  charity concert — Wohltätigkeitskonzert
appeal n [ə'pi:l] — Aufruf, Appell
bring-and-buy sale BE n ['brɪŋænd'baɪˌseɪl] — Wohltätigkeitsbasar
raffle n ['ræfl] — Verlosung, Tombola

Catholic adj; n ['kæθlɪk] — katholisch; Katholik(in)
Protestant adj; n ['prɒtɪstənt] — evangelisch, protestantisch; Protestant(in)
Jewish adj ['dʒu:ɪʃ] — jüdisch
Jew n ['dʒu:] — Jude, Jüdin
Buddhist adj; n ['bʊdɪst] — buddhistisch; Buddhist(in)
Hindu adj; n [,hɪn'du:] — hinduistisch; Hindu(istin)
Muslim adj; n ['mʊzlɪm] — moslemisch; Moslem, Moslime
atheist n ['eɪθɪɪst] — Atheist(in)

pagan adj; n ['peɪgn] — heidnisch; Heide, Heidin
goddess n ['gɒdɪs] — Göttin
witch n [wɪtʃ] — Hexe

clergy n ['klɜ:dʒɪ] — Geistlichkeit
The clergy in our country are very much against the idea of abortion. — Die Geistlichen sind hierzulande entschieden gegen Abtreibung.
clergyman, pl **clergymen** n ['klɜ:dʒɪmən] — Geistlicher
clergywoman, pl **clergywomen** n ['klɜ:dʒɪˌwʊmən, 'klɜ:dʒɪˌwɪmɪn] — Geistliche
Reverend (Rev.) n ['revrənd] — Herr Pfarrer / Frau Pfarrerin (Anrede)
minister n ['mɪnɪstə] — Pfarrer(in), Pastor(in), protestantische(r) Geistliche(r)
vicar n [vɪkə] — Pfarrer(in)
In the Church of England the vicar is the clergyman responsible for a parish. — In der anglikanischen Kirche ist der Pfarrer der Geistliche, der für eine Pfarrgemeinde verantwortlich ist.
curate n ['kjʊərət] — Vikar (junger Geistlicher)

priest n [pri:st] — Priester(in)
monk n [mʌŋk] — Mönch
nun n [nʌn] — Nonne
bishop n ['bɪʃəp] — Bischof, Bischöfin

Religion

Geschichte, Religion   13

archbishop n [ˌɑːtʃˈbɪʃəp]	Erzbischof, Erzbischöfin
the **Archbishop of Canterbury**	der Erzbischof von Canterbury
pope n [pəʊp]	Papst
rabbi n [ˈræbaɪ]	Rabbiner(in)

chapel n [ˈtʃæpl]	Kapelle; freikirchliche Gemeinde
Our wedding will take place in the local chapel.	Unsere Hochzeit findet in der hiesigen Kapelle statt.
Many people in Wales **go to chapel** instead of church.	Viele Menschen in Wales gehen nicht in die anglikanische oder katholische Kirche, sondern in eine freikirchliche Gemeinde.
synagogue n [ˈsɪnəgɒg]	Synagoge *(jüdisches Gotteshaus)*
mosque n [mɒsk]	Moschee *(moslemisches Gotteshaus)*
temple n [ˈtempl]	Tempel
convent n [ˈkɒnvənt]	Frauenkloster
monastery n [ˈmɒnəstrɪ]	Männerkloster

parish n [ˈpærɪʃ]	Pfarrgemeinde
congregation n [ˌkɒŋgrɪˈgeɪʃn]	in der Kirche versammelte Gemeinde
worship, worshipped, worshipped v [ˈwɜːʃɪp, ˈwɜːʃɪpt]	anbeten
preach v [priːtʃ]	predigen
The new minister **preached to** his congregation **about** Jesus' love.	Der neue Pfarrer predigte seiner Gemeinde über die Liebe Jesu.
Practise what you preach. *idiom*	Lasst den Worten Taten folgen!
sermon n [ˈsɜːmən]	Predigt
preach a sermon	predigen, eine Predigt halten
pulpit n [ˈpʊlpɪt]	Kanzel
mass n [mæs]	Messe
go to mass	zur Messe gehen
hymn n [hɪm]	Kirchenlied
verse n [vɜːs]	Bibelvers
The vicar quoted a verse from the Bible.	Der Prediger zitierte einen Bibelvers.
collection n [kəˈlekʃn]	Kollekte

ceremony n [ˈserɪmənɪ]	Zeremonie, Feier; Zeremoniell
perform a religious ceremony	eine religiöse Zeremonie abhalten
wedding n [ˈwedɪŋ]	Hochzeit
wedding ceremony	Trauung
christen v [ˈkrɪsn]	taufen
christening n [ˈkrɪsnɪŋ]	Taufe
funeral n [ˈfjuːnərəl]	Beerdigung
funeral service	Trauergottesdienst

Religion   **225**

Geschichte, Religion

solemn adj ['sɒləm]
There was a solemn silence as they lowered their brother's body into the grave.

ernst, feierlich
Es herrschte feierliche Stille, als sie den Leichnam ihres Bruders ins Grab hinabließen.

confession n [kən'feʃn]
Martha goes to confession regularly.
What confession are you? – I'm Church of England.

Beichte; Bekenntnis, Konfession
Martha geht regelmäßig zur Beichte.
Welcher Konfession gehören Sie an? – Ich bin Anglikaner(in).

sin n [sɪn]
 the seven deadly sins
sin, sinned, sinned v [sɪn]
sinner n ['sɪnə]
damn v [dæm]
repent v [rɪ'pent]

Sünde
 die sieben Todsünden
sündigen
Sünder(in)
verdammen
bereuen, Buße tun

sacrifice n; v ['sækrɪfaɪs]
mercy n ['mɜːsɪ]
God, **have mercy on** my soul!
praise v [preɪz]
 Praise the Lord!
miracle n ['mɪrəkl]
The Bible reports that Jesus **performed** many **miracles.**
convert v [kən'vɜːt]

Opfer; opfern
Gnade, Barmherzigkeit
Gott, sei meiner Seele gnädig!
loben
 Lobt den Herrn!
Wunder
Die Bibel erzählt, dass Jesus viele Wunder vollbracht hat.
bekehren

creation n [kri:'eɪʃn]
paradise n ['pærədaɪs]
angel n ['eɪndʒl]
ghost n [gəʊst]
 in the name of the Father, the Son and the Holy Ghost idiom

die Schöpfung
das Paradies
Engel
Geist
 im Namen des Vaters, des Sohnes und des Heiligen Geistes

faith n [feɪθ]
 faith in God
 the Catholic faith
pious adj ['paɪəs]
gospel n ['gɒspl]

Glaube; Bekenntnis
 der Glaube an Gott
 das katholische Bekenntnis
fromm
das Evangelium

Saviour n ['seɪvjə]
saint n [seɪnt]
apostle n [ə'pɒsl]
disciple n [dɪ'saɪpl]
prophet n ['prɒfɪt]
pilgrim n ['pɪlgrɪm]

Heiland, Erlöser
Heilige(r)
Apostel(in)
Jünger(in); Anhänger(in)
Prophet(in)
Pilger(in)

Geschichte, Religion 13

ethics *n pl* ['eθɪks]　　　Ethik; Moral
doctrine *n* ['dɒktrɪn]　　Doktrin, Glaubenslehre
morals *n pl* ['mɒrəlz]　　Moral

superstition *n* [ˌsuːpə'stɪʃn]　Aberglaube
superstitious *adj* [ˌsuːpə'stɪʃəs]　abergläubisch
fate *n* [feɪt]　　　Schicksal
fanatic *n* [fə'nætɪk]　　Fanatiker(in)
sect *n* [sekt]　　　Sekte

Falsche Freunde

Englisches Wort	Thematische Bedeutung(en)	Falscher Freund	Englische Entsprechung(en)
sermon *n*	Predigt	Sermon	long, boring, pointless speech
sin *n*	Sünde	Sinn	sense; meaning
vicar *n*	Pfarrer	Vikar (= *junger oder Hilfsgeistlicher*)	curate

Religion **227**

14 Wissenschaft und Forschung

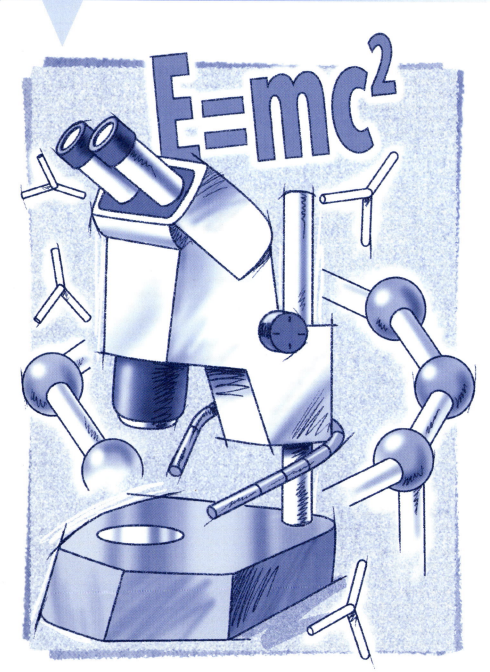

Wissenschaft und Forschung 14

arts *n pl* [ɑːts] — Geisteswissenschaft(en)
science *n* [ˈsaɪəns] — Naturwissenschaft(en)
Are you going to study arts or science? — Willst du Geistes- oder Naturwissenschaften studieren?
In **general science**, we're doing a bit of physics and a bit of biology. — Im Fach „Allgemeine Naturwissenschaften" machen wir etwas Physik und etwas Biologie.

natural *adj* [ˈnætʃrəl] — natürlich, Natur-
Physics, biology and chemistry are all **natural sciences**. — Physik, Biologie und Chemie sind Naturwissenschaften.
pure sciences *n pl* [ˈpjʊəˌsaɪənsɪz] — reine Wissenschaften
applied sciences *n pl* [əˈplaɪdˌsaɪənsɪz] — angewandte Wissenschaften
Mathematics and physics are pure sciences while computer technology is an applied science. — Mathematik und Physik sind reine Wissenschaften, während Computertechnik eine angewandte Wissenschaft ist.

scientist *n* [ˈsaɪəntɪst] — Naturwissenschaftler(in)

system *n* [ˈsɪstəm] — System
systematic *adj* [ˌsɪstəˈmætɪk] — systematisch
method *n* [ˈmeθəd] — Methode, Verfahren, Ansatz
experiment *n; v* [ɪkˈsperɪmənt] — Experiment, Versuch; experimentieren
do an experiment — ein Experiment durchführen
laboratory/lab *n* [ləˈbɒrətrɪ/læb] — Labor
guinea pig *n* [ˈgɪnɪˌpɪg] — Versuchskaninchen
Only very few people agree to being used as guinea pigs in lab/drug tests. — Nur ganz wenige Menschen sind dazu bereit, als Versuchskaninchen für Labor-/Arzneimitteltests zu dienen.

analyse *v* [ˈænlaɪz] — analysieren, untersuchen
analysis *n* [əˈnæləsɪs] — Analyse, Untersuchung
result *n* [rɪˈzʌlt] — Ergebnis, Resultat

standard *n* [ˈstændəd] — Leistungsstand, Niveau
The scientists' work was **of a very high standard**. — Die Arbeit der Naturwissenschaftler hatte sehr hohes Niveau.
This paper's not **up to standard**. — Dieses Referat entspricht nicht den Anforderungen.

paper *n* [ˈpeɪpə] — Papier; Aufsatz; Referat
read/deliver a paper — ein Referat halten
talk *n* [tɔːk] — Vortrag
Professor Cowley's **giving a talk on** Shakespeare today. — Professor Cowley hält heute einen Vortrag über Shakespeare.

Wissenschaft und Forschung 229

14 Wissenschaft und Forschung

theory *n* ['θɪərɪ]
  in theory
theoretical *adj* [θɪə'retɪkl]
study *n* ['stʌdɪ]
  language studies
  the study of English
  make a study of sth

research *n; adj* [rɪ'sɜ:tʃ]
  Dr Jones and her team are **doing**
  research into the causes of cancer.

  carry out research (on sth)

  basic/cancer research
  research institute
  research worker
research *v* [rɪ'sɜ:tʃ]
researcher *n* [rɪ'sɜ:tʃə]

Theorie
  theoretisch (gesehen)
theoretisch
Studium; Studie, Untersuchung
  Sprachstudium
  das Englischstudium
  etw. wissenschaftlich untersuchen/
  studieren
Forschung; Forschungs-
  Frau Dr. Jones und ihre Arbeits-
  gruppe forschen nach den Ursa-
  chen von Krebs.
  Forschungsarbeiten (zu etw.)
  durchführen
  Grundlagen-/Krebsforschung
  Forschungsinstitut
  Forscher(in)
untersuchen, (er)forschen
Forscher(in)

fieldwork *n* ['fi:ldwɜ:k]
explore *v* [ɪk'splɔ:]
exploration *n* [eksplə'reɪʃn]
classification *n* [klæsɪfɪ'keɪʃn]
survey *n* ['sɜ:veɪ]
  The first chapter of the book
  includes a brief **survey of** its
  contents.
  A recent **survey of** German universi-
  ties found that female students are
  more successful than their male
  colleagues.

Feldforschung
erkunden, erforschen
Erkundung, Erforschung
Klassifizierung, Einordnung
Überblick; Untersuchung, Umfrage
  Das erste Kapitel des Buchs enthält
  einen kurzen Überblick zum
  Inhalt.
  Eine aktuelle Umfrage an deut-
  schen Universitäten ergab, dass
  Studentinnen mehr Erfolg haben
  als ihre Kommilitonen.

source *n* [sɔ:s]
reading *n* ['ri:dɪŋ]
  Dr Hofstadter's book **makes very**
  difficult but worthwhile reading.
  What's your reading of this
  sentence?

Quelle, Originaldokument
Lektüre; Interpretation, Verständnis
  Dr. Hofstadters Buch ist sehr
  schwierig, aber lohnend zu lesen.
  Wie verstehen Sie diesen Satz?

invention *n* [ɪn'venʃn]
  Necessity is the mother of inven-
  tion. *idiom*
discover *v* [dɪ'skʌvə]
discovery *n* [dɪ'skʌvrɪ]

Erfindung; Erfindungsgeist
  Not macht erfinderisch.

entdecken
Entdeckung

230 Wissenschaft und Forschung

Wissenschaft und Forschung

scientific adj [ˌsaɪən'tɪfɪk]
  make a scientific discovery

  a scientific approach/method

experimental adj [ɪkˌsperɪ'mentl]
  experimental results

(natur)wissenschaftlich
  eine (natur)wissenschaftliche
  Entdeckung machen
  eine (natur)wissenschaftliche
  Methode
experimentell, Versuchs-
  Versuchsergebnisse

---

specialize v ['speʃlaɪz]
  Dr Brent **specializes in** 19th
  century poetry.
specialist n ['speʃlɪst]
  Professor Nichols is **a specialist in**
  nuclear physics.
conference n ['kɒnfrəns]
  annual conference
award n; v [ə'wɔːd]
  make an award to sb
  Marie Curie **was awarded** the
  Nobel Prize **for** chemistry in 1911.

sich spezialisieren
  Dr. Brent ist auf die Lyrik des
  19. Jahrhunderts spezialisiert.
Spezialist(in), Fachmann/-frau
  Professor Nichols ist Spezialist(in)
  für Atomphysik.
Konferenz, Tagung
  Jahrestagung
Preis, Stipendium; verleihen
  jdm einen Preis verleihen
  Marie Curie wurde 1911 der Nobel-
  preis für Chemie verliehen.

---

life sciences n pl ['laɪfˌsaɪənsɪz]
biology n [baɪ'ɒlədʒɪ]
biological adj [ˌbaɪə'lɒdʒɪkl]
biologist n [ˌbaɪ'ɒlədʒɪst]
cell n [sel]
gene n [dʒiːn]
genetic adj [dʒə'netɪk]
  genetically modified (GM)
  genetic engineer

  genetic engineering
genetics n [dʒə'netɪks]
cross-breed v ['krɒsbriːd]
transfer, transferred, transferred v
['trænsfɜː]
  Genes can be transferred from one
  species to another.

Bio-Wissenschaften
Biologie
biologisch
Biologe, Biologin
Zelle
Gen, Erbfaktor
genetisch
  genmanipuliert/-verändert
  Gentechniker(in), Gentechnologe,
  Gentechnologin
  Gentechnik/-technologie
Genetik
durch Kreuzung züchten, kreuzen
übertragen

  Gene können von einer Tier- oder
  Pflanzenart auf eine andere übertragen werden.

---

social science(s) n
['səʊʃlˌsaɪəns(ɪz)]
sociology n [ˌsəʊʃɪ'ɒlədʒɪ]
sociologist n [ˌsəʊʃɪ'ɒlədʒɪst]
sociological adj [səʊʃɪə'lɒdʒɪkl]
economics n [ˌiːkə'nɒmɪks]

Gesellschaftswissenschaften

Soziologie
Soziologe, Soziologin
soziologisch
(Volks-)Wirtschaftslehre

14 Wissenschaft und Forschung

business studies *n pl* — Betriebswirtschaft(slehre)
['bɪznɪs'stʌdɪz]
psychology *n* [saɪ'kɒlədʒɪ] — Psychologie
psychologist *n* [saɪ'kɒlədʒɪst] — Psychologe, Psychologin
psychological *adj* [ˌsaɪkl'ɒdʒɪkl] — psychologisch
history *n* ['hɪstrɪ] — Geschichtswissenschaft
historian *n* [hɪ'stɔːrɪən] — Historiker(in)
historical *adj* [hɪ'stɒrɪkl] — historisch, geschichtswissen-
schaftlich

philosophy *n* [fɪ'lɒsəfɪ] — Philosophie
philosopher *n* [fɪ'lɒsəfə] — Philosoph(in)
philosophical *adj* [ˌfɪlə'sɒfɪkl] — philosophisch

physical science(s) *n* — Naturwissenschaften
['fɪzɪklˌsaɪəns(ɪz)]
physics *n* ['fɪzɪks] — Physik
physicist *n* ['fɪzɪsɪst] — Physiker(in)
chemistry *n* ['kemɪstrɪ] — Chemie
chemist *n* ['kemɪst] — Chemiker(in)
chemical *n; adj* ['kemɪkl] — Chemikalie; chemisch
formula *n* ['fɔːmjələ] — Formel
pharmacy *n* ['fɑːməsɪ] — Pharmazie
pharmacist *n* ['fɑːməsɪst] — Pharmazeut
geology *n* [dʒɪ'ɒlədʒɪ] — Geologie
geologist *n* [dʒɪ'ɒlədʒɪst] — Geologe, Geologin
geological *adj* [ˌdʒɪə'lɒdʒɪkl] — geologisch
information technology (IT) *n* — Informatik; Informationstechnik
[ˌɪnfəˌmeɪʃntek'nɒlədʒɪ (ˌaɪ'tiː)]
astronomy *n* [ə'strɒnəmɪ] — Astronomie
telescope *n* ['telɪskəup] — Teleskop, Fernrohr

Falsche Freunde			
Englisches Wort	**Thematische Bedeutung(en)**	**Falscher Freund**	**Englische Entsprechung(en)**
formula *n*	Formel	Formular	form

15 Staat, Recht, Politik

15 Staat, Recht, Politik

15.1 Verfassung, öffentliche Verwaltung

power n ['paʊə]
Macht; Vollmacht, Recht

No political party should **be in power** for too long.
Keine politische Partei sollte zu lange an der Macht sein.

The police have the power to arrest people.
Die Polizei hat das Recht, Personen zu verhaften.

right n [raɪt]
Recht, Berechtigung

human rights
die Menschenrechte

free adj [fri:]
frei

freedom n ['fri:dəm]
Freiheit

freedom of the press
Pressefreiheit

constitution n [ˌkɒnstɪ'tju:ʃn]
Verfassung, Grundgesetz

---

public adj ['pʌblɪk]
öffentlich, staatlich

public life
das öffentliche Leben

public services
staatliche Dienstleistungen

civil adj ['sɪvl]
staatlich, öffentlich

civil rights
(staats)bürgerliche Rechte

civil servant
Staatsbeamter, Staatsbeamtin

civil service
öffentlicher Dienst

private adj ['praɪvɪt]
privat, persönlich

private citizen/life
Privatperson/-leben

property n ['prɒpəti]
Eigentum, Besitz

private/public property
Privatbesitz; öffentliches Eigentum, Staatsbesitz

---

official adj; n [ə'fɪʃl]
offiziell, amtlich; Beamter, Beamtin

official statement
amtliche Erklärung/Stellungnahme

government official
Regierungsbeamter/-beamtin

staff n [stɑ:f]
Mitarbeiter(stab), Personal

The White House staff had a meeting with the President.
Die Mitarbeiter des Weißen Hauses hatten eine Sitzung mit dem Präsidenten.

officer n ['ɒfɪsə]
Beamter, Beamtin

inspector n [ɪn'spektə]
Kontrolleur(in), Inspektor(in)

---

district n ['dɪstrɪkt]
Gebiet, Stadtteil, Revier

inhabitant n [ɪn'hæbɪtənt]
Einwohner(in)

tax n [tæks]
Steuer, Abgabe

taxpayer
Steuerzahler(in)

income tax
Lohn-/Einkommensteuer

value added tax (VAT) BE;
Mehrwertsteuer, Umsatzsteuer

sales tax AE n
[ˌvælju:ˌædɪd'tæks (ˌvi:eɪ'ti:); 'seɪlzˌtæks]

234 Verfassung, öffentliche Verwaltung

Staat, Recht, Politik 15

declaration n [ˌdeklə'reɪʃn]
the Universal Declaration of
Human Rights
the Declaration of Independence

Erklärung, Ausrufung
die Allgemeine Menschenrechts-
erklärung *(der UN, 1948)*
die Unabhängigkeitserklärung *(der
USA, 1776)*

liberty n ['lɪbətɪ]
basic liberties
liberty of conscience
cosmopolitan n; adj
[ˌkɒzmə'pɒlɪtn]

Freiheit(srecht)
Grundrechte
Gewissensfreiheit
Weltbürger(in); kosmopolitisch

legislation n [ˌledʒɪ'sleɪʃn]
Violence is not a problem that can
be solved by legislation.

Gesetzgebung; Gesetze
Gewalt(tätigkeit) ist ein Problem,
das sich nicht durch Gesetze lösen
lässt.

executive n [ɪg'zekjətɪv]
An executive carries out laws and
decisions made by a parliament.

Exekutive, ausführende Gewalt
Die Exekutive setzt Gesetze und
Entscheidungen um, die das
Parlament erlassen hat.

constitutional adj [ˌkɒnstɪ'tjuːʃnl]
constitutional government
constitutional law
constitutional monarchy
separation n [ˌsepr'eɪʃn]
separation of powers

konstitutionell, verfassungsmäßig
verfassungsmäßige Regierung
Verfassungsrecht
konstitutionelle Monarchie
Trennung, Teilung
Gewaltenteilung *(in Legislative,
Exekutive, Judikative)*

separation of church and state

Trennung von Kirche und Staat

administration n
[ədˌmɪnɪ'streɪʃn]
authority n [ɔː'θɒrətɪ]
the local authority/authorities BE

Verwaltung

Autorität; Behörde, Amt (BE)
die Gemeinde-/Kommunal-
verwaltung

council n ['kaʊnsl]
town/county council BE
city council AE
county n ['kaʊntɪ]

Rat(sversammlung)
Stadtrat / *etwa:* Bezirkstag
Stadtrat
Grafschaft (BE); Verwaltungs-
bezirk (AE)

A county is the largest unit of local
government in Britain.

Die Grafschaft ist die größte Einheit der Regionalverwaltung in
Großbritannien.

committee n [kə'mɪtɪ]
be/sit on a committee

Ausschuss, Komitee
in einem Ausschuss sitzen/
mitarbeiten

chairperson n ['tʃeəˌpɜːsn]

Vorsitzende(r)

Verfassung, öffentliche Verwaltung **235**

15 Staat, Recht, Politik

chairman, *pl* chairmen *n* ['tʃeəmən] — Vorsitzender

chairwoman, *pl* chairwomen *n* ['tʃeə,wʊmən, 'tʃeə,wɪmɪn] — Vorsitzende

appoint *v* [ə'pɔɪnt] — ernennen, berufen
In Britain, judges are appointed by the Crown. — In Großbritannien werden die Richter von der Krone berufen.

mayor *n* [meə] — Bürgermeister(in)

mayoress *n* [meə'rɪs] — Frau des Bürgermeisters; Bürgermeisterin

personnel *n uncount* [,pɜːsə'nel] — Personal, Beschäftigte
personnel officer — Personalchef(in)/-beauftragte(r)

town hall BE; **city hall** AE *n* [,taʊn'hɔːl; ,sɪtɪ'hɔːl] — Rathaus

register *v* ['redʒɪstə] — registrieren, (sich) anmelden
Births, deaths and marriages must be **registered with** the local authority. — Geburten, Todesfälle und Eheschließungen müssen bei der Gemeindebehörde gemeldet werden.

require *v* [rɪ'kwaɪə] — verlangen, fordern, vorschreiben
The law requires that citizens pay taxes. — Es ist gesetzlich vorgeschrieben, dass die Bürger Steuern zahlen.

permit *n* ['pɜːmɪt] — Erlaubnis, Genehmigung
residence/work permit — Aufenthalts-/Arbeitserlaubnis

permit, permitted, permitted *v* [pə'mɪt] — erlauben, genehmigen

ban *n* [bæn] — Verbot

ban, banned, banned *v* [bæn] — verbieten

fire brigade BE; **fire department** AE *n* ['faɪəbrɪ,geɪd; 'faɪədɪ,pɑːrtmənt] — Feuerwehr

fireman, *pl* firemen *n* ['faɪəmən] — Feuerwehrmann

firefighter *n* ['faɪə,faɪtə] — Feuerwehrmann

rescue *v* ['reskjuː] — retten
A fireman **rescued** a 4-year-old child **from** a burning house yesterday. — Ein Feuerwehrmann rettete gestern ein 4-jähriges Kind aus einem brennenden Haus.

15.2 Politische Systeme und Institutionen

system *n* ['sɪstəm] — System
system of government — Regierungssystem/-form
democracy *n* [dɪ'mɒkrəsɪ] — Demokratie

236 Politische Systeme und Institutionen

Staat, Recht, Politik 15

democratic *adj* [ˌdeməˈkrætɪk]	demokratisch

vote *n; v* [vəʊt]	Stimme; Abstimmung; wählen, abstimmen
Let's take a vote on it!	Stimmen wir doch darüber ab!
vote against sb/sth	gegen jdn/etw. stimmen
vote for sb/sth	für jdn/etw. stimmen; jdn wählen
side *n* [saɪd]	Seite, Partei
Whose side are you on?	Auf wessen Seite stehen Sie / stehst du?

support *n; v* [səˈpɔːt]	Unterstützung; unterstützen
elect *v* [ɪˈlekt]	wählen
John F. Kennedy was elected President of the United States in 1961.	John F. Kennedy wurde 1961 zum amerikanischen Präsidenten gewählt.
election *n* [ɪˈlekʃn]	Wahl(en)
election day	Wahltag
general election BE	Parlamentswahlen
run in an election	bei einer Wahl kandidieren
stand for election BE	bei einer Wahl kandidieren
party *n* [ˈpɑːtɪ]	Partei
political party	politische Partei
parliament *n* [ˈpɑːləmənt]	Parlament, Volksvertretung

kingdom *n* [ˈkɪŋdəm]	Königreich
United Kingdom (of Great Britain and Northern Ireland; UK)	Vereinigtes Königreich (von Großbritannien und Nordirland)
crown *n* [kraʊn]	Krone
the Crown	das Königshaus
king *n* [kɪŋ]	König
queen *n* [kwiːn]	Königin
lord *n* [lɔːd]	Lord, Adliger
lady *n* [ˈleɪdɪ]	Dame; Lady, Adlige
Lord and Lady Ashley	Lord und Lady Ashley

govern *v* [ˈgʌvn]	regieren
government BE; **administration** AE *n* [ˈgʌvnmənt; ədˌmɪnɪˈstreɪʃn]	Regierung
the new British Government	die neue britische Regierung
the Clinton Administration	die Regierung Clinton
president *n* [ˈprezɪdənt]	Präsident(in)
the US President	der amerikanische Präsident
minister *n* [ˈmɪnɪstə]	Minister(in)
prime minister	Premierminister(in); Ministerpräsident(in)

Politische Systeme und Institutionen 237

15 Staat, Recht, Politik

politician n [ˌpɒlɪˈtɪʃn]
leader n [ˈliːdə]
  party/union leader

Politiker(in)
Vorsitzende(r), Führer(in)
  Partei-/ Gewerkschafts-
  vorsitzende(r)

citizen n [ˈsɪtɪzn]
community n [kəˈmjuːnətɪ]
people n [ˈpiːpl]

Bürger(in), Staatsbürger(in)
Gemeinschaft; Gemeinde
Volk

nation n [ˈneɪʃn]
national adj [ˈnæʃnl]
flag n [flæg]
  Great Britain's **national flag** is
called the "Union Jack".
state n [steɪt]
  Many national airlines are no longer
owned by the State.
  The US is made up of 50 states.

Nation, Volk
national; staatlich
Flagge
  Die britische Nationalflagge heißt
„Union Jack".
Staat; Bundesstaat
  Viele nationale Fluggesellschaften
gehören nicht mehr dem Staat.
  Die USA bestehen aus 50 Bundes-
staaten.

capital n [ˈkæpɪtl]
territory n [ˈterɪtərɪ]
  British territory
border n [ˈbɔːdə]
country n [ˈkʌntrɪ]
  native country

Hauptstadt
Staats-/Hoheitsgebiet
  britisches Hoheitsgebiet
Staatsgrenze
Land
  Vaterland, Heimatland

communism n [ˈkɒmjənɪzm]
socialism n [ˈsəʊʃlɪzm]
  National Socialism
liberalism n [ˈlɪbrəlɪzm]
conservatism n [kənˈsɜːvətɪzm]
capitalism n [ˈkæpɪtlɪzm]
nationalism n [ˈnæʃnlɪzm]
fascism n [ˈfæʃɪzm]
Nazism n [ˈnɑːtsɪzm]

(der) Kommunismus
(der) Sozialismus
  (der) Nationalsozialismus
(der) Liberalismus
(der) Konservati(vi)smus
(der) Kapitalismus
(der) Nationalismus
(der) Faschismus
(der) Nazismus

republic n [rɪˈpʌblɪk]
federal adj [ˈfedrəl]
  the federal government
  the Federal Republic of Germany
institution n [ˌɪnstɪˈtjuːʃn]

Republik
föderal, Bundes-
  die Bundesregierung
  die Bundesrepublik Deutschland
Institution, Einrichtung

constituency n [kənˈstɪtjuənsɪ]
candidate n [ˈkændɪdət]
nominate v [ˈnɒmɪneɪt]
  nominate a candidate

Wahlkreis
Kandidat(in)
aufstellen, nominieren
  einen Kandidaten aufstellen

238 Politische Systeme und Institutionen

Staat, Recht, Politik 15

nomination *n* [ˌnɒmɪˈneɪʃn] — Aufstellung, Nominierung
campaign *n* [kæmˈpeɪn] — Kampagne; Kampf
  election campaign — Wahlkampf

voter *n* [ˈvəʊtə] — Wähler(in)
  registered voter — Wahlberechtigte(r)
supporter *n* [səˈpɔːtə] — Anhänger(in)
poll *n* [pəʊl] — Abstimmung, Wahl(en); Umfrage
  The people **went to the polls** recently to elect a new president. — Das Volk hat vor kurzem einen neuen Präsidenten gewählt.
  opinion poll — Meinungsumfrage
questionnaire *n* [ˌkwestʃəˈneə] — Fragebogen
referendum *n* [ˌrefrˈendəm] — Volksabstimmung
polling-day *n* [ˈpəʊlɪŋˌdeɪ] — Wahltag
polling-station *n* [ˈpəʊlɪŋˌsteɪʃn] — Wahllokal

stable *adj* [ˈsteɪbl] — stabil, dauerhaft
  a stable government — eine stabile Regierung
stability *n* [stəˈbɪləti] — Stabilität, Beständigkeit
majority *n* [məˈdʒɒrəti] — Mehrheit
  overall/relative majority — absolute/einfache Mehrheit
minority *n* [maɪˈnɒrəti] — Minderheit, kleiner Anteil
  minority government — Minderheitsregierung
oppose *v* [əˈpəʊz] — sich widersetzen, dagegen sein
opposed *adj* [əˈpəʊzd] — dagegen; ablehnend
  Most people **are opposed to** nuclear and chemical weapons. — Die meisten Menschen sind gegen atomare und chemische Waffen.
opposition *n* [ˌɒpəˈzɪʃn] — Opposition
  Farmers are **in opposition to** the new government's position on GM crops. — Die Bauern lehnen die Haltung der neuen Regierung zu genveränderten Feldfrüchten ab.
  the Opposition BE — die Opposition (im Parlament)
  be in opposition BE — in der Opposition sein

propose *v* [prəˈpəʊz] — vorschlagen
proposal *n* [prəˈpəʊzl] — Vorschlag, Antrag
  make a proposal — einen Vorschlag machen
motion *n* [ˈməʊʃn] — förmlicher Antrag
  propose a motion — einen Antrag einbringen
debate *n; v* [dɪˈbeɪt] — Debatte, formelle Diskussion; debattieren, diskutieren

speech *n* [spiːtʃ] — Rede
  make a speech — eine Rede halten
frontbencher BE *n* [ˌfrʌntˈbenʃə] — führende(r) Politiker(in) im Parlament

backbencher BE *n* [ˌbækˈbenʃə] — Hinterbänkler(in) im Parlament

Politische Systeme und Institutionen **239**

15 Staat, Recht, Politik

monarchy n ['mɒnəkɪ]	Monarchie
royal adj ['rɔɪəl]	königlich
the Royal Family	die königliche Familie
prince n [prɪns]	Prinz; Fürst
princess n [prɪn'ses]	Prinzessin; Fürstin
the Prince(ss) of Wales	der Prinz / die Prinzessin von Wales *(brit. Thronfolgerpaar)*
duke n [djuːk]	Herzog
duchess n ['dʌtʃɪs]	Herzogin
the Duke/Duchess of York	der Herzog / die Herzogin von York

ministry n ['mɪnɪstrɪ]	Ministerium
Ministry of Defence	Verteidigungsministerium
office n ['ɒfɪs]	Amt; Ministerium
hold office	ein Amt innehaben
Home Office BE; Department of the Interior AE	Innenministerium
Foreign Secretary BE; **Secretary of State** AE [ˌfɒrɪn'sekrətrɪ; ˌsekrətərɑː'steɪt]	Außenminister(in)
permanent secretary BE; **undersecretary** AE n [ˌpɜːmnənt'sekrətrɪ; ˌʌndər'sekrətərɪ]	Staatssekretär(in)

dictator n [dɪk'teɪtə]	Diktator(in)
dictatorship n [dɪk'teɪtəʃɪp]	Diktatur
exploit v [ɪk'splɔɪt]	ausbeuten
suppress v [sə'pres]	unterdrücken
In many countries throughout the world, political opposition is being **suppressed by** the military.	In vielen Ländern weltweit wird die politische Opposition vom Militär unterdrückt.
oppression n [ə'preʃn]	Druck, Unterdrückung
victims of oppression	Opfer der Unterdrückung
torture n; v ['tɔːtʃə]	Folter; foltern
overcome, overcame, overcome v [ˌəʊvə'kʌm, ˌəʊvə'keɪm]	überwinden, bezwingen
overthrow, overthrew, overthrown v [ˌəʊvə'θrəʊ, ˌəʊvə'θruː, ˌəʊvə'θrəʊn]	absetzen, stürzen
The dictator was finally **overthrown by** a group of officers.	Der Diktator wurde schließlich von einer Gruppe von Offizieren gestürzt.
rid of, rid/ridded, rid/ridded v [ˌrɪd'ɒv, rɪd'rɪdɪd]	befreien von

240 Politische Systeme und Institutionen

The world must be **rid of** racism and nationalism.	Die Welt muss von Rassismus und Nationalismus befreit werden.
get rid of sth/sb	etw./jdn loswerden

15.3 Gesetze, Rechtsprechung

permission *n* [pəˈmɪʃn]	Erlaubnis, Genehmigung
allow *v* [əˈlaʊ]	erlauben, genehmigen
No dogs allowed!	Hunde müssen draußen bleiben!
warn *v* [wɔːn]	warnen, (auf etw.) hinweisen
forbid, forbad(e), forbidden *v* [fəˈbɪd, fəˈbæd, fəˈbɪdn]	verbieten

rule *n* [ruːl]	Regel, Vorschrift
law *n* [lɔː]	Recht; Gesetz
There are now **laws against** the pollution of the environment.	Es gibt jetzt Gesetze gegen die Verschmutzung der Umwelt.
law and order	Recht und Ordnung
legal *adj* [ˈliːgl]	rechtmäßig, legal; Rechts-
take legal advice	sich juristisch beraten lassen
observe *v* [əbˈzɜːv]	befolgen, einhalten
In any society there are rules and laws which have to be observed.	In jeder Gesellschaft gibt es Regeln und Gesetze, die eingehalten werden müssen.

justice *n* [ˈdʒʌstɪs]	Gerechtigkeit
court *n* [kɔːt]	Gericht
Nancy **took** her neighbours **to court.**	Nancy verklagte ihre Nachbarn.
appear in court	vor Gericht erscheinen
judge *n* [dʒʌdʒ]	Richter(in)
lawyer *n* [ˈlɔːjə]	Rechtsanwalt/-anwältin
accuse *v* [əˈkjuːz]	anklagen, beschuldigen
The defendant was **accused of** murder.	Der Angeklagte wurde wegen Mord angeklagt.
accused *n* [əˈkjuːzd]	Angeklagte(r)
the accused	der/die Angeklagte
fair *adj* [feə]	gerecht, angemessen, fair
The accused was given **a fair chance** to defend himself in court.	Der Angeklagte bekam eine angemessene Möglichkeit, sich vor Gericht zu verteidigen.
defend *v* [dɪˈfend]	verteidigen
defendant *n; adj* [dɪˈfendənt]	Angeklagte(r), Beklagte(r); angeklagt, beklagt

15 Staat, Recht, Politik

defence n [dɪˈfens]
It is the job of the defence to convince the court of the client's innocence.
Diana's only defence was that she was very young.

Verteidigung; Rechtfertigung
Es ist Aufgabe der Verteidigung, das Gericht von der Unschuld ihres Mandanten zu überzeugen.
Entlastend für Diana war nur, dass sie sehr jung war.

innocent adj [ˈɪnəsnt]
The jury realized Stella was **innocent of** the crime.

unschuldig
Das Gericht erkannte, dass Stella an dem Verbrechen nicht schuld war.

guilty adj [ˈgɪltɪ]
The thief **was found guilty of** stealing the money.

schuldig
Der Dieb wurde für schuldig befunden, das Geld gestohlen zu haben.

judg(e)ment n [ˈdʒʌdʒmənt]
The judgment was in the accused's favour.

Urteil
Das Urteil fiel zugunsten des Angeklagten aus.

sentence n; v [ˈsentəns]
a life sentence

Strafe, Urteilsspruch; verurteilen
eine lebenslängliche Freiheitsstrafe

The murderer was **sentenced to** 20 years in prison.

Der/Die Mörder(in) wurde zu 20 Jahren Gefängnisstrafe verurteilt.

order v [ˈɔːdə]
The accused **was ordered to** pay a fine of £200.

anweisen, auferlegen
Dem/Der Angeklagten wurde eine Geldstrafe von 200 Pfund auferlegt.

fine n; v [faɪn]

Geldbuße/-strafe; mit einer Geldstrafe belegen

pay a fine
The driver of the vehicle **was fined £50.**

eine Geldstrafe bezahlen
Der Autofahrer erhielt eine Geldbuße von 50 Pfund.

punish v [ˈpʌnɪʃ]

bestrafen

prison n [ˈprɪzn]
The kidnapper **was sent to prison** for 10 years.
His wife's been **in prison** for 8 years.

Gefängnis
Der Entführer wurde zu 10 Jahren Gefängnis verurteilt.
Seine Frau ist jetzt schon 8 Jahre im Gefängnis.

prisoner n [ˈprɪznə]

Strafgefangene(r), Häftling

bill n [bɪl]
the Bill of Rights

Gesetzesvorlage/-entwurf
Bill of Rights (Zusatz zur amerikanischen Verfassung, in dem die Grundrechte festgehalten sind)

242 Gesetze, Rechtsprechung

Staat, Recht, Politik 15

pass v [pɑ:s]
The bill was passed.
verabschieden, beschließen
Die Gesetzesvorlage wurde verabschiedet.

Act n [ækt]
Act of Parliament
Gesetz
vom Parlament verabschiedetes Gesetz

abolish v [əˈbɒlɪʃ]
Slavery in the United States was abolished in the 19th century.
abschaffen
In den USA wurde die Sklaverei im 19. Jahrhundert abgeschafft.

illegal adj [ɪˈliːgl]
illegal, verboten

respect v [rɪˈspekt]
Every citizen has to respect the law.
einhalten, befolgen
Jeder Bürger muss sich an das Gesetz halten.

strictly adv [ˈstrɪktlɪ]
Swimming strictly prohibited!
streng, absolut
Baden streng verboten!

violation n [ˌvaɪəˈleɪʃn]
a violation of the law
traffic violation
Verletzung, Verstoß
ein Gesetzesverstoß
Verkehrswidrigkeit

intolerable adj [ɪnˈtɒlrəbl]
unerträglich

commit, committed, committed v [kəˈmɪt]
commit a crime
begehen, ausführen

ein Verbrechen begehen

prosecution n [ˌprɒsɪˈkjuːʃn]
witness for the prosecution
Strafverfolgung; Anklage
Zeuge/Zeugin der Anklage

case n [keɪs]
Sheila won her case because she had a very good lawyer.
Rechtsfall, Streitsache
Sheila gewann ihren Rechtsstreit, weil sie einen sehr guten Anwalt hatte.

trial n [ˈtraɪəl]
Gerichtsverfahren, Prozess

try, tried, tried v [traɪ]
The youngster's to be **tried for** mugging.
vor Gericht stellen; verhandeln
Der junge Bursche wird wegen Straßenraub vor Gericht gestellt.

jury n [ˈdʒʊərɪ]
Serious crimes are tried by a **judge and jury**.
die Schöffen, die Geschworenen
Schwere Verbrechen werden vor einem Schwurgericht verhandelt.

sit on a jury
Schöffe, Schöffin / Geschworene(r) sein

juvenile adj [ˈdʒuːvnaɪl]
juvenile court
jugendlich, Jugend-
Jugendgericht

magistrate BE n [ˈmædʒɪstreɪt]
magistrate's court BE
etwa: Amtsrichter(in)
etwa: Amtsgericht (1. Instanz)

Gesetze, Rechtsprechung **243**

Staat, Recht, Politik

attorney n [ə'tɜːnɪ] — Rechtsvertreter(in)
  power of attorney — Rechts-/Vertretungsvollmacht
solicitor BE n [sə'lɪsɪtə] — Rechtsanwalt/-anwältin *(mit Zulassung nur für die untersten Gerichtsinstanzen)*

barrister BE n ['bærɪstə] — Rechtsanwalt/-anwältin *(mit Zulassung für alle höheren Gerichtsinstanzen)*

client n ['klaɪənt] — Mandant(in)
charge n; v [tʃɑːdʒ] — Anklage, Tatverdacht; anklagen
  Mr Kenneth P. was arrested **on a charge of** murder. — Herr Kenneth P. wurde unter Mordverdacht verhaftet.
  John S. was **charged with** rape. — John S. wurde wegen Vergewaltigung angeklagt.

sue v [suː] — verklagen
  The journalist **was sued for** damages. — Der Journalist wurde auf Schadensersatz verklagt.

- -

evidence n ['evɪdəns] — Beweismaterial; beweiskräftige Aussage
  We haven't got any **evidence against** him. — Wir haben keinerlei Beweise gegen ihn.
  give evidence in court — vor Gericht aussagen
proof n [pruːf] — Beweis, Nachweis
  There is no proof that the defendant committed the crime. — Es gibt keinen Beweis dafür, dass der/die Beklagte das Verbrechen begangen hat.
valid adj ['vælɪd] — stichhaltig; rechtlich gültig
  a valid argument — ein stichhaltiges Argument
  valid documents — rechtsgültige Dokumente/Papiere

document n ['dɒkjəmənt] — Dokument, Unterlage, (amtliches) Papier

witness n ['wɪtnɪs] — Zeuge, Zeugin
  eye witness — Augenzeuge, Augenzeugin
testify, testified, testified v ['testɪfaɪ] — bezeugen, eine Zeugenaussage machen
  testify against / in favour of sb — gegen/für jdn aussagen
swear, swore, sworn v [sweə, swɔː, swɔːn] — (be)schwören
  Before giving evidence in court, you have to swear to tell the truth. — Bevor man vor Gericht aussagt, muss man schwören, dass man die Wahrheit sagt.

- -

deny, denied, denied v [dɪ'naɪ] — leugnen, bestreiten
  The young man denied stealing the money. — Der junge Mann bestritt, das Geld gestohlen zu haben.

Gesetze, Rechtsprechung

Staat, Recht, Politik 15

denial *n* [dɪˈnaɪəl] — Leugnen; Dementi

confess *v* [kənˈfes] — (ein)gestehen
The woman **confessed to** stealing the car. — Die Frau gab zu, das Auto gestohlen zu haben.

guilt *n* [gɪlt] — Schuld

plead guilty *v* [ˌpliːdˈgɪltɪ] — sich schuldig bekennen

self-defence *n* [ˌselfdɪˈfens] — Selbstverteidigung, Notwehr
act in self-defence — in Notwehr handeln

---

withdraw, withdrew, withdrawn *v* [wɪðˈdrɔː, wɪðˈdruː, wɪðˈdrɔːn] — zurückziehen/-nehmen
The **charges were withdrawn** after they settled the matter out of court. — Die Anklage wurde zurückgezogen, nachdem sie die Angelegenheit außergerichtlich beigelegt hatten.

verdict *n* [ˈvɜːdɪkt] — Urteil(sspruch)
The verdict of the jury was "Not guilty". — Das Urteil der Geschworenen lautete „unschuldig".

clear of sth *v* [ˌklɪərˈɒv] — von etw. freisprechen
The accused **was cleared of** the charges. — Die Angeklagte wurde freigesprochen.

convict *n; v* [ˈkɒnvɪkt; kənˈvɪkt] — Sträfling, Strafgefangener; verurteilen
The accused **was convicted of** murder. — Der/Die Angeklagte wurde wegen Mordes verurteilt.

penalty *n* [ˈpenltɪ] — Strafmaß, Strafhöhe
The **penalty for** this crime is two years' imprisonment. — Auf dieses Verbrechen steht eine Gefängnisstrafe von zwei Jahren.

punishment *n* [ˈpʌnɪʃmənt] — Strafe, Bestrafung

imprisonment *n* [ɪmˈprɪznmənt] — Gefängnis-/Haftstrafe

jail *n* [dʒeɪl] — Gefängnis, Knast
go to jail — in den Knast wandern

---

injustice *n* [ɪnˈdʒʌstɪs] — Unrecht, Ungerechtigkeit
do sb an injustice — jdm ein Unrecht zufügen

mercy *n* [ˈmɜːsɪ] — Gnade, Milde, Barmherzigkeit
beg for mercy — um Gnade bitten

release *v* [rɪˈliːs] — entlassen
Harold B. was **released from prison** yesterday. — Gestern wurde Harold B. aus dem Gefängnis entlassen.

---

will *n* [wɪl] — Testament, letzter Wille
make a will — sein Testament machen

leave, left, left *v* [liːv, left] — hinterlassen, vererben
The convict left his sister £5000. — Der Strafgefangene hinterließ seiner Schwester 5000 Pfund.

Gesetze, Rechtsprechung **245**

15 Staat, Recht, Politik

15.4 Polizei, Kriminalität

police *n pl* [pə'liːs]
In Britain, the police don't usually carry guns.

Polizei
In Großbritannien tragen Polizisten normalerweise keine Schusswaffen.

  police officer
  police station
policeman, *pl* **policemen** *n* [pə'liːsmən]
policewoman, *pl* **policewomen** *n* [pə'liːsˌwʊmən, pə'liːsˌwɪmɪn]
sheriff *n* ['ʃerɪf]

  Polizeibeamter/-beamtin
  Polizeiwache
Polizeibeamter

Polizeibeamtin

Sheriff *(in England und Wales höchste(r) königliche(r) Rechtsbeamter/ -beamtin der Grafschaft/Stadt; in Schottland oberste(r) Bezirksrichter(in); in Amerika höchste(r) Polizeibeamter/ -beamtin eines Verwaltungsbezirks)*

control *n* [kən'trəʊl]
  out of/under control
control, controlled, controlled *v* [kən'trəʊl]
look into sth *v* [ˌlʊk'ɪntʊ]
search *v* [sɜːtʃ]
The police **searched** the house **for** stolen goods.
missing *adj* ['mɪsɪŋ]
  missing person
escape *v* [ɪ'skeɪp]
  escape from prison
arrest *v* [ə'rest]

Kontrolle
  außer/unter Kontrolle
kontrollieren, regeln

etw. untersuchen, prüfen
suchen, durchsuchen
Die Polizei durchsuchte das Haus nach Diebesgut.
vermisst
  Vermisste(r)
fliehen, entkommen
  aus dem Gefängnis entkommen
festnehmen, verhaften

crime *n* [kraɪm]
  the crime rate
criminal *n; adj* ['krɪmɪnl]

gang *n*
  street gang
scene *n* [siːn]
Dr Palmer knows the London **drug scene** very well.
  the scene of the crime
steal, stole, stolen *v* [stiːl, stəʊl, 'stəʊln]
thief, *pl* **thieves** *n* [θiːf, θiːvz]

Verbrechen, Straftat
  die Verbrechensrate
Verbrecher(in), Straftäter(in); kriminell, verbrecherisch
Bande
  Straßenbande
Szene; Schauplatz
Dr. Palmer kennt die Londoner Drogenszene sehr gut.
  der Tatort
stehlen

Dieb(in)

246 Polizei, Kriminalität

Staat. Recht. Politik

murder *n; v* ['mɜːdə]	Mord, Ermordung; ermorden
murderer *n* ['mɜːdrə]	Mörder(in)

lead, led, led *v* [liːd, led]	führen
lead an honest life	ein ehrliches Leben führen
dishonest *adj* [dɪˈsɒnɪst]	unehrlich, verlogen
difficulty *n* [ˈdɪfɪkltɪ]	Schwierigkeit, Problem
Sue **got into difficulties** because of drugs.	Sue kam wegen Drogen in Schwierigkeiten.
trouble *n* [ˈtrʌbl]	Ärger, Probleme
The gang **got into trouble with** the police.	Die Bande bekam Ärger mit der Polizei.
ruin *v* [ˈrʊɪn]	zerstören, ruinieren
Paul's life was **ruined by** drugs.	Pauls Leben wurde durch Drogen zerstört.

prevent *v* [prɪˈvent]	verhindern; abhalten, hindern
It is a teacher's responsibility to **prevent** pupils **from** fighting at school.	Lehrer sind dafür verantwortlich, dass Schüler sich in der Schule nicht prügeln.
chance *n* [tʃɑːns]	Chance, Gelegenheit
John was never **given a chance** to lead an honest life.	John bekam nie die Chance, ein ehrliches Leben zu führen.
aid *n* [eɪd]	Hilfe
With the aid of his friends Phil found his way back into society.	Mit Hilfe seiner Freunde fand Phil in die Gesellschaft zurück.

force *n* [fɔːs]	Gewalt; Truppe, Einheit
by force	mit Gewalt
police force	Polizei(truppe)
the Devon Police Force	die Polizei von Devon
police constable (PC) BE;	Polizist(in), Wachtmeister(in)
police officer AE *n* [pəˌliːsˈkɒnstəbl (ˌpɪˈsiː); pəˌliːsˈɑːfisər]	
inspector *n* [ɪnˈspektə]	Inspektor(in)
police inspector BE;	Polizeiinspektor(in),
police lieutenant AE	Kommissar(in)
detective *n* [dɪˈtektɪv]	Detektiv(in), Kriminalbeamter/ -beamtin
private detective	Privatdetektiv(in)

clue *n*	Anhaltspunkt, Spur
find a clue	eine Spur finden
seek out, sought, sought *v* [ˌsiːkˈaʊt, sɔːt]	herausfinden
guard *v* [gɑːd]	bewachen

Polizei, Kriminalität

15 Staat, Recht, Politik

observation n [ˌɒbzə'veɪʃn]
The police **kept** the suspect **under observation**.

Beobachtung
Die Polizei hielt den Verdächtigen unter Beobachtung.

neighbourhood watch n
[ˌneɪbəhʊd'wɒtʃ]

Bürger-/Straßenwache im Wohnviertel

illegal adj [ɪ'liːgl]
illegal possession

ungesetzlich, illegal
illegaler Besitz

offence n [ə'fens]
commit an offence

Straftat, Vergehen
eine Straftat begehen

offender n [ə'fendə]
Young offenders are not normally sent to prison but to a **young offenders' home/institution**.

Straftäter(in)
Jugendliche Straftäter werden normalerweise nicht ins Gefängnis geschickt, sondern in eine Jugendstrafanstalt.

motive n ['məʊtɪv]

(Tat-)Motiv

suspect v; n [sə'spekt; 'sʌspekt]
The police wrongly **suspected** the boy **of** stealing the money.

verdächtigen; Verdächtige(r)
Die Polizei verdächtigte den Jungen zu Unrecht, das Geld gestohlen zu haben.

suspicious adj [sə'spɪʃəs]

verdächtig

suspicion n [sə'spɪʃn]
I **have a suspicion** that something's wrong here.

Verdacht
Ich habe den Verdacht, dass hier etwas faul ist.

smuggle v ['smʌgl]

schmuggeln

theft n [θeft]

Diebstahl

shoplifter n ['ʃɒpˌlɪftə]

Ladendieb(in)

shoplifting n ['ʃɒpˌlɪftɪŋ]

Ladendiebstahl

pickpocket n ['pɪkˌpɒkɪt]

Taschendieb(in)

mug, mugged, mugged v [mʌg]

überfallen/niederschlagen und ausrauben

mugger n ['mʌgə]

Straßenräuber(in)

mugging n ['mʌgɪŋ]
The number of muggings in Central Park has declined over the last ten years.

Straßenraub
Die Anzahl der Raubüberfälle im Central Park ist in den letzten 10 Jahren zurückgegangen.

burglar n ['bɜːglə]

Einbrecher(in)

burglary n ['bɜːglərɪ]

Einbruch(diebstahl)

rob, robbed, robbed v [rɒb]
The bank was robbed by three armed men.

berauben, ausrauben
Die Bank wurde von drei bewaffneten Männern ausgeraubt.

robber n ['rɒbə]
bank robber

Räuber(in)
Bankräuber(in)

248 Polizei, Kriminalität

Staat, Recht, Politik 15

robbery n ['rɒbrɪ]	Raubüberfall
armed robbery	bewaffneter Raubüberfall
handgun n ['hændgʌn]	Handfeuerwaffe
shotgun n ['ʃɒtgʌn]	Schrotflinte

hijack v ['haɪdʒæk]	(ein Flugzeug) entführen
hijacker n ['haɪdʒækə]	Flugzeugentführer(in)
kidnap, kidnapped, kidnapped v ['kɪdnæp, 'kɪdnæpt]	(Menschen) entführen, kidnappen
kidnapper n ['kɪdnæpə]	Entführer(in), Kidnapper(in)
terrorist n ['terərɪst]	Terrorist(in)
racism n ['reɪsɪzm]	Rassismus

violence n ['vaɪəlns]	Gewalt(anwendung)
violent adj ['vaɪəlnt]	gewalttätig
vandalize v ['vændlaɪz]	randalieren, mutwillig zerstören
rape n; v [reɪp]	Vergewaltigung; vergewaltigen
fingerprint n ['fɪŋgəprɪnt]	Fingerabdruck
genetic fingerprint	genetischer Fingerabdruck
victim n ['vɪktɪm]	Opfer (eines Verbrechens)
The muggers left their victim lying in the street.	Die Straßenräuber ließen ihr Opfer auf der Straße liegen.
revenge n [rɪ'vendʒ]	Rache, Vergeltung
take revenge on sb	sich an jdm rächen

interfere v [ˌɪntə'fɪə]	eingreifen, sich einmischen
When there's a demonstration, the police don't normally interfere unless it turns violent.	Bei einer Demonstration greift die Polizei normalerweise nicht ein, außer wenn es zu Gewalttätigkeiten kommt.
raid n; v [reɪd]	Razzia; durchkämmen, durchsuchen
police raid	(Polizei-)Razzia
The houses of several suspects were raided by the police.	Die Häuser mehrerer Verdächtiger wurden von der Polizei durchsucht.
protection n [prə'tekʃn]	Schutz
protection money	Schutzgeld *(von Kriminellen erpresste Zahlungen)*
under police protection	unter Polizeischutz

Polizei, Kriminalität **249**

15 Staat, Recht, Politik

15.5 Innenpolitik, Parteien, Gewerkschaften

politics *n uncount* ['pɒlɪtɪks]
local/party politics
Many of today's leading politicians
entered politics when they were
still very young.

(die) Politik, (das) politische Leben
Lokal-/Parteipolitik
Viele der heute führenden Politi-
ker(innen) sind in die Politik
gegangen, als sie noch sehr jung
waren.

politician *n* [ˌpɒlɪˈtɪʃn]
Politiker(in)

policy *n* ['pɒləsɪ]
**economic/foreign/social
policy**
The government's **policy on**
immigration has always been
very conservative.

(konkrete, praktische) Politik
Wirtschafts-, Außen-, Sozial-
politik
Die Einwanderungspolitik der
Regierung war immer sehr
konservativ.

political *adj* [pəˈlɪtɪkl]
for political reasons
political prisoner

politisch
aus politischen Gründen
politische(r) Gefangene(r)

---

labour *n uncount* ['leɪbə]
Labour (Party) BE

This district **is Labour**.

die Arbeitnehmerschaft, Arbeitskräfte
Labour Party *(sozialdemokratische
Arbeiterpartei Großbritanniens)*
Dieser Bezirk hat eine Labour-
Party-Mehrheit.

trade union BE; **labor union** AE *n*
[ˌtreɪdˈjuːnjən; ˈleɪbərˌjuːnjən]
Gewerkschaft

TUC (Trades Union Congress) BE *n*
[ˌtiːjuːˈsiː; (treɪdzˌjuːnjənˈkɒŋgres)]
britischer Gewerkschaftsdach-
verband

issue *n* ['ɪʃuː]
political issues

Frage, Angelegenheit, Problem
politische Fragen/Probleme

clash *v* [klæʃ]

zusammenprallen, in Konflikt
kommen

The Labour Prime Minister
frequently **clashed with** the
opposition leader **over** social issues.

Der Labour-Premierminister kam
sehr häufig mit dem Oppositions-
führer in sozialen Fragen in Konflikt.

struggle *n* ['strʌgl]
Women's **struggle for** equal
opportunities has been going on
for quite some time.

Kampf, Ringen
Das Ringen der Frauen um die
Gleichberechtigung ist schon
ziemlich lange Zeit im Gang.

progress *n uncount* ['prəʊgres]
make good/slow progress

Fortschritt
gute/langsame Fortschritte machen

---

member *n* ['membə]
party/union member

Mitglied
Partei-/Gewerkschaftsmitglied

Member of Parliament (MP) BE *n*
[ˌmembərəvˈpɑːləmənt (ˌemˈpiː)]
britische(r) Parlamentsabgeordnete(r)

Staat, Recht, Politik 15

Congressman/Congresswoman AE
n ['kɑːŋgresmən, 'kɑːŋgresˌwʊmən]
Abgeordnete(r) des US-Kongresses

parliament *n* ['pɑ.ləmənt]
(das) Parlament

  the Scottish Parliament
  das Schottische Regionalparlament

house *n* [haʊs]
Kammer (eines Parlaments)

  The British Parliament consists of
  the **House of Commons** and the
  House of Lords.
  Das britische Parlament besteht
  aus dem Unterhaus und dem
  Oberhaus.

  House of Representatives AE
  das US-Abgeordnetenhaus

  the **Houses of Parliament**
  das Parlamentsgebäude in London

US Capitol Building *n*
[juːesˈkæpətl ˌbɪldɪŋ]
das Parlamentsgebäude in Washington D.C.

Senate AE *n* ['senɪt]
der US-Senat

Senator AE *n* ['senətər]
Senator(in), Mitglied des US-Senats

Congress AE *n* ['kɑːŋgres]
der US-Kongress *(Repräsentantenhaus
und Senat)*

---

domestic *adj* [dəˈmestɪk]
Innen-

  domestic policy
  Innenpolitik

internal *adj* [ɪnˈtɜːnl]
innere(r/s), Innen-

  internal/domestic affairs
  innere Angelegenheiten,
  Innenpolitik

---

republican *adj* [rɪˈpʌblɪkən]
republikanisch

  the **Republican Party** AE
  die Republikanische Partei *(in den
  USA)*

  the **Republicans** AE
  die Republikaner *(die Mitglieder der
  Republikanischen Partei in den USA)*

conservative *adj; n* [kənˈsɜːvətɪv]
konservativ; Konservative(r)

  have conservative ideas/views
  konservative Ansichten haben

  the **Conservative Party** BE
  die Konservative Partei *(in Großbritannien)*

Tory BE *n; adj* ['tɔːrɪ]
Konservative(r), Tory; konservativ

liberal *adj; n* ['lɪbrəl]
liberal; Liberale(r)

  have liberal ideas
  liberal denken

  the **Liberal Democratic Party** BE
  die Liberaldemokratische Partei *(in
  Großbritannien)*

  the **Liberal Democrats** BE
  die Liberaldemokraten *(in Großbritannien)*

democrat *n* ['deməkræt]
Demokrat(in)

  the **Democratic Party** AE
  [ˌdeməˈkrætɪkˈpɑːrtɪ]
  die Demokratische Partei *(in den
  USA)*

  the **Democrats** AE *n* ['deməkræts]
  die Demokraten *(die Mitglieder der
  Demokratischen Partei in den USA)*

green *adj; n* [griːn]
grün; Grüne(r)

  the **Green Party / Greens**
  die Grüne Partei, die Grünen

Innenpolitik, Parteien, Gewerkschaften 251

15 Staat, Recht, Politik

nationalist adj; n ['næʃnəlɪst] — nationalistisch; Nationalist(in)
  the Scottish Nationalist Party (SNP) BE — die Schottische Nationalistenpartei
Plaid Cymru BE n [ˌplaɪd'kʌmrɪ] — Plaid Cymru *(Name der Walisischen Nationalistenpartei)*

assembly n [ə'semblɪ] — (gesetzgebende) Versammlung
  the Welsh Assembly — das Walisische Regionalparlament

devolution n [ˌdiːvə'luːʃn] — Dezentralisierung (der Regierung/Verwaltung)

progressive adj [prə'gresɪv] — fortschrittlich, progressiv
reform n [rɪ'fɔːm] — Reform, Erneuerung
  economic/land reform — Wirtschafts-/Landreform
pressure group n ['preʃəˌgruːp] — Lobby, Interessengruppe
wing n [wɪŋ] — Flügel *(z. B. einer Partei)*
  right/left wing — rechter/linker Flügel
radical adj; n ['rædɪkl] — radikal; Radikale(r)

fascist adj; n ['fæʃɪst] — faschistisch; Faschist(in)
Nazi n; adj ['nɑːtsɪ] — Nazi, Nationalsozialist; Nazi-
  neo-Nazi — Neonazi; Neonazi-
socialist adj; n ['səʊʃəlɪst] — sozialistisch; Sozialist(in)
communist adj; n ['kɒmjənɪst] — kommunistisch; Kommunist(in)
capitalist adj; n ['kæpɪtəlɪst] — kapitalistisch; Kapitalist(in)

Devolution

Devolution is the progress of a **central government** transferring some powers to a **local** or **regional government**. In the 1990s devolution of power to three regions of the United Kingdom (Wales, Scotland and Northern Ireland) was started by the Labour Government under Tony Blair. Since then, a **Welsh Assembly** and a **Scottish Parliament** have been set up which have begun to manage local affairs.

Some people in England feel that this form of devolution is unfair because England does not have its own parliament. The **British Parliament** in London still consists of **MPs** from England, Scotland, Wales and Northern Ireland.

UK INSTITUTIONS	DEUTSCHE ÜBERSETZUNG(EN)	VERGLEICHBARE DEUTSCHE INSTITUTIONEN
assembly	(gesetzgebende) Versammlung	Parlamentarische Versammlung
the Welsh Assembly	das Walisische Regionalparlament	Landtag, Senat (je nach Bundesland)
parliament	Parlament	Bundestag und Bundesrat
the Scottish Parliament	das Schottische Regionalparlament	z. B. der Bayerische Landtag

Innenpolitik, Parteien, Gewerkschaften

15 Staat, Recht, Politik

15.6 Außenpolitik, internationale Beziehungen

international *adj* [ˌɪntəˈnæʃnl]
  an international meeting
  international affairs

  international law
foreign *adj* [ˈfɒrən]
  foreign affairs/policy/politics
independent *adj* [ˌɪndɪˈpendənt]
  The USA **became independent** in 1776.

independence *n* [ˌɪndɪˈpendəns]
  On July 4th, Americans celebrate **Independence Day**.

international
  ein internationales Treffen
  internationale Angelegenheiten/ Politik
  Völkerrecht
ausländisch; Außen-
  Außenpolitik
(politisch) unabhängig, selbständig
  Die USA wurden 1776 unabhängig.

Unabhängigkeit, Selbständigkeit
  Am 4. Juli feiern die Amerikaner den Unabhängigkeitstag.

---

united *adj* [juːˈnaɪtɪd]
  the United Nations Organization (UNO)
organization *n* [ˌɔːgənaɪˈzeɪʃn]
secretary-general *n* [ˌsekrətrɪˈdʒenrəl]
security council *n* [sɪˈkjʊərətɪˌkaʊnsl]
general assembly *n* [ˌdʒenrələˈsemblɪ]
agreement *n* [əˈgriːmənt]
  come to an agreement

verein(ig)t
  die Vereinten Nationen (UN, UNO)

Vereinigung; Organisation
Generalsekretär

Sicherheitsrat

Vollversammlung

Abkommen, Vereinbarung
  eine Vereinbarung schließen

---

the West *n* [west]
western *adj* [ˈwestən]
  Western Europe
  the Western World
the East *n* [iːst]
  the Middle East
  the Far East
eastern *adj* [ˈiːstn]
  Eastern Europe
the North *n* [nɔːθ]

northern *adj* [ˈnɔːðn]
  Northern Europe
  Northern Ireland
the South *n* [saʊθ]
  the North/South (of the USA)

der Westen, die westliche Welt
westlich; West-
  Westeuropa
  die westliche Welt
der Osten
  der Nahe Osten, Nahost
  der Ferne Osten, Fernost
östlich; Ost-
  Osteuropa
der Norden, die nördliche Hemisphäre
nördlich; Nord-
  Nordeuropa
  Nordirland
der Süden, die südliche Hemisphäre
  die Süd-/Nordstaaten (der USA)

15 Staat, Recht, Politik

southern adj [ˈsʌðən]
  Southern Europe

südlich; Süd-
  Südeuropa

European adj [ˌjʊərəˈpiːən]
  the European Council/Union (EU)

  the European Parliament
  European Member of Parliament
  (EMP)
Council of Europe n
[ˈkaʊnsləvˌjʊərəp]

europäisch; Europa-
  die Europäische Kommission/
  Union
  das Europaparlament
  Europa-Abgeordnete(r)

Europarat

develop v [dɪˈveləp]
  developing countries
development n [dɪˈveləpmənt]
  new developments in world
  politics
foreign aid n [ˌfɒrɪnˈeɪd]
power n [ˈpaʊə]
  superpower
  balance of power

(sich wirtschaftlich) entwickeln
  Entwicklungsländer
Entwicklung
  neue Entwicklungen in der Welt-
  politik
Entwicklungshilfe
(Groß-)Macht
  Supermacht
  Machtgleichgewicht

empire n [ˈempaɪə]
  the Roman Empire
  the British Empire
colony n [ˈkɒlənɪ]
**the (British) Commonwealth (of
Nations)** n [ˈkɒmənwelθ]

Kaiserreich, Weltreich
  das Römische Reich
  das britische Weltreich
Kolonie
das Commonwealth

Foreign Office BE;
Department of State AE n
[ˌfɒrɪnˈɒfis; dɪˈpɑːrtməntəvˌsteɪt]
embassy n [ˈembəsɪ]
ambassador n [æmˈbæsədə]
diplomat n [ˈdɪpləmæt]
diplomatic adj [ˌdɪpləˈmætɪk]
  the diplomatic service
  diplomatic relations
break off, broke, broken v
[ˌbreɪkˈɒf, brəʊk, ˈbrəʊkn]
  In the 1990s, many western
  governments **broke off diplomatic
  relations** with Iraq.

Außenministerium

Botschaft
Botschafter(in)
Diplomat(in)
diplomatisch
  der diplomatische Dienst
  diplomatische Beziehungen
abbrechen

In den 1990er Jahren brachen
viele westliche Regierungen die
diplomatischen Beziehungen
zum Irak ab.

sanction n [ˈsæŋkʃn]
  economic sanctions

Sanktion, Strafmaßnahme
  wirtschaftliche Sanktionen

254 Außenpolitik, internationale Beziehungen

Staat, Recht, Politik 15

summit *n; adj* ['sʌmɪt]	Gipfel(treffen); Gipfel-
summit talks	Gipfelgespräche
negotiate *v* [nɪ'gəʊʃɪeɪt]	verhandeln
negotiation *n* [nɪ,gəʊʃɪ'eɪʃn]	Verhandlung
détente *n* ['deɪtãːnt]	politische Entspannung
policy of détente	Entspannungspolitik
conference *n* ['kɒnfrəns]	Konferenz
peace conference	Friedenskonferenz
non-governmental organization (NGO) *n* [ˌnɒngʌvn'mentl,ɔːgnaɪ'zeɪʃn (ˌenʒiː'əʊː)]	Nichtregierungsorganisation (NGO)
Among other NGOs, Greenpeace, Amnesty International and UNICEF took part in the world trade conference.	Greenpeace, Amnesty International und UNICEF nahmen neben anderen NGOs an der Welthandelskonferenz teil.
neutral *adj* ['njuːtrl]	neutral, blockfrei
Austria and Switzerland are **neutral countries.**	Österreich und die Schweiz sind neutrale Länder.
treaty *n* ['triːtɪ]	Vertrag
sign a (peace) treaty	einen (Friedens-)Vertrag unterzeichnen

crisis, *pl* **crises** *n* ['kraɪsɪs, 'kraɪsiːz]	Krise
provoke *v* [prə'vəʊk]	provozieren, herausfordern
provocation *n* [,prɒvə'keɪʃn]	Provokation, Herausforderung
spy *n* [spaɪ]	Spion(in)
agent *n* ['eɪdʒnt]	Agent(in)
secret agent	Geheimagent
code *n* [kəʊd]	Kode, Verschlüsselung
Secret messages are usually sent **in code.**	Geheimbotschaften werden üblicherweise verschlüsselt gesendet.
code name	Deckname
traitor *n* ['treɪtə]	Verräter(in)

15.7 Frieden, Krieg, Militär

peace *n* [piːs]	Frieden
peace talks	Friedensverhandlungen
movement *n* ['muːvmənt]	Bewegung
peace movement	Friedensbewegung
protest *n; v* ['prəʊtest; prə'test]	Protest; protestieren
in protest	aus Protest
protest against sth/sb	gegen etw./jdn protestieren

15 Staat, Recht, Politik

enemy *n pl* ['enəmɪ]
The enemy crossed the border, but they were forced back.

Feind, Gegner
Der Gegner überschritt die Grenze, wurde aber zum Rückzug gezwungen.

risk *n* [rɪsk]
Peace is **at risk**.
run the risk of being killed

Risiko
Der Frieden steht auf dem Spiel.
riskieren, getötet zu werden

danger *n* ['deɪndʒə]

Gefahr

threaten *v* ['θretn]

(be)drohen

deadly *adj* ['dedlɪ]
deadly attack/danger/risk

tödlich
vernichtender Angriff / tödliche Gefahr / tödliches Risiko

---

war *n* [wɔː]
declare war (on sb)
be at war (with sb)

Krieg
(jdm) den Krieg erklären
sich im Kriegszustand (mit jdm) befinden

prisoner of war (POW)
World War I/II

Kriegsgefangene(r)
der Erste/Zweite Weltkrieg

attack *n; v* [ə'tæk]

Angriff; angreifen

defend *v* [dɪ'fend]

verteidigen

defence *n* [dɪ'fens]

Verteidigung

shelter *n; v* ['ʃeltə]

Schutzraum; (be)schützen; Deckung nehmen

air-raid shelter
During World War II, thousands of Londoners **sheltered from** German bombs in the Underground.

Luftschutzkeller
Während des Zweiten Weltkriegs suchten Tausende von Londonern in der U-Bahn Schutz vor deutschen Bomben.

---

fight *n* [faɪt]

Kampf, Gefecht

fight, fought, fought *v* [faɪt, fɔːt]
Americans **fought for** their independence in the 18th century.

(be)kämpfen
Die Amerikaner kämpften im 18. Jahrhundert um ihre Unabhängigkeit.

fight against sb/sth

gegen jdn/etw. kämpfen

struggle *n* ['strʌgl]
a life-and-death struggle

schwerer Kampf, Ringen
ein Kampf auf Leben und Tod

battle *n* ['bætl]
The **Battle of Hastings** was fought in 1066.

Schlacht
Die Schlacht von Hastings wurde im Jahr 1066 geschlagen.

die in battle

in der Schlacht fallen

---

army *n* ['ɑːmɪ]
The Watsons' son has been **in the army** for two years.

Militär; Armee
Der Sohn von Watsons ist seit zwei Jahren beim Militär.

Staat, Recht, Politik 15

the British/US Army	die britische/US-Armee
unit *n* ['ju:nɪt]	Truppeneinheit
soldier *n* ['səʊldʒə]	Soldat(in)
officer *n* ['ɒfɪsə]	Offizier(in)
captain *n* ['kæptɪn]	Hauptmann
order *n; v* ['ɔ:də]	Befehl; befehlen
carry out, carried, carried *v* [ˌkærɪ'aʊt]	ausführen, erfüllen
carry out a plan/orders	einen Plan/Befehle ausführen
camp *n* [kæmp]	Feldlager
Washington's soldiers were **in camp** all winter.	Washingtons Soldaten waren den ganzen Winter über im Feldlager.

arms *n pl* [ɑ:mz]	Waffen
arms control	Rüstungskontrolle
arms race	Wettrüsten
weapon *n* ['wepən]	Waffe
nuclear/conventional weapons	Atom-/konventionelle Waffen
secret *adj; n* ['si:krɪt]	geheim; Geheimnis
secret weapon	Geheimwaffe
top secret	streng geheim

atom *adj* ['ætəm]	Atom-
atom bomb	Atombombe
nuclear *adj* ['nju:klɪə]	Atom-, Kern-
nuclear war	Atomkrieg
nuclear weapon	Atomwaffe
bomb *n; v* [bɒm]	Bombe; bombardieren
drop bombs	Bomben abwerfen
Coventry was bombed by German planes in 1940.	Coventry wurde 1940 von deutschen Flugzeugen bombardiert.

gun *n* [gʌn]	Feuerwaffe (*Kanone, Gewehr, Pistole usw.*)
aim at *v* [ˌeɪm'æt]	zielen auf
aim a gun at sb	mit der Schusswaffe auf jdn zielen
fire *v* ['faɪə]	feuern, schießen
fire (a gun) at sb/sth	auf jdn/etw. schießen
shoot, shot, shot *v* [ʃu:t, ʃɒt]	(er)schießen
shoot down a plane	ein Flugzeug abschießen
wound *n; v* [wu:nd]	Wunde, Verletzung; verwunden, verletzen
kill *v* [kɪl]	töten
destroy *v* [dɪ'strɔɪ]	zerstören, vernichten
destruction *n* [dɪ'strʌkʃn]	Zerstörung, Vernichtung

Frieden, Krieg, Militär **257**

15 Staat, Recht, Politik

win, won, won *v* [wɪn, wʌn] gewinnen, siegen
  win the war   den Krieg gewinnen
defeat *v* [dɪˈfiːt] besiegen
lose, lost, lost *v* [luːz, lɒst] verlieren
  lose the war   den Krieg verlieren

survive *v* [səˈvaɪv] überleben
Hardly anyone would survive a Kaum jemand würde einen Atom-
nuclear war. krieg überleben.
survival *n* [səˈvaɪvl] Überleben
  survival techniques   Überlebenstechniken
freeze *n* [friːz] Einfrieren, Stopp
  arms freeze   Rüstungsstopp
global *adj* [ˈgləʊbl] weltweit
disarmament *n* Abrüstung
[dɪsˈɑːməmənt]
  global/nuclear disarmament   weltweite/atomare Abrüstung

conscientious objector *n* Kriegs-/Wehrdienstverweigerer
[kɒnʃɪˌenʃəsəbˈdʒektə]
resist *v* [rɪˈzɪst] widerstehen, sich wehren
resistance *n* [rɪˈzɪstəns] Widerstand, Gegenwehr
  resistance fighter   Widerstandskämpfer(in)

threat *n* [θret] Drohung, Bedrohung
The world has been living with the Die Welt lebt seit 1945 mit der
threat of nuclear war since 1945. Bedrohung durch einen Atom-
  krieg.

hostile *adj* [ˈhɒstaɪl] feindlich; feindselig
hostility *n* [hɒsˈtɪlɪtɪ] Feindseligkeit
Hostilities started early this morning Heute am frühen Morgen brachen
on the Iran-Iraq border. an der iranisch-irakischen Grenze
  Feindseligkeiten aus.

aggression *n* [əˈgreʃn] Angriff, Übergriff, Aggression
  an act of aggression   ein aggressiver Akt

warfare *n* Kriegsführung
  biological/chemical warfare   biologische/chemische Kriegsführung
force *n* [fɔːs] militärische Gewalt; Truppe(n)
  use force   Gewalt anwenden
  the armed forces   die bewaffneten Streitkräfte
  the Royal Air Force (RAF)   die britische Luftwaffe
troops *n pl* [truːps] Truppen; Soldaten
parade *n* [pəˈreɪd] (Truppen-)Parade

258 Frieden, Krieg, Militär

Staat, Recht, Politik 15

advance v [əd'vɑːns] — vordringen, vorrücken
frontier n ['frʌntɪə] — (Landes-)Grenze
invade v [ɪn'veɪd] — einmarschieren, eindringen
  invade a country — in ein Land einmarschieren
invasion n [ɪn'veɪʒn] — Invasion, Einmarsch
march n; v [mɑːtʃ] — Marsch; marschieren
combat n; v ['kɒmbæt] — Gefecht; (be)kämpfen
occupy, occupied, occupied v ['ɒkjəpaɪ] — besetzen, in Besitz nehmen
surround v [sə'raʊnd] — umzingeln, einschließen
  The soldiers were **surrounded by** enemy troops. — Die Soldaten waren/wurden von gegnerischen Truppen umzingelt.

withdraw, withdrew, withdrawn v [wɪð'drɔː, wɪð'druː, wɪð'drɔːn] — (sich) zurückziehen
  withdraw troops — Truppen abziehen
retreat v [rɪ'triːt] — sich zurückziehen
flee, fled, fled v [fliː, fled] — fliehen, flüchten
  flee from sb/sth — vor jdm/etw. flüchten
terror n ['terə] — Schrecken, Entsetzen, Todesangst
  The inhabitants of the village fled **in terror** from their burning houses. — Die Dorfbewohner flüchteten in Todesangst aus ihren brennenden Häusern.
capture v — gefangen nehmen
surrender v [sə'rendə] — sich ergeben, kapitulieren

exile n ['eksaɪl] — Vertriebene(r)
refugee n [ˌrefjʊ'dʒiː] — Flüchtling
shortage n ['ʃɔːtɪdʒ] — Mangel, Knappheit
  Wars have always been accompanied by **food shortages**. — Kriege bringen immer Lebensmittelmangel mit sich.
famine n ['fæmɪn] — Hungersnot

military adj; n ['mɪlɪtrɪ] — militärisch, Militär-; Militär
  do military service — Wehrdienst ableisten
  military police (MP) — Militärpolizei
volunteer n; v [ˌvɒlən'tɪə] — Freiwillige(r); sich freiwillig melden
uniform n ['juːnɪfɔːm] — Uniform
civilian n; adj [sɪ'vɪlɪən] — Zivilist(in); zivil, Zivil-
  in civilian clothes — in Zivil(kleidung)

quarters n pl ['kwɔːtəz] — Quartier, Unterkunft
headquarters (HQ) n pl [ˌhed'kwɔːtəz (ˌeɪtʃ'kjuː)] — Hauptquartier

Frieden, Krieg, Militär 259

15 Staat, Recht, Politik

base *n* [beɪs]	Stützpunkt, Garnison
air base	Luftwaffenstützpunkt
naval base	Marinestützpunkt/-basis
aircraft, *pl* aircraft *n*	Flugzeug, Maschine
navy *n* ['neɪvɪ]	Marine, Seestreitkräfte
naval *adj* ['neɪvl]	See-, Marine-
naval battle	Seeschlacht
naval officer	Marineoffizier
submarine *n* [ˌsʌbmə'riːn]	Unterseeboot, U-Boot
coast guard *n* ['kəʊstˌgɑːd]	Küstenwache

tank *n* [tæŋk]	Panzer
missile *n* ['mɪsaɪl]	Rakete
cruise missile	Marschflugkörper
shell *n; v* [ʃel]	Granate; beschießen
The enemy troops shelled the country's capital before entering it.	Die feindlichen Truppen beschossen die Hauptstadt des Landes mit Granaten, bevor sie in sie eindrangen.
machine-gun *n* [mə'ʃiːnˌgʌn]	Maschinengewehr
rifle *n* ['raɪfl]	Gewehr
pistol *n* ['pɪstl]	Pistole
bullet *n* ['bʊlɪt]	(Gewehr-, Pistolen-)Kugel
shot *n* [ʃɒt]	Schuss; Schütze, Schützin
pistol shot	Pistolenschütze/-schützin
target *n* ['tɑːgɪt]	Ziel
shoot at a target	auf ein Ziel schießen

blow up, blew, blown *v* [ˌbləʊ'ʌp, bluː, bləʊn]	in die Luft jagen, sprengen
explode *v* [ɪk'spləʊd]	explodieren
explosion *n* [ɪk'spləʊʒn]	Explosion
cover *n* ['kʌvə]	Deckung, Schutz
The people **took cover from** the bombs in their cellars.	Die Menschen suchten in ihren Kellern Deckung vor den Bomben.
give sb cover	jdm Deckung geben

victory *n* ['vɪktərɪ]	Sieg
glory *n* ['glɔːrɪ]	Ruhm
hero, *pl* heroes *n* ['hɪərəʊ(z)]	Held
heroine *n* ['herəʊɪn]	Heldin
defeat *n* [dɪ'fiːt]	Niederlage
The army generals celebrated the **enemy's defeat**.	Die Armeegeneräle feierten die Niederlage des Gegners / ihren Sieg über den Gegner.
suffer a defeat	eine Niederlage erleiden

Frieden, Krieg, Militär

Staat, Recht, Politik 15

Falsche Freunde			
Englisches Wort	**Thematische Bedeutung(en)**	**Falscher Freund**	**Englische Entsprechung(en)**
ban *n; v*	Verbot; verbieten	Bann; bannen	fascination; fascinate
civil *adj*	staatlich, öffentlich; Bürger-	zivil	civilian
heroine *n*	Heldin	Heroin	heroin
justice *n*	Gerechtigkeit	Justiz	the law, the courts
magistrate *n*	*etwa:* Amtsrichter(in)	Magistrat	town/city council
mayor *n*	Bürgermeister(in)	Major	major
murder *n*	Mord, Ermordung	Mörder	murderer
pass *v*	verabschieden, beschließen	passen; passieren	fit; happen

Frieden, Krieg, Militär

16 Wirtschafts- und Geschäftsleben

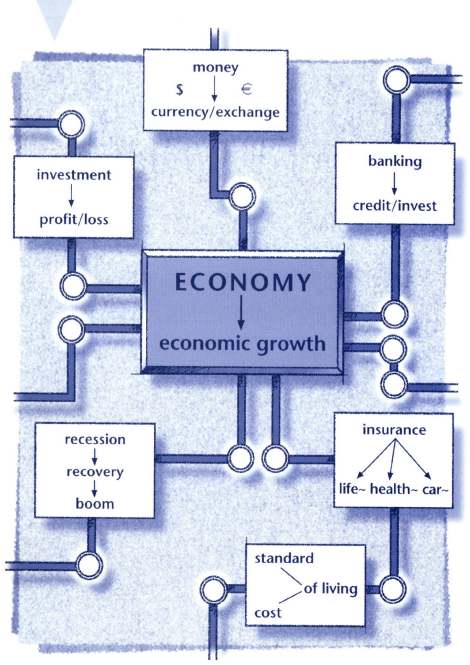

Wirtschafts- und Geschäftsleben 16

16.1 Industrie, Handwerk

industry *n* ['ɪndəstrɪ]
Industrie, Gewerbe; Branche

heavy industry
Schwerindustrie

computer industry
Computerbranche

industrial *adj* [ɪn'dʌstrɪəl]
industriell, Industrie-

The Ruhr Valley is still Germany's
Das Ruhrgebiet ist immer noch

biggest **industrial area.**
Deutschlands größtes Industrie-
gebiet.

produce *v* [prə'dju:s]
produzieren, herstellen

product *n* ['prɒdʌkt]
Produkt, Erzeugnis

production *n* [prə'dʌkʃn]
Produktion, Herstellung

producer *n* [prə'dju:sə]
Hersteller, Produzent

factory *n* ['fæktrɪ]
Fabrik

plant *n* [plɑːnt]
Industrieanlage, Werk

equipment *n* [ɪ'kwɪpmənt]
Maschinen, Geräte

machine *n* [mə'ʃiːn]
Maschine

power *n* ['paʊə]
Kraft, Energie

powerful *adj* ['paʊəfʊl]
kraftvoll, leistungsstark

switch *n; v* [swɪtʃ]
Schalter; schalten

power switch
Elektroschalter

switch on/off
ein-/ausschalten

standard *adj; n* ['stændəd]
(handels)üblich, Standard-;
Standard, Norm

standard size
Standardgröße

All the products tested were **up to
standard.**
Alle getesteten Produkte
entsprachen der Norm.

be above/below standard
über/unter der Norm liegen

model *adj; n* ['mɒdl]
Modell-; Modell

the latest model
das neueste Modell

type *n* [taɪp]
Typ, Marke

What **type** of machine do you
produce?
Welchen Maschinentyp stellen Sie
her?

workman, *pl* **workmen** *n*
['wɜːkmən]
Handwerker, Arbeiter

workshop *n* ['wɜːkʃɒp]
Werkstatt

by hand *adv* [baɪ'hænd]
von Hand

Very few products are still produced
by hand.
Nur sehr wenige Produkte werden
noch von Hand hergestellt.

mend *v* [mend]
in Ordnung bringen, reparieren

Sally **mended** the broken toy with a
piece of wire.
Sally reparierte das beschädigte
Spielzeug mit einem Stück Draht.

Industrie, Handwerk **263**

16 Wirtschafts- und Geschäftsleben

fix *v* [fɪks]
The brakes on Fred's car were not working, so he had to have them fixed.

in Ordnung bringen, reparieren
Die Bremsen von Freds Auto funktionierten nicht; deshalb musste er sie reparieren lassen.

repair *v* [rɪ'peə]
We need to have the bicycle repaired.

in Ordnung bringen, reparieren
Wir müssen das Fahrrad reparieren lassen.

Fix, mend, repair

Die Wörter **fix**, **mend** und **repair** haben alle die Grundbedeutung *„etwas in Ordnung bringen"*. Aber sie werden doch sehr unterschiedlich gebraucht.

Fix ist das allgemeinste Wort und kann fast überall verwendet werden:

Jeff **fixed** the small hole in the pipe himself.	*Jeff reparierte das kleine Loch im Rohr selbst.*
Debbie was taught to **fix** radios in the army.	*Beim Militär hat Debbie gelernt, Radios zu reparieren.*

Das englische Wort **mend** wird verwendet, wenn etwas zu reparieren ist, was durch Verbrauch oder Verschleiß zerbrochen, beschädigt oder zerrissen ist.

Don't throw the shirt away! I'll **mend** it for you.	*Wirf das Hemd bloß nicht weg! Ich flicke es dir.*
Nowadays people prefer to buy new things rather than **mend** broken ones.	*Heutzutage kauft man lieber etwas Neues anstatt etwas Beschädigtes zu reparieren.*

Repair setzt besondere Kenntnisse bzw. Fähigkeiten voraus: Der Vorgang des Instandsetzens ist oft kompliziert und eventuell braucht man besondere Werkzeuge dafür.

We took the TV to the shop **to have it repaired** last week.	*Wir brachten den Fernseher letzte Woche zur Reparatur in den Elektroladen.*
Harry spent two years learning to **repair** PCs.	*Harry hat zwei Jahre lang gelernt, wie man PCs repariert.*

---

tool [tu:l]
  power tools
  the tools of the trade
  tool bag/chest

Werkzeug
  Elektrowerkzeug
  das Handwerkszeug
  Werkzeugtasche/-koffer

hammer *n* ['hæmə]
Hammer

nail *n; v* [neɪl]
Nagel; nageln

screw *n; v* [skru:]
Schraube; schrauben

screwdriver *n* ['skru:ˌdraɪvə]
Schraubenzieher

---

output *n* ['aʊtpʊt]
Ausstoß, Produktion

target *n* ['tɑ:gɪt]
Ziel
  The factory's target for next year is to double its output.
  Die Firma hat das Ziel, im nächsten Jahr ihre Produktion zu verdoppeln.

schedule *n* ['ʃedju:l]
Zeitplan

264 Industrie, Handwerk

Wirtschafts- und Geschäftsleben 16

according to schedule	nach Plan
ahead of schedule	dem Zeitplan voraus
behind schedule	im Rückstand

engineering n [ˌendʒɪˈnɪərɪŋ]	Technik
mechanical engineering	Maschinenbau
engineer n [ˌendʒɪˈnɪə]	Techniker(in), Ingenieur(in)
technology n [tekˈnɒlədʒɪ]	Technologie, Technik
process n [ˈprəʊses]	Verfahren
develop a new process	ein neues Verfahren entwickeln
manufacture v [ˌmænjəˈfæktʃə]	herstellen
manufacturer n [ˌmænjəˈfæktʃərə]	Hersteller
car manufacturer	Automobilhersteller
assembly line n [əˈsemblɪˌlaɪn]	Fließband

mill n [mɪl]	Fabrik, Werk
cotton mill	Spinnerei
saw mill	Sägewerk
works n pl [wɜːks]	Fabrik, Werk
steelworks	Stahlwerk
steelworker n [ˈstiːlˌwɜːkə]	Stahlarbeiter(in)
shipbuilding n [ˈʃɪpˌbɪldɪŋ]	Schiffsbau

oilrig n [ˈɔɪlrɪg]	Bohrinsel
pipeline n [ˈpaɪplaɪn]	Rohrleitung; Pipeline
gas/oil pipeline	Gas-/Ölpipeline
pump n; v [pʌmp]	Pumpe; pumpen
flammable/inflammable adj [ˈflæməbl/ɪnˈflæməbl]	leicht entzündbar

trademark n [ˈtreɪdmɑːk]	Markenzeichen
brand name n [ˈbrændˌneɪm]	Markenname
laboratory n [ləˈbɒrətrɪ]	Labor
robot n [ˈrəʊbɒt]	Roboter

pliers n pl [ˈplaɪəz]	Zange
a pair of pliers	eine Zange
file n; v [faɪl]	Feile; feilen
drill n; v [drɪl]	Bohrer, Bohrmaschine; bohren
drill a hole	ein Loch bohren
axe n [æks]	Axt
saw n [sɔː]	Säge
chain/circular saw	Ketten-/Kreissäge
saw, sawed, sawn v [sɔː, sɔːd, sɔːn]	sägen
saw sth in two	etw. durchsägen
glue n; v [gluː]	Klebstoff; kleben

Industrie, Handwerk **265**

16 Wirtschafts- und Geschäftsleben

rope n [rəʊp]	Seil
chain n [tʃeɪn]	Kette
ladder n ['lædə]	Leiter

16.2 Technik

technical adj ['teknɪkl]	technisch
technical term	Fachausdruck
progress n ['prəʊgres]	Fortschritt
method n ['meθəd]	Methode
complicated adj ['kɒmplɪkeɪtɪd]	kompliziert

engine n ['endʒɪn]	Motor; Maschine
steam engine	Dampfmaschine
motor n ['məʊtə]	Motor

power n uncount ['paʊə]	Energie; elektrischer Strom
power station	Kraftwerk, E-Werk
electricity n [ˌɪlek'trɪsətɪ]	Elektrizität, Strom
electric adj [ɪ'lektrɪk]	elektrisch, Elektro-
electric motor	Elektromotor
electrical adj [ɪ'lektrɪkl]	elektrisch, Elektro-
electrical equipment	Elektrogeräte
nuclear adj ['nju:klɪə]	Kern-, Atom-, nuklear
nuclear power	Kernkraft
nuclear power station	Kernkraftwerk
electronic adj [ˌɪlek'trɒnɪk]	elektronisch
electronics n [ˌɪlek'trɒnɪks]	Elektronik

design n; v [dɪ'zaɪn]	Design, Entwurf, Konstruktion; entwerfen, konstruieren
technique n [tek'ni:k]	(Arbeits-)Technik, Methode
There are standardized techniques of machine design.	Es gibt Standardtechniken für die Maschinenkonstruktion.
invent v [ɪn'vent]	erfinden
invention n [ɪn'venʃn]	Erfindung
inventor n [ɪn'ventə]	Erfinder(in)
patent n; v ['peɪtənt]	Patent; patentieren

device n [dɪ'vaɪs]	Gerät, Vorrichtung
The company's laser experts have designed a new device that will revolutionize the entire computer industry.	Die Laser-Experten der Firma haben ein neues Gerät konstruiert, das die gesamte Computerbranche revolutionieren wird.

266 Technik

Wirtschafts- und Geschäftsleben 16

automatic *adj* [ˌɔːtəˈmætɪk]   automatisch
  automatic device   automatisches Gerät
laser *n* [ˈleɪzə]   Laser
  laser beam   Laserstrahl
meter *n* [ˈmiːtə]   Messgerät
regulate *v* [ˈregjʊleɪt]   regulieren, regeln
instructions *n pl* [ɪnˈstrʌkʃnz]   Betriebsanleitung
manual *n* [ˈmænjʊəl]   Handbuch, Bedienungsanleitung
  car/computer manual   Auto-Betriebsanleitung/ Computer-Handbuch

performance *n* [pəˈfɔːməns]   Leistung
trial *n* [ˈtraɪəl]   Versuch, Erprobung
  trial run   Versuchs-/Testreihe

rocket *n* [ˈrɒkɪt]   Rakete
satellite *n* [ˈsætəlaɪt]   Satellit
orbit *n* [ˈɔːbɪt]   Umlaufbahn
  go into orbit   in die Umlaufbahn eintreten
spacecraft, *pl* **spacecraft** *n*   Raumfahrzeug, -schiff
[ˈspeɪskrɑːft]
  The air in the spacecraft was   Die Luft im Raumschiff wurde
  regulated to give the astronauts the   so reguliert, dass die Astronauten
  proper amount of oxygen.   die richtige Menge Sauerstoff bekamen.

  Spacecraft in the 21st century will   Im 21. Jahrhundert werden
  be built to fly to other solar systems.   Raumfahrzeuge für die Reise zu anderen Sonnensystemen konstruiert werden.

spaceship *n* [ˈspeɪsʃɪp]   Raumschiff
space shuttle *n* [ˈspeɪsˌʃʌtl]   Raumfähre
space station *n* [ˈspeɪsˌsteɪʃn]   Raumstation
spacesuit *n* [ˈspeɪssuːt]   Raumanzug
astronaut *n* [ˈæstrənɔːt]   Astronaut(in)

16.3 Büro

office *n* [ˈɒfɪs]   Büro
  run an office   ein Büro leiten/betreiben
be in, was, been *v* [ˌbiːˈɪn, wɒs, biːn]   da sein, anwesend sein
  I'm very sorry, but Mr Jenkins is not   Es tut mir Leid, aber Herr Jenkins
  in at the moment.   ist im Moment nicht da.
be out, was, been *v*   außer Haus sein, abwesend sein
[ˌbiːˈaʊt, wɒs, biːn]

Büro **267**

16 Wirtschafts- und Geschäftsleben

Yes, that's correct. Ms Potter will be out most of the day.

Ja, das stimmt. Frau Potter wird den größten Teil des Tages außer Haus sein.

manage v ['mænɪdʒ]
leiten

manager n ['mænɪdʒə]
Manager(in), leitende(r) Angestellte(r)

management n ['mænɪdʒmənt]
Geschäftsleitung

executive n [ɪg'zekjətɪv]
leitende(r) Angestellte(r), Manager(in)

---

clerk n [klɑːk]
Büroangestellte(r)

secretary n ['sekrətrɪ]
Sekretär(in)

typist n ['taɪpɪst]
Schreibkraft

personal assistant n [ˌpɜːrsnlə'sɪstnt]
persönliche(r) Assistent(in)

---

equipment n [ɪ'kwɪpmənt]
Maschinen, Geräte

  office equipment
  Büromaschinen, -geräte

computer n [kəm'pjuːtə]
Computer

typewriter n ['taɪpˌraɪtə]
Schreibmaschine

calculator n ['kælkjəleɪtə]
Rechenmaschine

  desk/pocket calculator
  Tisch-/Taschenrechner

photocopier n ['fəʊtəʊˌkɒpɪə]
(Foto-)Kopierer

fax machine n ['fæksməˌʃiːn]
Telefaxgerät

answerphone BE;
(Telefon-)Anrufbeantworter

answering machine AE n ['ɑːnsəfəʊn; 'ænsərɪŋməˌʃiːn]

---

desk n [desk]
Schreibtisch

  typing/computer desk
  Schreibmaschinen-/Computer-tisch

letter tray n ['letəˌtreɪ]
Ablagefach/-korb

in/out tray n ['ɪn/'aʊttreɪ]
Fach für eingehende/auslaufende Post

punch BE; **hole puncher** AE n [pʌnʃ; 'həʊlˌpʌntʃər]
Locher

---

office supplies n pl ['ɒfɪssəˌplaɪz]
Büroartikel/-bedarf

paper clip n ['peɪpəˌklɪp]
Büroklammer

tape n [teɪp]
(Klebe-)Band

  adhesive tape
  Klebestreifen, Tesafilm

  a roll of tape
  eine Tesarolle

tape dispenser n [teɪpdɪ'spensə]
Tesafilm-/Klebestreifenspender

desk diary BE; **desk calendar** AE n ['deskˌdaɪərɪ; 'deskˌkæləndər]
Tischkalender

268 Büro

Wirtschafts- und Geschäftsleben 16

appointments diary BE;
appointments calendar AE *n*
[əˈpɔɪntmənts͵daɪərɪ;
əˈpɔɪntmənts͵kæləndər]

Terminkalender

letter *n* [ˈletə]
  business letter
  letter of complaint
type *v* [taɪp]
dictate *v* [dɪkˈteɪt]
enclose *v* [ɪnˈkləʊz]
  She **enclosed** a cheque **with** the letter.
enclosure BE; **attachment** AE *n*
[ɪnˈkləʊʒə; əˈtætʃmənt]
fax *n; v* [fæks]
email *n; v* [ˈiːmeɪl]
  email attachment
file *n; v* [faɪl]
  The letter must be in **the files**.
  computer file
  document file
  Do I have to file all of these documents today?
copy *n* [ˈkɒpɪ]
  Could you please **make me a copy** of this letter?
copy, copied, copied *v* [ˈkɒpɪ]
photocopy *n* [ˈfəʊtəʊ͵kɒpɪ]
photocopy, photocopied, photocopied *v* [ˈfəʊtəʊ͵kɒpɪ]
xerox AE *n; v* [ˈzɪrɑːks]

Brief
  Geschäftsbrief
  Beschwerdebrief
(mit der Maschine) schreiben, tippen
diktieren
beilegen
  Sie legte dem Brief einen Scheck bei.
(Brief-)Anlage

Fax(nachricht); faxen
E-Mail; mailen
  Anhang zur E-Mail
Akte, Datei; ablegen
  Der Brief muss in der Ablage sein.
  Computer-Datei
  Aktenordner
  Muss ich alle dieser Dokumente heute ablegen?
Kopie, Fotokopie
  Könnten Sie mir bitte eine Kopie von diesem Brief machen?
(foto)kopieren
Fotokopie
(foto)kopieren

Fotokopie; fotokopieren

organize *v* [ˈɔːɡənaɪz]
organization *n* [͵ɔːɡənaɪˈzeɪʃn]
paperwork *n uncount* [ˈpeɪpəwɜːk]

organisieren
Organisation
Papierkram, Schreibarbeit(en)

intercom *n* [ˈɪntəkɒm]
voicemail *n* [ˈvɔɪsmeɪl]
filing cabinet *n* [ˈfaɪlɪŋ͵kæbɪnət]

Wechselsprechanlage
Telefonnachricht
Aktenschrank

briefcase *n* [ˈbriːfkeɪs]
receptionist *n* [rɪˈsepʃənɪst]
accountant *n* [əˈkaʊntənt]

bookkeeper *n* [ˈbʊk͵kiːpə]

Aktentasche, Aktenkoffer
Empfangschef, Empfangsdame
Wirtschafts-, Rechnungsprüfer(in);
Buchhalter(in)
Buchhalter(in)

Büro 269

16 Wirtschafts- und Geschäftsleben

bookkeeping n ['bʊkˌkiːpɪŋ]	Buchhaltung
computerize v [kəmˈpjuːtəraɪz]	auf Computer umstellen, computerisieren
Melanie was hired to computerize all of the firm's offices.	Melanie wurde eingestellt, um alle Filialen der Firma auf EDV umzustellen.

16.4 Handel und Dienstleistungen

trade n [treɪd]	Handel
world trade	(der) Welthandel
trade gap	Handels(bilanz)defizit
fair n [feə]	Messe
trade fair	Handelsmesse
market n ['mɑːkɪt]	Markt
European market	europäischer Markt
global market	Weltmarkt
overseas adj; n [ˌəʊvəˈsiːz]	überseeisch, Übersee-; Ausland
overseas markets	Märkte in Übersee/im Ausland
overseas trade	Übersee-/Außenhandel
export n; v ['ekspɔːt; ekˈspɔːt]	Export; exportieren
import n; v ['ɪmpɔːt; ɪmˈpɔːt]	Import; importieren
supply n [səˈplaɪ]	Lieferung, Versorgung
Recycling paper is **in short supply** at the moment.	Recycling-Papier ist im Moment knapp.
supply, supplied, supplied v [səˈplaɪ]	(be)liefern, versorgen
demand n [dɪˈmɑːnd]	Nachfrage
be in demand	gefragt sein
supply and demand	Angebot und Nachfrage
cost n [kɒst]	Kosten
running costs	Betriebskosten, -ausgaben
business n ['bɪznɪs]	Unternehmen, Geschäft
small business	Kleinunternehmen
business card	Visitenkarte
business meeting	geschäftliche Besprechung
firm n [fɜːm]	Firma
company n ['kʌmpənɪ]	Firma, Gesellschaft
Ms Galvin runs the company.	Frau Galvin leitet die Firma.
limited (Ltd) adj ['lɪmɪtɪd]	mit beschränkter Haftung (mbH)
City Advertising Ltd	City-Werbegesellschaft mbH
public limited company (PLC) BE	offene Kapitalgesellschaft mit beschränkter Haftung (AG)

270 Handel und Dienstleistungen

Wirtschafts- und Geschäftsleben 16

businessman, *pl* **businessmen** *n*   Geschäftsmann
['bɪznɪsmæn, 'bɪznɪzmen]
businesswoman, *pl* **business-**   Geschäftsfrau
women *n*
['bɪznɪsˌwʊmən, 'bɪznɪsˌwɪmɪn]
director *n* [dɪ'rektə]   Direktor(in)
board *n* [bɔːd]   Vorstand, Aufsichtsrat (einer Firma)
  board of directors   Firmenvorstand, Geschäftsleitung
  board meeting   Vorstandssitzung
  Board of Trade BE   britisches Handelsministerium

sales *n pl* [seɪlz]   Verkauf; Absatz, Verkäufe
  sales department   Verkaufsabteilung
  sales manager   Verkaufsleiter(in)
  sales price   Ladenverkaufspreis
order *n; v* ['ɔːdə]   Bestellung, Auftrag; bestellen
  place an order   einen Auftrag erteilen
bill *n* [bɪl]   Rechnung
  The bill was higher than we   Die Rechnung fiel höher aus als
  expected.   erwartet.
  bill of exchange   Wechsel
buy, **bought, bought** *v* [baɪ, bɔːt]   kaufen
sell, **sold, sold** *v* [sel, səʊld]   verkaufen
  sell at a profit/loss   mit Gewinn/Verlust verkaufen

merchandise *n uncount*   Ware(n)
['mɜːtʃndaɪz]
  The merchandise sold at the local   Die Waren, die auf der örtlichen
  trade fair was of poor quality.   Handelsmesse verkauft wurden,
            waren von schlechter Qualität.

goods *n pl* [gʊdz]   Waren, Güter
article *n* ['ɑːtɪkl]   Artikel
  I'm sorry, but we don't have that   Es tut mir Leid, aber gerade diesen
  particular article.   Artikel führen wir nicht.
available *adj* [ə'veɪləbl]   vorrätig, lieferbar, erhältlich
  easily available   leicht erhältlich/zugänglich
item *n* ['aɪtəm]   Artikel
  There are hundreds of items in the   Im Katalog sind Hunderte von
  catalogue.   Artikeln.
sample *n* ['sɑːmpl]   (Waren-)Muster, Probe
contract *n* ['kɒntrækt]   Vertrag
  terms of contract   Vertragsbedingungen

commerce *n* ['kɒmɜːs]   Handel; (Handels-)Verkehr
commerce and industry   Handel und Gewerbe

Handel und Dienstleistungen 271

Wirtschafts- und Geschäftsleben

Chamber of Commerce	Handelskammer
electronic commerce/e-commerce	Handel im Internet, E-Commerce
commercial adj [kəˈmɜːʃl]	Handels-; kommerziell
wholesale adj [ˈhəʊlseɪl]	Großhandels-
wholesale price	Großhandelspreis
wholesaler n [ˈhəʊlˌseɪlə]	Großhändler(in)
retail adj [ˈriːteɪl]	Einzelhandels-
retail price	Einzelhandels-/Ladenpreis
retailer n [ˈriːteɪlə]	Einzelhändler(in)
deal in, dealt, dealt v [ˌdiːˈlɪn, delt]	handeln mit
Fred started a company that only deals in imported goods.	Fred hat eine Firma gegründet, die nur mit Importwaren handelt.

conglomerate n [kənˈɡlɒmreɪt]	Konzern
corporation n [ˌkɔːˈpreɪʃn]	große Firma, Gesellschaft
corporate identity n [ˈkɔːprətaɪˈdentəti]	Firmenimage
association n [əˌsəʊʃiˈeɪʃn]	Verband, Vereinigung
headquarters n pl [ˌhedˈkwɔːtəz]	Hauptgeschäftsstelle, Zentrale
partnership n [ˈpɑːtnəʃɪp]	(gemeinsame) Gesellschaft, Kooperation

net adj [net]	Netto-
net price/profit	Nettopreis/-gewinn
gross adj [ɡrəʊs]	Brutto-
gross earnings	Bruttoeinkommen
Gross Domestic Product (GDP)	Bruttoinlandsprodukt (BIP)
Gross National Product (GNP)	Bruttosozialprodukt (BSP)
turnover n [ˈtɜːnˌəʊvə]	Umsatz
profitable adj [ˈprɒfɪtəbl]	rentabel
surplus n [ˈsɜːpləs]	Überschuss
discount n [ˈdɪskaʊnt]	Rabatt; Skonto
a 10 per cent discount	ein Rabatt von 10%
discount for cash	Skonto bei Barzahlung
commission n [kəˈmɪʃn]	Provision, Umsatzbeteiligung
We pay our sales representatives 15 per cent commission on their net sales.	Wir zahlen unseren Handelsvertreter(inne)n 15 Prozent Provision auf ihre Nettoverkäufe.
representative n [ˌreprɪˈzentətɪv]	Handelsvertreter(in)
salesman/saleswoman n [ˈseɪlzmən/ˈseɪlzˌwʊmən]	Verkäufer(in)

acknowledgement n [əkˈnɒlɪdʒmənt]	Empfangsbestätigung
invoice n [ˈɪnvɔɪs]	Rechnung, Faktur
reminder n [rɪˈmaɪndə]	Zahlungserinnerung, Mahnung

Handel und Dienstleistungen

Wirtschafts- und Geschäftsleben 16

compete *v* [kəm'pi:t]
US and Asian electronics companies
compete with each other in the
European market.

konkurrieren
Amerikanische und japanische
Elektronikfirmen konkurrieren
miteinander auf dem europäischen
Markt.

compete for sth
competitor *n* [kəm'petɪtə]
competition *n* [ˌkɒmpɪ'tɪʃn]
competitive *adj* [ˌkəm'petətɪv]
a competitive industry/market

um etw. konkurrieren
Konkurrent(in), Konkurrenz
Konkurrenz, Wettbewerb
konkurrenzorientiert, Wettbewerbs-
ein Industriezweig / Markt mit
starkem Wettbewerb

rival *n; adj* ['raɪvl]
rival product

Konkurrent(in); Konkurrenz-
Konkurrenzprodukt

market research *n* [ˌmɑ:kɪtrɪ'sɜ:tʃ]
marketing *n* ['mɑ:kətɪŋ]
marketing manager
strategy *n* ['strætədʒɪ]
marketing/sales strategy

Marktforschung
Marketing, Absatzförderung
Leiter(in) der Marketingabteilung
Strategie
Absatz-/Verkaufsstrategie

estimate *n; v* ['estɪmət; 'estɪmeɪt]
We must **estimate the cost of** the
project before we can agree to it.

Kostenvoranschlag; (ab)schätzen
Wir müssen die Kosten des Projekts
abschätzen, bevor wir ihm zustimmen können.

expand *v* [ɪk'spænd]
bid *n* [bɪd]
takeover *n* ['teɪkˌəʊvə]
a hostile/friendly takeover

expandieren, ausweiten, erweitern
Angebot, Gebot, Offerte
Übernahme, Aufkauf
eine feindliche/einvernehmliche
Übernahme

takeover bid
take over, took, taken *v*
[ˌteɪk'əʊvə, tʊk, 'teɪkn]
The local cotton mill **was taken
over by** a major competitor.

Übernahmeangebot
übernehmen, aufkaufen

Die örtliche Baumwollspinnerei
wurde von einem großen Konkur-
renten aufgekauft.

service *n* ['sɜ:vɪs]
It's our job to provide services that
consumers require.

Dienstleistung
Es ist unsere Aufgabe, Dienstleistungen anzubieten, die die Ver-
braucher wünschen.

service industry
serve *v* [sɜ:v]
consumer *n* [kən'sju:mə]
consumer goods
consumer society

Dienstleistungsgewerbe/-branche
(be)dienen
Verbraucher(in)
Konsumgüter, Verbrauchsgüter
Konsumgesellschaft

Handel und Dienstleistungen 273

16 Wirtschafts- und Geschäftsleben

delivery *n* [dɪˈlɪvrɪ]   Lieferung
  cash on delivery (COD)   per Nachnahme
dispatch *n; v* [dɪˈspætʃ]   Absendung; absenden, aufgeben
  dispatch note   Warenbegleitschein, Lieferschein
ship, shipped, shipped *v* [ʃɪp, ʃɪpt]   verschicken, versenden
  ship by sea/plane   verschiffen/per Luftfracht
     versenden
storeroom *n* [ˈstɔːrʊm]   (Waren-)Lager
warehouse *n* [ˈweəhaʊs]   Lagerhaus

advertise *v* [ˈædvətaɪz]   werben, ankündigen
advertising *n; adj* [ˈædvətaɪzɪŋ]   Werbung, Reklame; Werbe-
  advertising agency/campaign   Werbeagentur/-kampagne

16.5 Geld, Banken, Versicherungen

economic *adj* [ˌiːkəˈnɒmɪk]   ökonomisch, Wirtschafts-
  Economic growth has increased   Das Wirtschaftswachstum ist seit
  since the beginning of the year.   Jahresbeginn angestiegen.
economy *n* [ɪˈkɒnəmɪ]   Ökonomie, Wirtschaft
cost of living [ˌkɒstəvˈlɪvɪŋ]   Lebenshaltungskosten
standard *n* [ˈstændəd]   Standard, Norm
  standard of living   Lebensstandard

growth *n* [grəʊθ]   Wachstum
profit *n* [ˈprɒfɪt]   Gewinn, Profit
loss *n* [lɒs]   Verlust
  make a profit/loss   Gewinn/Verlust machen
increase *v* [ɪnˈkriːs]   zunehmen, steigen
decrease *v* [diːˈkriːs]   abnehmen, zurückgehen
  The company's profits **decreased**   Die Gewinne der Firma gingen
  by 20 per cent last year.   letztes Jahr um 20% zurück.

money *n* [ˈmʌnɪ]   Geld
  make money   Geld verdienen
cash *n; v* [kæʃ]   Bargeld; *(z. B. einen Scheck)* einlösen
  Will you be paying **in cash** or by   Zahlen Sie bar oder mit Kredit-
  credit card?   karte?
  A cheque can only be cashed if it   Ein Scheck kann nur dann ein-
  has been signed.   gelöst werden, wenn er unter-
     schrieben ist.
sign *v* [saɪn]   unterschreiben

Wirtschafts- und Geschäftsleben 16

cheque n [tʃek] — Scheck
  Will you accept a cheque? — Nehmen Sie Schecks an?
  cheque-book — Scheckheft
credit card n ['kredɪt,kɑːd] — Kreditkarte
PIN number n ['pɪn,nʌmbə] — PIN, persönliche Identifikationsnummer

exchange n; v [ɪks'tʃeɪndʒ] — Geldwechsel; wechseln
amount n [ə'maʊnt] — Summe
count v [kaʊnt] — zählen
banknote BE; **bill** AE n ['bæŋknəʊt; bɪl] — Geldschein
dollar n ['dɒlə] — Dollar
pound n [paʊnd] — Pfund Sterling
euro n ['jʊərəʊ] — Euro
coin n [kɔɪn] — Münze
cent n [sent] — Cent *(1/100 eines Dollars oder Euros)*
penny, pl **pence** BE n ['penɪ, pens] — Penny *(1/100 eines Pfund Sterling)*

banking n ['bæŋkɪŋ] — Bankwesen, Bankbranche, Bankgewerbe
  home banking — Kontoführung per PC
  online banking — Online-Kontoführung
bank n [bæŋk] — Bank
  bank clerk — Bankangestellte(r)
  bank manager — Bankdirektor(in)
branch n [brɑːnʃ] — (Bank-)Filiale
  Peter was transferred to the bank's branch in Hong Kong. — Peter wurde zur Bankfiliale in Hongkong versetzt.
safe n [seɪf] — Tresor
account n [ə'kaʊnt] — Konto
  current account BE;
  checking account AE — Girokonto
  deposit account BE;
  savings account AE — Sparkonto
open v ['əʊpn] — eröffnen
  Anyone over the age of 18 can **open a bank account**. — Jedermann über 18 kann ein Bankkonto eröffnen.
save v [seɪv] — sparen
deposit n; v [dɪ'pɒzɪt] — Einzahlung; einzahlen
withdraw, withdrew, withdrawn v [wɪð'drɔː, wɪð'druː, wɪð'drɔːn] — abheben
  Rodney was very nervous the first time he withdrew money from his account. — Rodney war sehr nervös, als er zum ersten Mal Geld von seinem Konto abhob.

Geld, Banken, Versicherungen 275

16 Wirtschafts- und Geschäftsleben

cashpoint BE; **ATM (Automatic Teller Machine)** AE *n* [ˈkæʃpɔɪnt; ˌeɪtiːˈem]

Geldautomat, Bankomat

lend, lent, lent *v* [lend, lent]
It's a bank's business to lend money.

verleihen
Das Verleihen von Geld gehört zum Bankgeschäft.

borrow *v* [ˈbɒrəʊ]
Clifford borrowed a large amount of money from the bank last month.

sich (aus)leihen
Im letzten Monat hat sich Clifford eine große Summe von der Bank geliehen.

charge *n* [tʃɑːdʒ]
bank charges

Gebühr
Kontogebühren

interest *n uncount* [ˈɪntrəst]
His father has so much money in the bank that he can live off the interest.

Zins(en)
Sein Vater hat so viel Geld auf dem Konto, dass er von den Zinsen leben kann.

rate *n* [reɪt]
rate of exchange

Kurs, Satz
Wechselkurs

terms *n pl* [tɜːmz]
terms of payment

Konditionen, Bedingungen
Zahlungsbedingungen

average *adj* [ˈævrɪdʒ]
The average rate of interest at our bank is 4.5% at the moment.

durchschnittlich
Bei unserer Bank beträgt im Augenblick der durchschnittliche Zinssatz 4,5%.

owe *v* [əʊ]
Laura now owes the bank over £5000.

schulden
Laura schuldet der Bank jetzt über 5000 Pfund.

debt *n* [det]
Nathan's only up to his ears **in debt** because he can't stop spending!

Schulden
Nathan ist nur deshalb über beide Ohren verschuldet, weil er nicht aufhören kann, Geld auszugeben!

be in the red [ˌbiːɪnðəˈred]
Many companies are in the red for the first three years of their existence.

in den roten Zahlen sein
In den ersten drei Jahren nach ihrer Gründung schreiben viele Firmen rote Zahlen.

bankrupt *adj* [ˈbæŋkrʌpt]
The company could not pay its debts, so it **went bankrupt**.

bankrott, pleite
Die Firma konnte ihre Schulden nicht bezahlen, deshalb ging sie bankrott.

pay, paid, paid *v* [peɪ, peɪd]
He **paid the money into** his account.
pay for sth
pay a bill

(be)zahlen
Er zahlte das Geld auf sein Konto ein.
etw. bezahlen
eine Rechnung bezahlen

276 Geld, Banken, Versicherungen

Wirtschafts- und Geschäftsleben 16

settle v ['setl]	begleichen
settle a bill / one's debts	eine Rechnung/seine Schulden begleichen
value n ['vælju:]	Wert
worth adj [wɜ:θ]	wert
How much is your house **worth**?	Wie viel ist Ihr Haus wert?

insurance n [ɪn'ʃʊərns]	Versicherung
take out insurance	eine Versicherung abschließen
insurance policy	Versicherungspolice
accident insurance	Unfallversicherung
car insurance	Kfz-Versicherung
health insurance	Krankenversicherung
liability insurance	Haftpflichtversicherung
life insurance	Lebensversicherung

finance n; v [faɪ'næns]	Finanz(en), Geldwesen; finanzieren
financial adj [faɪ'nænʃl]	finanziell
the financial year	das Rechnungsjahr

boom n [bu:m]	Boom, Hochkonjunktur
inflation n [ɪn'fleɪʃn]	Inflation, Geldentwertung
recession n [rɪ'seʃn]	Rezession, wirtschaftlicher Rückgang
recovery n [rɪ'kʌvrɪ]	Aufschwung, Wiederbelebung
economic recovery	Wiederbelebung der Wirtschaft

invest v [ɪn'vest]	investieren; Geld anlegen
The energy industry **invested** a lot of money **in** new power stations.	Die Energiewirtschaft hat viel Geld in neue Kraftwerke investiert.
investment n [ɪn'vestmənt]	Investition(en); Geldanlage(n)
long-term adj ['lɒŋtɜ:m]	langfristig
long-term investment/plans	langfristige Investition(en)/Pläne
medium-term adj ['mi:dɪəmtɜ:m]	mittelfristig
short-term adj ['ʃɔ:ttɜ:m]	kurzfristig

share n [ʃeə]	Aktie
shareholder n ['ʃeə,həʊldə]	Aktienbesitzer(in), Aktionär(in)
stock n [stɒk]	Gesamtaktienkapital/-wert einer Firma
stock exchange	Börse
on the stock market	an der Börse
securities n pl [sɪ'kjʊərətɪz]	Wertpapiere, Effekten
government securities	Staatsanleihen
currency n ['kʌrənsɪ]	Währung
local currency	Landeswährung

Geld, Banken, Versicherungen 277

16 Wirtschafts- und Geschäftsleben

payment n ['peɪmənt] — Bezahlung, Zahlung
Sandy **makes monthly payments on** her loan. — Sandy zahlt ihr Darlehen in monatlichen Raten ab.

instalment n [ɪn'stɔːlmənt] — Rate, Ratenzahlung
pay in/by instalments — in Raten bezahlen

expense n [ɪk'spens] — Kosten
at great expense — unter hohem Kostenaufwand
on expenses — auf Spesen

allowance n [ə'laʊəns] — Zuschuss
travelling allowance — Fahrtkostenzuschuss
family allowance BE — Kindergeld

budget n ['bʌdʒɪt] — Etat, Budget

fortune n ['fɔːtʃuːn] — Vermögen, Reichtum
Fred **made a fortune** on the stock exchange. — Fred machte an der Börse ein Vermögen.

wealth n [welθ] — Reichtum

advance n [əd'vɑːns] — Vorschuss
Can I have **an advance on** next month's salary? — Kann ich einen Vorschuss auf mein nächstes Monatsgehalt haben?
I'd like to pay **in advance**. — Ich möchte im Voraus bezahlen.

balance n ['bæləns] — Bilanz, Saldo
balance sheet — Bilanzaufstellung

statement n ['steɪtmənt] — Kontoauszug
monthly statement — Monatsauszug

quarter n ['kwɔːtə] — Quartal
We are now in the second quarter of the financial year. — Wir befinden uns jetzt im zweiten Quartal des Rechnungsjahres.

overdraft n ['əʊvədrɑːft] — Überziehung
Stella has **an overdraft of** £100 on her account this month. — Stella hat diesen Monat ihr Konto um 100 Pfund überzogen.

transfer, transferred, transferred v [træns'fɜː] — überweisen
Anne had to **transfer money from** her deposit account **to** her current account to cover the overdraft. — Anne musste Geld von ihrem Sparkonto auf ihr Girokonto überweisen, um es auszugleichen.

loan n [ləʊn] — Darlehen, Kredit
The young couple applied to the bank for a loan. — Das junge Paar beantragte bei der Bank ein Darlehen.

mortgage n ['mɔːgɪdʒ] — Hypothek

credit n ['kredɪt] — Kredit
on credit — auf Kredit

278 Geld, Banken, Versicherungen

Wirtschafts- und Geschäftsleben 16

credit *v* ['kredɪt]
Your account has been **credited**
with $950.
debit *v* ['debɪt]
The cheques will be **debited to**
your private account.

gutschreiben
Ihrem Konto sind 950 Dollar
gutgeschrieben worden.
in Rechnung stellen, belasten
Die Schecks werden ihrem Privat-
konto belastet.

Falsche Freunde

Englisches Wort	Thematische Bedeutung(en)	Falscher Freund	Englische Entsprechung(en)
board *n*	Vorstand, Aufsichtsrat	(Bücher-)Bord	shelf
branch *n*	(Bank-)Filiale	Branche	trade, line of business, industry
cash *n*	Bargeld	Kasse	cashdesk BE, checkout AE
commerce *n*	Handel(sverkehr)	Kommerz	commercialism, capitalism
gross *adj*	Brutto-	groß	big, large, tall
loan *n*	Darlehen, Kredit	Lohn	wages
quarter *n*	Quartal	Quartier (= Unter-kunft)	quarters
rate *n*	Kurs, Satz	Rate	instalment
stock *n*	Aktien(kapital) einer Firma	Stock	stick; (1st/2nd) floor
technique *n*	(Arbeits-)Technik, Methode	Technik	technology
terms *n*	Konditionen, Bedingungen	Termine	dates, deadlines, appointments
warehouse *n*	Lager(haus)	Warenhaus	department store

Geld, Banken, Versicherungen 279

17 Kommunikationsmittel, Medien

17.1 Telekommunikation

communication *n*   Kommunikation
[kə‚mjuːnɪ'keɪʃn]
system *n* ['sɪstəm]   System
  system of communications   Kommunikationssystem
means *n* [miːnz]   Mittel
  means of communication   Kommunikationsmittel
telecommunications *n pl*   Telekommunikation
[‚telɪkə‚mjuːnɪ'keɪʃnz]

telephone; phone *n; v*   Telefon; telefonieren, anrufen
['telɪfəʊn; fəʊn]
  Gill's on the phone.   Gill telefoniert gerade.
  Phone me any time after six.   Rufen Sie mich irgendwann nach
        18 Uhr an.
  mobile (phone) BE; **cell phone** AE   Handy
  phone book   Telefonbuch
  phone box BE; **phone booth** AE   Telefonzelle
  phone number   Telefonnummer
payphone ['peɪfəʊn]   Münztelefon
cardphone ['kɑːdfəʊn]   Kartentelefon
phonecard *n* ['fəʊnkɑːd]   Telefonkarte

Very handy indeed!

mobile (phone) BE	cell phone AE	*Handy, Mobiltelefon*

When Jim and Ellen's car broke down on the M5 to Plymouth shortly after midnight last week, they were very sorry they had left their **mobile phone** at home on the kitchen table. "I was so angry with myself", Ellen said, "It'll never happen again." Jim added: "I just couldn't stop thinking how *handy* it would have been to have had our **mobile** there with us on the motorway."
Next time, don't leave home without one!

---

answerphone BE;   Anrufbeantworter
answering machine AE *n*
['ɑːnsəfəʊn; 'ɑːnsərɪŋmə‚ʃiːn]
  leave a message on an   eine Nachricht auf Anrufbeantwor-
  answerphone   ter sprechen
fax machine *n* ['fæksmə‚ʃiːn]   Telefaxgerät
fax *n; v* [fæks]   (Tele-)Fax; faxen

line *n* [laɪn]   Leitung
  on line two   auf Leitung 2
  Please hold the line.   Bitte warten Sie.

17 Kommunikationsmittel, Medien

call *n; v* [kɔːl] — Anruf; anrufen
  call-box BE — Telefonzelle
  local/long-distance call — Orts-/Ferngespräch
  reverse charge call BE; **collect call** AE — R-Gespräch *(Telefonat, bei dem der Angerufene die Kosten übenimmt)*
urgent *adj* ['ɜːdʒənt] — dringend
  Excuse me, but I have an **urgent call** for Mr Wilson on line four. — Entschuldigung, aber ich habe einen dringenden Anruf für Herrn Wilson auf Leitung 4.

ring, rang, rung *v* [rɪŋ, ræŋ, rʌŋ] — klingeln, läuten; anrufen (BE)
  The phone was ringing when I opened the front door. — Das Telefon klingelte gerade, als ich die Haustür öffnete.
  I'll ring you sometime next week. — Ich rufe dich irgendwann nächste Woche an.
  I'm afraid I must **ring off** now. — Ich fürchte, ich muss jetzt auflegen.

answer *v* ['ɑːnsə] — antworten
  answer the phone — ans Telefon gehen
dial, dialled, dialled *v* ['daɪəl] — (eine Telefonnummer) wählen
  In Britain dial 999 in an emergency, in America 911. — In Großbritannien wählen Sie beim Notfall 999, in den USA 911.
  dial a wrong number — sich verwählen
0 *num* [əʊ] — null
zero AE *num* ['zɪərəʊ] — null

ℹ Phoning

In Britain and the US, most people just answer the telephone with "Hello" without giving their name. If you want to find out politely who you're talking to, you might try: "May I speak to Mrs/Mr Smith/Mary Smith/Donald Smith please?"
In companies, you might hear "Good morning. Pearson Tools Ltd." or "Good morning. Pearson Tools Ltd. How may I help you?"
Here are some other things you might hear on the telephone:

I'm sorry, but I'm afraid **you've got the wrong number.**	*Tut mir Leid, Sie haben sich verwählt.*
One moment please. **I'll put you through.**	*Moment bitte. Ich stelle Sie durch. / Ich verbinde Sie.*
Sorry. I'm afraid **the line is busy at the moment.**	*Tut mir Leid, aber es wird gerade gesprochen.*
Can I **take a message?**	*Kann ich etwas ausrichten?*

---

receiver *n* [rɪ'siːvə] — (Telefon-)Hörer
  lift/replace the receiver — den Hörer abheben/auflegen
hang up, hung, hung *v* [ˌhæŋ'ʌp, hʌŋ] — auflegen

282   Telekommunikation

Kommunikationsmittel, Medien

reply BE; **answer** AE *n*
[rɪˈplaɪ; ˈænsər]
  I phoned her yesterday, but there
  was **no reply.**
busy *adj* [ˈbɪzɪ]
  I can't get through. The line's busy/
  engaged.
engaged BE *adj* [ɪnˈgeɪdʒd]
connection *n* [kəˈnekʃn]
  a bad connection

Antwort

Ich rief sie gestern an, aber niemand ging ans Telefon.
besetzt
Ich komme nicht durch. Die
Leitung ist besetzt.
besetzt
Verbindung; Leitung
eine schlechte Verbindung

message *n* [ˈmesɪdʒ]
  I'm sorry, she's not in. Would you
  like to **leave a message?**
put through, put, put *v* [ˌpʊtˈθruː]
  Just a moment, I'll put you through.
speak, spoke, spoken *v*
[spiːk, spəʊk, ˈspəʊkn]
  I'd like to **speak to** Mr Haycraft,
  please. – **Speaking.**
  Who's speaking?

Nachricht
Es tut mir Leid, sie ist nicht da.
Kann ich etwas ausrichten?
jdn verbinden, durchstellen
Moment bitte, ich verbinde (Sie)!
sprechen

Ich hätte gern mit Herrn Haycraft
gesprochen. – Am Apparat.
Wer spricht / ist am Apparat, bitte?

directory *n* [dɪˈrektərɪ]
  telephone directory
  directory inquiries BE;
  information AE
yellow pages *n pl* [ˌjeləʊˈpeɪdʒɪz]

Verzeichnis
Telefonbuch
Telefonauskunft

„Gelbe Seiten", Branchentelefon-
buch

17.2 Post

post BE; **mail** AE *n; v*
[pəʊst; meɪl]
  What time do you receive your
  post/mail on Mondays?
  I've got to post/mail this letter by
  this afternoon.
  by post/mail
postman ; postwoman BE *n*
[ˈpəʊstmən; ˈpəʊstˌwʊmən]
mail carrier AE [ˈmeɪlˌkæriər]
postal worker *n*
[ˈpəʊstlˌwɜːkə]
post office *n* [ˈpəʊstˌɒfɪs]

Post; (Post) abschicken

Wann wird bei dir montags die
Post zugestellt?
Ich muss diesen Brief spätestens
heute Nachmittag abschicken.
mit der Post
Briefträger(in)

Briefträger(in)
Mitarbeiter(in) der Post

Postamt

17 Kommunikationsmittel, Medien

postal order BE; **money order** AE *n*   Postanweisung
['pəʊstl̩ˌɔːdə; 'mʌnɪˌɔːrdər]

letter *n* ['letə]   Brief
letterbox BE; **mailbox** AE *n*   (Haus-)Briefkasten
['letəˌbɒks; 'meɪlbɑːks]
envelope *n* ['envələʊp]   Briefumschlag
postcard *n* ['pəʊstkɑːd]   Postkarte
parcel *n* ['pɑːsl̩]   Paket
contents *n pl* ['kɒntents]   Inhalt
  You must declare the contents of a   Der Inhalt eines Pakets ins Ausland
  parcel you want to send to a foreign   muss angegeben/deklariert werden.
  country.
address *n* [ə'dres]   Adresse
sender *n* ['sendə]   Absender
postage *n* ['pəʊstɪdʒ]   Porto
  What's the **postage for** an airmail   Wie hoch ist das Porto für einen
  letter to New Zealand?   Luftpostbrief nach Neuseeland?
stamp *n* [stæmp]   Briefmarke
stick, stuck, stuck *v* [stɪk, stʌk]   (auf)kleben
  You forgot to **stick a stamp on** the   Du hast vergessen, eine Briefmarke
  letter.   auf den Brief zu kleben.
pen-friend BE; **pen pal** AE *n*   Brieffreund(in)
['penˌfrend; 'penˌpæl]

airmail *adj; n* ['eəmeɪl]   Luftpost-; Luftpost
  How much does an **airmail letter**   Was kostet ein Luftpostbrief nach
  to Hong Kong cost?   Hongkong?
express BE; **special delivery** AE *adj*   Eil-
[ɪk'spres; 'speʃldɪˌlɪvrɪ]
  express/special delivery letter   Eilbrief
telegram *n* ['telɪgræm]   Telegramm

reply *n* [rɪ'plaɪ]   Antwort
  Lyn's mother's written her three   Lyns Mutter hat ihr schon drei
  letters, but still hasn't received a   Briefe geschrieben, aber immer
  reply.   noch keine Antwort bekommen.
reply, replied, replied *v* [rɪ'plaɪ]   antworten
receive *v* [rɪ'siːv]   bekommen, erhalten
send, sent, sent *v* [send, sent]   ab-/verschicken
  send by post/mail   mit der Post senden

dear *adj* [dɪə]   lieb
  Dear Sir or Madam, BE;   Sehr geehrte Damen und Herren,
  Gentlemen, AE   *(Anrede im Brief)*
Mr *n* ['mɪstə]   Herr *(Anrede)*

284 Post

Kommunikationsmittel, Medien 17

Ms *n* [mɪz]	Frau *(neutrale Anrede)*
Mrs *n* ['mɪsɪz]	Frau *(Anrede)*
Miss *n* [mɪs]	Fräulein *(Anrede)*
sincerely *adv* [ˌsɪn'sɪəlɪ]	aufrichtig, ernsthaft
Yours sincerely … *form*	Mit freundlichen Grüßen / Hochachtungsvoll *(Briefschluss)*
love *n* [lʌv]	Liebe
Love … *inform*	Liebe Grüße, dein(e) *(Briefschluss)*

delivery *n* [dɪ'lɪvrɪ]	Zustellung
There's no delivery on Sundays.	An Sonntagen wird keine Post zugestellt.
cash on delivery (COD)	per Nachnahme
stationery *n uncount* ['steɪʃnərɪ]	Briefpapier; Schreibwaren
enclose *v* [ɪn'kləʊz]	beilegen, beifügen
Enclosed please find a cheque for £10.	Ein Scheck über 10 Pfund liegt bei.
postcode BE; **zip code** AE *n* ['pəʊstˌkəʊd; 'zɪpˌkəʊd]	Postleitzahl
In Canada the postcode is called the postal code.	In Kanada heißt die Postleitzahl „postal code".
registered *adj* ['redʒɪstəd]	per Einschreiben
registered letter	Einschreiben, Einschreibebrief
by registered mail	per Einschreiben
care of (c/o) *prep* ['keərɒv]	bei
Ms D Jones, c/o Scott, 14 Main St, Wye	(An) Frau D. Jones bei Scott, Main St 14, Wye

17.3 Fernsehen, Radio

media *n pl* ['miːdɪə]	Medien
mass media	Massenmedien
influence *n; v* ['ɪnflʊəns]	Einfluss; beeinflussen
Many people believe that the mass media influence us too much.	Viele Leute finden, dass die Massenmedien uns zu sehr beeinflussen.
radio *n* ['reɪdɪəʊ]	Radio
on the radio	im Radio
television (TV) *n* ['telɪˌvɪʒn (ˌtiː'viː)]	Fernsehen; Fernsehapparat
on TV	im Fernsehen
colour television	Farbfernsehgerät
television tower	Fernsehturm
channel *n* ['tʃænl]	(Fernseh-/Radio-)Programm, Kanal
programme *n* ['prəʊgræm]	(Fernseh-/Radio-)Sendung

Fernsehen, Radio **285**

17 Kommunikationsmittel, Medien

teletext n ['telɪtekst] — Videotext
broadcast, broadcast, broadcast v ['brɔ:dkɑ:st] — ausstrahlen, senden

The BBC World Service broadcasts radio programmes for learners and teachers of English.
Der BBC World Service sendet Rundfunksendungen für Englischlerner und -lehrer(innen).

interview n; v ['ɪntəvju:] — Interview; interviewen, befragen
news n [nju:z] — Nachrichten(sendung)

Good evening. Here's the nine o'clock news.
Guten Abend. Hier sind die 9-Uhr-Nachrichten.

news flash — aktuelle Meldung
weather forecast n ['weðə,fɔ:kɑ:st] — Wetterbericht/-vorhersage
announce n [ə'naʊns] — ansagen
announcer n [ə'naʊnsə] — Ansager(in), Sprecher(in)
announcement n [ə'naʊnsmənt] — Durchsage, Ansage

viewer n ['vju:ə] — Fernsehzuschauer(in)
listener n ['lɪsnə] — Radiohörer(in)
commentator n ['kɒmenteɪtə] — Kommentator(in)
studio n ['stju:dɪəʊ] — Studio
remote control n [rɪ,məʊtkən'trəʊl] — Fernbedienung
network n ['netwɜ:k] — Kette *(von Radio-/Fernsehsendern)*

the NBC network — die NBC-Kette *(US-amerikanische Senderkette)*

advertise v ['ædvətaɪz] — Werbung machen

as advertised on TV — aus der Fernsehwerbung
commercial n [kə'mɜ:ʃl] — Werbespot
cartoon n [kɑ:'tu:n] — Zeichentrickfilm
documentary n [,dɒkjə'mentrɪ] — Dokumentarfilm
feature n ['fi:tʃə] — Reportage
subtitle n ['sʌb,taɪtl] — Untertitel
live adj; adv [laɪv] — Live-; live, direkt

live programme — Live-Sendung
The FC Liverpool-Manchester United match was broadcast live.
Das Spiel FC Liverpool gegen Manchester United wurde live übertragen.

aerial BE; **antenna** AE n ['eərɪəl; æn'tenə] — Antenne
cable n ['keɪbl] — Kabel

cable TV — Kabelfernsehen
satellite n ['sætəlaɪt] — Satellit

satellite dish/TV — Satellitenschüssel/-fernsehen

286 Fernsehen, Radio

Kommunikationsmittel, Medien **17**

tune v [tjuːn]
Dave **tuned his radio to** "Radio 4".

einstellen
Dave stellte sein Radio auf
„Radio 4" ein.

interference n [ˌɪntəˈfɪərəns]

(Empfangs-)Störung

17.4 Ton- und Bildträger

compact disc (CD) n
[ˌkɒmpækt'dɪsk (ˌsiːˈdiː)]
  CD player
digital versatile disc (DVD) n
[ˌdɪdʒɪtl'vəsətaɪldɪsk (ˌdiːviːˈdiː)]
  DVD player
minidisc (MD) n
[ˌmɪnɪ'dɪsk (ˌem'diː)]
  MD recorder
  MD player
record v [rɪ'kɔːd]
recording n [rɪ'kɔːdɪŋ]
  digital recording
record n ['rekɔːd]
  record player
single n ['sɪŋgl]
LP n [ˌel'piː]
cassette n [kə'set]
  cassette recorder
tape n [teɪp]
  tape recorder
  digital audio tape (DAT)
  DAT recorder

CD

  CD-Spieler/Player
DVD

  DVD-Spieler/Player
Minidisk, MD

  MD-Rekorder
  MD-Spieler/Player
aufnehmen, -zeichnen
Aufnahme/-zeichnung
  Digitalaufnahme/-aufzeichnung
Schallplatte
  Plattenspieler
Single(-Schallplatte)
Langspielplatte, LP
Kassette
  Kassettenrekorder
Tonband
  Tonbandgerät
  DAT-Band
  DAT-Rekorder

picture n ['pɪktʃə]
photo n ['fəʊtəʊ]
film n [fɪlm]
camera n ['kæmrə]
  digital camera
video n ['vɪdɪəʊ]
  video cassette/recorder
camcorder n ['kæmˌkɔːdə]

Bild
Foto
Film
Kamera
  Digitalkamera
Video
  Videokassette/-rekorder
Videokamera, Camcorder

loudspeaker; speaker n
[(ˌlaʊd)'spiːkə]
microphone n
['maɪkrəfəʊn]

Lautsprecher, Box

Mikrofon

Ton- und Bildträger **287**

17 Kommunikationsmittel, Medien

mike *n inform* ['maɪk]	Mikrofon
headphones *n pl* ['hedfəʊnz]	Kopfhörer
volume *n* ['vɒljuːm]	Lautstärke
turn the volume up/down	lauter/leiser stellen
stereo *adj; n* ['steriəʊ]	Stereo-; Stereoanlage
in stereo	in Stereo(qualität)
hi-fi *adj; n* ['haɪfaɪ]	Hi-Fi-; Hi-Fi-Anlage
Let's go over to Nigel's and listen to some music on his hi-fi.	Gehen wir zu Nigel rüber und hören auf seiner Hi-Fi-Anlage ein bisschen Musik.
hi-fi equipment	Hi-Fi-Geräte; Hi-Fi-Anlage
amplifier *n* ['æmplɪˌfaɪə]	Verstärker
tuner *n* ['tjuːnə]	Empfänger, Tuner

17.5 Zeitungen, Zeitschriften, Bücher

press *n* [pres]	Presse
popular press	Boulevardpresse
inform *v* [ɪnˈfɔːm]	informieren
The main job of the press is to inform people about what is going on in the world.	Die Hauptaufgabe der Presse ist es, die Menschen darüber zu informieren, was in der Welt passiert.
newspaper *n* ['njuːsˌpeɪpə]	Zeitung
daily/weekly (newspaper)	Tages-/Wochenzeitung
paper *n* ['peɪpə]	Zeitung
paperboy	Zeitungsausträger
paper round	Zeitungsverteilung
magazine *n* [ˌmægəˈziːn]	Zeitschrift, Magazin
issue *n* ['ɪʃuː]	Ausgabe, Nummer
the latest issue of *Punch*	die jüngste Ausgabe von *Punch*
advertisement; ad *n* [ədˈvɜːtɪsmənt; æd]	Anzeige, Inserat
article *n* ['ɑːtɪkl]	Artikel
journalist *n* ['dʒɜːnəlɪst]	Journalist(in)

library *n* ['laɪbrərɪ]	Bücherei, Bibliothek
book *n* [bʊk]	Buch
dictionary *n* ['dɪkʃnərɪ]	Wörterbuch
title *n* ['taɪtl]	Titel
contents *n pl* ['kɒntents]	Inhalt
table of contents	Inhaltsverzeichnis
page *n* [peɪdʒ]	Seite
text *n* [tekst]	Text
copy *n* ['kɒpɪ]	Exemplar

Kommunikationsmittel, Medien

17

Can you lend me your copy of *Lord of the Flies*?	Kannst du mir dein Exemplar von *Lord of the Flies* leihen?
print *n; v* [prɪnt]	Druck; drucken
The book is **out of print**.	Das Buch ist vergriffen.
in print	gedruckt; lieferbar, erhältlich
read, read, read *v* [riːd, red]	lesen

editorial *n* [ˌedɪˈtɔːrɪəl]	Leitartikel, Kommentar
column *n* [ˈkɒləm]	regelmäßiger Beitrag, Kolumne; Textspalte *(in einer Zeitung/Zeitschrift)*
feature *n* [ˈfiːtʃə]	Feature, Sonderbeitrag, Reportage *(in einer Zeitung/ Zeitschrift)*
feature article/story	dokumentarischer Sonderbericht, (Tatsachen-/Hintergrund-)Feature
excerpt *n* [ˈeksɜːpt]	Auszug
an excerpt from a book	ein Auszug aus einem Buch

cartoon *n* [kɑːˈtuːn]	Cartoon, Witzzeichnung, Karikatur
comic strip *n* [ˌkɒmɪkˈstrɪp]	Comicstrip
caption *n* [ˈkæpʃn]	Bildunterschrift, -legende

headline *n* [ˈhedlaɪn]	Schlagzeile
The plane crash **made headlines** around the world.	Der Flugzeugabsturz machte in der ganzen Welt Schlagzeilen.
heading *n* [ˈhedɪŋ]	Überschrift
source *n* [sɔːs]	Quelle
copyright *n* [ˈkɒpɪraɪt]	Copyright, Urheberrecht
quotation *n* [kwəʊˈteɪʃn]	Zitat
footnote *n* [ˈfʊtnəʊt]	Fußnote
crossword (puzzle) *n* [ˈkrɒswɜːd (pʌzl)]	Kreuzworträtsel
do the crossword	das Kreuzworträtsel lösen

edition *n* [ɪˈdɪʃn]	Ausgabe
first/new edition	Erstausgabe/Neuausgabe
hard cover/paperback edition	gebundene/Taschenbuch-Ausgabe
paperback *n* [ˈpeɪpəbæk]	Taschenbuch
The book should be coming out **in paperback** very soon.	Das Buch muss sehr bald als Taschenbuch erscheinen.
volume *n* [ˈvɒljuːm]	Band
The book is one of **a four-volume set**.	Dieser Band ist Teil einer vierbändigen Ausgabe.
encyclop(a)edia *n* [ɪnˌsaɪkləˈpiːdɪə]	Lexikon
reference book *n* [ˈrefrənsˌbʊk]	Nachschlagewerk
index *n* [ˈɪndeks]	Register

Zeitungen, Zeitschriften, Bücher 289

17 Kommunikationsmittel, Medien

appendix n [ə'pendɪks]	Anhang
leaflet n ['liːflət]	Prospekt; Flugblatt
brochure n ['brəʊʃə]	Broschüre; Prospekt

report v [rɪ'pɔːt]	berichten
Jerry was hired to report the local news.	Jerry wurde eingestellt, um über Lokales zu berichten.
reporter n [rɪ'pɔːtə]	Reporter(in)
editor n ['edɪtə]	Redakteur(in), Lektor(in); Herausgeber(in)
publish v ['pʌblɪʃ]	herausgeben, verlegen, veröffentlichen
publisher n ['pʌblɪʃə]	Verleger(in)
publication n [ˌpʌblɪ'keɪʃn]	Veröffentlichung
printer n ['prɪntə]	Drucker(in)
librarian n [laɪ'breərɪən]	Bibliothekar(in)
newsagent n ['njuːzˌeɪdʒənt]	Zeitschriftenhändler(in)

extract n ['ekstrækt]	Auszug
outline n ['aʊtlaɪn]	Umriss; Gliederung
Could you give me a brief outline of the plot of the book?	Kannst du mir die Handlung des Buches kurz umreißen?
review n; v [rɪ'vjuː]	Rezension, Besprechung, Kritik; rezensieren
Kellermann's book has received good reviews.	Kellermanns Buch hat gute Kritiken erhalten.

17.6 Computer, Multimedia

information n uncount [ˌɪnfə'meɪʃn]	Information(en)
a piece of information	eine Information
data n uncount ['deɪtə]	Daten
The data now present in our computers is the result of ten years of research.	Die Daten, die sich jetzt in unserer Computeranlage befinden, sind das Ergebnis von zehnjähriger Forschung.
data processing	Datenverarbeitung
data protection	Datenschutz
hardware n ['hɑːdweə]	Hardware (z. B. Rechner, Monitor, Laufwerk)
software n ['sɒftweə]	Software (Programme)

operating system n ['ɒpreɪtɪŋˌsɪstəm]	Betriebssystem

Computer, Multimedia

Kommunikationsmittel, Medien

17

computer *n* [kəm'pju:tə]	Computer, Rechner
personal computer (PC)	Personalcomputer, PC
notebook *n* ['nəʊtbʊk]	Notebook *(tragbarer Computer)*
processor *n* ['prəʊsesə]	Prozessor
microprocessor	Mikroprozessor
memory *n* ['memrɪ]	(Daten-)Speicher
boot *v* [bu:t]	(Computer) starten
input *n* ['ɪnpʊt]	(Daten-)Eingabe
input, input, input *v* ['ɪnpʊt]	eingeben
output *n* ['aʊtpʊt]	(Daten-)Ausgabe
output, output, output *v* ['aʊtpʊt]	ausgeben

key *n* [ki:]	Taste
a function key	eine Funktionstaste
keyboard *n* ['ki:bɔ:d]	Tastatur
mouse *n* [maʊs]	Maus
mousepad ['maʊspæd]	Mauspad, -unterlage
scanner *n* ['skænə]	Scanner, optisches Lesegerät

display *n; v* [dɪ'spleɪ]	optische Datenanzeige; anzeigen
screen *n* [skri:n]	Bildschirm
monitor *n* ['mɒnɪtə]	Monitor
prompt *n* [prɒmpt]	Bereitschaftszeichen; Prompt
cursor *n* ['kɜ:sə]	Cursor, (Maus-)Zeiger
character *n* ['kærɪktə]	Zeichen
control character	Steuerzeichen
icon *n* ['aɪkɒn]	Bildsymbol *(auf dem Bildschirm)*
window *n* ['wɪndəʊ]	Fenster, Bildschirmausschnitt
menu *n* ['menju:]	Programm-Menü *(Bedienerführung auf dem Bildschirm)*

print *v* ['prɪnt]	(aus)drucken
printer *n* ['prɪntə]	Drucker
ink-jet/laser printer	Tintenstrahl-/Laserdrucker
off-line *adj* ['ɒflaɪn]	nicht betriebsbereit
on-line *adj* ['ɒnlaɪn]	betriebsbereit

disk *n* ['dɪsk]	Diskette
drive *n* [draɪv]	Laufwerk
disk drive	Diskettenlaufwerk
DVD drive	DVD-Laufwerk
CD-ROM *n* [ˌsi:di:'rɒm]	CD-ROM
CD-ROM drive	CD-ROM-Laufwerk
hard disk *n* ['hɑ:ddɪsk]	Festplatte

Computer, Multimedia **291**

Kommunikationsmittel, Medien

file *n* [faɪl] Datei
  program file   Programmdatei
  text file ['tekst,faɪl]   Textdatei
directory *n* [dɪ'rektrɪ] Verzeichnis *(unter DOS)*
folder *n* ['fəʊldə] Ordner, Verzeichnis *(unter Windows)*

copy, copied, copied *v* ['kɒpɪ] kopieren
save *v* ['seɪv] speichern, sichern
  Jack **saved** his text **to** disk.   Jack speicherte den Text auf
    Diskette.

backup *n* ['bækʌp] Sicherheitskopie
back up *v* [,bæk'ʌp] Sicherheitskopie(n) machen

program *n; v* ['prəʊgræm] Programm; programmieren
programming *n; adj* ['prəʊgræmɪŋ] Programmieren; Programmier-
  programming language   Programmiersprache
programmer *n* ['prəʊgræmə] Programmierer(in)
hacker *n* ['hækə] Hacker(in)
virus *n* ['vaɪərəs] Virus
  computer virus   Computervirus

manual *n* ['mænjʊəl] Handbuch
hotline *n* ['hɒtlaɪn] telefonische Hotline, Service-Telefon
user *n* [' juːzə] Benutzer(in)
  user-friendly   benutzerfreundlich

application *n* [,æplɪ'keɪʃn] Anwendung
word processing *n* Textverarbeitung
[,wɜːd'prəʊsesɪŋ]
word processor *n* [,wɜːd'prəʊsesə] Textverarbeitungsprogramm
database *n* ['deɪtəbeɪs] Datenbank
  database application   Datenbank-Anwendung
spreadsheet program *n* Tabellenkalkulation(sprogramm)
['spredʃiːt,prəʊgræm]
install *v* [ɪn'stɔːl] installieren
run, ran, run *v* [rʌn, ræn] (ein Programm) laufen lassen
  You can run any program in   Man kann beliebige Programme
  Windows by choosing *Run* in   unter Windows laufen lassen,
  the start menu.   indem man *Ausführen* im Start-
    menü anklickt.

multimedia *n; adj* [,mʌltɪ'miːdɪə] Multimedia; Multimedia-
interactive *adj* [,ɪntər'æktɪv] interaktiv
  The book includes a CD-ROM with   Das Buch enthält eine CD-ROM
  an interactive multimedia program.   mit einem interaktiven Multi-
    media-Programm.

Computer, Multimedia

Kommunikationsmittel, Medien

graphics *n* ['græfɪks] — Grafik
  graphic format — Grafikformat
image *n* ['ɪmɪdʒ] — Bild, Grafik

email *n; v* ['iːməɪl] — E-Mail; mailen
address *n* [ə'dres] — Adresse
  email address — E-Mail-Adresse
attachment *n* [ə'tætʃmənt] — Anhang/Anlage zur E-Mail
upload *v* [ˌʌp'ləʊd] — (eine Datei durch Datenübertragung auf einen anderen Computer) laden
download *v* [ˌdaʊn'ləʊd] — (eine Datei durch Datenübertragung von einem anderen Computer) herunterladen
modem *n* ['məʊdem] — Modem *(Gerät zur Datenfernübertragung)*

Internet *n* ['ɪntənet] — Internet
World Wide Web (WWW) *n* — Internet
[ˌwɜːldˌwaɪd'web]
browser *n* ['braʊzə] — Internet-Programm, Browser
  Internet/Web browser — Internet-/Netzbrowser
surf *v* [sɜːf] — (im Internet) surfen
website *n* ['websaɪt] — Web-Site *(alle Internet-Seiten einer Person, Firma o. ä.)*
homepage *n* ['həʊmpeɪdʒ] — erste Seite einer Web-Site
link *n* [lɪŋk] — Verbindung *(zu einer anderen Website im Internet)*, Link
chat *n* [tʃæt] — Online-Unterhaltung übers Internet
chat, chatted, chatted *v* [tʃæt] — sich online unterhalten, chatten
off-line *adj* ['ɒflaɪn] — vom Internet getrennt
on-line *adj* ['ɒnlaɪn] — mit dem Internet verbunden
connect *v* [kə'nekt] — eine Verbindung herstellen
disconnect *v* [ˌdɪskə'nekt] — eine Verbindung abbrechen

high-tech *n; adj* [ˌhaɪ'tek] — High-Tech, Spitzentechnologie; spitzentechnologisch
computerization *n* — Computerisierung
[kəmˌpjuːtəraɪ'zeɪʃn]
mainframe *n* ['meɪnfreɪm] — Großrechner

process *v* ['prəʊses] — bearbeiten, verarbeiten
  A computer can process a large amount of data at a very high speed. — Ein Computer kann eine Riesenmenge an Daten sehr schnell verarbeiten.

Computer, Multimedia

Kommunikationsmittel, Medien

binary adj ['baɪnrɪ]
All binary numbers are made up of the digits 0 and 1.
bit n [bɪt]
digital adj ['dɪdʒɪtl]
digitalize v ['dɪdʒɪtəlaɪz]
code n [kəʊd]
  machine code
command n [kə'mɑːnd]
module n ['mɒdjuːl]

Modern programming requires the use of modules.

binär
Alle binären Zahlen bestehen aus den Ziffern 0 und 1.
Bit, kleinste Informationseinheit
digital, Digital-
digitalisieren
Programmiercode
  Maschinensprache
Befehl
Modul, Baueinheit eines Programms
Moderne Programmierung verlangt den Einsatz von Programmmodulen.

---

network n ['netwɜːk]
server n ['sɜːvə]
  proxy server

workstation n ['wɜːkˌsteɪʃn]
access n ['ækses]
log in, logged, logged v [ˌlɒg'ɪn]

log out, logged, logged v [ˌlɒg'aʊt]

password n ['pɑːswɜːd]

Netzwerk
Server; Netzwerkcomputer
  Internet-Server, der populäre Websites zwischenspeichert, um schnellen Zugriff zu ermöglichen
Arbeitsplatzcomputer im Netzwerk
Zugang, Zugriff
sich fürs Netzwerk/Internet anmelden, einloggen
sich vom Netzwerk/Internet abmelden, ausloggen
Passwort, Kennwort

---

store v [stɔː]
compress v [kəm'pres]
  compress data / a file
retrieve v [rɪ'triːv]
Using a utility program, it is often possible to retrieve data on a damaged disk.

interface n ['ɪntəfeɪs]
  serial/parallel interface

speichern
komprimieren, verdichten
  Daten / eine Datei komprimieren
zurückholen, retten; abrufen
Durch den Einsatz eines Hilfsprogramms ist es oft möglich, Daten von einer defekten Diskette/Festplatte abzurufen.
Schnittstelle
  serielle/parallele Schnittstelle

---

utility program n
[juːˈtɪlətɪˌprəʊgræm]
update n; v ['ʌpdeɪt]

desktop publishing (DTP) n
[ˌdesktɒp'pʌblɪʃɪŋ (ˌdiːtiːˈpiː)]

Hilfsprogramm

neuere Version eines Computerprogramms; ein Programm aktualisieren

Desktop-Publishing *(Satz- und Layout-Erstellung mit EDV)*

Kommunikationsmittel, Medien

Falsche Freunde			
Englisches Wort	**Thematische Bedeutung(en)**	**Falscher Freund**	**Englische Entsprechung(en)**
announce *v*	ansagen	annoncieren	advertise
announcement *n*	Durchsage, Ansage	Annonce	advertisement
engaged BE *adj*	besetzt	engagiert	committed

18 Verkehr, Verkehrsmittel

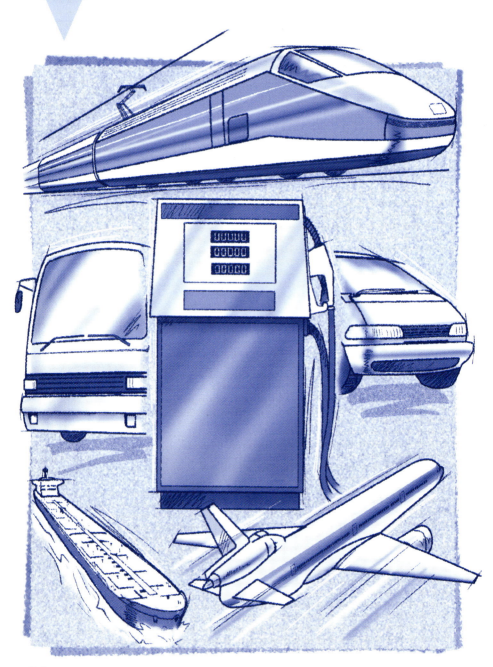

Verkehr, Verkehrsmittel **18**

18.1 Öffentlicher Verkehr

transport BE; **transportation** AE n — Transport, Beförderung
['trænspɔːt; ˌtrænspər'teɪʃn]
  public transport(ation) — öffentliche Verkehrsmittel
  London Transport — Londoner Verkehrsbetriebe
transport v [træns'pɔːt] — transportieren, befördern
service n ['sɜːvɪs] — Verkehrsverbindung(en)
  There is a regular **bus service** in this area. — In diesem Gebiet gibt es regelmäßige Busverbindungen.

taxi n ['tæksɪ] — Taxi
  taxi driver — Taxifahrer(in)
cab AE n [kæb] — Taxi
  cab driver AE — Taxifahrer(in)
bus n [bʌs] — (Linien-)Bus
  bus driver — Busfahrer(in)
  bus stop — Bushaltestelle
coach BE n [kəʊtʃ] — Reisebus
tram BE; **streetcar** AE n — Straßenbahn
[træm; 'striːtkɑːr]
underground BE; **subway** AE n — U-Bahn
['ʌndəgraʊnd; 'sʌbweɪ]

queue BE; **line** AE n [kjuː; laɪn] — (Menschen-)Schlange
queue BE; **stand in line**, stood, — sich anstellen, Schlange stehen
stood AE v [kjuː; ˌstændɪn'laɪn, stʊd]
  We queued at the bus stop just like everybody else. — Wir haben uns wie alle anderen an der Bushaltestelle angestellt.
get on/off, got, got v — ein-/aussteigen
[ˌget'ɒn/'ɒf, gɒt]
miss v [mɪs] — verpassen
  If you don't hurry, you'll miss your bus. — Wenn du dich nicht beeilst, verpasst du noch deinen Bus.

seat n [siːt] — Sitz, Sitzplatz
reserve v [rɪ'zɜːv] — reservieren, buchen
  reserve a seat — einen Sitzplatz reservieren
passenger n ['pæsɪndʒə] — Passagier, Fahrgast
fare n [feə] — Fahrpreis
  What's the **bus fare** from Heathrow to Victoria Station? — Was kostet die Busfahrt von Heathrow nach Victoria Station?
ticket n ['tɪkɪt] — Fahrkarte; Flugticket
  return (ticket) BE; — Rückfahrkarte
  round-trip ticket AE

Öffentlicher Verkehr **297**

18 Verkehr, Verkehrsmittel

single (ticket) BE; **one-way ticket** AE	Ticket für einfache Fahrt
season ticket	Zeitkarte
class *n* [klɑːs]	Klasse
first/second class	erste/zweite Klasse

railway BE; **railroad** AE *n* [ˈreɪlweɪ; ˈreɪlroʊd]	Eisenbahn
station *n* [ˈsteɪʃn]	Bahnhof
railway station BE; **train station** AE	Bahnhof
rail *n* [reɪl]	Schiene, Gleis
go by rail BE; **go by train** AE	mit dem Zug fahren
stop *n* [stɒp]	Halt(estelle), Bahnhof
stop, stopped, stopped *v* [stɒp, stɒpt]	(an)halten

timetable BE; **schedule** AE *n* [ˈtaɪmˌteɪbl; ˈskedʒuːl]	Fahrplan; Flugplan
on schedule	planmäßig, pünktlich
behind schedule	mit Verspätung
arrive *v* [əˈraɪv]	ankommen
arrival *n* [əˈraɪvl]	Ankunft
depart *v* [dɪˈpɑːt]	abfahren
The train departed on schedule.	Der Zug fuhr pünktlich ab.
departure *n* [dɪˈpɑːtʃə]	Abfahrt; Abflug
delay *n* [dɪˈleɪ]	Verzögerung; Verspätung
platform *n* [ˈplætfɔːm]	Bahnsteig
change BE; **transfer,** transferred, transferred AE *v* [tʃeɪndʒ; ˈtrænsfɜːr]	umsteigen
change trains	in einen anderen Zug umsteigen
connection *n* [kəˈnekʃn]	Verbindung
Connections to Bangor are very good in the summer.	Im Sommer sind die Verbindungen nach Bangor sehr gut.
from *prep* [frɒm]	von, aus
the 10:42 train from/to Chester	der Zug um 10 Uhr 42 aus/nach Chester
to *prep* [tʊ]	nach
run, ran, run *v* [rʌn, ræn, rʌn]	fahren, verkehren
How often do the trains to Cambridge run?	Wie oft/häufig fahren die Züge nach Cambridge?
due *adj* [djuː]	fällig
When's the next train from Brighton due?	Wann soll der nächste Zug aus Brighton ankommen?

train *n* [treɪn]	Zug
express train	Schnellzug

298 Öffentlicher Verkehr

Verkehr, Verkehrsmittel 18

goods train BE; **freight train** AE	Güterzug
train driver BE; **engineer** AE	Lokführer(in)
carriage BE; **coach** AE *n*	Personenwaggon
['kærɪdʒ; koʊtʃ]	
wagon BE; **car** AE *n* ['wægən; kɑ:r]	Wagen; Waggon
compartment *n* [kəm'pɑːtmənt]	(Zug-)Abteil
guard BE; **conductor** AE *n*	Zugschaffner(in), Zugbegleiter(in)
[gɑːd; kən'dʌktər]	

airport *n* ['eəpɔːt]	Flughafen
airline *n* ['eəlaɪn]	Fluglinie, Fluggesellschaft
gate [geɪt]	Flugsteig
check in *v* [ˌtʃek'ɪn]	einchecken

plane *n* [pleɪn]	Flugzeug
jet *n* [dʒet]	Düsenflugzeug
pilot *n* ['paɪlət]	Pilot(in)
flight attendant *n* ['flaɪtəˌtendənt]	Steward(ess), Flugbegleiter(in)
stewardess *n* ['stju:ədɪs]	Stewardess

take off, took, taken *v*	starten, abheben
[ˌteɪk'ɒf, tʊk, 'teɪkn]	
land *v* [lænd]	landen
fly, flew, flown *v* [flaɪ, flu:, fləʊn]	fliegen
class *n* [klɑːs]	Klasse
fly tourist/economy class	Touristenklasse fliegen

flight *n* [flaɪt]	Flug
charter/scheduled flight	Charterflug/Linienflug
announce *v* [ə'naʊns]	ansagen
announcement *n* [ə'naʊnsmənt]	Ansage, Durchsage, Ankündigung
cancel, cancelled, cancelled *v*	absagen, streichen
['kænsl]	
non-stop *adj* [ˌnɒn'stɒp]	ohne Zwischenlandung, Nonstop-
landing *n* ['lændɪŋ]	Landung

harbour *n* ['hɑːbə]	Hafen
port *n* [pɔːt]	Hafen; Hafenstadt
boat *n* [bəʊt]	Boot, Schiff
motorboat	Motorboot
ship *n* [ʃɪp]	Schiff
ferry *n* ['ferɪ]	Fähre

sailor *n* ['seɪlə]	Matrose, Matrosin
steward *n* ['stjʊəd]	Schiffssteward
load *v* [ləʊd]	(be)laden

Öffentlicher Verkehr 299

18 Verkehr, Verkehrsmittel

sail *v* [seɪl]
The *QE2* **sails for** New York on Friday.

sink, sank, sunk *v* [sɪŋk, sæŋk, sʌŋk]

ablegen, auslaufen
Die *Queen Elizabeth II* läuft am Freitag nach New York aus.

sinken

Going places with prepositions

by	We **went** to Paris **by** car.	*Wir sind mit dem Auto nach Paris gefahren.*
	Are you **driving by** the cinema?	*Fährst du am Kino vorbei?*
for	Our ship **sails for** Cuba tomorrow.	*Unser Schiff läuft morgen nach Kuba aus.*
	How about **going for a drive**?	*Wie wär's mit einer Spazierfahrt?*
from	I **travelled from** Bangor **to** Pwllheli by bus.	*Ich fuhr mit dem Bus von Bangor nach Pwllheli.*
in	Don't stand **in the road**!	*Stell dich nicht auf die Straße!*
on	Cyril's **on the way to** the Philippines.	*Cyril ist unterwegs zu den Philippinen.*
	They were **on the road to** Bangkok.	*Sie waren auf der Straße nach Bangkok unterwegs.*
	The Smiths **went on a cruise** in May.	*Die Smiths haben im Mai eine Kreuzfahrt gemacht.*
	That night there was **ice on the roads**.	*In jener Nacht waren die Straßen eisglatt.*
	on the corner of Sunset and Vine	*an der Ecke Sunset Boulevard und Vine Street*
to	Julian **goes to** Brighton every summer.	*Julian fährt jeden Sommer nach Brighton.*
via	You can **travel** to Dublin **via** Holyhead or Liverpool.	*Man kann über Holyhead oder über Liverpool nach Dublin reisen.*

---

via *prep* ['vaɪə]
They travelled to Ireland via Bangor and Holyhead.

destination *n* [ˌdestɪ'neɪʃn]
The group's final destination is Brussels.

frequent *adj* ['fri:kwənt]
There's a frequent train service from London to Brighton.

über, durch
Sie reisten über Bangor und Holyhead nach Irland.

Ziel, Bestimmungsort
Das Reiseziel der Gruppe ist Brüssel.

häufig, regelmäßig
Es gibt eine regelmäßige Zugverbindung von London nach Brighton.

Öffentlicher Verkehr

18 Verkehr, Verkehrsmittel

sleeping car n ['sli:pɪŋ͜ka:r]	Schlafwagen
sleeper BE n ['sli:pə]	Bett im Schlafwagen; Schlafwagen
couchette BE n [ku:'ʃet]	Liegewagen; Platz im Liegewagen
dining car n ['daɪnɪŋ͜ka:]	Speisewagen
track n [træk]	Schiene, Gleis
signal n ['sɪgnl]	Signal

canal n [kə'næl]	Kanal, Wasserweg
voyage n ['vɔɪɪdʒ]	Seereise
cruise n [kru:z]	Kreuzfahrt
go on a cruise	eine Kreuzfahrt machen
aboard adv [ə'bɔ:d]	an Bord
They just managed to **get aboard** before the ship left the harbour.	Sie schafften es gerade noch, an Bord zu kommen, bevor das Schiff auslief.
cabin n ['kæbɪn]	Kabine, Kajüte
container n [kən'teɪnə]	Container

terminal n ['tɜ:mɪnl]	Terminal
Your British Airways flight to New York leaves from Terminal 1.	Ihr British-Airways-Flug nach New York geht von Terminal 1 ab.
baggage claim n ['bægɪdʒ͜kleɪm]	Gepäckausgabe
board v [bɔ:d]	einsteigen, an Bord gehen
board a plane/ship	an Bord eines Flugzeuges/Schiffes gehen
take-off n ['teɪkɒf]	Start
The plane's engines were warm and it was **ready for take-off**.	Die Triebwerke waren warm und das Flugzeug war startbereit.
runway n ['rʌnweɪ]	Start- und Landebahn
stopover n ['stɒp͜əʊvə]	Zwischenlandung
transfer n ['trænsfɜ:]	Transfer, Umsteigen
transfer passengers	Passagiere, die umsteigen
crew n [kru:]	Mannschaft
cockpit n ['kɒkpɪt]	Pilotenkanzel, Cockpit
helicopter n ['helɪkɒptə]	Hubschrauber
collide v [kə'laɪd]	zusammenstoßen/-prallen
collision n [kə'lɪʒn]	Zusammenstoß/-prall

18.2 Individualverkehr

bicycle; bike n ['baɪsɪkl; baɪk]	Fahrrad
motorcycle; motorbike n ['məʊtə͜saɪkl; 'məʊtəbaɪk]	Motorrad

18 Verkehr, Verkehrsmittel

ride *n* [raɪd] — Fahrt
Let's **go for a ride** on our bikes. — Lass(t) uns eine Fahrradtour machen!
ride, rode, ridden *v* — fahren
[raɪd, rəʊd, ˈrɪdn]
My cousin's just learned to **ride a bike.** — Mein(e) Cousin(e) hat gerade Rad fahren gelernt.

car *n* [kɑː] — Auto
automobile AE *n* — Auto
[ˈɑːtəmoʊbiːl]
lorry BE; **truck** AE *n* [ˈlɒrɪ; trʌk] — Lastwagen
van *n* [væn] — Lieferwagen
police van — Polizeitransporter

get in, got, got *v* [ˌgetˈɪn, gɒt] — einsteigen
She got in her car and drove off. — Sie stieg ins Auto und fuhr weg.
get out, got, got *v* [ˌgetˈaʊt, gɒt] — aussteigen
We had to **get out of** the car quickly. — Wir mussten schnell aus dem Auto steigen.
drive *n* [draɪv] — Autofahrt
go for a drive — eine Spazierfahrt mit dem Auto machen

drive, drove, driven *v* — (Auto) fahren, lenken
[draɪv, drəʊv, ˈdrɪvn]
driver *n* [ˈdraɪvə] — Fahrer(in)
licence BE; **license** AE *n* [ˈlaɪsns] — Lizenz, Erlaubnis
driving licence BE; **driver's license** AE — Führerschein
by *prep* [baɪ] — mit
go by car/plane/train — mit dem Auto / dem Flugzeug / der Bahn fahren

lift *n* [lɪft] — Mitfahrgelegenheit
Can I give you a lift? — Willst du / Wollen Sie mitfahren?
pick up *v* [pɪkˈʌp] — abholen
My train gets in at 2 o'clock. Can you pick me up at the station? — Mein Zug kommt um zwei Uhr an. Kannst du mich vom Bahnhof abholen?

traffic *n* [ˈtræfɪk] — Verkehr
traffic jam — Verkehrsstau
traffic light(s) — Verkehrsampel(n)
hold-up *n* [ˈhəʊldʌp] — Stau, zäh fließender Verkehr
roundabout BE; **traffic circle** AE *n* — Kreisverkehr
[ˈraʊndəˌbaʊt; ˈtræfɪkˌsɜːrkl]
bridge *n* [brɪdʒ] — Brücke
tunnel *n* [ˈtʌnl] — Tunnel
the Channel Tunnel — der Kanaltunnel

302 Individualverkehr

Verkehr, Verkehrsmittel 18

map n [mæp]	(Land-)Karte; Stadtplan
street map	Stadtplan
road map	Straßenkarte
street n [striːt]	Straße (in der Stadt)
one-way street	Einbahnstraße
dead end n [ˌdedˈend]	Sackgasse
cul-de-sac BE [ˈkʌdəsæk]	Sackgasse
narrow adj [ˈnærəʊ]	schmal
wide adj [waɪd]	breit
corner n [ˈkɔːnə]	Ecke
street corner	Straßenecke
She was last seen standing **on the corner of** Sunset and Highland.	Sie wurde zuletzt gesehen, als sie an der Ecke Sunset-/ Highland-Straße stand.

road n [rəʊd]	(Land-)Straße
main road BE; **highway** AE	Hauptstraße; Bundesstraße
road works BE;	Straßenbauarbeiten
road construction AE	
tarmac BE; **pavement** AE n	Straßenbelag
[ˈtɑːmæk; ˈpeɪvmənt]	
bend n [bend]	Kurve
Watch out! There's **a sharp bend** in the road up ahead.	Pass auf! Da vorn kommt eine scharfe Kurve.
straight adj [streɪt]	gerade
motorway BE; **freeway** AE n	Autobahn
[ˈməʊtəweɪ; ˈfriːweɪ]	

accident n [ˈæksɪdənt]	Unfall
road accident BE;	Verkehrsunfall
traffic accident AE	
crash n [kræʃ]	Zusammenstoß
car/plane crash	Autounfall, Flugzeugabsturz
risk n [rɪsk]	Risiko
The **risk of** having a road accident is much greater than the **risk of** being in a plane crash.	Das Risiko, einen Verkehrsunfall zu haben, ist viel größer als mit dem Flugzeug abzustürzen.

safe adj [seɪf]	sicher
safety n [ˈseɪftɪ]	Sicherheit
road safety	Verkehrssicherheit
airbag n [ˈeəbæg]	Airbag
seat belt n [ˈsiːtbelt]	Sicherheitsgurt
fasten v [ˈfɑːsn]	festmachen; anlegen
Please fasten your seat belt.	Schnallen Sie sich bitte an.

Individualverkehr **303**

18 Verkehr, Verkehrsmittel

prevent v [prɪ'vent]
If you want to prevent accidents, you should drive more carefully.

verhindern; vorbeugen
Um Unfälle zu vermeiden, sollte man vorsichtiger fahren.

slow adj [sləʊ]
langsam

fast adj [fɑːst]
schnell

keep to, kept, kept v
[ˌkiːp'tʊ, kept]
Keep to the left!

bleiben, sich halten

Bleiben Sie auf der linken Spur!

engine n ['endʒɪn]
(Auto-)Motor

petrol BE; **gas(oline)** AE n
['petrəl; 'gæs(liːn)]
Benzin

regular
Normal(benzin)

four-star BE; **super** AE
Super(benzin)

leaded/unleaded (petrol/gas)
verbleit/bleifrei (verbleites/ bleifreies Benzin)

petrol/gas station
Tankstelle

check v [tʃek]
überprüfen

mechanic n [mɪ'kænɪk]
Kfz-Mechaniker(in)

garage BE; **shop** AE n
['gærɑːʒ; ʃɑːp]
Autowerkstatt

breakdown n ['breɪkdaʊn]
(Auto-)Panne

break down, broke, broken v
[ˌbreɪk'daʊn, brəʊk, 'brəʊkən]
My car broke down on the way to work.

eine Panne haben

Ich hatte auf dem Weg zur Arbeit eine Autopanne.

tyre n ['taɪə]
Reifen

spare tyre
Ersatzreifen

change a tyre
einen Reifen wechseln

puncture BE; **flat** AE n
['pʌŋktʃə; flæt]
Reifenpanne

wheel n [wiːl]
Rad

steering wheel
Lenkrad

seat n [siːt]
Autositz

driver's seat
Fahrersitz

passenger seat
Mitfahrer-/Beifahrersitz

rear seat
Rücksitz

car seat
Kindersitz

brake n; v [breɪk]
When he tried to stop, the brakes failed.

Bremse; bremsen
Als er versuchte anzuhalten, versagten die Bremsen.

handbrake BE; **parking brake** AE
He had to brake suddenly when a dog ran in front of the car.

Handbremse
Er musste ganz plötzlich bremsen, als ihm ein Hund vors Auto lief.

brake lights
Bremslichter/-leuchten

304 Individualverkehr

Verkehr, Verkehrsmittel 18

park v [pɑːk] — parken
car park BE; **parking lot** AE n — (großer) Parkplatz
['kɑːˌpɑːk; 'pɑːrkɪŋˌlɑːt]
  underground car park BE; — Tiefgarage
  underground parking garage AE
parking place n ['pɑːkɪŋˌpleɪs] — Parkplatz, Stellplatz

turn v [tɜːn] — abbiegen
  turn right/left — rechts/links abbiegen
turning BE; **turn** AE n ['tɜːnɪŋ; tɜːrn] — Abbiegung, Abzweigung
  Drive straight on. Then **take the** — Fahren Sie geradeaus. Biegen Sie
  next turn(ing) on your right. — dann die nächste Straße rechts ab.
sign n [saɪn] — Schild
  road/traffic sign — Straßen-/Verkehrsschild
speed [spiːd] — Geschwindigkeit, Tempo
  speed limit — Geschwindigkeitsbegrenzung
rush hour n ['rʌʃˌaʊə] — Hauptverkehrszeit
  Many people avoid rush hour traffic — Viele Menschen umgehen die
  problems by using public transport. — Probleme der Hauptverkehrszeit,
  — indem sie mit öffentlichen
  — Verkehrsmitteln fahren.

avoid v [əˈvɔɪd] — (ver)meiden

cross v [krɒs] — überqueren
  Always look both ways before — Vor dem Überqueren der Straße
  crossing the street! — immer nach links und rechts
  — schauen!

crossing n ['krɒsɪŋ] — Übergang; Kreuzung
  zebra crossing BE; **crosswalk** AE — Zebrastreifen
pedestrian n [pɪˈdestrɪən] — Fußgänger(in)
  pedestrian crossing — Fußgängerübergang
pavement BE; **sidewalk** AE n — Gehweg, Bürgersteig
['peɪvmənt; 'saɪdwɑːk]
path n [pɑːθ] — Pfad, Weg
  cycle path BE; **bike path** AE — Fahrradweg
walk n; v [wɔːk] — Spaziergang; (zu Fuß) gehen
  go for a walk — einen Spaziergang machen

vehicle n ['viːɪkl] — Fahrzeug
motorist n ['məʊtərɪst] — Autofahrer(in)
estate car BE; **station wagon** AE n — Kombi
[ɪˈsteɪtˌkɑːː; 'steɪʃnˌwægən]
trailer n ['treɪlə] — Anhänger
caravan BE; **trailer** AE n — Wohnwagen; Wohnanhänger
['kærəvæn; 'treɪlər]

Individualverkehr **305**

18 Verkehr, Verkehrsmittel

hitchhike *v* [ˈhɪtʃhaɪk] — per Anhalter fahren, trampen
hitchhiker *n* [ˈhɪtʃˌhaɪkə] — Anhalter(in), Tramper(in)
hitchhiking *n* [ˈhɪtʃˌhaɪkɪŋ] — Trampen

wreck *n; v* [rek] — Wrack, Schrotthaufen; zu Schrott fahren; zerstören
The car he's driving is an old wreck. — Der Wagen, den er fährt, ist ein alter Schrotthaufen.

tow *v* [təʊ] — schleppen
Nancy's neighbour towed her car back to her house with his van. — Nancys Nachbar schleppte ihren Wagen mit seinem Transporter bis zu ihrem Haus.

tow away — abschleppen
traffic warden BE *n* [ˈtræfɪkˌwɔːdn] — *etwa:* Hilfspolizist/Politesse
traffic cop AE *n* [ˈtræfɪkˌkɑːp] — Verkehrspolizist(in)
pay-and-display *n* [ˈpeɪəndɪˈspleɪ] — Parkscheinautomaten-System
park-and-ride *n* [ˌpɑːkəndˈraɪd] — Park-and-Ride-System
parking meter *n* [ˈpɑːkɪŋˌmiːtə] — Parkuhr
parking ticket *n* [ˈpɑːkɪŋˌtɪkɪt] — Strafzettel (für Falschparken)
parkway *n* [ˈpɑːkweɪ] — Parkplatz am Bahnhof (BE); Schnellstraße mit getrennten Fahrbahnen (AE)

dual carriageway BE; **expressway** AE *n* [ˌdjuːəlˈkærɪdʒweɪ; ɪkˈspresˌweɪ] — Schnellstraße mit getrennten Fahrbahnen
lane *n* [leɪn] — Spur
  change lanes — die Spur wechseln
  fast lane — Überholspur
crossroads BE; **intersection** AE *n pl* [ˈkrɒsrəʊdz; ˌɪntərˈsekʃn] — Kreuzung
route *n* [ruːt] — Route, Weg, Strecke
detour *n* [ˈdiːˌtʊə] — Umleitung
underpass *n* [ˈʌndəpɑːs] — Straßenunterführung

windscreen BE; **windshield** AE *n* [ˈwɪndskriːn; ˈwɪndʃiːld] — Windschutzscheibe
  windscreen/windshield wiper — Scheibenwischer
rear window *n* [ˌrɪəˈwɪndəʊ] — Heckscheibe
tank *n* [tæŋk] — Tank
  petrol/gas tank — Benzintank
bonnet BE; **hood** AE *n* [ˈbɒnɪt; hʊd] — Motorhaube
door handle *n* [ˈdɔːˌhændl] — (Auto-)Türgriff
boot BE; **trunk** AE *n* [buːt; trʌŋk] — Kofferraum
headlight *n* [ˈhedlaɪt] — Scheinwerfer

306 Individualverkehr

Verkehr, Verkehrsmittel 18

rear light BE; **tail light** AE *n* ['rɪə͵laɪt; 'teɪl͵laɪt]	Rücklicht
number plate BE; **license plate** AE *n* ['nʌmbə͵pleɪt; 'laɪsns͵pleɪt]	Nummernschild, Autokennzeichen

speedometer *n* [spɪ'dɒmɪtə]	Tachometer
ignition *n* [ɪg'nɪʃn]	Zündung
sparkplug *n* ['spɑːk͵plʌg]	Zündkerze
clutch *n* [klʌtʃ]	Kupplung
gear *n* [gɪə]	Gang
change gears BE; **shift gears** AE	schalten
accelerator *n* [ək'seləreɪtə]	Gaspedal
horn *n* [hɔːn]	Hupe
honk *v* [hɒŋk]	hupen
radiator *n* ['reɪdɪeɪtə]	Kühler
exhaust *n* [ɪg'zɔːst]	Auspuff
exhaust pipe BE; **tailpipe** AE	Auspuffrohr
catalytic converter *n* [͵kætəlɪtɪkkən'vɜːtə]	Katalysator

signal *n* ['sɪgnl]	(Blink-)Signal
indicator BE; **turn signal** AE	Blinker
indicate BE; **signal**, signalled, signalled AE *v* ['ɪndɪkeɪt; 'sɪgnl]	blinken
The driver signalled that he was going to turn left, but then he suddenly turned right.	Der Fahrer blinkte links, bog dann aber plötzlich rechts ab.
overtake, overtook, overtaken BE; **pass** AE *v* [͵əʊvə'teɪk, ͵əʊvə'tʊk, ͵əʊvə'teɪkən; pæs]	überholen
give way, gave, given BE; **yield** AE *v* [͵gɪv͵weɪ, geɪv, 'gɪvn; jiːld]	Vorfahrt achten/geben

slow down *v* [͵sləʊ'daʊn]	langsamer fahren, abbremsen
reverse *v* [rɪ'vɜːs]	rückwärts fahren
slippery *adj* ['slɪprɪ]	rutschig, glatt
Be careful! The roads are very slippery tonight.	Sei(d) vorsichtig! Die Straßen sind heute Nacht sehr glatt.

cyclist *n* ['saɪklɪst]	Radfahrer(in)
moped *n* ['məʊped]	Moped
pedal *n* ['pedl]	Pedal
pedal, pedalled, pedalled *v* ['pedl]	radeln, mit dem Rad fahren
subway BE; **underpass** AE *n* ['sʌbweɪ; 'ʌndərpæs]	Fußgängerunterführung

Individualverkehr **307**

18 Verkehr, Verkehrsmittel

Falsche Freunde

Englisches Wort	Thematische Bedeutung(en)	Falscher Freund	Englische Entsprechung(en)
overtake *v*	überholen	übernehmen	take over
petrol BE *n*	Benzin	Petroleum	lamp oil
vehicle *n*	Fahrzeug	Vehikel *(= alte Klapperkiste)*	old car/bus/lorry

Individualverkehr

Natur, Umwelt, Ökologie

19

19

Natur, Umwelt, Ökologie

19.1 Weltall, Erde, Landschaft

reality *n* [rɪˈælətɪ]
in reality
nature *n* [ˈneɪtʃə]
Man is part of nature; so are all animals, plants and objects.

(die) Wirklichkeit/Realität
tatsächlich, in Wirklichkeit
(die) Natur
Der Mensch ist Teil der Natur, genauso wie alle Tiere, Pflanzen und Gegenstände.

thing *n* [θɪŋ]
object *n* [ˈɒbdʒɪkt]
man, *pl* **men** *n* [mæn, men]

Ding, Sache
Gegenstand, Objekt
der Mensch

space *n* [speɪs]
Man has always dreamt of **travelling through space** to the stars.

der Weltraum, das Weltall
Die Menschen haben schon immer davon geträumt, durch den Weltraum zu den Sternen zu fliegen.

outer space *n* [ˈaʊtəˌspeɪs]
world *n* [wɜːld]
Mount Everest is the highest mountain **in the world**.
sky *n* [skaɪ]
The sun's shining today, but there are still clouds **in the sky**.
sun *n* [sʌn]
sunrise *n* [ˈsʌnraɪz]
dawn *n* [dɔːn]
at dawn

der Weltraum
Welt
Der Mount Everest ist der höchste Berg der Welt.
Himmel
Heute scheint die Sonne, aber es sind noch Wolken am Himmel.
Sonne
Sonnenaufgang
Morgendämmerung, -röte
bei Tagesanbruch, im Morgengrauen

sunset *n* [ˈsʌnset]
dusk *n* [dʌsk]
at dusk
from dusk to dawn

Sonnenuntergang
Abenddämmerung
bei Einbruch der Dunkelheit
von abends bis morgens

moon *n* [muːn]
new/full moon
star *n* [stɑː]
rise, rose, risen *v* [raɪz, rəʊz, ˈrɪzn]
set, set, set *v* [set]
The moon rises in the east and sets in the west.
shine, shone, shone *v* [ʃaɪn, ʃɒn]
The stars are **shining brightly** tonight.
bright *adj* [braɪt]
clear *adj* [klɪə]

Mond
Neumond/Vollmond
Stern
aufgehen
untergehen
Der Mond geht im Osten auf und im Westen unter.
scheinen, leuchten
Die Sterne leuchten heute Nacht hell.
hell, leuchtend
klar

310 Weltall, Erde, Landschaft

Natur, Umwelt, Ökologie 19

shadow *n* ['ʃædəʊ]　Schatten
dark *adj* [dɑ:k]　dunkel, finster
　It's getting/growing dark.　Es wird dunkel.
darkness *n* ['dɑ:knɪs]　Dunkelheit, Finsternis

earth *n* [ɜ:θ]　die Erde
　The Nile is the longest river **on**　Der Nil ist der längste Fluss der
　earth.　Erde.
continent *n* ['kɒntɪnənt]　Kontinent, Erdteil
land *n* [lænd]　Festland, Land
　We were glad to be **on land** again　Nach der stürmischen Überfahrt
　after the rough crossing.　waren wir froh, wieder an Land zu
　　sein.
surface *n* ['sɜ:fɪs]　Oberfläche
　When there was no wind at all, the　Bei völliger Windstille war die
　surface of the lake was quite calm.　Oberfläche des Sees ganz ruhig.
ground *n* [graʊnd]　Boden
　It hasn't rained for weeks and the　Es hat wochenlang nicht geregnet,
　ground's terribly dry.　und der Boden ist furchtbar aus-
　　getrocknet.

water *n* ['wɔ:tə]　Wasser
river *n* ['rɪvə]　Fluss, Strom
　the St. Lawrence River　der Sankt-Lorenz-Strom
stream *n* [stri:m]　Bächlein, kleiner Fluss
flow *v* [fləʊ]　fließen
　The stream **flows into** the river.　Der kleine Bach fließt in den Fluss.
pool *n* [pu:l]　Teich, Tümpel
lake *n* [leɪk]　(der) See
　Lake Constance　der Bodensee
　the Lake District　der Lake District (*Seengebiet in*
　　Nordwestengland)
deep *adj* [di:p]　tief
　The lake was deeper than we had　Der See war tiefer, als wir gedacht
　expected.　hatten.

valley *n* ['vælɪ]　Tal
flat *adj* [flæt]　flach, eben
　I don't like the eastern part of　Ich mag den östlichen Teil von
　England. **It's so flat there**.　England nicht. Die Landschaft dort
　　ist so flach.
hill *n* [hɪl]　Hügel
hilly *adj* [hɪlɪ]　hügelig
steep *adj* [sti:p]　steil ansteigend
　a steep hill　ein steiler Hügel/Abhang
mountain *n* ['maʊntɪn]　Berg

Weltall, Erde, Landschaft 311

19 Natur, Umwelt, Ökologie

rock *n* [rɒk]	Fels, Felsbrocken
stone *n* [stəʊn]	Stein
sand *n* [sænd]	Sand
sandy *adj* ['sændɪ]	sandig, Sand-
desert *n* ['dezət]	Wüste

coast *n* [kəʊst]	Küste
on the coast	an der Küste
coastline *n* ['kəʊstlaɪn]	Küste
From the deck of the ship you could see the faint coastline of England in the distance.	Vom Deck des Schiffes konnte man in der Ferne die zarte Silhouette der englischen Küste sehen.
cliff *n* [klɪf]	Klippe, Steilküste
the white cliffs of Dover	die weißen Klippen von Dover
bay *n* [beɪ]	Bucht
beach *n* [biːtʃ]	Strand
on the beach	am Strand

sea *n* [siː]	Meer, die See
the North Sea	die Nordsee
ocean *n* ['əʊʃn]	Ozean, Weltmeer
Atlantic/Indian/Pacific Ocean	der Atlantische/Indische/Pazifische Ozean
island *n* ['aɪlənd]	Insel
the Channel Islands	die Kanalinseln *(zwischen Frankreich und Großbritannien)*

evolution *n* [ˌiːvə'luːʃn]	(die) Evolution; (die) natürliche Entwicklung
process *n* ['prəʊses]	Vorgang, Prozess
The universe is still **in the process of** evolution.	Das Weltall befindet sich noch im Evolutionsprozess.
mankind *n* [mæn'kaɪnd]	(die) Menschheit
Modern mankind is the product of millions of years of evolution.	Die heutige Menschheit ist das Ergebnis einer Evolution von Millionen Jahren.

universe *n* ['juːnɪvɜːs]	Weltall, Universum
bang *n* [bæŋ]	Knall
the big bang	der Urknall
structure *n* ['strʌktʃə]	Aufbau, Struktur
galaxy *n* ['gæləksɪ]	Galaxie
Milky Way *n* [ˌmɪlkɪ'weɪ]	Milchstraße
planet *n* ['plænɪt]	Planet
orbit *n* ['ɔːbɪt]	Umlaufbahn

312 Weltall, Erde, Landschaft

Natur, Umwelt, Ökologie 19

solar *adj* ['səʊlə]
Our **solar system** consists of the sun and its nine planets.

Sonnen-, solar
Unser Sonnensystem besteht aus der Sonne und ihren 9 Planeten.

globe *n* [gləʊb]
atmosphere *n* ['ætməˌsfɪə]
horizon *n* [həˈraɪzn]

Globus, Erdkugel
Atmosphäre
Horizont

spring *n* [sprɪŋ]
pond *n* [pɒnd]
shallow *adj* ['ʃæləʊ]
  in shallow water
shore *n* [ʃɔ:]
  on the shore
wave *n* [weɪv]
tide *n* [taɪd]
  The **tide's coming in/going out.**
  high/low tide
sea level *n* ['si:ˌlevl]
  above/below sea level
Mediterranean *n* [ˌmedɪtəˈreɪnɪən]
channel *n* ['tʃænl]
  the English Channel

Quelle
Teich
seicht, flach
  im seichten Wasser
See-/Meeresufer
  am Ufer
Welle
Gezeiten
  Es ist Flut/Ebbe.
  Flut/Ebbe
Meeresspiegel, Meereshöhe
  über/unter dem Meeresspiegel
Mittelmeer
Kanal
  der Ärmelkanal

scenery *n* ['si:nrɪ]
  the beautiful scenery of North Wales
slope *n* [sləʊp]
  Going down the slope is easy; **going up** is the problem.
summit *n* ['sʌmɪt]
bare *adj* [beə]
  There was nothing but bare rock near the summit – no trees or bushes anywhere.
cave *n* [keɪv]
plain *n* [pleɪn]
  the Great Plains

Landschaft
  die schöne Landschaft von Nordwales
Berghang, Abhang
  Den Hang hinabgehen ist einfach; hinaufsteigen ist das Problem!
Gipfel
kahl, nackt
  In der Gipfelgegend gab es nichts als kahle Felsen – nirgendwo ein Baum oder Busch.
Höhle, Grotte
Ebene, Flachland
  die Great Plains *(große Ebenen im Mittleren Westen der USA)*

catastrophe *n* [kəˈtæstrəfɪ]
disaster *n* [dɪˈzɑːstə]
  disaster area
disastrous *adj* [dɪˈzɑːstrəs]
  a disastrous flood/earthquake

Katastrophe
schreckliches Unglück
  Katastrophengebiet
verheerend, katastrophal
  ein(e) verheerende(s) Überflutung/ Erdbeben

Weltall, Erde, Landschaft **313**

19 Natur, Umwelt, Ökologie

volcano *n* [vɒlˈkeɪnəʊ]	Vulkan
earthquake *n* [ˈɜːθkweɪk]	Erdbeben
crack *n; v* [kræk]	Riss, Sprung; einen Riss/Sprung bekommen
During the earthquake, cracks appeared in the surface of the earth.	Während des Erdbebens entstanden Risse in der Erdoberfläche.

19.2 Klima, Wetter

climate *n* [ˈklaɪmɪt]	Klima
mild/dry/wet climate	mildes/trockenes/feuchtes Klima
north *adj; n* [nɔːθ]	nördlich, Nord-; Norden
You can find almost every kind of climate in **North America**.	In Nordamerika kann man fast alle Klimaarten antreffen.
The north of Scotland will be cold and foggy tomorrow.	Im Norden Schottlands ist das Wetter morgen kalt und neblig.
northern *adj* [ˈnɔːðn]	nördlich, Nord-
There will be snow showers in **northern England** this evening.	In Nordengland kommt es heute Abend zu Schneeschauern.
south *adj; n* [saʊθ]	südlich, Süd-; Süden
in the south/north/west/east of Africa	im Süden/Norden/Westen/Osten Afrikas
southern *adj* [ˈsʌðən]	südlich, Süd-
east *adj; n* [iːst]	östlich, Ost-; Osten
The wind is from the east today.	Der Wind kommt heute aus Osten.
eastern *adj* [ˈiːstən]	östlich, Ost-
It will be dry in **eastern parts of** Ireland tomorrow.	In den östlichen Landesteilen von Irland gibt es morgen trockenes Wetter.
west *adj; n* [west]	westlich, West-; Westen
The nearest town is about 70 kilometres **to the west** from here.	Die nächste Stadt liegt von hier etwa 70 km nach Westen.
go west	nach Westen gehen/ziehen
western *adj* [ˈwestən]	westlich, West-

season *n* [ˈsiːzn]	Jahreszeit
spring *n* [sprɪŋ]	(der) Frühling
Spring is in the air. *idiom*	Der Frühling liegt in der Luft.
summer *n* [ˈsʌmə]	(der) Sommer
autumn *n* [ˈɔːtəm]	(der) Herbst
fall AE *n* [fɔːl]	(der) Herbst
winter *n* [ˈwɪntə]	(der) Winter

314 Klima, Wetter

Natur, Umwelt, Ökologie 19

weather *n* ['weðə]
  weather forecast/report
temperature *n* ['temprətʃə]
degree *n* [dɪ'griː]
  5 **degrees centigrade** is
  41 **degrees Fahrenheit**.
centigrade/Celsius (°C) *n*
['sentɪgreɪd/'selsɪəs]
Fahrenheit (°F) *n* ['færənhaɪt]

Wetter
  Wetterbericht
Temperatur
Grad
  5 Grad Celsius entsprechen
  41 Grad Fahrenheit.
Grad Celsius

Grad Fahrenheit *(Umrechnung in °C:
32 abziehen und mit ⁵⁄₉ multiplizieren)*

---

cold *adj; n* [kəʊld]
  Don't stay out there **in the cold**.
cool *adj* [kuːl]
freeze, froze, frozen *v*
[friːz, frəʊz, 'frəʊzn]
  The terrible cold even froze the
  rivers.
  Water **freezes at 0°** centigrade.
  I'm freezing.
freezing *adj* ['friːzɪŋ]
below *prep* [bɪ'ləʊ]
  20°C above/below zero

kalt; Kälte
  Bleib nicht da draußen in der Kälte!
kühl
gefrieren; frieren

  Bei dieser schrecklichen Kälte
  froren sogar die Flüsse zu.
  Wasser gefriert bei 0° Celsius.
  Ich friere. / Mich friert('s).
eiskalt
unter
  20 Grad über/unter Null

---

frost *n* [frɒst]
frozen *adj* ['frəʊzn]
ice *n* [aɪs]
icy *adj* ['aɪsɪ]
  an icy wind
snow *n; v* [snəʊ]
cover *v* ['kʌvə]
  On Christmas morning, the ground
  was covered with snow.

Frost
gefroren
Eis
eisig, eiskalt
  ein eisiger Wind
Schnee; schneien
bedecken
  Am Morgen des ersten Weih-
  nachtsfeiertages war der Boden
  mit Schnee bedeckt.

---

melt *v* [melt]
mild *adj* [maɪld]
warm *adj* [wɔːm]
hot *adj* [hɒt]
heat *n* [hiːt]

schmelzen
mild, nicht kalt
warm
heiß
Hitze

---

dry *adj* [draɪ]
clear *adj* [klɪə]
fine *adj* [faɪn]

niederschlagsfrei, trocken
klar, unbewölkt
schön

Klima, Wetter **315**

19 Natur, Umwelt, Ökologie

At last, after weeks of wind and rain, the weather **turned fine**.	Endlich, nach wochenlangem Wind- und Regenwetter, wurde es schön.
a fine morning/day/evening	ein schöner Morgen/Tag/Abend
sunny adj [ˈsʌnɪ]	sonnig
sunshine n [ˈsʌnʃaɪn]	Sonnenschein
lots of sunshine	jede Menge Sonne(nschein)

wet adj [wet]	regnerisch, feucht, nass
The weather will be cool and wet in the northern parts of Scotland.	In den nördlichen Teilen von Schottland wird das Wetter kühl und feucht.
rain n; v [reɪn]	Regen; regnen
It looks like rain.	Es sieht nach Regen aus.
It's raining cats and dogs. idiom	Es gießt wie aus Kübeln.
rainy adj [ˈreɪnɪ]	regnerisch, Regen-
a rainy day	ein Regentag
shower n [ˈʃaʊə]	Regenschauer
snow showers	Schneeschauer
flood n; v [flʌd]	Flut, Hochwasser; überfluten
During the storm the river rose to **flood levels**.	Während des Sturmes stieg der Fluß bis zum Hochwasserpegel an.
shelter v [ˈʃeltə]	sich unterstellen, Schutz suchen
We **sheltered from** the rain in the nearest pub.	Wir suchten im nächsten Wirtshaus Schutz vor dem Regen.

fog n [fɒg]	Nebel
foggy adj [ˈfɒgɪ]	neblig
cloud n [klaʊd]	Wolke
cloudy adj [ˈklaʊdɪ]	bewölkt, wolkig

air n [eə]	Luft
calm adj [kɑːm]	windstill
rough adj [rʌf]	rau, windig, unangenehm
rough sea/weather/wind	stürmische See / raues Wetter / stürmischer Wind
wind n [wɪnd]	Wind
windy adj [ˈwɪndɪ]	windig
blow, blew, blown v [bləʊ, bluː, bləʊn]	blasen, wehen
The wind was **blowing very hard**, so we stayed inside.	Es wehte ein sehr steifer Wind, deshalb blieben wir im Haus.

storm n [stɔːm]	Sturm
stormy adj [ˈstɔːmɪ]	stürmisch
thunder n [ˈθʌndə]	Donner

316 Klima, Wetter

Natur, Umwelt, Ökologie 19

thunderstorm *n* ['θʌndəstɔːm] — Gewitter
lightning *n uncount* ['laɪtnɪŋ] — Blitz(en)
  a flash of lightning — ein Blitz
flash *v* [flæʃ] — aufleuchten, blitzen
  Lightning **flashed across** the sky. — Blitze leuchteten am Himmel auf.
damage *n* ['dæmɪdʒ] — Schaden, Zerstörung
  The thunderstorm **did** a lot of **damage**. — Das Gewitter richtete großen Schaden an.

zone *n* [zəʊn] — Zone
  The earth can be divided into five major **climatic zones**. — Man kann die Erde in fünf Hauptklimazonen einteilen.
weather chart *n* ['weðətʃɑːt] — Wetterkarte
maximum *adj* ['mæksɪməm] — Höchst-
  The **maximum temperature** tomorrow will be 22 °Celsius. — Morgen wird die Höchsttemperatur 22 °Celsius betragen.
minimum *adj* ['mɪnɪməm] — Mindest-
  minimum temperature — Tiefsttemperatur
thermometer *n* [θə'mɒmɪtə] — Thermometer
pressure *n* ['preʃə] — Druck
atmospheric *adj* [ˌætməs'ferɪk] — atmosphärisch, Luft-
  Normal **atmospheric pressure** is around 1 bar. — Der normale Luftdruck beträgt etwa ein Bar.

drought *n* [draʊt] — Trockenzeit, Dürreperiode
shade *n* [ʃeɪd] — Schatten
  Last summer temperatures were often higher than 30° C **in the shade**. — Im letzten Sommer hatte es oft mehr als 30° im Schatten.
chilly *adj* ['tʃɪlɪ] — kühl, frisch
  a chilly morning — ein kühler Morgen

damp *adj* [dæmp] — feucht, nass
  damp air — feuchte Luft
humid *adj* ['hjuːmɪd] — feucht; schwül
  The air on the island was very humid. — Die Luft auf der Insel war sehr feucht.
mist *n* [mɪst] — Dunst
  In the morning the nearby mountains were **hidden in mist**. — Am Morgen waren die nahen Berge im Dunst verborgen.
misty *adj* ['mɪstɪ] — diesig, neblig
pour *v* [pɔː] — gießen, stark regnen
  It was **pouring with rain**. — Es regnete in Strömen.
rainbow *n* ['reɪnbəʊ] — Regenbogen

snowstorm *n* ['snəʊstɔːm] — Schneesturm

Klima, Wetter **317**

19 Natur, Umwelt, Ökologie

blizzard n ['blɪzəd]	Blizzard *(starker Schneesturm mit Böen)*
hurricane n ['hʌrɪkən]	Wirbelsturm, Hurrikan
fierce adj [fɪəs]	heftig, wild
There was a fierce storm last night; the roof nearly blew off.	Heute Nacht war ein heftiger Sturm; das Dach flog fast davon!
strike, struck, struck v [straɪk, strʌk]	treffen, erschlagen
During the thunderstorm two children were **struck by lightning**.	Während des Gewitters wurden zwei Kinder vom Blitz getroffen.

19.3 Materie, Stoffe, Energie

material n [mə'tɪərɪəl]	Material, Grundstoff, Werkstoff
raw material	Rohstoff/-material
consist of v [kən͵sɪst'ɒv]	bestehen aus
Steel consists of iron, carbon and small quantities of other metals.	Stahl besteht aus Eisen, Kohlenstoff und kleinen Mengen anderer Metalle.
contain v [kən'teɪn]	enthalten
Red earth or red rock often contains iron.	Rote Erde oder rotes Felsgestein enthält häufig Eisen.
pure adj [pjʊə]	rein, unvermischt
Gold is never quite pure. It's always mixed with other metals.	Gold ist nie ganz rein. Es ist immer mit anderen Metallen vermischt.
real adj [rɪəl]	echt
real gold	echtes Gold
mix v [mɪks]	mischen, (sich) vermischen
Oil and water don't mix.	Öl und Wasser vermischen sich nicht.
quality n uncount ['kwɒlətɪ]	Qualität, Güte
top quality steel	Stahl von Spitzenqualität

metal adj; n ['metl]	aus Metall, Metall-; Metall
gold n uncount [gəʊld]	Gold
golden adj ['gəʊldn]	Gold-, golden
silver n uncount; adj ['sɪlvə]	Silber; Silber-, silbern
iron n uncount; adj ['aɪən]	Eisen; Eisen-, eisern
steel n uncount; adj [stiːl]	Stahl; Stahl-, stählern

wood n uncount [wʊd]	Holz
All the tables and chairs in the house are **made of wood**.	Alle Tische und Stühle im Haus sind aus Holz.
wooden adj ['wʊdn]	aus Holz, Holz-, hölzern
Many old houses have wooden floors.	Viele alte Häuser haben Holzböden.

Natur, Umwelt, Ökologie 19

leather *adj; n uncount* [ˈleðə]	aus Leder, Leder-; Leder
wool *n uncount* [wʊl]	Wolle
woollen *adj* [ˈwʊlən]	aus Wolle, Woll-, wollen
string *n* [strɪŋ]	Schnur
paper *n uncount* [ˈpeɪpə]	Papier
a sheet of paper/glass	ein Blatt Papier / eine Glasscheibe
glass *n uncount* [glɑːs]	Glas *(Material)*
plastic *adj; n uncount* [ˈplæstɪk]	aus Plastik, Plastik-; Plastik
rubber *adj; n uncount* [ˈrʌbə]	aus Gummi, Gummi-; Gummi

energy *n uncount* [ˈenədʒɪ]	Energie
green/solar energy	Bioenergie/Solarenergie
power *n uncount* [ˈpaʊə]	Energie; elektrischer Strom
power cut	Stromabschaltung
power station	Kraftwerk, E-Werk
electricity *n uncount* [ˌelɪkˈtrɪsətɪ]	Elektrizität, Strom
green electricity	grüner Strom, Ökostrom
wave *n* [weɪv]	(energetische) Welle
radio waves	Radiowellen

coal *n uncount; adj* [kəʊl]	Kohle; Kohle(n)-
oil *n uncount* [ɔɪl]	Öl
petroleum *n uncount* [pəˈtrəʊlɪəm]	Rohöl
petrol BE; **gas(oline)** AE *n uncount* [ˈpetrəl; gæs(liːn)]	Benzin
gas *n* [gæs]	Gas *(jede Art von Gas)*
Oxygen and hydrogen are two different gases which combine with each other to form water.	Sauerstoff und Wasserstoff sind zwei unterschiedliche Gase, die sich zu Wasser verbinden.
gas *n uncount* [gæs]	(Heiz-)Gas
natural gas	Erdgas
nuclear *adj* [ˈnjuːklɪə]	Kern-, Atom-, nuklear
nuclear power/energy	Kernenergie/Atomkraft
nuclear power station	Kern-/Atomkraftwerk
water *n uncount* [ˈwɔːtə]	Wasser
steam *n uncount* [stiːm]	(Wasser-)Dampf
wind energy *n* [ˈwɪndˌenədʒɪ]	Windenergie
wind farm *n* [ˈwɪndfɑːm]	Windpark

burn, **burnt/burned**, **burnt/burned** *v* [bɜːn, bɜːnt/bɜːnd]	brennen; verbrennen
fire *n* [ˈfaɪə]	Feuer
The wooden hut **caught fire**.	Die Holzhütte fing Feuer.
light/put out a fire	ein Feuer machen/löschen
on fire	in Flammen

Materie, Stoffe, Energie **319**

19 Natur, Umwelt, Ökologie

flame n [fleɪm]	Flamme
smoke n [sməʊk]	Rauch, Qualm
dust n [dʌst]	Staub
dirt n [dɜːt]	Schmutz, Dreck

matter n ['mætə]	Materie
atom n ['ætəm]	Atom
chemical adj; n ['kemɪkl]	chemisch; Chemikalie
the chemical elements	die chemischen Elemente
element n ['elɪmənt]	Element
the elements	die Naturkräfte
substance n ['sʌbstəns]	Substanz, Stoff
All substances are made up of chemical elements.	Alle Stoffe setzen sich aus chemischen Elementen zusammen.
sample n ['sɑːmpl]	Materialprobe
take a sample	eine Probe entnehmen
mixture n ['mɪkstʃə]	Mischung, Gemisch
We breathe a mixture of gases called air.	Wir atmen ein Gasgemisch, das Luft genannt wird.

dense adj [dens]	dicht
density n ['densəti]	Dichte
Heavy substances are of high density.	Schwere Stoffe haben eine hohe Dichte.
solution n [sə'luːʃn]	flüssige Lösung
a chemical solution	eine chemische Lösung
liquid adj; n ['lɪkwɪd]	flüssig; Flüssigkeit
solid adj; n ['sɒlɪd]	fest, kompakt; fester Stoff
Iron and rock are solids; water and oil are liquids.	Eisen und Fels sind feste Stoffe, Wasser und Öl sind Flüssigkeiten.

mineral adj; n ['mɪnrəl]	Mineral-; Mineralie, Bodenschatz
mineral water	Mineralwasser
Copper and salt are two kinds of minerals.	Kupfer und Salz sind zwei Arten von Mineralien.
Coal, iron and gold are minerals.	Kohle, Eisen und Gold sind Bodenschätze.
calcium n uncount; adj ['kælsɪəm]	Kalzium; Kalk-
marble n uncount; adj ['mɑːbl]	Marmor; Marmor-, marmorn
diamond n; adj ['daɪəmənd]	Diamant; Diamant-, diamanten
copper n uncount; adj ['kɒpə]	Kupfer; Kupfer-, kupfern
brass n uncount; adj [brɑːs]	Messing; Messing-
uranium n uncount; adj [jʊ'reɪnɪəm]	Uran; Uran-
ore n [ɔː]	Erz
mine n; v [maɪn]	Bergwerk, Mine; (Bodenschätze) abbauen

320 Materie, Stoffe, Energie

19 Natur, Umwelt, Ökologie

coal/gold mine	Kohlebergwerk, Zeche / Goldmine
mine for gold	Gold abbauen
miner *n* ['maɪnə]	Bergarbeiter(in), Kumpel

timber BE; **lumber** AE *n uncount* ['tɪmbə; 'lʌmbər]	Bauholz
fibre *n* ['faɪbə]	Faser
cotton/plastic fibres	Baumwoll-/Plastikfasern
silk *n uncount; adj* [sɪlk]	Seide; seiden, Seiden-
wax *n uncount* [wæks]	Wachs

rust *n uncount; v* [rʌst]	Rost; rosten
rusty *adj* ['rʌstɪ]	rostig
mud *n uncount* [mʌd]	Schlamm, Morast

fuel *n* ['fjuːəl]	Brennstoff
liquid/solid fuels	Flüssig-/Festbrennstoffe
fossil *adj* ['fɒsl]	fossil, versteinert
fossil fuel	fossiler Brennstoff *(z. B. Kohle)*
grid *n* [grɪd]	Verteilernetz, Stromnetz
Nowadays everybody can supply green electricity to **the national grid**.	Jedermann kann heute „Grünen Strom" ins öffentliche Netz liefern.

19.4 Pflanzen, Garten, Landwirtschaft

plant *n; v* [plɑːnt]	Pflanze; (ein)pflanzen
dig, dug, dug *v* [dɪg, dʌg]	(um)graben
Jim **dug the garden** and then Anne planted the vegetables.	Jim grub den Garten um, und dann pflanzte Anne das Gemüse.
hole *n* [həʊl]	Loch, Grube
dig a hole	ein Loch / eine Grube graben
sow, sowed, sown/sowed *v* [səʊ, səʊd, səʊn]	säen
In spring farmers sow corn in their fields.	Im Frühling säen die Bauern auf ihren Feldern Getreide aus.
grow, grew, grown *v* [grəʊ, gruː, grəʊn]	wachsen; anpflanzen, anbauen
All kinds of vegetables grow in our garden.	In unserem Garten wachsen alle möglichen Gemüsearten.
Many farmers grow corn to feed their cattle.	Viele Bauern bauen Getreide an, um ihr Vieh damit zu füttern.
field *n* [fiːld]	Feld, Acker; Weideland

19 Natur, Umwelt, Ökologie

There were **fields of corn** as far as the eye could see.	So weit man sehen konnte, erstreckten sich Getreidefelder.
The cows are **out in the fields** all day.	Die Kühe sind den ganzen Tag über auf der Weide.
farm n [fɑːm]	Bauernhof
farmer n ['fɑːmə]	Landwirt(in)
product n ['prɒdʌkt]	Erzeugnis, Produkt
farm products	landwirtschaftliche Erzeugnisse

garden n ['gɑːdn]	Garten
back garden BE; **backyard** AE	Garten hinter dem Haus
front garden BE; **front lawn** AE	Garten vor dem Haus
Kensington Gardens	der Kensington-Park *(in London)*
gardener n ['gɑːdnə]	Gärtner(in)
gardening n ['gɑːdnɪŋ]	Gartenarbeit
gardening tools	Gartengeräte
grass n [grɑːs]	Gras
lawn n [lɔːn]	Rasen
If you want a nice lawn, **cut the grass** once a week.	Wenn Sie einen schönen Rasen wollen, mähen Sie das Gras einmal pro Woche.

flower n ['flaʊə]	Blume; Blüte
bouquet n [bʊ'keɪ]	Strauß, Bukett
a bouquet of flowers	ein Blumenstrauß
pick v [pɪk]	pflücken
rose n [rəʊz]	Rose
wild adj [waɪld]	wild, Wild-
I like **wild roses** much more than garden flowers.	Ich mag wilde Rosen viel lieber als Gartenblumen.
bush n [bʊʃ]	Busch, Strauch
tree n [triː]	Baum
branch n [brɑːnʃ]	Ast, großer Zweig
leaf, pl **leaves** n [liːf, liːvz]	Blatt

park n [pɑːk]	Park
national park	Nationalpark, Naturschutzgebiet
forest n ['fɒrɪst]	Forst, großes Waldgebiet
the Black Forest	der Schwarzwald
rain forest	Regenwald
wood(s) n [wʊd(z)]	kleiner Wald
Let's **go to the woods** for a picnic.	Gehen wir im Wald picknicken!

crop n [krɒp]	Feldfrucht; Ertrag, Ernte
There was a good **crop of potatoes** this year.	Dieses Jahr war die Kartoffelernte gut.

322 Pflanzen, Garten, Landwirtschaft

Natur, Umwelt, Ökologie 19

the corn crop	die Getreideernte (BE); die Maisernte (AE)
grain *n uncount* [greɪn]	Getreide *(besonders Weizen und Gerste)*
corn BE *n uncount* [kɔ:n]	Getreide
maize BE; **corn** AE *n uncount* [meɪz; kɔ:rn]	Mais
wheat *n uncount* [wi:t]	Weizen
cotton *n uncount* ['kɒtn]	Baumwolle

fruit *n* [fru:t]	Obst; Frucht
People are eating more and more fruit, because it is so healthy.	Man isst immer mehr Obst, weil es so gesund ist.
A **fruit salad** contains various fruits.	Ein Obstsalat enthält verschiedene Früchte.
apple *n* ['æpl]	Apfel
pear *n* [peə]	Birne
cherry *n* ['tʃerɪ]	Kirsche
banana *n* [bə'nɑ:nə]	Banane
orange *n* ['ɒrɪndʒ]	Orange, Apfelsine
lemon *n* ['lemən]	Zitrone

vegetable *n* ['vedʒtəbl]	Gemüse(sorte)
bean *n* [bi:n]	Bohne
green beans	grüne Bohnen
carrot *n* ['kærət]	Karotte, Mohrrübe
tomato, *pl* tomatoes *n* [tə'mɑ:təʊ(z)]	Tomate
potato, *pl* potatoes *n* [pə'teɪtəʊ(z)]	Kartoffel

agricultural *adj* [ˌægrɪ'kʌltʃrəl]	landwirtschaftlich, Landwirtschafts-
Argentina's an **agricultural** **country.**	Argentinien ist ein Agrarland.
agricultural area	Landwirtschaftsgebiet
agriculture *n* ['ægrɪkʌltʃə]	(die) Landwirtschaft
Statistics show that many more people in Europe are employed in industry than in agriculture.	Die Statistik zeigt, dass in Europa viel mehr Menschen in der Indus- trie arbeiten als in der Landwirt- schaft.
farming *n* ['fɑ:mɪŋ]	Ackerbau und Viehzucht
He **gave up farming** to become a factory worker.	Er gab die Landwirtschaft auf und wurde Fabrikarbeiter.
farmland *n* ['fɑ:mlænd]	Ackerland

soil *n uncount* [sɔɪl]	Erde, Mutterboden
Nothing can grow here; **the soil's** **too poor.**	Hier kann nichts wachsen; der Boden ist zu mager.
cultivate *v* ['kʌltɪveɪt]	urbar machen, anbauen

Pflanzen, Garten, Landwirtschaft 323

19 Natur, Umwelt, Ökologie

A lot of land in the Brazilian rain forests has never been cultivated.	Eine Menge Land in den Regenwäldern Brasiliens ist noch nie urbar gemacht worden.
The farmers here cultivate wheat and vegetables.	Die Bauern hier bauen Weizen und Gemüse an.
fertile *adj* ['fɜːtaɪl]	fruchtbar
fertile soil/land	fruchtbarer Boden
fertilizer *n* ['fɜːtɪlaɪzə]	Düngemittel
overfertilization *n* [ˌəʊvəfɜːtɪlaɪˈzeɪʃn]	Überdüngung

spade *n* [speɪd]	Spaten
plough *n; v* [plaʊ]	Pflug; pflügen
tractor *n* ['træktə]	Traktor

seed *n; n uncount* [siːd]	Samen(korn); Saat(gut)
Seeds are mostly sown in spring.	Überwiegend wird im Frühjahr gesät.
This is good seed.	Das sind gute Samen. / Das ist gutes Saatgut.
barley *n* ['bɑːlɪ]	Gerste
oats *n* [əʊts]	Hafer
rye *n* [raɪ]	Roggen
hop *n* [hɒp]	Hopfen

ripe *adj* [raɪp]	reif
harvest *n; v* ['hɑːvɪst]	Ernte; ernten
straw *n uncount* [strɔː]	Stroh
hay *n uncount* [heɪ]	Heu
Make hay while the sun shines. *idiom*	Man soll das Eisen schmieden, solange es heiß ist.

lawnmower *n* ['lɔːnˌməʊə]	Rasenmäher
hose *n* [həʊz]	Wasserschlauch, Gartenschlauch
water *v* ['wɔːtə]	wässern, gießen
water the flowers	die Blumen gießen
well *n* [wel]	Brunnen

plot *n* [plɒt]	Stück Land, Grundstück
vegetable plot	Gemüsebeet
a plot of land	ein Grundstück
meadow *n* ['medəʊ]	Wiese, Weide
in the meadow	auf der Wiese
hedge *n* [hedʒ]	Hecke

orchard *n* ['ɔːtʃəd]	Obstgarten, -plantage

324 Pflanzen, Garten, Landwirtschaft

Natur, Umwelt, Ökologie 19

apple orchard	Apfelgarten, -plantage
blossom *n; v* ['blɒsəm]	Blüte; blühen
cherry blossom	Kirschblüte
stem *n* [stem]	Stiel, Stengel
oak *n* [əuk]	Eiche
pine (tree) *n* ['paɪn(ˌtriː)]	Kiefer; Tanne
root *n* [ruːt]	Wurzel
twig *n* [twɪg]	Zweig
bark *n* [bɑːk]	Rinde
trunk *n* [trʌŋk]	Stamm
tree trunk	Baumstamm
hollow *adj* ['hɒləʊ]	hohl
The children were playing in the hollow tree.	Die Kinder spielten in dem hohlen Baum.

axe *n* [æks]	Axt
chop down, chopped, chopped *v* [ˌtʃɒp'daʊn, tʃɒpt]	fällen, abhacken
log *n* [lɒg]	Holzscheit; gefällter Baumstamm
Put another log on the fire, please.	Bitte leg noch ein Holzscheit auf.
pile up *v* [ˌpaɪl'ʌp]	aufschichten, auftürmen
The workers were piling up the heavy logs.	Die Arbeiter schichteten die schweren Baumstämme auf.

nut *n* [nʌt]	Nuss
crack a nut	eine Nuss knacken
hazelnut *n* ['heɪzlnʌt]	Haselnuss
peanut *n* ['piːnʌt]	Erdnuss
shell *n* [ʃel]	Schale
Many nuts have hard shells.	Viele Nüsse haben harte Schalen.

berry *n* ['berɪ]	Beere
gooseberry *n* ['gʊzbərɪ]	Stachelbeere
strawberry *n* ['strɔːbərɪ]	Erdbeere
raspberry *n* ['rɑːzbərɪ]	Himbeere
blackberry *n* ['blækbərɪ]	Brombeere
black/red currant *n* [blæk/red'kʌrənt]	schwarze/rote Johannisbeere
grape *n* [greɪp]	Weintraube
grapevine *n* ['greɪpvaɪn]	Weinstock/-rebe

plum *n* [plʌm]	Pflaume, Zwetsch(g)e
peach *n* [piːtʃ]	Pfirsich
apricot *n* ['eɪprɪkɒt]	Aprikose
pineapple *n* ['paɪnæpl]	Ananas

Pflanzen, Garten, Landwirtschaft **325**

19 Natur, Umwelt, Ökologie

cabbage n [ˈkæbɪdʒ]	Kohl, Kraut
cauliflower n [ˈkɒlɪˌflaʊə]	Blumenkohl
lettuce n [ˈletɪs]	grüner Salat, Kopfsalat
spinach n [ˈspɪnɪtʃ]	Spinat
pea n [piː]	Erbse
soya bean BE; **soybean** AE n	Soja(bohne)
[ˈsɔɪəˌbiːn; ˈsɔɪbiːn]	
onion n [ˈʌnjən]	Zwiebel
pumpkin n [ˈpʌmpkɪn]	Kürbis
herb n [hɜːb]	Gewürzkraut; Heilpflanze
herb garden	Kräutergarten
weed n [wiːd]	Unkraut
There are weeds in every	In jedem Garten gibt es
garden.	Unkraut.
mushroom n [ˈmʌʃrʊm]	essbarer Pilz, Champignon

19.5 Tiere, Tierhaltung

animal n [ˈænɪml]	Tier
wild animals	wilde / in freier Wildbahn lebende Tiere
bear n [beə]	Bär
lion n [ˈlaɪən]	Löwe
zoo n [zuː]	Tierpark, Zoo
hunt v [hʌnt]	jagen, auf die Jagd gehen
Many people hunt wild animals as a sport.	Viele Leute betreiben die Jagd als Sport.
fish, pl **fish** n [fɪʃ]	Fisch(e)
There were a lot of fish in the clear mountain stream.	In dem klaren Gebirgsbach gab es viele Fische.
fish v [fɪʃ]	fischen, angeln
fishing n [ˈfɪʃɪŋ]	Fischfang
fishing boat	Fischkutter, Fischerboot
fisherman, pl **fishermen** n [ˈfɪʃəmən]	Fischer, Angler
insect n [ˈɪnsekt]	Insekt
bee n [biː]	Biene
fly n [flaɪ]	Fliege
butterfly n [ˈbʌtəflaɪ]	Schmetterling
spider n [ˈspaɪdə]	Spinne

Natur, Umwelt, Ökologie 19

bird *n* [bɜːd]	Vogel
wing *n* [wɪŋ]	Flügel
fly, flew, flown *v* [flaɪ, fluː, fləʊn]	fliegen
Many birds **fly south** in the winter.	Viele Vögel fliegen über den Winter nach Süden.
beak *n* [biːk]	Schnabel

cage *n* [keɪdʒ]	Käfig
fence *n* [fens]	Zaun
goose, *pl* geese *n* [guːs, giːs]	Gans
duck *n* [dʌk]	Ente
turkey *n* [ˈtɜːkɪ]	Truthahn, Truthenne
chicken *n* [ˈtʃɪkɪn]	Huhn
chicken farm	Hühnerfarm
factory farming *n* [ˈfæktərɪˌfɑːmɪŋ]	automatisierte Viehhaltung, Tierfabrik
hen *n* [hen]	Huhn, Henne
egg *n* [eg]	Ei
lay eggs	Eier legen

cattle *n pl* [ˈkætl]	Vieh, Rinder
He's got more than a hundred cattle on his farm.	Er hat mehr als hundert Stück Vieh auf seinem Bauernhof.
cow *n* [kaʊ]	Kuh
milk *n uncount; v* [mɪlk]	Milch; melken
sheep, *pl* sheep *n* [ʃiːp]	Schaf
There are about 6 million sheep in Wales.	In Wales gibt es etwa 6 Millionen Schafe.
lamb *n* [læm]	Lamm
pig *n* [pɪg]	Schwein
smell *n; v* [smel]	Geruch, Gestank; riechen, stinken
horse *n* [hɔːs]	Pferd
ride, rode, ridden *v* [raɪd, rəʊd, ˈrɪdn]	reiten

cat *n* [kæt]	Katze
mouse, *pl* mice *n* [maʊs, maɪs]	Maus
rat *n* [ræt]	Ratte
guinea pig *n* [ˈgɪnɪˌpɪg]	Meerschweinchen
hamster *n* [ˈhæmstə]	Hamster
dog *n* [dɒg]	Hund
collar *n* [ˈkɒlə]	Halsband für Haustiere
bark *v* [bɑːk]	bellen
bite, bit, bitten *v* [baɪt, bɪt, ˈbɪtn]	beißen
beg, begged, begged *v* [beg, begd]	betteln
The dog **begged for** a bone.	Der Hund bettelte um einen Knochen.

Tiere, Tierhaltung 327

19 Natur, Umwelt, Ökologie

tail *n* [teɪl]	Schwanz
feed, fed, fed *v* [fiːd, fed]	füttern

creature *n* [ˈkriːtʃə]	(Lebe-)Wesen, Kreatur
a living creature	ein Lebewesen
species *n* [ˈspiːʃiːz]	Spezies, Tier-/Pflanzenart
wildlife *n* [ˈwaɪldˌlaɪf]	(die) natürliche Tierwelt
There's plenty of wildlife in some parts of Africa: elephants, lions, monkeys etc.	In manchen Teilen Afrikas gibt es eine Fülle freilebender Tiere: Elefanten, Löwen, Affen usw.
deer, *pl* deer *n* [dɪə]	Rotwild (Reh, Hirsch, Damwild)
fox *n* [fɒks]	Fuchs
rabbit *n* [ˈræbɪt]	Kaninchen
wolf, *pl* wolves *n* [wʊlf, wʊlvz]	Wolf

tiger *n* [ˈtaɪgə]	Tiger
roar *v* [rɔː]	brüllen
We could hear the lions and tigers in the zoo roaring.	Wir konnten die Löwen und Tiger im Zoo brüllen hören.
elephant *n* [ˈelɪfənt]	Elefant
zebra *n* [ˈzebrə]	Zebra
monkey *n* [ˈmʌŋkɪ]	Affe

hunter *n* [ˈhʌntə]	Jäger
track *n* [træk]	Spur
The hunters followed the deer tracks.	Die Jäger folgten den Rotwild- spuren.
trap *n* [træp]	Falle
set a trap	eine Falle stellen
mouse-trap	Mausefalle
trap, trapped, trapped *v* [træp, træpt]	fangen, erwischen
fur *n* [fɜː]	Fell, Pelz

goldfish, *pl* goldfish *n* [ˈgəʊldfɪʃ]	Goldfisch
cod, *pl* cod *n* [kɒd]	Kabeljau, Dorsch
salmon, *pl* salmon *n* [ˈsæmən]	Lachs
trout, *pl* trout *n* [traʊt]	Forelle
shark *n* [ʃɑːk]	Hai
monster *n* [ˈmɒnstə]	Ungeheuer
whale *n* [weɪl]	Wal
dolphin *n* [ˈdɒlfɪn]	Delphin
seal *n* [siːl]	Robbe
shell *n* [ʃel]	Muschel(schale)
crab *n* [kræb]	Krabbe

328 Tiere, Tierhaltung

Natur, Umwelt, Ökologie 19

fishing rod n ['fɪʃɪŋˌrɒd]	Angel
trawl v [trɔːl]	mit Schleppnetz fischen
The boat **trawled the net along** the sea-bottom.	Das Boot schleppte das Netz über den Meeresgrund.
trawler n ['trɔːlə]	Fischdampfer

frog n [frɒg]	Frosch
snake n [sneɪk]	Schlange
worm n [wɜːm]	Wurm
beetle n ['biːtl]	Käfer
ant n [ænt]	Ameise
wasp n [wɒsp]	Wespe
sting n [stɪŋ]	Stachel; Stich
I had five **wasp stings** last summer.	Ich hatte vergangenen Sommer fünf Wespenstiche.
mosquito, pl mosquito(e)s n [mɒsˈkiːtəʊ(z)]	Stechmücke

sparrow n ['spærəʊ]	Spatz
blackbird n ['blækbɜːd]	Amsel
lark n [lɑːk]	Lerche
nightingale n ['naɪtɪŋgeɪl]	Nachtigall
cuckoo n ['kʊkuː]	Kuckuck
parrot n ['pærət]	Papagei
budgie BE n ['bʌdʒɪ]	Wellensittich
parakeet n [ˌpærəˈkiːt]	Sittich (BE); Wellensittich (AE)

pigeon n ['pɪdʒɪn]	Taube
stork n [stɔːk]	Storch
crow n [krəʊ]	Krähe
eagle n ['iːgl]	Adler
peck v [pek]	picken, hacken
The old cock **pecked at** the young hens.	Der alte Hahn hackte nach den jungen Hennen.
feather n ['feðə]	Feder
flutter v ['flʌtə]	flattern
flutter away/off	davonflattern
nest n [nest]	Nest

domestic adj [dəˈmestɪk]	zahm, Haus-
domestic animals	Haustiere; Nutztiere
tame adj [teɪm]	zahm
Our neighbour's got a tame monkey!	Unser Nachbar hat einen zahmen Affen!
bull n [bʊl]	Bulle, Stier

Tiere, Tierhaltung **329**

19 Natur, Umwelt, Ökologie

calf, *pl* **calves** *n* [kɑːf, kɑːvz]	Kalb
stable *n* [ˈsteɪbl]	Pferdestall
riding stables	Reitstall
pony *n* [ˈpəʊnɪ]	Pony
dung *n* [dʌŋ]	Mist; Dünger

goat *n* [gəʊt]	Ziege
donkey *n* [ˈdɒŋkɪ]	Esel
puppy *n* [ˈpʌpɪ]	junger Hund, Welpe
pet *n* [pet]	Haustier, Lieblingstier
Many families **keep pets** such as cats, dogs, rabbits or birds.	Viele Familien halten sich Haustiere wie Katzen, Hunde, Kaninchen oder Vögel.
vet *n* [vet]	Tierarzt/-ärztin

19.6 Stadt, Land, Infrastruktur

area *n* [ˈeərɪə]	Gebiet; Gegend
a nice area	eine schöne Gegend
industrial area	Industriegebiet
town *n* [taʊn]	Stadt, Kleinstadt (BE); Kleinstadt (AE)
Let's go shopping **in town** tomorrow.	Gehen wir doch morgen in der Stadt einkaufen!
go/drive (in)to town	in die Stadt gehen/fahren
city *n* [ˈsɪtɪ]	Großstadt (BE); Stadt, Großstadt (AE)
the City (of London)	die City von London *(das Finanz- und Geschäftszentrum)*
New York City	die Stadt New York *(im Gegensatz zum Bundesstaat New York)*
city centre BE; **downtown** AE	Stadtzentrum, Innenstadt, City
downtown Chicago AE	(das) Stadtzentrum von Chicago
suburb *n* [ˈsʌbɜːb]	Vorort, Wohngebiet am Stadtrand
Today more people live in the suburbs than in the city centre.	Heute wohnen mehr Menschen in den Vororten als im Stadtzentrum.
slums *n pl* [slʌmz]	Slum(s), Elendsviertel

crowded *adj* [ˈkraʊdɪd]	voller Menschen, überfüllt
people *n pl* [ˈpiːpl]	Leute, Menschen
About seven million people live in the Greater London area.	Ungefähr sieben Millionen Menschen wohnen im Großraum London.
inhabitant *n* [inˈhæbɪtənt]	Einwohner(in)

Natur, Umwelt, Ökologie 19

settle v ['setl]
After years of moving from town to town we finally **settled in** a village near Oxford.

sich niederlassen, ansiedeln
Nach jahrelangem Umziehen von einer Stadt zur anderen haben wir uns schließlich in einem Dorf bei Oxford niedergelassen.

noise n [nɔɪz]
Many people can't stand the noise of traffic in the city centre.

Lärm, Krach
Viele Leute können den Verkehrs-lärm im Stadtzentrum nicht ertragen.

noisy adj ['nɔɪzɪ]
It's terribly noisy in town during the rush hour.

sehr laut
Während der Stoßzeit ist es fürch-terlich laut in der Stadt.

street n [striːt]

Straße (in der Stadt)

ugly adj ['ʌglɪ]
What's so attractive about big cities? The architecture is ugly und the streets and houses are dirty!

hässlich, verschandelt
Was ist so attraktiv an den Riesen-städten? Die Architektur ist hässlich und die Straßen und Häuser sind dreckig!

dirty adj ['dɜːtɪ]

schmutzig, dreckig

clean adj [kliːn]

sauber

market n ['mɑːkɪt]
There's a **street market** in town every Friday.
market day/square

Markt
Jeden Freitag ist in der Stadt Straßenmarkt.
Markttag/-platz

place n [pleɪs]
Munich's a nice place to live.

Ort, Stadt
München ist eine schöne Stadt zum Wohnen.

park n [pɑːk]
Regent's Park and Hyde Park are the largest **public parks** in London.

Park
Der Regent's Park und der Hyde Park sind die größten öffentlichen Parks in London.

country n ['kʌntrɪ]
Many people today prefer living **in the country** to living in town.

Land, ländliche Regionen
Viele Leute ziehen heute das Leben auf dem Lande dem Stadtleben vor.

road n [rəʊd]

Straße (meist auf dem Land)

village BE; **small town** AE n
['vɪlɪdʒ; ˌsmɔːl'taʊn]

Dorf

local adj; n ['ləʊkl]
the local residents
The locals always meet in the village pub.

örtlich, lokal; Einheimische(r)
die Ortsansässigen
Die einheimische Bevölkerung trifft sich immer in der Dorf-kneipe.

Stadt, Land, Infrastruktur **331**

Natur, Umwelt, Ökologie

City, town, village

Die Wörter **city** und **town** kommen sowohl im britischen als auch im amerikanischen Englisch vor, aber sie sind, wie man in der Tabelle sieht, in den beiden Sprachvarianten nicht bedeutungsgleich.
Das Wort **village** ist im amerikanischen Englisch nicht unbekannt, wird aber fast nur für **small towns** außerhalb der USA verwendet. Das Wort lebt weiter in einigen Ortsnamen der Neuengland-Staaten, auch wenn diese Ortschaften längst keine Dörfer mehr sind, z. B. **East Village, Falls Village, Jordan Village**.

British English	American English	Deutsch
city	(big) city	Großstadt
town	city	Stadt
town	town	Kleinstadt
village	small town	Dorf

Speziell im **Britischen Englisch** hat das Wort **city** noch einige zusätzliche Bedeutungen:

city	Stadt mit Gründungsurkunde und Dom
the city of Canterbury/Cambridge	die Stadt Canterbury/Cambridge
the City	Finanz- und Börsenviertel von London
city centre	Stadtzentrum, Innenstadt, City

---

urban adj ['ɜːbən] — städtisch, Stadt-
There's more traffic in **urban areas** than in **rural areas**. — In städtischen Gebieten gibt es mehr Verkehr als in ländlichen.
rural adj ['rʊərəl] — ländlich, Land-
populated adj ['pɒpjəleɪtɪd] — besiedelt
a **densely populated** area — ein dicht besiedeltes Gebiet
resident n ['rezɪdənt] — Einheimische(r), Einwohner(in)
In summer, there are more tourists in Broadstairs than residents. — Im Sommer sind mehr Touristen in Broadstairs als Einheimische.
skyline n ['skaɪlaɪn] — Stadtsilhouette
skyscraper n ['skaɪˌskreɪpə] — Wolkenkratzer, Hochhaus
avenue n ['ævənjuː] — Allee, Hauptstraße
alley n ['ælɪ] — Gasse, Weg, Laubengang
outskirts n pl ['aʊtskɜːts] — Außenbezirke, Vororte
Millions of people **live on the outskirts** of large towns and work in the city centres. — Millionen von Menschen wohnen in den Vororten großer Städte und arbeiten in den Stadtzentren.
sanitation n [ˌsænɪ'teɪʃn] — sanitäre Anlagen; Kanalisation
public convenience n [ˌpʌblɪkkən'viːnɪəns] — öffentliche Toilette

---

countryside n ['kʌntrɪsaɪd] — Land, Landschaft
The hilly countryside around York is just lovely. — Die hügelige Landschaft um York herum ist einfach wunderschön.

Natur, Umwelt, Ökologie **19**

landscape n ['lænskeɪp]	Landschaft
outdoors adv [ˌaʊt'dɔːz]	draußen, im Freien
We spend a lot of time outdoors in summer.	Im Sommer verbringen wir viel Zeit im Freien.
footpath n ['fʊtpɑːθ]	Fußweg

19.7 Ökologie, Umweltschutz

ecology n [iː'kɒlədʒɪ]	Ökologie; Umweltforschung
ecological adj [ˌiːkə'lɒdʒɪkl]	ökologisch
natural adj ['nætʃrəl]	natürlich
environment n [ɪn'vaɪrənmənt]	Umwelt, Umgebung
How can we better protect our **natural environment** from pollution?	Wie können wir unsere natürliche Umwelt besser vor Verschmutzung schützen?
protect (from) v [prə'tekt (ˌfrəm)]	(be)schützen (vor)
destroy v [dɪ'strɔɪ]	zerstören, vernichten
destruction n [dɪ'strʌkʃn]	Zerstörung, Vernichtung
disappear v [ˌdɪsə'pɪə]	verschwinden, aussterben
Many kinds of plants and animals have disappeared forever.	Viele Pflanzen- und Tierarten sind für immer ausgestorben.

pollute v [pə'luːt]	verschmutzen, verunreinigen
Worldwide, many rivers and lakes have been **heavily polluted** with industrial waste.	Viele Flüsse und Seen weltweit sind durch Industrieabwässer stark verschmutzt worden.
pollution n [pə'luːʃn]	Verschmutzung
noise pollution	Lärmbelästigung
cause v [kɔːz]	verursachen
Cars cause a large part of the pollution of the air and the soil.	Das Auto verursacht einen großen Teil der Verschmutzung von Luft und Boden.
poison n ['pɔɪzn]	Gift, Schadstoff
smog n [smɒg]	stark verschmutzte Luft, Smog
Smog consists of fog, smoke and gases from factories and cars.	Smog besteht aus Nebel, Rauch und Abgasen von Fabriken und Autos.

harm n [hɑːm]	Schaden, Beschädigung
Pollution from power stations **does** trees **a lot of harm**.	Die Luftverschmutzung aus Kraftwerken schadet den Bäumen sehr.
danger n ['deɪnʒə]	Gefahr, Bedrohung
Heavy traffic is **a danger to** the environment.	Dichter Verkehr ist eine Gefahr für die Umwelt.

Ökologie, Umweltschutz **333**

19 Natur, Umwelt, Ökologie

threaten v [ˈθretn]
Noise threatens our health as much
as smog does.
deadly adj [ˈdedlɪ]

drohen, bedrohen
Lärm bedroht unsere Gesundheit
genauso wie verschmutzte Luft.
tödlich

consume v [kənˈsjuːm]
waste n; v [weɪst]

verzehren, konsumieren
Abfall(stoffe); vergeuden,
verschwenden

**household/industrial/nuclear
waste**
Don't **waste energy** by leaving the
heating on all night.

Haus-/Industrie-/Atommüll

Verschwenden Sie keine Energie,
indem Sie nachts die Heizung
anlassen.

rubbish BE; **garbage/trash** AE n
[ˈrʌbɪʃ; ˈgɑːrbɪdʒ/træʃ]
waste paper n [ˈweɪstˌpeɪpə]

Abfall, Müll

Altpapier

recycle v [ˌriːˈsaɪkl]
It's now possible to recycle many
industrial products.

wieder verwerten
Es ist heute möglich, viele
Industrieprodukte wieder zu
verwerten.

recycled paper n [riːˈsaɪkldˌpeɪpə]
recycling n [ˌriːˈsaɪklɪŋ]
recycling centre

Recycling-/Umweltpapier
Wiederverwertung
Wertstoffsammelstelle

green adj [griːn]
In many countries, the ecology
movement is called the "green
movement".
alternative adj [ɔːlˈtɜːnətɪv]
Today, more use is being made of
alternative forms of energy to solve
our ecology problems.

grün
Die Umweltschutzbewegung wird
in vielen Ländern „grüne Bewegung" genannt.
alternativ, Alternativ-
Heute werden alternative Energie-
formen stärker genutzt, um unsere
Umweltprobleme zu lösen.

environmental adj
[ɪnˌvaɪrənˈmentl]
**environmental awareness/
protection/studies**
environmentally friendly
environmentalist n
[ɪnˌvaɪrənˈmentəlɪst]
ecosystem n [ˈiːkəʊˌsɪstəm]
adapt v [əˈdæpt]
Plants and animals have always
adapted to their natural
surroundings.

Umwelt-

Umweltbewusstsein/
-schutz/-forschung
umweltfreundlich
Umweltschützer(in)

Ökosystem
(sich) anpassen
Die Pflanzen und Tiere haben sich
schon immer an ihre natürliche
Umwelt angepasst.

334 Ökologie, Umweltschutz

Natur, Umwelt, Ökologie 19

natural surroundings *n pl*
['nætʃrəlsə'raʊndɪŋz]
natürliche Umwelt

resources *n pl* [rɪ'sɔːsɪz]
Mittel, Ressourcen, Vorräte
Britain used to be rich in **natural resources**.
Früher war Großbritannien reich an Naturschätzen.

conservation *n* [ˌkɒnsə'veɪʃn]
Erhaltung, Bewahrung
The conservation of our coal and oil resources is becoming more and more important.
Die Erhaltung unserer Kohle- und Ölvorkommen wird immer wichtiger.

survive *v* [sə'vaɪv]
überleben

survival *n* [sə'vaɪvl]
Überleben
Many people are concerned about the survival of wildlife.
Viele Menschen sind in Sorge um das Überleben der Tierwelt.

sustainable *adj* [sə'steɪnəbl]
nachhaltig
sustainable development
nachhaltige Entwicklung

ray *n* [reɪ]
Strahl

radiation *n* [ˌreɪdɪ'eɪʃn]
Strahlung, radioaktive Strahlung

radioactive *adj* [ˌreɪdɪəʊ'æktɪv]
radioaktiv
radioactive waste
radioaktive Abfälle, Atommüll

sunlight *n* ['sʌnlaɪt]
Sonnenlicht

ultraviolet *adj* [ˌʌltrə'vaɪələt]
ultraviolett, UV-
ultraviolet light/radiation
UV-Licht/-Strahlung

exposed *adj* [ɪk'spəʊzd]
ungeschützt, ausgesetzt, exponiert
We **are being exposed to** more and more ultraviolet radiation because of a hole in the ozone layer.
Wegen des Ozonlochs sind wir ständig anwachsender UV-Strahlung ausgesetzt.

ozone (O_3) *n* ['əʊzəʊn]
Ozon *(dreiatomiger Sauerstoff O_3)*
ozone layer
Ozonschicht
The hole in the ozone layer is getting bigger and bigger.
Das Ozonloch wird immer größer.

cycle *n* ['saɪkl]
Kreislauf
the water/carbon/oxygen cycle
der Wasser-/Kohlenstoff-/Sauerstoff-Kreislauf

carbon *n* ['kɑːbn]
Kohlenstoff

carbon dioxide (CO_2) *n*
[ˌkɑːbəndaɪ'ɒksaɪd]
Kohlendioxid, Kohlensäure

oxygen (O) *n* ['ɒksɪdʒən]
Sauerstoff

hydrogen (H) *n* ['haɪdrədʒən]
Wasserstoff

greenhouse effect *n*
['griːnhaʊsɪˌfekt]
Treibhauseffekt

global warming *n* [ˌgləʊbl'wɔːmɪŋ]
weltweite/globale Erwärmung

Ökologie, Umweltschutz **335**

19 Natur, Umwelt, Ökologie

polar *adj* [ˈpəʊlə]
The **polar ice caps** are expected to melt due to global warming.

polar, Pol-
Man erwartet, dass die Eiskappen der Pole wegen der weltweiten Erwärmung schmelzen.

erosion *n* [ɪˈrəʊʒn]
soil erosion

Erosion
Bodenerosion *(Verlust der fruchtbaren Humusschicht)*

reservoir *n* [ˈrezəvwaː]
Many **water reservoirs** may dry up because of long droughts.

Reservoir, Speicher, Vorrat
Viele Trinkwasserspeicher könnten durch lange Dürrezeiten austrocknen.

dry up, dried, dried *v* [ˌdraɪˈʌp]

austrocknen

emit, emitted, emitted *v* [ɪˈmɪt]
Planes and lorries emit tremendous amounts of pollutants.

emittieren, ausstoßen
Flugzeuge und Lastwagen stoßen gewaltige Schadstoffmengen aus.

emission *n* [ɪˈmɪʃn]
zero emission vehicle (ZEV)
pollutant *n* [pəˈluːtənt]
fume *n* [fjuːm]
exhaust fumes
acid rain *n* [ˌæsɪdˈreɪn]
Acid rain destroys trees and forests.

Schadstoffemission, -ausstoß
schadstofffreies Auto
Schadstoff
Abgas
Auspuffgase, Autoabgase
saurer Regen
Der saure Regen zerstört Bäume und Wälder.

oil slick *n* [ˈɔɪlˌslɪk]

Ölteppich

conserve *v* [kənˈsɜːv]
conserve energy
renewable *adj* [rɪˈnjuːəbl]
source *n* [sɔːs]
Renewable sources of energy, such as solar, wind and water power, will, in the future, take the place of power produced by nuclear and fossil fuels.

einsparen
Energie einsparen
erneuerbar, regenerierbar
Quelle
Die erneuerbaren Energiequellen wie Sonnen-, Wind- und Wasserenergie werden in der Zukunft den Platz von Atom- und fossiler Stromerzeugung einnehmen.

sewage *n* [ˈsuːɪdʒ]
raw sewage
litter *n* [ˈlɪtə]
Many mountain tops are covered with litter from tourists.
dispose of sth *v* [dɪˌspəʊzˈɒv]
disposal *n* [dɪˈspəʊzl]

Abwasser
ungeklärtes Abwasser
Abfälle *(Papier und Verpackungen)*
Viele Berggipfel sind von Abfällen der Touristen übersät.
etw. beseitigen, entsorgen
Beseitigung, Entsorgung

336 Ökologie, Umweltschutz

Natur, Umwelt, Ökologie 19

waste disposal	Müllbeseitigung/-entsorgung
waste disposal site	Mülldeponie
rubbish/waste collection n ['rʌbɪʃ/ˌweɪstkə'lekʃn]	Müllabfuhr
dustman, pl dustmen BE; sanitation worker/garbage collector AE n ['dʌstmən; ˌsænɪ'teɪʃnˌwɜ:rkər/'gɑːrbɪdʒkəˌlektər]	Müllmann
dump v; n [dʌmp]	(Müll) ablagern, abladen; Abfallhaufen, Müllkippe
Dumping prohibited!	Müllabladen verboten!
rubbish dump	Müllabladeplatz, Müllhalde
biodegradable adj [ˌbaɪədɪ'greɪdəbl]	biologisch abbaubar
waste separation n ['weɪstseprˌeɪʃn]	Mülltrennung
reusable adj [ˌriː'juːzəbl]	wieder verwendbar

short-term adj ['ʃɔːttɜːm]	kurzfristig
long-term adj ['lɒŋtɜːm]	langfristig
short-term/long-term effect	kurzfristige/langfristige Wirkung
affect v [ə'fekt]	betreffen, sich auswirken auf, beeinflussen
risk n; v [rɪsk]	Risiko; riskieren
We risk losing our drinking water through pollution from dumps.	Wir riskieren, unser Trinkwasser durch die Verschmutzung aus Müllkippen zu verlieren.
Nature is at risk.	Die Natur ist in Gefahr.
hazardous adj ['hæzədəs]	riskant, gefahrvoll

goal n ['gəʊl]	Ziel, Zielvorstellung
prevention n [prɪ'venʃn]	Vermeidung, Verhütung
The prevention of waste ought to be a principal goal for industry and for private households.	Müllvermeidung sollte ein Hauptziel für die Industrie und die privaten Haushalte sein.
reduce v [rɪ'djuːs]	verringern, reduzieren
By reducing waste we can save money and protect the environment at the same time.	Wenn man den Müll reduziert, spart man Geld und schützt zugleich die Umwelt.
reduction n [rɪ'dʌkʃn]	Verringerung, Reduzierung
waste reduction	Müllreduzierung
packaging n ['pækɪdʒɪŋ]	Verpackung
returnable bottle n [rɪ'tɜːnəblˌbɒtl]	Mehrwegflasche
non-returnable bottle n [ˌnɒnrɪ'tɜːnəblˌbɒtl]	Einwegflasche
bottle bank n ['bɒtlˌbæŋk]	Altglascontainer

Ökologie, Umweltschutz 337

19 Natur, Umwelt, Ökologie

Falsche Freunde

Englisches Wort	Thematische Bedeutung(en)	Falscher Freund	Englische Entsprechung(en)
alley *n*	Gasse, Weg, Laubengang	Allee	avenue
branch *n*	Ast, großer Zweig	Branche	trade, line of business
city *n*	Großstadt BE, Stadt/Großstadt AE	City	town/city centre
conserve *v*	einsparen	konservieren	preserve
crack *n*	Riss, Sprung	Crack (= As)	ace
desert *n* ['dezət]	Wüste	Dessert (= Nachtisch)	dessert [dɪ'zɜːt]
mist *n*	Dunst	Mist	dung
misty *adj*	diesig, neblig	mistig	dirty, lousy
pick *v*	pflücken	picken	peck
place *n*	Ort, Stadt	Platz (= große umbaute Fläche)	square
rock *n*	Fels(brocken)	Rock	skirt
stream *n*	Bächlein, kleiner Fluss	Strom	river

Raum und Zeit

20

20 Raum und Zeit

20.1 Raum

space *n* [speɪs]
Leave a space between the paragraphs.

Raum
Lassen Sie einen Leerraum zwischen den Abschnitten.

room *n* [ruːm]
There are already four people in the car. Is there still room for me?

Platz
Es sind schon vier Leute im Wagen. Ist für mich auch noch Platz?

place *n* [pleɪs]
Is this the place where you're going to build your house?

Ort, Stelle, Platz
Ist hier die Stelle / der Platz, wo ihr euer Haus bauen wollt?

situated *adj* [ˈsɪtjʊeɪtɪd]
Las Vegas is situated in the south-western corner of the state of Nevada.

gelegen
Las Vegas liegt im Südwesten des Bundesstaates Nevada.

where *pron; conj* [weə]
Where does your cousin live?
I don't know where he's from.

wo; wohin; woher
Wo wohnt dein(e) Cousin(e)?
Ich weiß nicht, woher er ist.

distance *n* [ˈdɪstəns]
Judith could just make out the ship **in the distance**.
The pub's **within walking distance**.

Entfernung
Judith konnte das Schiff von weitem gerade noch erkennen.
Die Kneipe ist zu Fuß erreichbar.

direction *n* [dɪˈrekʃn]
face *v* [feɪs]
They built their house so that the living-room faces west.

Richtung
liegen nach/zu
Sie haben ihr Haus so gebaut, dass das Wohnzimmer nach Westen liegt.

next to *prep* [ˈnekstə]
The post office is next to the bank.

(direkt) neben
Die Post ist neben der Bank.

opposite *adj; adv; prep* [ˈɒpəzɪt]
Pete lives nearby, but **on the opposite side of** the street.
Sally lives in the house opposite.
Dr Pim used to sit opposite me in the library.

gegenüber(liegend)
Peter wohnt in der Nähe, aber auf der anderen Seite der Straße.
Sally wohnt im Haus gegenüber.
In der Bibliothek saß Dr. Pim früher mir gegenüber.

nearby *adj; adv* [ˈnɪəˌbaɪ; ˌnɪəˈbaɪ]
The nearby factory caused quite a smell in the neighbourhood.

nahe, nahe gelegen
Die nahe gelegene Fabrik verursachte einen ziemlichen Gestank in der Gegend.

near *adj; adv; prep* [nɪə]
The nearest bus stop is about a mile away.
They live quite near.
The station is near the airport.

nahe
Die nächste Bushaltestelle ist ungefähr eine Meile entfernt.
Sie wohnen ganz in der Nähe.
Der Bahnhof liegt in der Nähe des Flughafens.

Raum und Zeit 20

close adj ['kləʊs]
Is your school very far from here?
– No, it's really close.
close to prep ['kləʊstʊ]
My parents' house is close to a big forest.
far adv [fɑ:]
He doesn't live **far from** here.
further adv ['fɜ:ðə]
Heather and Cliff were so tired because they had walked further than planned.

nahe, in der Nähe gelegen
Liegt deine Schule weit von hier?
– Nein, sie ist ganz in der Nähe.
nahe, in der Nähe von
Das Haus meiner Eltern liegt in der Nähe eines großen Waldes.
weit, entfernt
Er wohnt nicht weit von hier.
weiter
Heather und Cliff waren so müde, weil sie weiter gelaufen waren als geplant.

---

top adj; n [tɒp]
the top floor
at the top of the page
on top of the cupboard
bottom adj; n ['bɒtəm]

the bottom drawer
at the bottom of the page
at the bottom of the sea
from top to bottom
front n [frʌnt]
Nobody wanted to stand **in front of** the class to give their report.
at the front
back n [bæk]
Some pupils like to sit **at the back of** the classroom.
middle n ['mɪdl]
in the middle of the street
centre n ['sentə]
left adj; adv; n [left]
Peter **took a left turn** instead of a right.
Turn left at the traffic lights.
The street you're looking for is the fourth **on the left**.
right adj; adv; n [raɪt]
on the right
straight ahead adv [ˌstreɪtə'hed]
Go straight ahead and then turn left.

oberste(r, s); Kopfende; Spitze
das oberste Stockwerk
oben auf der Seite
oben auf dem Schrank
untere(r, s); unterste(r, s); unteres Ende, Boden
die unterste Schublade
unten auf der Seite
am Meeresgrund
von oben bis unten
Vorderseite; vorderer Teil
Niemand wollte vor der Klasse stehen und sein Referat halten.
vorne
Rückseite; hinterer Teil
Einige Schüler sitzen gern ganz hinten im Klassenzimmer.
Mitte
mitten auf der Straße
Zentrum, Mitte, Kern
linke(r, s); links; linke Seite
Peter bog nach links ab statt nach rechts.
Biegen Sie an der Ampel links ab.
Die Straße, nach der Sie suchen, ist die vierte links.
rechte(r, s); rechts; rechte Seite
rechts
geradeaus
Fahren Sie geradeaus, dann biegen Sie links ab.

---

side n [saɪd]

Seite

Raum 341

20 Raum und Zeit

on the right-hand/left-hand side	auf der rechten/linken Seite
The bookshop was **on the left-hand side of** the street.	Die Buchhandlung war auf der linken Straßenseite.
inside *adv; n; prep* [ˌɪnˈsaɪd]	drinnen; das Innere; in, innerhalb
Do you mind if we talk inside? It's freezing out here!	Macht es dir etwas aus, wenn wir drinnen weiterreden? Hier draußen ist es eiskalt!
We liked the inside of the house, but the outside was ugly.	Uns gefiel das Haus von innen, aber das Äußere war hässlich.
outside *adv; n; prep* [ˌaʊtˈsaɪd]	nach draußen; das Äußere; vor, außerhalb
We'll wait for you outside the hotel.	Wir warten draußen vor dem Hotel auf dich.
They live in a small house just **outside of** town.	Sie wohnen in einem kleinen Haus nur wenig außerhalb der Stadt.

everywhere *adv* [ˈevrɪweə]	überall
nowhere *adv* [ˈnəʊweə]	nirgendwo
somewhere *adv* [ˈsʌmweə]	irgendwo
Just a second, my keys are here somewhere!	Sekunde bitte, meine Schlüssel sind hier irgendwo!
anywhere *adv* [ˈenɪweə]	irgendwo; überall
Sit down anywhere you like.	Setzen Sie sich doch irgendwo.
Susan can't find her car keys anywhere.	Susan kann ihre Autoschlüssel nirgendwo finden.

there *adv* [ðeə]	da, dort
Hello. Is anybody there?	Hallo! Ist da jemand?
here *adv* [hɪə]	hier
Do you live here?	Wohnst du hier?
this, *pl* **these** *det; pron* [ðɪs, ðiːz]	diese(r, s)
This must be where my relatives live.	Hier müssen meine Verwandten wohnen.
Are these books yours?	Gehören diese Bücher Ihnen?
that, *pl* **those** *det; pron* [ðæt, ðəʊz]	jene(r, s); das (da)
That's the house where Shakespeare lived.	Das (da) ist das Haus, in dem Shakespeare gewohnt hat.
Are those the neighbours you were telling me about?	Sind das die Nachbarn, von denen du mir neulich erzählt hast?

home *adv* [həʊm]	nach Hause, heim
Peter went straight home after school.	Nach der Schule ging Peter gleich nach Hause.
Robert's staying **at home** this weekend.	Robert bleibt an diesem Wochenende zu Hause.
away *adv* [əˈweɪ]	weg, fort

Raum und Zeit 20

He **ran away from** home when he was 16.

Mit 16 ist er von zu Hause ausgerissen.

back *adv* [bæk]

rückwärts, zurück

He just went out to buy some cigarettes and never came back.

Er ging nur mal eben raus, um Zigaretten zu holen, und kam nie zurück.

apart *adv* [əˈpɑːt]

abseits, für sich

The old barn stood **apart from** the rest of the farm buildings.

Die alte Scheune stand abseits der anderen Farmgebäude.

over *adv* [ˈəʊvə]

hinüber, drüben; herüber

That's Tina's house **over there**.

Das ist Tinas Haus dort drüben.

Why don't you guys come **over here** and join us?

Kommt doch rüber, Jungs, und setzt euch zu uns!

round *adv* [raʊnd]

vorbei

Hello, Paul. I thought I'd **come round**.

Grüß dich, Paul. Ich dachte, ich schau' mal vorbei.

through *adv; prep* [θruː]

durch

The police wouldn't **let** the reporter **through**.

Die Polizei ließ den Reporter nicht durch.

Let's drive through town.

Lass(t) uns durch die Stadt fahren.

up *adv; prep* [ʌp]

hinauf, oben; (hin)auf

They stopped halfway up the hill.

Sie hielten auf halber Höhe an.

You have to go up that hill to get to the Smiths' house.

Sie müssen diesen Berg hinauf, um zum Haus der Smiths zu kommen.

down *adv; prep* [daʊn]

herunter, hinunter; (hin)ab

above *prep* [əˈbʌv]

über

George hung the picture above the table in the living-room.

George hängte das Bild über dem Tisch im Wohnzimmer auf.

below *prep* [bɪˈləʊ]

unter

across *prep* [əˈkrɒs]

(gegen)über

That's my friend's house across the road.

Das Haus gegenüber gehört meinem Freund.

along *prep* [əˈlɒŋ]

entlang

Harry took his dog for a walk along the river.

Harry ging mit seinem Hund am Fluss entlang spazieren.

among *prep* [əˈmʌŋ]

unter, zwischen

My mother found the pictures among some old papers.

Meine Mutter fand die Bilder zwischen alten Papieren.

behind *prep* [bɪˈhaɪnd]

hinter

beside *prep* [bɪˈsaɪd]

neben

They found the lost watch beside the chair.

Sie fanden die verlorene Uhr neben dem Stuhl.

between *prep* [bɪˈtwiːn]

zwischen

The thief sat between two policemen in the police van.

Der Dieb saß zwischen zwei Polizisten im Polizeiwagen.

Raum 343

20 Raum und Zeit

beyond *prep* [bɪ'jɒnd]
Their house is just beyond the next hill.

jenseits von, hinter
Ihr Haus liegt direkt hinter dem nächsten Hügel.

at *prep* [æt/ət]
Pam met him at the station.
by *prep* [baɪ]
She parked her car by the station.

an
Pam holte ihn am Bahnhof ab.
in der Nähe von
Sie stellte ihr Auto in der Nähe des Bahnhofs ab.

under *prep* ['ʌndə]
George found the spare key under the flower pot.
on *prep* [ɒn]
Sarah threw the post on the table.
in *prep* [ɪn]
Michael heard his father working in the garage.
within *prep* [wɪ'ðɪn]
We were within two miles of home when the car broke down.

unter
George entdeckte den Ersatz-schlüssel unter dem Blumentopf.
auf
Sarah warf die Post auf den Tisch.
in
Michael hörte seinen Vater in der Garage arbeiten.
in, innerhalb
Wir waren nur noch zwei Meilen von zu Hause entfernt, als wir eine Autopanne hatten.

around; round *prep* [ə'raʊnd; raʊnd]
The P.E. teacher made his students run around/round the field until they were very tired.
into *prep* ['ɪntʊ/'ɪntə]
Dave **burst into** the room.
past *prep* [pɑːst]
She **walked past** me without looking my way.
to *prep* [tʊ/tə]
Will you be driving **to London/ town** tomorrow?
towards *prep* [tə'wɔːdz]
The car came towards me at high speed.

um ... herum
Der Sportlehrer ließ seine Schüler um das Spielfeld herumlaufen, bis sie sehr müde waren.
in ... hinein
Dave platzte ins Zimmer hinein.
vorbei
Sie lief an mir vorbei, ohne zu mir hinzuschauen.
zu, nach, in
Fährst du morgen nach London / in die Stadt?
in Richtung, auf ... zu
Das Auto fuhr mit großer Geschwindigkeit auf mich zu.

world-wide *adj* [ˌwɜːld'waɪd]
region *n* ['riːdʒn]
regional *adj* ['riːdʒnl]
wherever *adv* [weər'evə]
Wherever he goes, his friend's right there beside him.

weltweit
Region, Gebiet
regional
wo (auch) immer
Wo immer er auch hingeht, sein Freund ist stets an seiner Seite.

indoors *adv* [ˌɪn'dɔːz]

im Haus, in der Wohnung

344 Raum

Raum und Zeit **20**

The children stayed indoors because of the rainy weather.	Die Kinder blieben wegen des regnerischen Wetters im Haus.
outdoors *adv* [ˌaʊtˈdɔːz]	im Freien, draußen
There was nothing they liked better than sleeping outdoors in their tent.	Sie taten nichts lieber, als draußen im Zelt zu schlafen.
outer *adj* [ˈaʊtə]	äußere(r, s)
the **outer limits** of our solar system	die äußeren Grenzen unseres Sonnensystems
internal *adj* [ɪnˈtɜːnl]	innere(r, s), Innen-
internal organs	innere Organe
external *adj* [ɪkˈstɜːnl]	äußere(r, s), Außen-
For external use only.	Nur zur äußeren Anwendung!

side *adj* [saɪd]	Seiten-, Neben-
side road/street	Nebenstraße
aside *adv* [əˈsaɪd]	beiseite, zur Seite
He **stepped aside** to let the old woman on the bus first.	Er trat zur Seite, um die alte Dame zuerst in den Bus zu lassen.
beneath *adv* [bɪˈniːθ]	unterhalb, unter
beneath the surface	unter der Oberfläche
underneath *adv* [ˌʌndəˈniːθ]	unterhalb
The letter I had been looking for was lying underneath a book.	Der Brief, den ich gesucht hatte, lag unter einem Buch.

upright *adj; adv* [ˈʌpraɪt]	aufrecht
an upright piano	ein Klavier
The small child woke suddenly from a bad dream and sat upright in bed.	Das kleine Kind erwachte plötzlich aus einem bösen Traum und saß aufrecht im Bett.
upside-down *adv* [ˌʌpsaɪdˈdaʊn]	auf dem Kopf, umgekehrt
vertical *adj* [ˈvɜːtɪkl]	senkrecht, vertikal
horizontal *adj* [ˌhɒrɪˈzɒntl]	waagerecht, horizontal

distant *adj* [ˈdɪstənt]	entfernt
endless *adj* [ˈendlɪs]	endlos
stretch *v* [stretʃ]	sich erstrecken
An endless desert **stretches across** the state of Nevada.	Eine endlose Wüste erstreckt sich quer durch den Bundesstaat Nevada.
remote *adj* [rɪˈməʊt]	abgelegen
Megan's parents live in a log cabin in a remote area of Wyoming.	Die Eltern von Megan leben in einer Holzhütte in einer abgelegenen Gegend von Wyoming.
presence *n* [ˈprezns]	Gegenwart, Anwesenheit
position *n* [pəˈzɪʃn]	Position, Lage

Raum **345**

20 Raum und Zeit

20.2 Zeit

> **ℹ Telling the time**
>
> Die Uhrzeit ist eine Sache, von der jeder Lerner hofft, wenigstens das muss doch im Englischen und Deutschen ziemlich ähnlich sein – aber weit gefehlt:
>
> | | | |
> |---|---|---|
> | 19:00 | nineteen hundred hours | *Die „24-Stunden-Uhr" wird höchstens von Behörden und beim Militär verwendet; in GB auch vom BBC World Service.* |
> | 7:25 am | seven twenty-five am | *7.25 Uhr (0.00 bis 11.59 wird als **am** bezeichnet)* |
> | 7:25 pm | seven twenty-five pm | *19.25 Uhr (12.00 bis 23.59 wird als **pm** bezeichnet)* |
> | 9:00 | nine o'clock | *neun (Uhr)* |
> | 3:30 | half past three | *halb vier* |
> | 3:30 | three thirty | *drei Uhr dreißig* |
> | 3:30 | half three **BE** *inform* | *halb vier* |
> | 8:15 | a quarter past eight | *Viertel nach acht* |
> | 8:15 | a quarter after eight AE | *Viertel nach acht* |
> | 8:15 | eight fifteen | *acht Uhr fünfzehn* |
> | 11:45 | a quarter to twelve | *Viertel vor zwölf* |
> | 11:45 | eleven forty-five | *elf Uhr fünfundvierzig* |
> | 11:56 | four minutes to twelve | *vier (Minuten) vor zwölf* |
> | 12:07 | seven minutes past twelve | *sieben (Minuten) nach zwölf* |

time *n* [taɪm]   Zeit
What's the time?   Wie spät ist es?
My son is only four and he can already **tell the time**.   Mein Sohn ist erst vier und kann schon die Uhr lesen.
Take your time.   Lass dir (ruhig) Zeit!
It's about time!   Na endlich!
from time to time   von Zeit zu Zeit
in time   rechtzeitig
on time   pünktlich
save/waste time   Zeit sparen/verschwenden
at the same time   gleichzeitig
another time   ein anderes Mal
after a short time   nach kurzer Zeit

past *n* [pɑːst]   Vergangenheit
in the past   in der Vergangenheit

346   Zeit

Raum und Zeit 20

present *n* ['preznt]	Gegenwart
at present	jetzt, zur Zeit
future *n* ['fju:tʃə]	Zukunft
in future	in Zukunft

age *n* [eɪdʒ]	Zeitalter
for ages	ewig, seit ewigen Zeiten
century *n* ['senʃərɪ]	Jahrhundert
millennium *n* [mɪ'lenɪəm]	Jahrtausend
year *n* [jɪə]	Jahr
season *n* ['si:zn]	Jahreszeit
spring *n* [sprɪŋ]	Frühling
summer *n* ['sʌmə]	Sommer
autumn; fall AE *n* ['ɔ:təm; fɔ:l]	Herbst
winter *n* ['wɪntə]	Winter

month *n* [mʌnθ]	Monat
January *n* ['dʒænjʊərɪ]	Januar
February *n* ['febrʊərɪ]	Februar
March *n* [mɑ:tʃ]	März
April *n* ['eɪprɪl]	April
May *n* [meɪ]	Mai
June *n* [dʒu:n]	Juni
July *n* [dʒu:'laɪ]	Juli
August *n* ['ɔ:gəst]	August
September *n* [sep'tembə]	September
October *n* [ɒk'təʊbə]	Oktober
November *n* [nəʊ'vembə]	November
December *n* [dɪ'sembə]	Dezember

fortnight BE *n* ['fɔ:tnaɪt]	zwei Wochen, vierzehn Tage
The Smiths were on holiday in Austria for a fortnight.	Die Smiths machten vierzehn Tage Urlaub in Österreich.
week *n* [wi:k]	Woche
weekday *n* ['wi:kdeɪ]	Werktag, Wochentag
weekend *n* [ˌwi:k'end]	Wochenende
at the weekend	am Wochenende
day *n* [deɪ]	Tag
Jimmy woke up **the next day** with an awful headache.	Jimmy wachte am nächsten Tag mit furchtbaren Kopfschmerzen auf.
all day	den ganzen Tag
the other day	vor ein paar Tagen
Sunday *n* ['sʌndeɪ/'sʌndɪ]	Sonntag
Monday *n* ['mʌndɪ/'mʌndeɪ]	Montag
Tuesday *n* ['tju:zdɪ/'tju:zdeɪ]	Dienstag
Wednesday *n* ['wenzdɪ/'wenzdeɪ]	Mittwoch

20 Raum und Zeit

Thursday *n* ['θɜːzdɪ/'θɜːzdeɪ]	Donnerstag
Friday *n* ['fraɪdɪ/'fraɪdeɪ]	Freitag
Saturday *n* ['sætədɪ/'sætədeɪ]	Samstag
daily *adj; adv* ['deɪlɪ]	täglich

date *n* [deɪt]	Datum
What's **today's date**?	Wie ist das heutige Datum?
yesterday *adv; n* ['jestədɪ/'jestədeɪ]	gestern; das Gestern
the day before yesterday	vorgestern
today *adv; n* [tə'deɪ]	heute; das Heute
a week today	heute in einer Woche
tonight *adv; n* [tə'naɪt]	heute Abend/Nacht; der heutige Abend / die heutige Nacht
tomorrow *adv; n* [tə'mɒrəʊ]	morgen; das Morgen
the day after tomorrow	übermorgen
tomorrow morning/afternoon	morgen früh/Nachmittag
morning *n* ['mɔːnɪŋ]	Morgen
in the morning	morgens, am Morgen
noon *n* [nuːn]	Mittag
at noon	(um 12 Uhr) mittags
afternoon *n* [ˌɑːftə'nuːn]	Nachmittag
in the afternoon	nachmittags, am Nachmittag
evening *n* ['iːvnɪŋ]	Abend
in the evening	abends, am Abend
this morning/afternoon/evening	heute Morgen/Nachmittag/Abend
night *n* [naɪt]	Nacht
at night	nachts
last night	gestern Abend, letzte Nacht
the night before last	vorgestern Abend/Nacht
all night	die ganze Nacht

middle *n* ['mɪdl]	Mitte
in the middle of the night	mitten in der Nacht
midnight *n* ['mɪdnaɪt]	Mitternacht
early *adj; adv* ['ɜːlɪ]	früh
in the early morning/afternoon	am frühen Morgen/Nachmittag
We've got to **get up early**.	Wir müssen früh aufstehen.
late *adj; adv* [leɪt]	spät
Willie **was late for** school this morning.	Willie kam heute Morgen zu spät zur Schule.
get up late	spät aufstehen
moment *n* ['məʊmənt]	Moment, Augenblick
in a moment	gleich
at the moment	jetzt, zur Zeit

clock *n* [klɒk]	(Wand-/Turm-/Tisch-)Uhr

Zeit

Raum und Zeit   20

o'clock	Uhr *(bei Zeitangaben)*
It's three o'clock.	Es ist drei (Uhr).
round the clock	rund um die Uhr
watch *n* [wɒtʃ]	Armbanduhr
tick *v* [tɪk]	ticken
strike, struck, struck *v*	schlagen
[straɪk, strʌk]	
The clock struck eight as we left the house.	Die Uhr schlug acht, als wir aus dem Haus gingen.
fast *adj* [fɑːst]	schnell
My watch is **ten minutes fast**.	Meine Uhr geht 10 Minuten vor.
slow *adj* [sləʊ]	langsam
The clock's **20 minutes slow**.	Die Uhr geht 20 Minuten nach.
am *adv* [ˌeɪˈem]	morgens, vormittags (0-11.59 Uhr)
3 am	3 Uhr morgens
pm *adv* [ˌpiːˈem]	nachmittags, abends (12-23.59 Uhr)
3 pm	15 Uhr

hour *n* [ˈaʊə]	Stunde
per *prep* [pɜː]	pro
80 miles per hour (mph)	80 Meilen pro Stunde
minute *n* [ˈmɪnɪt]	Minute
I'll be with you **in a minute**.	Ich komme gleich!
second *n* [ˈsekənd]	Sekunde
Just a second!	Sekunde/Moment, bitte!

to *prep* [tʊ/tə]	vor
It's five to twelve.	Es ist fünf vor zwölf.
past; after AE *prep* [pɑːst; ˈæftər]	nach
It's five past/after eleven.	Es ist fünf nach elf.
at *prep* [æt/ət]	um
Could we meet **at a quarter past** three tomorrow afternoon?	Könnten wir uns morgen Nachmittag um 15 Uhr 15 treffen?
quarter *n* [ˈkwɔːtə]	Viertel(stunde)
The bus was over **a quarter of an hour** late.	Der Bus hatte mehr als eine Viertelstunde Verspätung.
It's **a quarter to/past** ten.	Es ist Viertel vor/nach zehn.
half *adv* [hɑːf]	halb
half past two	halb drei
half an hour	eine halbe Stunde
half three BE *inform*	halb vier

around *prep* [əˈraʊnd]	ungefähr um; gegen
around midnight	gegen Mitternacht
about *prep* [əˈbaʊt]	ungefähr um
about 10 o'clock	ungefähr um 10 Uhr

Zeit   **349**

20 Raum und Zeit

almost adv [ˈɔːlməʊst]
It was almost dark when we got home.
fast, beinahe
Es war fast dunkel, als wir nach Hause kamen.

towards prep [təˈwɔːdz]
towards the end of the month
gegen
gegen Ende des Monats

when adv; conj [wen]
When will your aunt be arriving?
When we're in Italy, we only eat Italian food.
When I entered the room, I realized immediately that there was something wrong.
wann; wenn, als
Wann kommt deine Tante an?
Wenn wir in Italien sind, essen wir nur italienisch.
Als ich das Zimmer betrat, bemerkte ich sofort, dass irgendetwas nicht in Ordnung war.

while conj [waɪl]
While we were sitting in the park, our children played ball on the grass.
während
Während wir im Park saßen, spielten unsere Kinder auf dem Rasen Ball.

during prep [ˈdjʊərɪŋ]
She didn't speak a single word during lunch.
während
Sie sagte während des Mittagessens kein einziges Wort.

within prep [wɪˈðɪn]
We rang the police and they arrived **within minutes**.
innerhalb
Wir riefen die Polizei an und sie kam innerhalb von Minuten.

first adv [fɜːst]
I want to change my clothes first before going to class.
(zu)erst
Ich will mich erst umziehen, bevor ich zum Unterricht gehe.

at first
zuerst

first of all
zu(aller)erst

originally adv [əˈrɪdʒnlɪ]
ursprünglich

beginning n [bɪˈgɪnɪŋ]
Beginn, Anfang

in the beginning
am Anfang

begin, began, begun v
[bɪˈgɪn, bɪˈgæn, bɪˈgʌn]
beginnen, anfangen

start v [stɑːt]
beginnen, anfangen

end n; v [end]
Ende; (be)enden

in the end
letzten Endes, schließlich

finally adv [ˈfaɪnlɪ]
endlich, schließlich

at last adv [ˌæt/ˌətˈlɑːst]
endlich

last v [lɑːst]
Today's physics lesson seemed to last for hours.
dauern
Die Physikstunde heute schien Stunden zu dauern.

once adv [wʌns]
einmal

once in a while
ab und zu

at once
sofort

Zeit

Raum und Zeit 20

always *adv* [ˈɔːlweɪz]
She always takes the same bus to work.

immer
Sie fährt immer mit demselben Bus zur Arbeit.

often *adv* [ˈɒfn]
I often see Barry's father walking down by the river.

oft
Ich sehe den Vater von Barry oft am Fluss entlang spazieren gehen.

sometimes *adv* [ˈsʌmtaɪmz]

manchmal

rarely *adv* [ˈreəlɪ]
You'll rarely see him in the library.

selten, kaum
Man sieht ihn selten in der Bibliothek.

seldom *adv* [ˈseldəm]

selten

never *adv* [ˈnevə]

nie, niemals

· · ∙∙

ago *adv* [əˈɡəʊ]
They left for Ohio **three days ago**.

vor
Sie reisten vor drei Tagen nach Ohio ab.

after *adv; conj; prep* [ˈɑːftə]
Sue was badly hurt in a car accident on the 14th of June and died **soon after**.

danach; nachdem; nach
Sue wurde am 14. Juni bei einem Autounfall schwer verletzt und starb kurz darauf.

It was only after he had closed the door that he realized he had left his keys inside.

Erst nachdem er die Tür hinter sich zugezogen hatte, fiel ihm ein, dass er seine Schlüssel drin liegen gelassen hatte.

After work the women went to their local for a drink.

Nach der Arbeit gingen die Frauen in ihr Stammlokal, um etwas zu trinken.

afterwards *adv* [ˈɑːftəwədz]
They decided to go for a swim in the morning and visit their friends afterwards.

danach
Sie beschlossen, am Vormittag schwimmen zu gehen und danach ihre Freunde zu besuchen.

then *adv* [ðen]
And what did they do then?
We didn't have much money then.

dann, danach; damals
Und was haben sie danach gemacht?
Damals hatten wir nicht viel Geld.

· · ∙∙

before *adv; conj; prep* [bɪˈfɔː]
I don't believe I've seen you here before.
They locked all the doors before they left.
There's no point in inquiring before Tuesday.

vorher, schon einmal; bevor; vor
Ich glaube nicht, dass ich Sie hier schon einmal gesehen habe.
Bevor sie wegfuhren, verschlossen sie alle Türen.
Es hat keinen Sinn, sich vor Dienstag zu erkundigen.

used to *v* [ˈjuːstə]
He used to be quite an athlete.
We **didn't use to** go out very often.

früher *(+ Verb)*
Früher war er ganz schön sportlich.
Wir sind früher nicht oft ausgegangen.

Zeit **351**

20 Raum und Zeit

since *conj; prep* [sɪns]
Since he had his hair cut, he looks a whole lot better.

Peter has lived in Bristol **since 1985**.
for *prep* [fɔ:]
Wendy has lived in San Francisco **for eleven years**.

seitdem; seit
Seitdem er sich die Haare hat schneiden lassen, sieht er viel besser aus.

Peter wohnt seit 1985 in Bristol.
seit
Wendy wohnt seit elf Jahren in San Francisco.

still *adv* [stɪl]
I still haven't understood your question.
just *adv* [dʒʌst]
He's just heard that he's got the new job.
already *adv* [ɔ:l'redɪ]
Even her birthday present wasn't a surprise. Someone had already told her what it was.
yet *adv* [jet]
Have you bought your new car yet? – No, **not yet**.
ever *adv* ['evə]
Have you ever been to America?

(immer) noch
Ich habe Ihre Frage immer noch nicht verstanden.
gerade
Er hat gerade erfahren, dass er die neue Stelle bekommt.
schon, bereits
Selbst ihr Geburtstagsgeschenk war keine Überraschung. Irgendjemand hatte es ihr vorher verraten.
schon, bereits
Haben Sie schon Ihren neuen Wagen gekauft? – Nein, noch nicht.
je, jemals
Waren Sie schon mal in Amerika?

recent *adj* ['ri:snt]
recent developments
recently *adv* ['ri:sntlɪ]
long *adv* [lɒŋ]
Have you been waiting long?
now *adv* [naʊ]
again *adv* [ə'gen]
now and again
soon *adv* [su:n]
See you again soon!
as soon as possible

neueste(r, s), jüngste(r, s)
jüngste Entwicklungen
neulich, kürzlich
lange
Warten Sie schon lange?
jetzt
wieder
hin und wieder
bald
Bis bald!
so bald wie möglich

until, till *conj; prep* [ʌn'tɪl, tɪl]
He'll never be happy until he learns to enjoy life.
They'll be on holiday until the 14th of August.
by *prep* [baɪ]
by Wednesday/next week

bis
Er wird nie glücklich sein, bis er lernt, das Leben zu genießen.
Sie sind bis zum 14. August im Urlaub.
bis spätestens
bis spätestens Mittwoch / nächste Woche

Zeit

Raum und Zeit 20

next *adv* [nekst]   als Nächstes, danach
  What are we doing next?   Was machen wir als Nächstes?
  next Friday   nächsten Freitag
later *adv* ['leɪtə]   später
  See you later!   Bis nachher/später!
  later on   nachher, später

happen *v* ['hæpn]   geschehen, passieren
  What happened to you last night?   Was ist mit dir gestern Nacht passiert?

sudden *adj* ['sʌdn]   plötzlich
  a sudden change   eine plötzliche Veränderung
suddenly *adv* ['sʌdnlɪ]   plötzlich
immediate *adj* [ɪ'mi:dɪət]   sofortig, unmittelbar
immediately *adv* [ɪ'mi:dɪətlɪ]   sofort
  I left immediately after lunch.   Ich fuhr sofort nach dem Mittagessen los.

calendar *n* ['kæləndə]   Kalender
leap year *n* ['li:p,jɪə]   Schaltjahr
period *n* ['pɪərɪəd]   Abschnitt, Zeit(raum), Phase

current *adj* ['kʌrnt]   augenblicklich; aktuell
  current policy/prices   die augenblickliche Politik / die aktuellen Preise

nowadays *adv* ['naʊədeɪz]   heutzutage
meantime *n* ['mi:ntaɪm]   Zwischenzeit
  in the meantime   in der Zwischenzeit
meanwhile *adv* ['mi:nwaɪl]   währenddessen
midday *n* [,mɪd'deɪ]   Mittagszeit
  At midday, the shops close for lunch.   Mittags schließen die Geschäfte während der Essenszeit.

precede *v* [,pri:'si:d]   vorangehen
previous *adj* ['pri:vɪəs]   vorhergehend, früher
previously *adv* ['pri:vɪəslɪ]   vorher, früher
  The house was previously owned by the Whalen family.   Das Haus gehörte vorher der Familie Whalen.

annual *adj* ['ænjʊəl]   jährlich
  The harvest festival is an annual event in most towns.   Das Erntedankfest ist in den meisten Städten ein alljährliches Ereignis.
annually *adv* ['ænjʊəlɪ]   jährlich
  Our town's harvest festival is held annually.   Das Erntedankfest unserer Stadt wird jedes Jahr gefeiert.

Zeit   **353**

20 Raum und Zeit

forever *adv* [fə'revə] (auf) ewig, für immer
frequently *adv* ['fri:kwəntlı] oft, häufig
occasional *adj* [ə'keɪʒnl] gelegentlich
I don't hear from him very often, Ich höre nicht oft von ihm, aber
but I do get the occasional card. ich bekomme von Zeit zu Zeit eine
 Postkarte.

occasionally *adv* [ə'keɪʒnlı] gelegentlich, ab und zu
He occasionally has to leave town Er muss gelegentlich geschäftlich
on business. verreisen.
eventually *adv* [ɪ'ventʃʊəlɪ] endlich, schließlich
We thought he'd never arrive, but Wir dachten, dass er nie ankom-
he did eventually. men würde, aber schließlich kam
 er doch noch.

permanent *adj* ['pɜ:mnənt] dauerhaft, fest
a permanent job eine feste Stelle
temporary *adj* ['temprərɪ] vorübergehend, Zeit-
temporary work Zeitarbeit

punctual *adj* ['pʌntʃʊəl] pünktlich
prompt *adj* [prɒmpt] prompt, sofort
rapid *adj* ['ræpɪd] schnell, rasch
a rapid change ein schneller Wechsel
straight away *adv* sofort
[ˌstreɪtə'weɪ]
His mother told him to clean his Seine Mutter sagte ihm, er müsse
room straight away. sein Zimmer sofort aufräumen.

shortly *adv* ['ʃɔ:tlɪ] kurz(e Zeit)
She arrived in Amsterdam shortly Sie kam kurz vor Mittag in Amster-
before noon. dam an.
brief *adj* [bri:f] kurz
a brief introduction eine kurze Einleitung

interval *n* ['ɪntəvl] Intervall, Abstand; Pause *(im Theater)*
The police discovered that there Die Polizei fand heraus, dass es im-
was always an interval of three mer einen dreimonatigen Abstand
months between the murders. zwischen den Mordfällen gab.
In the interval we went to the In der Pause gingen wir an die
theatre bar and had a glass of wine. Theaterbar und tranken ein Glas
 Wein.

pause *v* [pɔ:z] eine Pause machen
He paused before telling his sister Er holte tief Luft, bevor er seiner
the bad news. Schwester die schlechte Nachricht
 mitteilte.

put off, put, put *v* [ˌpʊt'ɒf] verschieben

354 Zeit

Raum und Zeit 20

Mother put off going to the dentist
because she was afraid.

Mutter schob den Gang zum
Zahnarzt immer wieder hinaus,
weil sie Angst hatte.

postpone *v* [ˌpəʊstˈpəʊn]
The club's annual trip has been
postponed due to bad weather.

verschieben
Der jährliche Vereinsausflug
ist wegen schlechten Wetters
verschoben worden.

remain *v* [rɪˈmeɪn]
She remained poor all of her life.

bleiben
Sie blieb ihr ganzes Leben lang
arm.

conclusion *n* [kənˈkluːʒn]
in conclusion

Schluss
zum Schluss, abschließend

whenever *adv* [wenˈevə]
You can come to visit us whenever
you want.

wann (auch) immer
Du kannst uns besuchen, wann
immer du möchtest.

while *n* [waɪl]
a little while ago

Weile, kurze Zeit
vor kurzem

throughout *prep* [θruːˈaʊt]
throughout the year

während, ... lang/über
das ganze Jahr lang

Falsche Freunde 👍 👎

Englisches Wort	Thematische Bedeutung(en)	Falscher Freund	Englische Entsprechung(en)
apart *adv*	abseits, für sich	apart	smart
direction *n*	Richtung	Direktion	management, administration
eventually *adv*	endlich, schließlich	eventuell	perhaps, possibly
punctual *adj*	pünktlich	punktuell	dealing with certain points
quarter *n*	Viertel(stunde)	Quartier (= *Unterkunft*)	quarters, accomodation
still *adv*	(immer) noch	still	quietly, silently
when *adv*	wann; als	wenn	if, in case
while *conj*	während	weil	because, as, since
yet *adv*	schon, bereits	jetzt	now

Zeit **355**

21 Farben und Formen

Farben und Formen

21.1 Farben

colour *n* ['kʌlə]	Farbe
black *adj* [blæk]	schwarz
white *adj* [waɪt]	weiß
blue *adj* [bluː]	blau
green *adj* [griːn]	grün
yellow *adj* ['jeləʊ]	gelb
red *adj* [red]	rot

orange *adj* ['ɔrɪndʒ]	orange
pink *adj* [pɪŋk]	rosa
purple *adj* ['pɜːpl]	lila
violet *adj* ['vaɪələt]	violett
silver *adj* ['sɪlvə]	silbern
gold *adj* [gəʊld]	golden
brown *adj* [braʊn]	braun
grey *adj* [greɪ]	grau

light *adj* [laɪt]	hell
light blue	hellblau
dark *adj* [dɑːk]	dunkel
dark blue	dunkelblau
bluish *adj* ['bluːɪʃ]	bläulich
greenish *adj* ['griːnɪʃ]	grünlich
greenish-blue	grünlich blau
reddish *adj* ['redɪʃ]	rötlich
reddish-brown	rötlich braun

Sort of blue

Wenn man Farbschattierungen beschreiben möchte, wird in der Regel an das Farbadjektiv das Suffix -ish angehängt, aber es gibt dabei ein paar Probleme mit der Schreibung.

Beispiele:

The carpet was a wonderful **bluish** colour unlike anything I had ever seen before.	*Der Teppich hatte eine wunderbare bläuliche Farbe, wie ich sie zuvor noch nie gesehen hatte.*
The sea turned a **greenish-blue** when the sun disappeared behind the clouds.	*Die See verfärbte sich grünlich-blau, als die Sonne hinter den Wolken verschwand.*
No, not the blonde. The girl with the **reddish** hair!	*Nein, nicht die Blondine. Das Mädchen mit dem rötlichen Haar!*
The murderer had left **reddish-brown** spots of blood throughout the house.	*Der Mörder hatte im ganzen Haus rötlich-braune Blutflecken hinterlassen.*

Farben

21 Farben und Formen

21.2 Formen

shape n [ʃeɪp]	Gestalt, Form
What shape is the table?	Welche Form hat der Tisch?
form n [fɔːm]	Form, Umriss
figure n ['fɪɡə]	Figur, Gestalt
The fog was so thick Holmes could only see a dark figure in the distance.	Der Nebel war so dicht, dass Holmes nur eine dunkle Gestalt in der Ferne sehen konnte.

dot n [dɒt]	Punkt
line n [laɪn]	Linie, Zeile
curve n [kɜːv]	Kurve
circle n ['sɜːkl]	Kreis
semicircle n ['semɪˌsɜːkl]	Halbkreis
angle n ['æŋgl]	Winkel
triangle ['traɪæŋgl]	Dreieck
rectangle n ['rektæŋgl]	Rechteck
square adj; n [skweə]	quadratisch; Quadrat

round adj [raʊnd]	rund
oval adj ['əʊvl]	oval
triangular adj [traɪ'æŋgjələ]	dreieckig
rectangular adj [rek'tæŋgjələ]	viereckig, rechteckig

cube n [kjuːb]	Würfel
edge n [edʒ]	Rand; Kante
If you put your glass so near the edge of the table, you may knock it off.	Wenn du dein Glas so nahe an die Tischkante stellst, wirfst du es vielleicht runter.
parallel adj ['pærəlel]	parallel
The canal ran **parallel to** the main road.	Der Kanal verlief parallel zur Hauptstraße.
parallel lines	Parallelen

Falsche Freunde

Englisches Wort	Thematische Bedeutung(en)	Falscher Freund	Englische Entsprechung(en)
angle n	Winkel	Angel	fishing rod
circle n	Kreis	Zirkel	compass

358 Formen

22 Mengen, Zahlen, Maße

22 Mengen, Zahlen, Maße

22.1 Mengenbegriffe

quantity *n* [ˈkwɒntətɪ] — Quantität; Menge
number *n* [ˈnʌmbə] — Zahl, Anzahl, Menge
  a number of problems — eine Reihe von Problemen
bunch *n* [bʌnʃ] — Haufen, Masse, Menge
  a bunch of noisy kids — ein Haufen lärmender Kinder
load *n* [ləʊd] — Ladung, Menge
  a load of nonsense — eine Menge Unsinn
lot *n* [lɒt] — Menge, Masse
  We've got **lots of** room in our new flat. — Wir haben jede Menge Platz in unserer neuen Wohnung.
  a lot of money — eine Menge Geld
deal *n* [diːl] — Menge
  Rose spends **a great deal of** money on clothes. — Rose gibt jede Menge Geld für Kleider aus.
plenty *n* [ˈplentɪ] — eine Menge, viel
  We've got **plenty of time**. — Wir haben eine Menge Zeit.
lack *n* [læk] — Mangel
  Lack of money stopped us from continuing our trip across Europe. — Geldnot hinderte uns daran, unsere Reise durch Europa fortzusetzen.

---

bit *n* [bɪt] — Stück(chen)
  Sarah was so angry that she **tore** the letter **to bits**. — Sarah war so wütend, dass sie den Brief in Stücke riss.
  a little bit — ein kleines bisschen
piece *n* [piːs] — Stück, Teil
  Can I have another piece of cake? — Kann ich noch ein Stück Kuchen bekommen?
  a piece of information — eine Information
  His mother really **gave** him **a piece of her mind**. *idiom* — Seine Mutter hat ihm wirklich deutlich die Meinung gesagt.
drop *n* [drɒp] — Tropfen
  two drops twice daily — zweimal täglich zwei Tropfen
  It seemed like a lot of money, but it was **just a drop in the ocean**. *idiom* — Es schien viel Geld zu sein, aber es war nur ein Tropfen auf den heißen Stein.

---

sum *n* [sʌm] — Summe
  a large sum of money — eine große Geldsumme
whole *adj; n* [həʊl] — ganz; Ganze(r, s)
  the whole truth — die ganze Wahrheit
  The whole is sometimes larger than the sum of all its parts. — Das Ganze ist manchmal größer als die Summe seiner Teile.
entire *adj* [ɪnˈtaɪə] — ganz, komplett

360 Mengenbegriffe

Mengen, Zahlen, Maße 22

Betty left the entire mess for her sister to clean up.	Betty überließ es ihrer Schwester, das ganze Durcheinander aufzuräumen.
all *adj; pron* [ɔːl]	all(e); ganze(r, s); alles, alle
all the people	alle Leute
all my life	mein ganzes Leben lang
That's all I know.	Das ist alles, was ich weiß.
all of them	(sie) alle
every *adj* ['evrɪ]	jede(r, s)
every morning	jeden Morgen
every five minutes	alle fünf Minuten
rest *n* [rest]	Rest
only *adj* ['əʊnlɪ]	einzig
the only one	der/die/das Einzige
half, *pl* **halves** *n* [hɑːf, hɑːvz]	Hälfte
She **cut** the pie **in half**.	Sie schnitt die Pastete in zwei Stücke.
half *adj* [hɑːf]	halbe(r/s)
Jane's family has owned the firm for a half century.	Janes Familie besitzt die Firma seit einem halben Jahrhundert.

both *adj* [bəʊθ]	beide
either *pron* ['aɪðə]	jede(r, s) von beiden, beide(s)
Both cars are fantastic! Either of them would be perfect for you.	Beide Autos sind fantastisch! Beide wären ideal für dich.
several *adj* ['sevrl]	einige, verschiedene
For lunch they served vegetables with several kinds of meat.	Zum Mittagessen gab es Gemüse mit verschiedenen Fleischsorten.
some *adj; pron* [sʌm]	einige, manche; etwas
There are some days when I just don't feel like getting out of bed. No milk left! I'll go and get some.	An manchen Tagen möchte ich am liebsten überhaupt nicht aufstehen. Keine Milch mehr da! Ich gehe welche holen.
any *adj; pron* ['enɪ]	(irgend)welche(r, s)
Have we got any wine? – No, there isn't any left.	Haben wir noch Wein? – Nein, es ist keiner mehr da.
no *adj* [nəʊ]	kein(e)
none *pron* [nʌn]	keine(r, s)
I wanted a beer, but there was none left.	Ich wollte ein Bier, aber es war keins mehr da.

set *n* [set]	Satz; Garnitur, Service
a set of false teeth	ein (künstliches) Gebiss
tea set	Teeservice
dozen *n* ['dʌzn]	Dutzend
half a dozen	ein halbes Dutzend
It's six of one and half a dozen of the other. *idiom*	Es ist Jacke wie Hose.

Mengenbegriffe **361**

22 Mengen, Zahlen, Maße

couple *n* [ˈkʌpl]   Paar; (ein) paar, einige
  a married couple   ein Ehepaar
  The young prince was constantly   Der junge Prinz wurde immer von
  followed by a couple of reporters.   ein paar Reportern verfolgt.
  a couple of years ago   vor ein paar Jahren

few *adj; pron* [fjuː]   wenig, ein paar; wenige
  There were few houses standing   Nach dem Wirbelsturm standen
  after the hurricane.   nur noch wenige Häuser.
  Many left, but only **a few** came   Viele gingen weg, aber nur wenige
  back.   kamen zurück.
little *adj* [ˈlɪtl]   wenig
  Actually I've seen **very little of** her.   Ich habe sie eigentlich nur sehr
                 selten gesehen.

less *adj* [les]   weniger
  My doctor's told me to drink less   Mein Arzt hat mir gesagt, dass ich
  coffee.   weniger Kaffee trinken soll.
least *adj* [liːst]   am wenigsten; geringste(r/s)
  at least   wenigstens, zumindest
  There hasn't been **the least bit of**   In der letzten Zeit hatten wir nicht
  rain recently.   einen Tropfen Regen!
many *adj* [ˈmenɪ]   viele
  Are there many biscuits left?   Sind viele Kekse übrig geblieben?
much *adj* [mʌtʃ]   viel
  There wasn't much milk left.   Es war nicht mehr viel Milch übrig.
more *adj; pron* [mɔː]   mehr
  There's more to that boy **than**   In dem Jungen steckt mehr, als
  meets the eye. *idiom*   man ihm ansieht.
most *adj* [məʊst]   der/die/das meiste, die meisten
  most people   die meisten Leute
  We spent **most of the time** on the   Wir verbrachten die meiste Zeit am
  beach.   Strand.

something *pron* [ˈsʌmθɪŋ]   etwas
  There's something wrong with the car.   Mit dem Wagen stimmt was nicht.
anything *pron* [ˈenɪθɪŋ]   (irgend)etwas
  Is there anything I can do?   Kann ich irgendwie helfen?
  I don't think there's anything   Ich glaube nicht, dass am Motor
  wrong with the engine.   etwas fehlt.
everything *pron* [ˈevrɪθɪŋ]   alles
nothing *pron* [ˈnʌθɪŋ]   nichts

plus *prep* [plʌs]   plus, und
  7 plus 2 is 9.   7 plus 2 ist 9.
minus *prep* [ˈmaɪnəs]   minus, weniger
  9 minus 2 is 7.   9 minus 2 ist 7.

Mengenbegriffe

Mengen, Zahlen, Maße 22

double *adj; adv* [ˈdʌbl]
  This word has a double meaning.
  After the accident, Chris **saw
  double.**

doppelt, Doppel-
  Dieses Wort ist doppeldeutig.
  Nach dem Unfall sah Chris alles
  doppelt.

times *prep* [taɪmz]
  5 times 6 is 30.

mal
  5 mal 6 ist 30.

divide *v* [dɪˈvaɪd]
  144 divided by 12 is 12.

teilen, dividieren
  144 geteilt durch 12 ergibt 12.

point *n* [pɔɪnt]
  one point seven (1.7)

(hier:) Komma
  eins Komma sieben (1,7)

per cent *n* [pəˈsent]
  The guy told me that it was a
  100 per cent sure thing.

Prozent
  Der Kerl sagte mir, dass es eine
  hundertprozentig sichere Sache sei.

---

roughly *adv* [ˈrʌflɪ]
  Cardiff has a population of roughly
  320,000.

ungefähr
  Cardiff hat ungefähr 320.000
  Einwohner.

about *adv* [əˈbaʊt]

ungefähr

almost *adv* [ˈɔːlməʊst]
  almost a pound

fast
  fast ein Pfund

over *prep* [ˈəʊvə]
  There were over 700 people in the
  theatre.

über, mehr als
  Es waren über 700 Zuschauer im
  Theater.

---

average *n* [ˈævrɪdʒ]
  on average

Durchschnitt
  im Durchschnitt

approximately *adv* [əˈprɒksɪmətlɪ]

ungefähr, annähernd, etwa

mostly *adv* [ˈməʊstlɪ]
  There were mostly boys at the
  disco.

hauptsächlich, überwiegend
  Es waren überwiegend Jungen in
  der Disko.

numerous *adj* [ˈnjuːmrəs]

zahlreich

22.2 Zahlen und Zahlwörter

number *n* [ˈnʌmbə]

Zahl, Anzahl; Nummer

zero; nought *num* [ˈzɪərəʊ; nɔːt]

null

one *num* [wʌn]

eins

two *num* [tuː]

zwei

twelve *num* [twelv]

zwölf

twenty *num* [ˈtwentɪ]

zwanzig

twenty-one *num* [ˌtwentɪˈwʌn]

einundzwanzig

---

three *num* [θriː]

drei

thirteen *num* [ˌθɜːˈtiːn]

dreizehn

Zahlen und Zahlwörter **363**

22 Mengen, Zahlen, Maße

thirty *num* [ˈθɜːtɪ]	dreißig
four *num* [fɔː]	vier
fourteen *num* [ˌfɔːˈtiːn]	vierzehn
forty *num* [ˈfɔːtɪ]	vierzig
five *num* [faɪv]	fünf
fifteen *num* [ˌfɪfˈtiːn]	fünfzehn
fifty *num* [ˈfɪftɪ]	fünfzig
six *num* [sɪks]	sechs
sixteen *num* [ˌsɪksˈtiːn]	sechzehn
sixty *num* [ˈsɪkstɪ]	sechzig
seven *num* [ˈsevn]	sieben
seventeen *num* [ˌsevnˈtiːn]	siebzehn
seventy *num* [ˈsevntɪ]	siebzig
eight *num* [eɪt]	acht
eighteen *num* [ˌeɪˈtiːn]	achtzehn
eighty *num* [ˈeɪtɪ]	achtzig
nine *num* [naɪn]	neun
nineteen *num* [ˌnaɪnˈtiːn]	neunzehn
ninety *num* [ˈnaɪntɪ]	neunzig
ten *num* [ten]	zehn
eleven *num* [ɪˈlevn]	elf
a hundred *num* [əˈhʌndrəd]	hundert
a thousand *num* [əˈθaʊznd]	tausend
a million *num* [əˈmɪljən]	(eine) Million
two hundred/thousand/million dollars	zweihundert/zweitausend/ zwei Millionen Dollar
first *num* [fɜːst]	erste(r, s)
second *num* [ˈseknd]	zweite(r, s)
third *num* [θɜːd]	dritte(r, s)
fourth *num* [fɔːθ]	vierte(r, s)
fifth *num* [fɪfθ]	fünfte(r, s)
sixth *num* [sɪksθ]	sechste(r, s)
seventh *num* [ˈsevnθ]	siebte(r, s)
eighth *num* [eɪtθ]	achte(r, s)
ninth *num* [naɪnθ]	neunte(r, s)
tenth *num* [tenθ]	zehnte(r, s)
eleventh *num* [ɪˈlevnθ]	elfte(r, s)

364 Zahlen und Zahlwörter

Mengen, Zahlen, Maße 22

twelfth num [twelfθ]	zwölfte(r, s)
thirteenth num [θɜːˈtiːnθ]	dreizehnte(r, s)

once num [wʌns]	einmal
twice num [twaɪs]	zweimal
three times num [ˈθriːtaɪmz]	dreimal

figure n [ˈfɪgə]	Zahl
The figure quoted by the opposition is much lower than the Government's.	Die Zahl, die von der Opposition genannt wird, ist deutlich niedriger als die der Regierung.
I'm no good at **figures**.	Ich kann mit Zahlen nicht umgehen.
offical figures	offizielle Zahlen
digit n [ˈdɪdʒɪt]	Ziffer (zwischen 0 und 9)
a six-digit figure	eine sechsstellige Zahl
decimal adj [ˈdesɪml]	Dezimal-
the decimal system	das Dezimalsystem
cardinal adj [ˈkɑːdɪnl]	Grund-, Kardinal-
cardinal number	Grundzahl
ordinal adj [ˈɔːdɪnl]	Ordnungs-, Ordinal-
ordinal number	Ordnungszahl

Telephone and other numbers

Telephone numbers in Britain and the US are read out as **single digits**, e.g. 0-1-8-4-3-8-4-8-6-7- 6. In Britain the '0' is pronounced 'oh' [əʊ], but in the US, many people also say '**zero**'. Three digits, such as hotel room numbers, are also spoken as single digits: "Can I have the key to 'four-oh-four', please?"

22.3 Maße und Gewichte

length n [leŋθ]	Länge
width n [wɪdθ]	Breite
height n [haɪt]	Höhe; (Körper-)Größe
depth n [depθ]	Tiefe

inch n [ɪnʃ]	Zoll (2,54 cm)
foot, pl **feet** n [fʊt, fiːt]	Fuß (30,48 cm)
yard n [jɑːd]	Yard (0,914 m)
mile n [maɪl]	Meile (1,61 km)
centimetre n [ˈsentɪˌmiːtə]	Zentimeter
metre n [ˈmiːtə]	Meter
kilometre n [ˈkɪləˌmiːtə]	Kilometer

weigh v [weɪ]
  My guess is you weigh about 60 kg.
wiegen
  Ich schätze, dass du an die 60 Kilo wiegst.

weight n [weɪt]
  My weight has been around 54 kg for years now.
Gewicht
  Mein Gewicht ist schon seit einigen Jahren um die 54 Kilo.

ounce n [aʊns]
  There are sixteen ounces in a pound.
Unze (28,35 g)
  Ein Pfund hat 16 Unzen.

pound n [paʊnd]
ton n [tʌn]
Pfund (453,592 g)
Tonne (GB: 1016,05 kg; USA: 907,18 kg)

gram(me) n [græm]
kilo(gramme) n [ˈkiːleʊ, ˈkiːləgræm]
stone BE [stəʊn]
Gramm
Kilogramm
Stone (6,35 kg)

pint n [paɪnt]
gallon n [ˈgælən]
litre n [ˈliːtə]
Pint (GB: 0,568 l; USA: 0,473 l)
Gallone (GB: 4,546 l; USA: 3,785 l)
Liter

Confusing measurements

Americans who are not very familar with British English are always surprised when talking to Brits about their **weight**. Whereas an American woman might say she weighs 106 **lbs (pounds)**, a British woman of the same weight might say '7 **stone** 8' or '7 **stone** 8 lbs'. A **stone** is a measurement of weight unknown in the US and equals 14 **lbs** (6.35 kg).
Visitors to Britain find that beer and ale come in two sizes – a **pint** and **half a pint**. What size you order depends, of course, on how thirsty you are, but whereas you say, for example, *"A pint of lager, please"* for the bigger size, you say *"half a lager"* to order the smaller size.

metric adj [ˈmetrɪk]
  the metric system
measure n; v [ˈmeʒə]
measurement n [ˈmeʒəmənt]
volume n [ˈvɒljuːm]
metrisch
  das metrische System
Maßeinheit; messen
Messung
Volumen, Inhalt

scale n [skeɪl]
  bathroom/kitchen scales
proportion n [prəˈpɔːʃn]
  in proportion
  out of proportion
reduce v [rɪˈdjuːs]
reduction n [rɪˈdʌkʃn]
  a large reduction in fees
Skala, Maßstab
  Badezimmer-/Küchenwaage
Proportion, Verhältnis
  verhältnismäßig
  unverhältnismäßig
reduzieren, verkleinern
Senkung, Reduzierung
  eine starke Gebührensenkung

Allgemeine Begriffe 23

23 Allgemeine Begriffe

23.1 Klassifizierung

kind (of) *n* [kaɪnd(əv)]
What's that? – It's a kind of robot that does jobs around the house.
Art (von)
Was ist das? – Das ist eine Art Roboter, der Hausarbeiten erledigt.

sort (of) *n* [sɔːt(əv)]
Can you tell me what a "didgeridoo" is? – It's **a sort of** large recorder played by the Australian Aborigines.
Art (von)
Können Sie mir sagen, was ein „Didgeridoo" ist? – Es ist eine Art große Blockflöte, die von den australischen Ureinwohnern gespielt wird.

If I remember correctly, David's **some sort of** delivery man.
Wenn mich nicht alles täuscht, ist David so eine Art Lieferant.

brand *n* [brænd]
What **brand of** coffee do you drink?
Art, Sorte; Marke
Welche Kaffeemarke/-sorte trinken Sie?

category *n* [ˈkætəgrɪ]
Manners can be divided into two categories – good manners and bad manners.
Klasse, Gruppe, Kategorie
Benehmen kann man in zwei Kategorien einteilen – gutes Benehmen und schlechtes Benehmen.

define *v* [dɪˈfaɪn]
definieren

definition *n* [ˌdefɪˈnɪʃn]
Definition

opposite *n* [ˈɒpəzɪt]
The **opposite of** "hot" is "cold".
Gegensatz
Der Gegensatz von „heiß" ist „kalt".

instead of *prep* [ɪnˈsted͜əv]
I'll have water instead of wine with my meal.
(an)statt, anstelle von
Ich trinke zum Essen Wasser statt Wein.

detail *n* [ˈdiːteɪl]
Detail, Einzelheit

list *n* [lɪst]
Liste

order *n* [ˈɔːdə]
right/wrong order
Reihenfolge
richtige/verkehrte Reihenfolge

quality *n* [ˈkwɒlətɪ]
Qualität; Eigenschaft

excellent *adj* [ˈekslənt]
ausgezeichnet

favourite *adj* [ˈfeɪvrɪt]
Christmas is my favourite holiday.
Lieblings-
Weihnachten ist mein Lieblingsfeiertag.

important *adj* [ɪmˈpɔːtnt]
wichtig

importance *n* [ɪmˈpɔːtns]
Bedeutung; Wichtigkeit

characteristic *adj; n*
[ˌkærəktəˈrɪstɪk]
be characteristic of sth/sb
charakteristisch, kennzeichnend; Eigenschaft, Merkmal
charakteristisch für etw./jdn sein

the main characteristic	das Hauptmerkmal
feature n ['fiːtʃə]	Merkmal, Kennzeichen
original n [ə'rɪdʒnl]	Original
imitation n [ˌɪmɪ'teɪʃn]	Imitation, Fälschung

vary, varied, varied v ['veərɪ]
variieren, abwechseln
Any ale in Britain **varies in** taste **from** others in the same region.
In Großbritannien unterscheidet sich jedes Ale-Bier geschmacklich von anderen aus derselben Gegend.

correspond to v [kɒrɪˌspɒnd'tʊ]
(einer Sache) entsprechen
Steven's new job in Los Angeles roughly corresponds to his old one in London.
Stevens neue Arbeitsstelle in Los Angeles entspricht ungefähr seiner alten in London.

crucial adj ['kruːʃl]	extrem wichtig, entscheidend
the crucial difference	der entscheidende Unterschied
principal adj ['prɪnsəpl]	Haupt-; wichtig
the principal reason	der Hauptgrund
major adj ['meɪdʒə]	Haupt-; groß, bedeutend
the major difference	der Hauptunterschied
minor adj ['maɪnə]	Neben-; gering, unbedeutend
a minor accident	ein kleiner/unbedeutender Unfall
maximum adj; n ['mæksɪməm]	maximal, Höchst-; Maximum
maximum speed 35 mph	Höchstgeschwindigkeit 35 Meilen pro Stunde
minimum adj; n ['mɪnɪməm]	minimal, Mindest-; Minimum
minimum wage	Mindeststundenlohn

last adj [lɑːst]	letzte(r, s)
the last but one	der/die/das Vorletzte
last but not least	nicht zuletzt
former adj ['fɔːmə]	früher, ehemalig; erstere(r, s)
a former colleague	ein(e) frühere(r) Kollege/Kollegin
the former	der/die/das Erstere
latter adj ['lætə]	letztere(r, s)
the latter	der/die/das Letztere

23.2 Zugehörigkeit, Besitz

belong to v [bɪˌlɒŋ'tʊ]	gehören (zu)
Does this car **belong to** you?	Gehört dieses Auto dir/Ihnen?
own adj; v [əʊn]	eigen; besitzen, gehören
I have my own flat now.	Ich habe jetzt eine eigene Wohnung.

23 Allgemeine Begriffe

Do you own your house or are you renting it?	Gehört Ihnen das Haus oder wohnen Sie dort zur Miete?
owner n [ˈəʊnə]	Besitzer(in)
possess v [pəˈzes]	besitzen
possession n [pəˈzeʃn]	Besitz(stand)
worldly possessions	irdische Güter

whose pron [huːz]	wessen
Whose bicycle is that?	Wessen Fahrrad ist das?
of prep [əv/ɒv]	von
a friend of mine	ein Freund von mir

my adj [maɪ]	mein(e)
mine pron [maɪn]	meine(r, s), meins
No, that's your glass! This one's mine.	Nein, das ist dein Glas. Dieses da ist meins.
our adj [ˈaʊə]	unser(e)
ours pron [ˈaʊəz]	unsere(r, s)
your adj [jɔː]	dein(e), eur(e), Ihr(e)
yours pron [jɔːz]	deine(r, s), eure(r, s), Ihre(r, s)

his adj; pron [hɪz]	sein(e); seine(r, s)
her adj [hɜː]	ihr(e)
hers pron [hɜːz]	ihre(r, s)
its adj [ɪts]	sein(e), ihr(e)
It's time to give the dog its food.	Es ist Zeit, dem Hund etwas zum Fressen zu geben.
their adj [ðeə]	ihr(e)
theirs pron [ðeəz]	ihre(r, s)

23.3 Ursache, Wirkung, Zusammenhänge

why adv [waɪ]	warum
because conj; prep [bɪˈkɒz]	weil, da
Gwen was late for school because her bike had a puncture.	Gwen kam zu spät zur Schule, weil ihr Fahrrad einen Platten hatte.
The school trip was cancelled **because of** bad weather.	Der Schulausflug wurde wegen schlechten Wetters abgesagt.
effect n [ɪˈfekt]	Wirkung, Folge
have an effect on sth/sb	eine Wirkung auf etw./jdn haben
cause n; v [kɔːz]	Ursache; verursachen
cause and effect	Ursache und Wirkung
The plane crash was caused by pilot error.	Der Flugzeugabsturz wurde durch Pilotenfehler verursacht.

Allgemeine Begriffe 23

conclusion n [kən'kluːʒn] — Schluss(folgerung)
come to/draw a conclusion — eine Schlussfolgerung ziehen
so conj [səʊ] — also; damit
Those are the facts, **so** you can see there's not much we can do. — Das sind die Tatsachen; du siehst also, wir können wenig tun.
You'd better type your letters, **so that** people can read them. — Du solltest deine Briefe lieber tippen, damit man sie lesen kann.
therefore adv ['ðeəfɔː] — deshalb; also
Jill is married to Paul; therefore Paul's brother is Jill's brother-in-law. — Jill ist mit Paul verheiratet; also ist Pauls Bruder Jills Schwager.
in order to conj [ɪn'ɔːdətə] — um (…) zu …; damit
He stopped eating sweets in order to lose weight. — Um abzunehmen, hörte er auf, Süßigkeiten zu essen.

and conj [ænd/ənd] — und
part n [pɑːt] — (Bestand-)Teil
Can you name the basic parts of a PC? — Kannst du die Grundbestandteile eines PC nennen?
piece n [piːs] — Teil, Stück
the missing piece of the puzzle — das fehlende Teil des Puzzles
together adv [tə'geðə] — zusammen
This 3D jigsaw puzzle is extremely difficult to put together. — Dieses 3D-Puzzle ist extrem schwer zusammenzusetzen.
with prep [wɪð] — mit
without prep [wɪð'aʊt] — ohne
Would you like a room **with or without** a bath? — Hätten Sie gerne ein Zimmer mit oder ohne Bad?
join v [dʒɔɪn] — zusammenfügen, verbinden
connect (to) v [kə,nekt('tʊ)] — verbinden (mit)
The garage is connected to the house by a side door. — Die Garage ist mit dem Haus durch einen Seiteneingang verbunden.
tie v [taɪ] — (zusammen)binden
The robbers **tied** the shopkeeper **up** before leaving the shop. — Bevor sie den Laden verließen, fesselten die Räuber den Ladenbesitzer.

It all ties up. BE idiom — Es passt alles zusammen.

due to prep [,djuː'tʊ] — wegen, bedingt durch
Due to circumstances beyond our control, all flights to Atlanta have been cancelled. — Wegen unvorhergesehener Ereignisse sind alle Flüge nach Atlanta gestrichen.
result n [rɪ'zʌlt] — Ergebnis
As a result of the bad weather, farmers have had a poor harvest. — Als Folge des schlechten Wetters hatten die Bauern eine schlechte Ernte.

Ursache, Wirkung, Zusammenhänge **371**

23 Allgemeine Begriffe

situation n [ˌsɪtjʊˈeɪʃn]
a critical/desperate/hopeless situation
depend on v [dɪˌpendˈɒn]
The amount of money you earn doesn't always depend on how much you work.

Situation, Lage
eine kritische/verzweifelte/hoffnungslose Situation
abhängen von
Wie viel man verdient, hängt nicht immer davon ab, wie viel man arbeitet.

on account of prep [ˌɒnəˈkaʊntəv]
On account of his injury, he was unable to work.
consequence n [ˈkɒnsɪkwəns]
He had to **pay the consequences of** his crime by going to jail.
reference n [ˈrefrəns]
with reference to your letter of April 10th
vice versa adj [ˌvaɪsɪˈvɜːsə]
We help our neighbours out when they're in trouble and vice versa.

wegen, aufgrund (von)

Aufgrund seiner Verletzung konnte er nicht arbeiten.
Konsequenz, Folge
Er musste für sein Verbrechen mit einer Gefängnisstrafe büßen.
Bezug
in Bezug auf Ihr Schreiben vom 10. April
umgekehrt, vice versa
Wir helfen unseren Nachbarn, wenn sie Probleme haben, und umgekehrt.

differ v [ˈdɪfə]
John and Mary have always **differed on** political issues.

anderer Meinung sein
John und Mary waren in politischen Fragen stets unterschiedlicher Meinung.

combine v [kəmˈbaɪn]
combination n [ˌkɒmbɪˈneɪʃn]
unity n [ˈjuːnətɪ]

verbinden, kombinieren
Verbindung, Kombination

Einheit, Einigkeit

23.4 Vergleich, Eigenschaften

or conj [ɔː]
compare v [kəmˈpeə]
A recent study compared the learning ability of children from rural and urban areas.

Scientists have **compared** our planet **to** a spaceship.

oder
vergleichen
Eine aktuelle Studie hat die Lernfähigkeit von Kindern aus ländlichen und städtischen Gebieten verglichen.
Wissenschaftler haben unseren Planeten mit einem Raumschiff verglichen.

372 Vergleich, Eigenschaften

Allgemeine Begriffe 23

comparison n [kəm'pærɪsn]
Of course his car's very nice, but it's **no comparison to** a real sports car.

by comparison

contrast n; v ['kɒntrɑːst; kən'trɑːst]

in contrast to
The speaker **contrasted** the situation of the homeless today **with** that of twenty years ago.

than conj [ðæn/ðən]
Karen is much nicer than her brother.

as adv [æz/əz]
twice as big as …

Vergleich
Sicher ist sein Wagen ganz nett, aber er kann es nicht mit einem echten Sportwagen aufnehmen.

im Vergleich

Unterschied, Gegensatz, Kontrast; gegenüberstellen
im Gegensatz zu
Der Vortragende stellte die Situation der Obdachlosen heute der vor zwanzig Jahren gegenüber.

als
Karen ist viel netter als ihr Bruder.

so, wie
doppelt so groß wie …

> ℹ️ **Useful comparisons**
>
> Im Englischen gibt es viele bildhafte Ausdrücke mit der Konstruktion **as … as**, die einen Vergleich benutzen, um die Bedeutung *sehr* zu steigern, z. B.:
>
> | | |
> |---|---|
> | That joke is **as old as the hills**. | *Dieser Witz ist uralt.* |
> | The parcel looked heavy, but it was really **as light as a feather**. | *Das Paket sah schwer aus sein, aber in Wirklichkeit war es federleicht.* |
> | Even in early spring it is still **as cold as ice** in Greenland. | *Selbst zu Frühlingsanfang ist es immer noch eisig kalt in Grönland.* |
> | The driving test is supposed to be difficult, but for me it **was as easy as falling off a log**. | *Die Fahrprüfung soll angeblich so schwierig sein, aber für mich war sie kinderleicht!* |
> | Her word is **as good as gold**. | *Auf ihr Wort kann man sich ganz und gar verlassen.* |
> | The strawberries were **as sweet as honey**. | *Die Erdbeeren waren honigsüß.* |

---

difference n ['dɪfrəns]
What's the **difference between** a van and a lorry?

different adj ['dɪfrənt]
Life in America is very **different from** that in Europe.

same adj; pron [seɪm]
All of the children in our road go to the same school.
I don't care what you think. To me all boy groups are the same!

equal adj ['iːkwəl]

Unterschied
Was ist der Unterschied zwischen einem Lieferwagen und einem Lastwagen?

anders, unterschiedlich
Das Leben in Amerika ist ganz anders als das in Europa.

der-/die-/dasselbe; dasselbe
Alle Kinder aus unserer Straße gehen in dieselbe Schule.
Es ist mir egal, was du denkst. Für mich sind alle Boy-Gruppen gleich!

gleich

Vergleich, Eigenschaften **373**

Allgemeine Begriffe

The two men were **of equal height**.
Die beiden Männer waren gleich groß.

similar *adj* ['sɪmɪlə]
ähnlich

alike *adj* [ə'laɪk]
ähnlich, gleich

The twins were so alike even their parents couldn't tell them apart.
Die Zwillinge waren sich so ähnlich, dass selbst ihre Eltern sie nicht auseinander halten konnten.

typical *adj* ['tɪpɪkl]
typisch

Ouzo is a typical Greek drink.
Ouzo ist ein typisch griechisches Getränk.

It's so **typical of** Simon to be this late.
Es ist wirklich typisch für Simon, derart zu spät zu kommen!

usual *adj* ['ju:ʒʊəl]
gewöhnlich, üblich

He ordered his usual drink.
Er bestellte das übliche Getränk.

unusual *adj* [ʌn'ju:ʒʊəl]
ungewöhnlich

common *adj* ['kɒmən]
gewöhnlich, normal

a **common cold**
eine gewöhnliche Erkältung

rare *adj* [reə]
selten, rar

old *adj* [əʊld]
alt

That joke is **as old as the hills**. *idiom*
Der Witz ist wirklich uralt.

new *adj* [nju:]
neu

Her father gave her a **brand-new** bicycle for her birthday.
Ihr Vater schenkte ihr zum Geburtstag ein nagelneues Fahrrad.

big *adj* [bɪg]
groß

little *adj* ['lɪtl]
klein

Her grandparents lived on a lovely little farm in Ohio.
Ihre Großeltern lebten auf einer hübschen kleinen Farm in Ohio.

large *adj* [lɑ:dʒ]
groß

small *adj* [smɔ:l]
klein

huge *adj* [hju:dʒ]
riesig

An elephant is a huge animal.
Der Elefant ist ein riesiges Tier.

tiny *adj* ['taɪnɪ]
sehr klein, winzig

Compared to an elephant, a dog is tiny.
Verglichen mit einem Elefanten ist ein Hund winzig.

long *adj* [lɒŋ]
lang

short *adj* [ʃɔ:t]
kurz

high *adj* [haɪ]
hoch

What's the highest building in the world?
Was ist das höchste Gebäude der Welt?

low *adj* [ləʊ]
niedrig

The ceiling was very low.
Die Zimmerdecke war sehr niedrig.

374 Vergleich, Eigenschaften

Allgemeine Begriffe

 Big, little, large, small

Die Wortpaare **big** – **little** und **large** – **small** sind in ihrer Grundbedeutung gleich und in den meisten Fällen austauschbar – aber leider nicht immer. Daher ist es für deutsche Lerner oft schwierig, die Unterschiede im Wortgebrauch zu entdecken. Hier einige Tipps:

big	wird meistens verwendet, wenn es sich um **Masse**, **Gewicht** oder **Volumen** handelt
That sofa is much too **big**! It won't fit in my living-room. I need a **little** one.	Das Sofa da ist viel zu <u>groß</u>! Es passt nicht in mein Wohnzimmer. Ich brauche ein <u>kleines</u> (Sofa).
I need a **smaller** one.	Ich brauche ein <u>kleineres</u> (Sofa).
Evelyn was still fairly **big** when she was 30.	Als Dreißigjährige war Evelyn noch ziemlich <u>korpulent</u>.
large	wird oft bevorzugt, wenn es um **Maße**, **Fassungsvermögen** oder **Menge** geht
Even today **large** areas of Canada still have only a very **small** population.	Selbst heute haben <u>große</u> Gebiete von Kanada noch eine sehr <u>geringe</u> Einwohnerzahl.
A **large amount** of diamonds were found in the depths of the old coal mine.	Eine <u>größere Menge</u> Diamanten wurde tief unten in der alten Kohlengrube gefunden.
little	wird verwendet, wenn **Geringfügigkeit** ausgedrückt werden soll, aber auch, wenn eine **positive Emotion** im Spiel ist
My wife shows **little** interest in football.	Meine Frau zeigt <u>wenig</u> Interesse für Fußball.
I grew up in a **little house** in the country.	Ich bin in einem <u>netten kleinen Häuschen</u> auf dem Lande groß geworden.
small	wird dort gebraucht, wo **geringe Größe** mit Hilfe von **Menge**, **Kapazität**, **Wert** oder **Ausmaß** dargestellt werden soll
How can you expect me to survive on such a **small** income?	Wie können Sie annehmen, dass ich mit einem so <u>geringen</u> Einkommen auskomme?
The flat in town was **small**, but it suited our needs very well.	Die Wohnung in der Stadt war <u>klein</u>, aber sie genügte unseren Bedürfnissen vollkommen.

---

good, better, best *adj*
[gʊd, 'betə, best]
   At last things have **changed for the better**.
   I reckon it's really all **for the best**.

gut, besser, beste(r, s)

Endlich hat sich alles zum Besseren gewendet.
Ich glaube, es steht wirklich alles zum Besten.

bad, worse, worst *adj*
[bæd, wɜːs, wɜːst]
   All of a sudden things just went **from bad to worse**.

schlecht, schlechter, schlechteste(r, s)

Plötzlich wurde alles nur noch schlimmer.

Vergleich, Eigenschaften

Allgemeine Begriffe

dangerous adj ['deɪndʒrəs]	gefährlich
safe adj [seɪf]	sicher, ungefährlich

easy adj ['iːzɪ]	einfach, leicht
difficult adj ['dɪfɪklt]	schwierig
It was a difficult problem, but I managed to solve it.	Es war ein schwieriges Problem, aber ich habe geschafft, es zu lösen.
hard adj [hɑːd]	schwierig, schwer, hart
For most people in the developing countries life is very hard.	Das Leben in den Entwicklungsländern ist für die meisten Menschen sehr schwer.
The bed in our hotel room was **as hard as a rock.** idiom	Das Bett in unserem Hotelzimmer war steinhart.
soft adj [sɒft]	weich

heavy adj ['hevɪ]	schwer
What is the heaviest metal you can think of?	Was ist das schwerste Metall, das dir einfällt?
light adj [laɪt]	leicht

empty adj ['emptɪ]	leer
full adj [fʊl]	voll
She's **full of** life.	Sie ist voller Vitalität.

familiar adj [fə'mɪlɪə]	bekannt, vertraut
She looked very familiar, but I couldn't remember who she was.	Sie kam mir sehr bekannt vor, aber ich konnte mich nicht erinnern, wer sie war.
famous adj ['feɪməs]	berühmt
amazing adj [ə'meɪzɪŋ]	erstaunlich
exciting adj [ɪk'saɪtɪŋ]	aufregend

central adj ['sentrəl]	zentral
Our flat is very central.	Unsere Wohnung liegt sehr zentral.
convenient adj [kən'viːnɪənt]	günstig gelegen; praktisch
All our holiday flats are near the beach and **convenient for** shops, pubs etc.	Alle unsere Ferienwohnungen sind in Strandnähe, und Läden, Kneipen usw. sind leicht zu erreichen.
handy adj ['hændɪ]	praktisch
suitable adj ['suːtəbl]	passend, geeignet

critical adj ['krɪtɪkl]	kritisch
direct adj [dɪ'rekt]	direkt
definite adj ['defɪnət]	bestimmt, fest
Have you made any definite plans for the summer holidays?	Haben Sie schon feste Pläne für die Sommerferien gemacht?

Vergleich, Eigenschaften

Allgemeine Begriffe   23

enough *adj* [ɪˈnʌf]　　　　genug
exact *adj* [ɪɡˈzækt]　　　　genau

firm *adj* [fɜːm]　　　　fest
　Judith has made a firm decision　　Judith hat für ihre Zukunft eine
　concerning her future.　　feste Entscheidung getroffen.
loose *adj* [luːs]　　　　lose, locker
　My daughter has a loose tooth.　　Meiner Tochter wackelt ein Zahn.

chief *adj* [tʃiːf]　　　　Haupt-
　Their chief problem was lack of　　Ihr Hauptproblem war Geld-
　money.　　mangel.
general *adj* [ˈdʒenrəl]　　　　allgemein
　in general　　　im Allgemeinen
particular *adj* [pəˈtɪkjələ]　　　speziell, besondere(r, s)
　for no particular reason　　　aus keinem bestimmten Grund
　in particular　　　besonders, vor allem
special *adj* [ˈspeʃl]　　　　besondere(r, s)
　It was a very special day for the　　Für die Kinder war es ein ganz
　children.　　besonderer Tag.
ordinary *adj* [ˈɔːdnrɪ]　　　gewöhnlich, normal
extra *adj* [ˈekstrə]　　　　extra, zusätzlich
　We can supply our product in any　　Wir können unser Produkt in jeder
　colour at no extra charge.　　Farbe ohne Aufpreis liefern.

successful *adj* [səkˈsesfl]　　　erfolgreich
effective *adj* [ɪˈfektɪv]　　　effektiv, wirksam
complete *adj* [kəmˈpliːt]　　　vollkommen, total
　He made a complete fool of himself　　Er hat sich auf der Party total
　at the party.　　blamiert.

perfect *adj* [ˈpɜːfɪkt]　　　perfekt, vollkommen
　Nobody's perfect!　　　Kein Mensch ist vollkommen!
ideal *adj* [aɪˈdɪəl]　　　　ideal
　North Wales is **ideal for** walking.　　Nordwales ist ideal zum Wandern.

necessary *adj* [ˈnesəsrɪ]　　　notwendig, nötig
useful *adj* [ˈjuːsfl]　　　　nützlich
　This tool is very **useful for** repairing　　Dieses Werkzeug ist sehr nützlich
　bicycles.　　für Fahrradreparaturen.
useless *adj* [ˈjuːslɪs]　　　nutzlos

acceptable *adj* [əkˈseptəbl]　　　annehmbar, passend
relative *adj* [ˈrelətɪv]　　　relativ, verhältnismäßig
relevant *adj* [ˈreləvənt]　　　von Bedeutung, relevant
accurate *adj* [ˈækjʊrət]　　　genau, richtig

Vergleich, Eigenschaften   **377**

Allgemeine Begriffe

valid *adj* ['vælɪd]
  a valid argument
senseless *adj* ['senslǝs]

stichhaltig, berechtigt; gültig
  ein stichhaltiges Argument
sinnlos, unsinnig

---

proper *adj* ['prɒpǝ]
satisfactory *adj* [ˌsætɪs'fæktrɪ]
odd *adj* [ɒd]
  Grandmother always had an odd
  way of finding out the truth.

richtig, ordnungsgemäß
zufriedenstellend, befriedigend
merkwürdig, seltsam
  Großmutter hatte schon immer
  eine seltsame Art, die Wahrheit
  herauszufinden.

peculiar *adj* [pɪ'kjuːlɪǝ]
  There's something very **peculiar**
  about that man.
ridiculous *adj* [rɪ'dɪkjǝlǝs]
  Don't be ridiculous!
horrible *adj* ['hɒrǝbl]

eigen(artig), seltsam
  Irgendetwas an diesem Mann
  kommt mir sehr seltsam vor.
lächerlich, albern
  Sei nicht albern!
schrecklich, fürchterlich

---

concise *adj* [kǝn'saɪs]
  a concise report
vague *adj* [veɪg]
  I haven't the vaguest idea what
  you're are talking about.
mysterious *adj* [mɪ'stɪǝrɪǝs]
  Her mind works in mysterious ways.

prägnant, kurz, knapp
  ein prägnanter, knapper Bericht
vage, undeutlich, nebelhaft
  Ich habe nicht die geringste
  Ahnung, wovon du sprichst.
unerklärlich, geheimnisvoll
  Ihre Denkweise ist rätselhaft.

---

civilized *adj* ['sɪvɪlaɪzd]
competent *adj* ['kɒmpǝtnt]
experienced *adj* [ɪk'spɪǝrɪǝnst]
fluent *adj* ['fluːǝnt]
  She speaks fluent Russian.
extraordinary *adj* [ɪk'strɔːdnrɪ]
outstanding *adj* [ˌaʊt'stændɪŋ]
  an outstanding ability
mature *adj* [mǝ'tjʊǝ]

zivilisiert; kultiviert
kompetent, fähig
erfahren
fließend
  Sie spricht fließend Russisch.
außergewöhnlich
hervorragend, außergewöhnlich
  eine außergewöhnliche Begabung
reif, erwachsen

---

considerable *adj* [kǝn'sɪdrǝbl]
  Daniel has considerable strength for
  a child his age.
additional *adj* [ǝ'dɪʃnl]
significant *adj* [sɪg'nɪfɪkǝnt]
  a significant difference
essential *adj* [ɪ'senʃl]
tremendous *adj* [trɪ'mendǝs]
  I have a tremendous amount of
  work to do.
enormous *adj* [ɪ'nɔːmǝs]

beachtlich, ansehnlich
  Daniel hat für ein Kind seines
  Alters beachtliche Kraft.
zusätzlich
bedeutend, wichtig
  ein wichtiger Unterschied
notwendig, wichtig
gewaltig, enorm
  Ich habe eine Riesenmenge Arbeit
  zu erledigen.
gewaltig, ungeheuer

Vergleich, Eigenschaften

Allgemeine Begriffe 23

enjoyable *adj* [ɪnˈdʒɔɪəbl]
We spent three enjoyable weeks in Greece this summer.

nett, angenehm
In diesem Sommer verbrachten wir drei angenehme Wochen in Griechenland.

fortunate *adj* [ˈfɔːtʃnət]
We are very fortunate to have so many good friends.

glücklich, vom Glück begünstigt
Wir haben das große Glück, so viele gute Freunde zu haben.

splendid *adj* [ˈsplendɪd]
luxurious *adj* [lʌɡˈʒʊərɪəs]
precious *adj* [ˈpreʃəs]
colourful *adj* [ˈkʌləfʊl]

wunderbar, glänzend
luxuriös
kostbar
farbig, bunt

astonishing *adj* [əˈstɒnɪʃɪŋ]
incredible *adj* [ɪnˈkredəbl]
remarkable *adj* [rɪˈmɑːkəbl]

erstaunlich, überraschend
unglaublich, sagenhaft
bemerkenswert

dominant *adj* [ˈdɒmɪnənt]
Her mother was the dominant figure in their family.
predominant *adj* [prɪˈdɒmɪnənt]
The predominant feeling was that we should reject the offer.

beherrschend, dominant
Ihre Mutter war die dominante Person in ihrer Familie.
überwiegend, vorwiegend
Man war überwiegend der Meinung, dass wir das Angebot ablehnen sollten.

smooth *adj* [smuːð]
as smooth as silk *idiom*
a smooth talker/operator

glatt
glatt wie Seide
ein aalglatter Typ

specific *adj* [spəˈsɪfɪk]
Do you have a specific bike in mind?
thorough *adj* [ˈθʌrə]
George went to the doctor for a thorough physical examination.
complex *adj* [ˈkɒmpleks]
The problem was so complex the teacher had to explain it twice.

bestimmt, spezifisch, speziell
Stellen Sie sich ein bestimmtes Fahrrad vor?
gründlich
George ging zum Arzt, um sich gründlich untersuchen zu lassen.
kompliziert, verwickelt, komplex
Das Problem war so kompliziert, dass die Lehrerin es zweimal erklären musste.

subtle *adj* [ˈsʌtl]
Peter made his point in a very subtle way.
tricky *adj* [ˈtrɪkɪ]
a tricky question

subtil, diskret, versteckt
Peter machte seinen Standpunkt auf sehr subtile Weise deutlich.
heikel, knifflig
eine heikle Frage

Vergleich, Eigenschaften **379**

23 Allgemeine Begriffe

23.5 Art und Weise

how *adv* [haʊ]
How fast do you think the car was going?

wie
Wie schnell fuhr der Wagen Ihrer Meinung nach?

any *adv* [ˈenɪ]
Are you feeling any better today?

etwas
Geht es dir heute etwas besser?

anyhow, anyway *adv* [ˈenɪhaʊ, ˈenɪweɪ]
Keep your money. I didn't really want it anyway.
Anyway, let's get on with our work.

sowieso; wie auch immer

Behalte dein Geld. Ich wollte es eigentlich sowieso nicht haben.
Wie auch immer, sehen wir zu, dass wir mit unserer Arbeit weiterkommen.

so *adv* [səʊ]
He was so nice to me. I could hardly believe it.

so
Er war so nett zu mir, ich konnte es kaum glauben.

somehow *adv* [ˈsʌmhaʊ]
I don't know how I'll do it. But I know I will somehow.

irgendwie
Ich weiß nicht, wie ich es schaffen soll. Aber ich weiß, irgendwie wird es mir gelingen.

even *adv* [ˈiːvn]
It's hot in southern California even in November.

selbst, sogar
Selbst im November ist es in Südkalifornien heiß.

though *adv* [ðəʊ]
She promised to marry him, but she didn't though.

doch, dennoch
Sie versprach, ihn zu heiraten, aber sie tat es doch nicht.

very *adv* [ˈverɪ]
We're very pleased to meet you.

sehr
Wir freuen uns sehr, Sie kennen zu lernen.

really *adv* [ˈrɪəlɪ]
It was a really old house.

wirklich
Es war ein wirklich altes Haus.

well, better, best *adv* [wel, ˈbetə, best]
Do you know him very well?
Parents always **know best**.

gut, besser, beste(r, s)

Kennst du ihn sehr gut?
Eltern wissen immer alles am besten.

fortunately *adv* [ˈfɔːtʃnətlɪ]
Fortunately for us there was a petrol station only a mile down the road.

glücklicherweise
Zu unserem Glück gab es nur eine Meile die Straße weiter eine Tankstelle.

hard *adv* [hɑːd]
He works very hard at the office.

schwer, hart
Im Büro arbeitet er sehr schwer.

hardly *adv* [ˈhɑːdlɪ]

kaum

380 Art und Weise

Allgemeine Begriffe 23

Although he had fallen down the stairs, he was hardly hurt at all.

Obwohl er die Treppe hinunter gestürzt war, war er kaum verletzt.

only *adv* [ˈəʊnlɪ]
Members only!
only yesterday

nur; erst
Nur für Mitglieder!
erst gestern

likely *adv* [ˈlaɪklɪ]
If he did it once then he's very likely to do it again.

wahrscheinlich
Wenn er es einmal getan hat, dann wird er es sehr wahrscheinlich wieder tun.

usually *adv* [ˈjuːʒlɪ]
She usually does her shopping on Tuesday afternoons.
generally *adv* [ˈdʒenrəlɪ]
normally *adv* [ˈnɔːmlɪ]
mainly *adv* [ˈmeɪnlɪ]
nearly *adv* [ˈnɪəlɪ]
Come on in! We're nearly ready.

für gewöhnlich, normalerweise
Normalerweise geht sie am Dienstagnachmittag einkaufen.
im Allgemeinen, generell
normalerweise
hauptsächlich
fast, beinahe
Kommt rein! Wir sind beinahe fertig.

fairly *adv* [ˈfeəlɪ]
The sea was fairly rough.
pretty *adv* [ˈprɪtɪ]
I used to live pretty far from my school, so I had to take the bus.

ziemlich
Die See war ziemlich rau.
ziemlich; ganz schön
Früher wohnte ich ziemlich weit entfernt von meiner Schule und musste deshalb mit dem Bus fahren.

quite *adv* [kwaɪt]
He can cook quite well.
altogether *adv* [ˌɔːltəˈgeðə]
Fortunately the baby next door stopped crying altogether.

ganz, ziemlich
Er kann ganz gut kochen.
im Ganzen; ganz und gar
Glücklicherweise hörte das Baby im Nachbarzimmer ganz auf zu schreien.

I'm sorry, but that's not altogether true.

Es tut mir Leid, aber das ist nicht ganz richtig.

absolutely *adv* [ˌæbsəˈluːtlɪ]
I think you're absolutely right about that.
apparently *adv* [əˈpærəntlɪ]
Apparently the accident was due to alcohol and high speed.

absolut, vollkommen
Ich glaube, da hast du vollkommen Recht.
anscheinend, offensichtlich
Anscheinend passierte der Unfall wegen Alkohol und zu hoher Geschwindigkeit.

evidently *adv* [ˈevɪdəntlɪ]
Evidently she doesn't like me, otherwise she wouldn't have been so impolite.

offensichtlich
Offensichtlich mag sie mich nicht, sonst wäre sie nicht so unhöflich gewesen.

Art und Weise 381

23 Allgemeine Begriffe

gradually *adv* [ˈgrædʒʊəlɪ]
He gradually realized what his girlfriend had been trying to tell him.

allmählich
Allmählich begriff er, was seine Freundin ihm hatte sagen wollen.

incidentally *adv* [ˌɪnsɪˈdentlɪ]
Incidentally, did you remember to return the books you borrowed last week?

übrigens, nebenbei
Ach übrigens, hast du daran gedacht, die Bücher zurückzubringen, die du dir letzte Woche ausgeliehen hast?

merely *adv* [ˈmɪəlɪ]
You don't have to take my advice; it's merely a suggestion.

bloß, nur, lediglich
Du musst nicht auf meinen Rat hören; es ist bloß ein Vorschlag.

scarcely *adv* [ˈskeəslɪ]
He scarcely had enough money to live on.

kaum
Er hatte kaum genug Geld zum Leben.

partly *adv* [ˈpɑːtlɪ]
Laura was partly to blame for the accident because she forgot to look both ways before crossing the street.

teilweise, zum Teil
Laura war am Unfall teilweise Schuld, weil sie die Straße überquerte, ohne zuvor in beide Richtungen zu schauen.

largely *adv* [ˈlɑːdʒlɪ]
It was largely business we talked about.

zum größten Teil, überwiegend
Wir haben hauptsächlich über Geschäftliches gesprochen.

Falsche Freunde

Englisches Wort	Thematische Bedeutung(en)	Falscher Freund	Englische Entsprechung(en)
brand *n*	Art, Sorte; Marke	Brand	fire
familiar *adj*	bekannt, vertraut	familiär	family ~; informal
famous *adj*	berühmt	famos	great, excellent, fantastic
handy *adj*	praktisch	Handy	mobile (phone) BE; cell phone AE
ordinary *adj*	gewöhnlich, normal	ordinär	vulgar
principal *adj*	Haupt-; wichtig	prinzipiell	fundamental

382 Art und Weise

Sprachliche Kommunikation

24

24 Sprachliche Kommunikation

24.1 Sprachliche Handlungen und Sprechabsichten

communication *n*
[kə‚mjuːnɪˈkeɪʃn]
  Language is the most important
  means of communication.

Kommunikation, Verständigung

  Die Sprache ist das wichtigste
  Verständigungsmittel.

approach sb *v* [əˈprəʊtʃ]

auf jdn zukommen, jdn ansprechen

touch *n* [tʌtʃ]
  get in touch with sb
  Please **keep in touch**.

Kontakt, Verbindung
  mit jdm Kontakt aufnehmen
  Bitte, lass(t) mal von dir/euch
  hören!

  I haven't really seen Elaine in years,
  but I've still **kept in touch with** her.

  Ich habe Elaine eigentlich seit
  Jahren nicht gesehen, aber ich bin
  trotzdem mit ihr in Verbindung
  geblieben.

---

conversation *n* [‚kɒnvəˈseɪʃn]

Unterhaltung

talk *n* [tɔːk]
  have a talk with sb
  give a talk (on)

Gespräch; Vortrag
  sich mit jdm unterhalten
  einen Vortrag halten (über)

talk *v* [tɔːk]
  Frank **talked to** his father and
  explained to him why he was going
  abroad.
  All Sharon could **talk about** was her
  holiday in South Africa.

reden, sich unterhalten
  Frank redete mit seinem Vater und
  erklärte ihm, warum er ins Ausland
  gehen wollte.
  Sharon konnte über nichts anderes
  reden als über ihren Urlaub in
  Südafrika.

speak, spoke, spoken *v*
[spiːk, spəʊk, ˈspəʊkn]
  Have you **spoken to** your sister
  since her accident?

sprechen, reden

  Hast du / Haben Sie mit deiner/
  Ihrer Schwester seit ihrem Unfall
  gesprochen?

  It still isn't easy for him, but Stuart
  can now **speak about** his cancer
  openly.

  Es fällt ihm immer noch nicht
  leicht, aber Stuart kann jetzt offen
  über sein Krebsleiden sprechen.

---

ask *v* [ɑːsk]
  ask a question
  If there's anything you need, just
  ask for it.

fragen; bitten
  eine Frage stellen
  Wenn du irgendetwas brauchst,
  musst du es nur verlangen.

question *n* [ˈkwestʃən]
  That's **out of the question**. *idiom*

Frage
  Das kommt nicht in Frage!

answer *n; v* [ˈɑːnsə]
  That might be **the answer to** our
  problem.

Antwort; (be)antworten
  Das könnte die Lösung unseres
  Problems sein.

Sprachliche Kommunikation 24

answer a question	eine Frage beantworten
answer the phone	ans Telefon gehen

intend *v* [ɪnˈtend] beabsichtigen, vorhaben
What do you **intend to** say to her? Was hast du vor, ihr zu sagen?
intention *n* [ɪnˈtenʃn] Absicht, Zweck
make clear, made, made *v* klar machen
[ˌmeɪkˈklɪə, meɪd]
He made his intentions quite clear. Er machte seine Absichten ganz klar.

topic *n* [ˈtɒpɪk] Thema, Gesprächsgegenstand
topic of conversation Gesprächsthema
express *v* [ɪkˈspres] ausdrücken
express an opinion eine Meinung ausdrücken
Sometimes I find it difficult to Ich habe manchmal Schwierigkei-
express myself well. ten, mich richtig auszudrücken.
expression *n* [ɪkˈspreʃn] Ausdruck, Formulierung

invitation *n* [ˌɪnvɪˈteɪʃn] Einladung
an invitation to sth eine Einladung zu etwas
a written invitation eine schriftliche Einladung
greet *v* [griːt] (be)grüßen
greet the guests die Gäste begrüßen
welcome *v form* [ˈwelkəm] willkommen heißen
The party leaders were welcomed Die Parteivorsitzenden wurden vom
by the President. Präsidenten willkommen geheißen.

tell, told, told *v* [tel, təʊld] sagen; erzählen
I told you you'd miss the bus, Ich habe dir doch gesagt, dass du
didn't I? den Bus verpassen würdest, oder?
tell a story eine Geschichte erzählen
Dora **told** her friends **about** the Dora erzählte ihren Freunden von
accident. dem Unfall.
report *n; v* [rɪˈpɔːt] Bericht; berichten, Bericht erstatten
newspaper report Zeitungsbericht
This is Sandra Mills **reporting from** Sandra Mills, (mit einem Bericht
Belfast. aus) Belfast.
comment *n; v* [ˈkɒment] Bemerkung, Kommentar; kommentieren, sich äußern
make a comment eine Bemerkung machen
Would you like to **comment on** Möchten Sie sich zu dem äußern,
what Dr Watson has just said? was Dr. Watson eben gesagt hat?
insist *v* [ɪnˈsɪst] auf etw. bestehen
I must insist that you leave now! Ich muss darauf bestehen, dass Sie jetzt gehen.

Sprachliche Handlungen und Sprechabsichten **385**

Sprachliche Kommunikation

The customer **insisted on** making her point.

Die Kundin bestand darauf, ihre Meinung zu sagen.

persuade v [pə'sweɪd]

überzeugen; überreden

How can you persuade more people to save even more energy?

Wie kann man mehr Leute davon überzeugen, noch mehr Energie einzusparen?

The workers were persuaded to work longer hours for lower wages.

Die Arbeiter wurden dazu überredet, für niedrigeren Lohn länger zu arbeiten.

convince v [kən'vɪns]

überzeugen

Glen couldn't convince me that his ideas about education were any good at all.

Glen konnte mich mit seiner Vorstellung von Bildung ganz und gar nicht überzeugen.

---

boast v [bəʊst]

prahlen, angeben

boast about sth

mit etw. angeben

lie n; v [laɪ]

Lüge; lügen

He never **tells lies**; he's an honest boy.

Er lügt nie; er ist ein ehrlicher Junge.

Tim was quite sure his brother would never **lie to** him.

Tim war ganz sicher, dass ihn sein Bruder nie belügen würde.

admit, admitted, admitted v [əd'mɪt]

zugeben, (ein)gestehen

The young man admitted having stolen the money.

Der junge Mann gab zu, dass er das Geld gestohlen hatte.

excuse n [ɪk'skjuːs]

Entschuldigung; Ausflucht

That's no excuse!

Das ist keine Entschuldigung!

Paula always **makes excuses** when she's late.

Paula macht immer Ausflüchte, wenn sie zu spät kommt.

promise n; v ['prɒmɪs]

Versprechen; versprechen

Sam's always **making promises** he can't keep.

Sam macht immer Versprechungen, die er nicht halten kann.

break a promise

ein Versprechen brechen

---

shout n; v [ʃaʊt]

lauter Ruf, Schrei; laut rufen, brüllen

Gillian **gave a shout** of joy when her girlfriend scored a goal.

Gillian stieß einen Freudenschrei aus, als ihre Freundin ein Tor schoss.

Jim always **shouts at** his children when he's angry.

Jim brüllt immer seine Kinder an, wenn er wütend ist.

whisper n; v ['wɪspə]

Flüstern; flüstern, heimlich erzählen

She **spoke in a whisper** because she was so nervous.

Sie sprach im Flüsterton, weil sie so aufgeregt war.

whisper a word in(to) sb's ear idiom

jdm leise einen Tipp geben

Sprachliche Handlungen und Sprechabsichten

Sprachliche Kommunikation

suggest *v* [sə'dʒest]
May I suggest that we meet at my office tomorrow morning?

vorschlagen
Darf ich Ihnen vorschlagen, dass wir uns morgen früh in meinem Büro treffen?

demand *v* [dɪ'mɑːnd]
I'm sorry, but I must demand a refund.

verlangen, fordern
Tut mir Leid, aber ich muss eine Rückzahlung verlangen.

accept *v* [ək'sept]
We must **accept the fact that** Celia wants her money back.

akzeptieren, annehmen
Wir müssen akzeptieren, dass Celia ihr Geld zurückhaben will.

allow *v* [ə'laʊ]
The youths were not even allowed one drink at the pub.

erlauben
Man erlaubte den Jugendlichen nicht einmal einen Drink in der Kneipe.

refuse *v* [rɪ'fjuːz]
The barman strictly refused to serve them at all.

sich weigern; verweigern
Der Barkeeper weigerte sich strikt, sie überhaupt zu bedienen.

complain *v* [kəm'pleɪn]
Our neighbours **complained to** us because our dog was too loud.

sich beschweren, (be)klagen
Unsere Nachbarn beschwerten sich bei uns, weil unser Hund zu laut war.

Edward often **complains of** headaches in the morning.
I'm surprised they're still married as much as Wendy **complains about** her husband.

Edward klagt am Morgen oft über Kopfschmerzen.
Wendy beklagt sich so viel über ihren Mann, dass es mich wundert, dass sie noch verheiratet sind.

warn *v* [wɔːn]

warnen; aufmerksam machen, hinweisen

She warned him not to complain to his boss.
The boss warned him that he might lose his job soon.

Sie warnte ihn davor, sich bei seinem Chef zu beschweren.
Der Chef wies ihn darauf hin, dass er seine Stelle bald verlieren könnte.

warning *n* ['wɔːnɪŋ]
Let's hope this'll **serve as a warning to** him.

Warnung
Hoffen wir, dass ihm das eine Warnung ist.

speaker *n* ['spiːkə]
  native speaker
interpreter *n* [ɪn'tɜːprɪtə]
interpret *v* [ɪn'tɜːprɪt]

Redner(in); Sprecher(in)
  Muttersprachler(in)
Dolmetscher(in)
dolmetschen, simultan übersetzen

translator *n* [trænz'leɪtə]

Übersetzer(in)

Sprachliche Handlungen und Sprechabsichten **387**

Sprachliche Kommunikation

Professional translators usually **translate texts from** just one foreign language **into** their own mother tongue.	Hauptberufliche Übersetzer(innen) übersetzen normalerweise Texte aus nur einer Fremdsprache in ihre eigene Muttersprache.

verbal *adj* [ˈvɜːbl]
   mündlich; sprachlich
verbal agreement
   mündliche Vereinbarung
verbal skills
   sprachliche Fertigkeiten
repetition *n* [ˌrepɪˈtɪʃn]
   Wiederholung
The club president's speech was full of repetitions and pauses.
   Die Rede des/der Vereinsvorsitzenden war voller Wiederholungen und Pausen.

slip *n* [slɪp]
   Ausrutscher, Fehler
a slip of the tongue
   ein Versprecher
remark *n; v* [rɪˈmɑːk]
   Bemerkung; Bemerkung(en) machen
saying *n* [ˈseɪɪŋ]
   Redensart, Sprichwort
As the saying goes: "Take your time and take it easy." *idiom*
   Wie es so schön heißt: „Nimm dir Zeit und nicht das Leben."
chat *n* [tʃæt]
   Plaudern, Unterhaltung
have a chat about sth
   über etw. plaudern/schwatzen
chat, chatted, chatted *v* [tʃæt]
   plaudern, schwatzen
chat sb up BE; **hit on sb** AE *inform*
   jdn anmachen, anbaggern
gossip *n; v* [ˈgɒsɪp]
   Klatsch, Tratsch; Klatschtante; klatschen, tratschen; schwatzen

Cliff's affair with Margaret started a lot of gossip in the neighbourhood.	Cliffs Affäre mit Margaret löste eine Menge Klatsch in der Nachbarschaft aus.
He's a **terrible gossip,** isn't she?	Er ist eine schreckliche Klatschtante, nicht wahr?

rumour *n* [ˈruːmə]
   Gerücht
Rumour has it that the minister had to resign because of an affair.
   Es gibt Gerüchte, dass der Minister wegen einer Affäre zurücktreten musste.

version *n* [ˈvɜːʃn]
   Version, Darstellung
The official version of the incident was quite different from what the press had found out.
   Die offizielle Version des Vorfalls unterschied sich deutlich von dem, was die Presse herausgefunden hatte.

identify, identified, identified *v* [aɪˈdentɪfaɪ]
   erkennen, einordnen
Where are you from? I can't identify your accent.
   Woher sind Sie? Ich kann Ihren Akzent nicht einordnen.

introduction *n* [ˌɪntrəˈdʌkʃn]
   Vorstellung; Einführung
make the introductions *form*
   die Vorstellung (einander unbekannter Personen) übernehmen

Sprachliche Handlungen und Sprechabsichten

Sprachliche Kommunikation 24

greeting n ['griːtɪŋ] — Begrüßung; Gruß, Glückwunsch
  greetings card — Glückwunschkarte
congratulate v [kən'grætʃʊleɪt] — gratulieren
  Many people **congratulated** her — Viele Leute gratulierten ihr zum
  on passing her final exam. — Bestehen ihres Abschlußexamens.
compliment n ['kɒmplɪmənt] — Kompliment; Empfehlung
  pay sb a compliment — jdm ein Kompliment machen
  with the compliments of ... — mit besten Empfehlungen von ...

request n [rɪ'kwest] — Bitte, Wunsch
  We serve snacks at the meetings **on** — Bei den Sitzungen wird nur auf
  request only. — Wunsch ein Imbiss serviert.
  The evening performance was — Die Abendvorstellung wurde auf
  cancelled **by request of** the — Wunsch der Theaterleitung
  theatre's management. — abgesagt.
request v [rɪ'kwest] — bitten, um etw. ersuchen; wünschen
  Ladies and gentlemen, may I — Meine Damen und Herren, darf
  request silence please? — ich um Ruhe bitten?
  I'll come **whenever requested**. — Ich komme, wann immer es
    — gewünscht wird.

swear, swore, sworn v — fluchen
[sweə, swɔː, swɔːn]
  swear at sb — jdn beschimpfen
swear word n ['sweəwɜːd] — Schimpfwort
insult n; v ['ɪnsʌlt; ɪn'sʌlt] — Beleidigung; beleidigen
apology n [ə'pɒlədʒɪ] — Entschuldigung
justify (oneself), justified, justified v — (sich) rechtfertigen, verteidigen
['dʒʌstɪfaɪ]
cheer up v [ˌtʃɪər'ʌp] — aufmuntern
  Tell her she's passed the exam; — Sag ihr, dass sie die Prüfung
  that'll cheer her up! — bestanden hat; das wird sie
    — aufmuntern!

imply, implied, implied v [ɪm'plaɪ] — andeuten; implizieren
  Are you implying that I'm a liar? — Wollen Sie damit andeuten, dass
    — ich ein Lügner bin?
indicate v ['ɪndɪkeɪt] — andeuten, zu verstehen geben
  Cynthia indicated her feelings in no — Cynthia gab ihre Gefühle/Ansich-
  uncertain terms. — ten ganz deutlich zu verstehen.
assure v [ə'ʃʊə] — versichern, zusichern
  I assure you that I'm telling the — Ich versichere Ihnen, dass ich die
  truth. — Wahrheit sage.
confirm v [kən'fɜːm] — bestätigen
emphasize v ['emfəsaɪz] — betonen, hervorheben
exaggerate v [ɪg'zædʒəreɪt] — übertreiben

Sprachliche Handlungen und Sprechabsichten **389**

24 Sprachliche Kommunikation

claim n; v [kleɪm]

Behauptung, Anspruch; behaupten, beanspruchen

She claimed to be the owner of the building site.

Sie behauptete, Besitzerin des Baugrundstücks zu sein.

criticize v ['krɪtɪsaɪz]

kritisieren

criticism n ['krɪtɪsɪzm]

Kritik

disagreement n [ˌdɪsə'griːmənt]

Meinungsverschiedenheit

They **had a serious disagreement about** politics yesterday.

Sie hatten gestern eine ernste Meinungsverschiedenheit über Politik.

recommendation n [ˌrekəmen'deɪʃn]

Empfehlung

command n; v [kə'mɑːnd]

Befehl; befehlen

refusal n [rɪ'fjuːzl]

Weigerung, Ablehnung, Absage

24.2 Soziale Kontakte: Redemittel

excuse v [ɪk'skjuːz]

entschuldigen

Excuse me, how do I get to the station, please?

Entschuldigen Sie, wie komme ich bitte zum Bahnhof?

sir n [sɜː]

mein Herr (Anrede)

madam n ['mædəm]

meine Dame, gnädige Frau (Anrede)

Can I help you, **madam/sir**?

Kann ich etwas für Sie tun (, meine Dame / mein Herr)?

hey! interj inform [heɪ]

he, Sie/du!; he, Mensch!

Hey! Can't you watch where you're going?

He, du! Kannst du nicht aufpassen, wo du hingehst?

introduce v [ɪntrə'djuːs]

vorstellen

May I introduce myself? My name's Ronald Miller.

Darf ich mich vorstellen? Mein Name ist Ronald Miller.

meet, met, met v [miːt, met]

kennen lernen

Julia, have you met Peter?

Julia, kennst du Peter schon?

John, I'd like you to meet Peter Thompson.

John, ich würde dich gerne mit Peter Thompson bekannt machen.

Nice to meet you.

Schön, dich/Sie kennen zu lernen!

Pleased to meet you.

Angenehm!, Freut mich!

oh! interj [əʊ]

oh!

Oh, how nice to see you here!

Oh, wie schön, Sie hier zu sehen!

how do you do? interj form [ˌhaʊdjʊ'duː]

guten Tag, angenehm!

390 Soziale Kontakte: Redemittel

Sprachliche Kommunikation 24

hi! *interj* [haɪ] — hei!, hallo!
hello! *interj* [həˈləʊ] — hallo!, Tag!
  Say hello to Pat for me. — Grüß' Pat von mir!
good morning/afternoon/ evening/night! *interj* [gʊdˈmɔːnɪŋ/ˌɑːftəˈnuːn/ˈiːvnɪŋ/ˈnaɪt] — guten Morgen/Tag/Abend/ gute Nacht!
welcome! *interj* [ˈwelkəm] — willkommen!
  Welcome home! — Willkommen zu Hause!
  Welcome to Atlanta! — Willkommen in Atlanta!

regards *n pl* [rɪˈgɑːdz] — Grüße
  Give my regards to your family. — Grüßen Sie Ihre Familie von mir.
love *n* [lʌv] — liebe Grüße
  Please give my love to Jean. — Bitte sag Jean liebe Grüße von mir.
say, said, said *v* [seɪ, sed] — sagen, ausrichten
  Say goodbye to Paul for me. — Grüß' Paul zum Abschied von mir!

see, saw, seen *v* [siː, sɔː, siːn] — sich sehen, treffen
  See you later/soon! — Bis später/bald!
bye! *interj* [baɪ] — tschüs!
  Bye, Dorothy! – Bye, Ray! — Tschüs, Dorothy! – Tschüs, Ray!
  Bye-bye, Dad! — Wiedersehen, Papa!
goodbye! *interj* [ˌgʊdˈbaɪ] — auf Wiedersehen!
  Goodbye, Susan. Have a nice holiday! — Auf Wiedersehen, Susan! Schönen Urlaub!
good time *n* [ˌgʊdˈtaɪm] — Vergnügen, Spaß
  Have a good time! — Viel Vergnügen/Spaß!
care *n* [keə] — Vorsicht
  Take care! — Mach's/Macht's gut! Pass(t) auf dich/euch auf!

feel, felt, felt *v* [fiːl, felt] — sich fühlen
  How do you feel today, Jenny? – Not too well, actually. — Wie fühlst du dich heute, Jenny? – Eigentlich nicht besonders gut.
well *adj; adv* [wel] — gut
  How are you? – I'm very well, thank you. — Wie geht's? – Danke, sehr gut.
matter *n* [ˈmætə] — Sache; Angelegenheit
  What's the matter? – Nothing's the matter. — Was ist los? – Nichts (ist los)!

good luck! *interj* [ˌgʊdˈlʌk] — viel Glück!, alles Gute!
same *pron* [seɪm] — dasselbe, das Gleiche
  Good luck! – Same to you. — Viel Glück! – Danke, gleichfalls.

Soziale Kontakte: Redemittel **391**

Sprachliche Kommunikation

congratulations *n pl*   Glückwünsche
[kənˌgrætʃʊˈleɪʃnz]
  Congratulations to the two of you   Euch beiden herzliche Glückwün-
  on the birth of your baby!   sche zur Geburt eures Kindes!
happy *adj* [ˈhæpɪ]   glücklich
  Many happy returns (of the day)!   Herzlichen Glückwunsch zum
      Geburtstag!
  Happy birthday!   Alles Gute zum Geburtstag!
bless you! *interj* [ˈblesjuː]   Gesundheit!
well *adj* [wel]   gesund
  Get well soon!   Gute Besserung!

can, could *v* [kæn/kən, kʊd]   können
  Can you help me, please? – Yes, of   Können Sie mir bitte helfen? – Ja,
  course.   natürlich!
  Can I get you anything else?   Kann ich dir/Ihnen sonst noch
      etwas besorgen?

please *interj* [pliːz]   bitte
  Can you pass (me) the sugar,   Können Sie mir bitte den Zucker
  please? – Here you are!   reichen? – Hier, bitte.
here you are! *interj* [ˈhɪəjʊˌɑː]   bitte schön!; hier, bitte!
thanks! *interj* [θæŋks]   danke!
  Another drink? – **Yes, thanks.**   Noch einen Drink? – Danke, gern.
  No, thanks, I've really had enough.   Nein danke, ich habe wirklich
      genug gegessen/getrunken.
another *adj* [əˈnʌðə]   noch ein(e)
  Can I have another cup of coffee,   Kann ich bitte noch eine Tasse
  please?   Kaffee haben?
favour *n* [ˈfeɪvə]   Gefallen, Gefälligkeit
  I wonder if you could **do me a**   Ob Sie mir vielleicht einen
  favour?   Gefallen tun könnten?

shall, should *v* [ʃæl, ʃʊd]   sollen
  Shall I bring you some milk?   Soll ich Ihnen Milch mitbringen?
  – Yes, please.   – Ja, bitte.
offer *v* [ˈɒfə]   anbieten
  May I offer you a drink?   Kann ich Ihnen etwas zu trinken
      anbieten?

look forward to *v* [lʊkˌfɔːwədˈtʊ]   sich freuen auf
  We'll show you Dublin. – Fine, **I'll**   Wir zeigen Ihnen Dublin.
  look forward to that.   – Wunderbar, darauf freue ich
      mich!

invite *v* [ɪnˈvaɪt]   einladen
  I've come around to **invite** you **to**   Ich komme vorbei, um Sie zu
  our party.   unserer Party einzuladen.

392   Soziale Kontakte: Redemittel

Sprachliche Kommunikation — 24

like to *v* ['laɪktə]
Are you sure you wouldn't like to come in?

mögen, gerne wollen
Möchten Sie denn wirklich nicht hereinkommen?

love *v* [lʌv]
Would you like a beer? – Yes, **I'd love one**.
Would you like to go for a walk? – Yes, **I'd love to**.

sehr gern haben/wollen
Hätten Sie gern(e) ein Bier? – Ja, sehr gern(e)!
Hättest du Lust auf einen Spaziergang? – Ja, sehr!

suit *v* [su:t]
Would Saturday suit you? – Yes, Saturday **suits me fine**.

passen
Passt dir/Ihnen Samstag? – Ja, Samstag passt mir gut.

---

thank *v* [θæŋk]
Thank you (very much). – Not at all.

danken
Danke (sehr)! – Keine Ursache!

not at all! *interj* [ˌnɒtət'ɔ:l]

keine Ursache!, gern geschehen!

thanks! *interj* [θæŋks]
Many thanks!
Thanks a lot! – That's all right.

danke!
Vielen Dank!
Herzlichen Dank! – Schon in Ordnung.

Thanks for calling.

Danke für Ihren Besuch/Anruf!

all right *adj* [ɔ:l'raɪt]
All right then!

in Ordnung, okay
Also gut/schön/okay!

welcome *adj* ['welkəm]
Thank you very much. – **You're welcome**.

willkommen
Danke sehr! – Gern geschehen!

mention *v* ['menʃn]
Thank you very much indeed. – **Don't mention it.**

erwähnen
Meinen ganz besonderen Dank! – Das ist doch nicht der Rede wert.

---

sorry *adj* ['sɒrɪ]
Hmm, **I'm terribly sorry** I'm late, but I missed the bus. – That's OK.

traurig, betrübt
Tja, tut mir schrecklich Leid, dass ich zu spät komme, aber ich habe den Bus verpasst. – Schon gut!

hmm! *interj* [həm]

hm!, tja!

oops! *interj inform* [u:ps]

oh/hoppla, tut mir Leid!

apologize *v* [ə'pɒlədʒaɪz]
I'd like to **apologize for** being so rude.

sich entschuldigen
Ich möchte mich für meine Grobheit entschuldigen.

forgive, forgave, forgiven *v* [fə'gɪv, fə'geɪv, fə'gɪvn]

vergeben, verzeihen

fault *n* [fɔ:lt]
It's my fault. Can you ever forgive me?

Schuld
Es ist meine Schuld. Können Sie mir jemals verzeihen?

matter *v* ['mætə]
It doesn't matter.

wichtig sein, Bedeutung haben
Macht nichts!, Schon gut!

Soziale Kontakte: Redemittel **393**

24.3 Gesprächsablauf: Redemittel

pardon *n* ['pɑːdn]
Pardon?
I beg your pardon?
get, got, got *v* [get, gɒt]
I didn't quite get that.
repeat *v* [rɪ'piːt]
Can you repeat that, please?

interrupt *v* [ˌɪntə'rʌpt]
Sorry to interrupt you, but …

Verzeihung
Wie bitte?
Wie sagten Sie, bitte?
verstehen, kapieren
Ich habe das nicht ganz verstanden.
wiederholen
Kannst du das bitte noch mal
sagen?
unterbrechen, ins Wort fallen
Tut mir Leid, wenn ich dich/Sie
unterbreche, aber …

---

say, said, said *v* [seɪ, sed]
Excuse me, did you say that …?

Are you saying that …?
Say again. *inform*
suggest *v* [sə'dʒest]
Are you seriously suggesting
that …?
explain *v* [ɪk'spleɪn]
Can you please **explain** that **to** me?
describe *v* [dɪ'skraɪb]
Could you please **describe to** us
what your job's like?

sagen, meinen
Entschuldigung, haben Sie gesagt,
dass …?
Meinst du damit, dass …?
Was? Noch mal, bitte!
behaupten, meinen
Sind Sie ernsthaft der Meinung,
dass …?
erklären
Können Sie mir das bitte erklären?
beschreiben
Könnten Sie uns bitte beschreiben,
wie Ihre Arbeit aussieht?

---

obviously *adv* ['ɒbvɪəslɪ]
You obviously think I should give up
this job.
actually *adv* ['æktʃʊəlɪ]
What I actually meant was …
besides *prep* [bɪ'saɪdz]
Besides, I'd like to say (that) …

depend *v* [dɪ'pend]
What are you going to do? – That
depends.

offensichtlich; anscheinend
Offensichtlich findest du, ich sollte
diese Stelle aufgeben.
eigentlich, in Wirklichkeit
Eigentlich habe ich gemeint, dass …
außerdem, daneben, zusätzlich
Außerdem möchte ich gerne sagen,
dass …
abhängen von, darauf ankommen
Was wirst du tun? – Das kommt
darauf an.

---

else *adj* [els]
Is there **anything else** you'd like to
mention?
well *interj* [wel]
Well, that's it for the moment,
I think.

sonst
Gibt es sonst noch etwas, was Sie
ansprechen möchten?
tja, also
Tja, das wär's im Augenblick, denke
ich.

Sprachliche Kommunikation **24**

namely *adv* ['neɪmlɪ]
We're particularly interested in
one point, namely the cost of the
project.
extent *n* [ɪk'stent]
To what extent do you think this is
possible?
sake *n* [seɪk]
For heaven's/Christ's sake!

nämlich, das heißt
Wir sind besonders an einem
Gesichtspunkt interessiert,
nämlich den Projektkosten.
Ausmaß, Umfang, Rahmen
In welchem Umfang, glauben Sie,
ist das möglich?
… willen
Um Himmels/Gottes willen!

24.4 Stellungnahme: Redemittel

opinion *n* [ə'pɪnjən]
In my opinion …
wonder *n* ['wʌndə]
It's **no wonder** so many
unemployed young people
take drugs.
convinced *adj* [kən'vɪnst]
I'm convinced that …
see, saw, seen *v* [siː, sɔː, siːn]
I can't see any reason not to go by
train.
The way I see it …

expect *v* [ɪk'spekt]
I expect there'll be fewer cars in
20 years' time. – Do you really think
so?
seem *v* [siːm]
It **seems to me** that you've made a
big mistake.
concern *v* [kən'sɜːn]
I don't care; it just doesn't concern
me.
It's all right **as far as I'm
concerned.**

Meinung
Meiner Meinung nach …
Wunder, Überraschung
Es ist kein Wunder, dass so viele
arbeitslose junge Menschen
Drogen nehmen.
überzeugt
Ich bin überzeugt davon, dass …
sehen; verstehen
Ich sehe keinen Grund, warum wir
nicht mit der Bahn fahren sollten.
So wie ich die Sache sehe/verstehe,
…

erwarten, schätzen, annehmen
Ich nehme an, dass es in 20 Jahren
weniger Autos geben wird.
– Meinst du wirklich?
scheinen
Mir scheint, dass du einen großen
Fehler gemacht hast.
betreffen, angehen
Es ist mir egal; es betrifft mich ganz
einfach nicht.
Was mich angeht: Ich finde es in
Ordnung.

fact *n* [fækt]
In fact, I think …
As a matter of fact, I think …
according to sb/sth *prep*
[ə,kɔːdɪŋ'tʊ]

Tatsache
Ich meine in der Tat …
Eigentlich denke ich …
laut jdm/etw., entsprechend

Stellungnahme: Redemittel **395**

Sprachliche Kommunikation

According to *The Times*, we're going to have a new government soon.
Laut *Times* bekommen wir bald eine neue Regierung.

above all *prep* [əˌbʌvˈɔːl]
vor allem

Above all, we must keep in mind that World War III would be the end of everything.
Vor allem dürfen wir nicht vergessen, dass der dritte Weltkrieg das absolute Ende wäre.

after all *prep* [ˌɑːftərˈɔːl]
schließlich, immerhin

We should help them. After all, they're good friends of ours.
Wir sollten ihnen helfen. Schließlich sind sie gute Freunde von uns.

---

yes *interj* [jes]
ja

right! *adj; interj* [raɪt]
richtig; stimmt!

That's right.
Das stimmt.

All right!
Einverstanden!, Schon gut!

true *adj* [truː]
wahr

That's true.
Das ist wahr.

obvious *adj* [ˈɒbvɪəs]
einsichtig, klar

Yes, that's obvious.
Ja, das ist klar.

possible *adj* [ˈpɒsəbl]
möglich, denkbar

That's (quite) possible.
Das ist (schon) möglich.

exactly *adv* [ɪɡˈzæktlɪ]
ganz genau

Everybody should save energy. – Exactly.
Alle sollten Energie sparen. – Ganz genau!

okay/OK *adj* [ˌəʊˈkeɪ]
gut, in Ordnung

Yes, (that's) okay.
Ja, in Ordnung!

fine *adj* [faɪn]
schön, gut

Yes, that's fine.
Ja, gut.

great *adj* [greɪt]
großartig, toll

(That's) great!
(Das ist) großartig!

yeah! *interj inform* [jeə]
yeah!, ja!

wow! *interj inform* [waʊ]
hui!, Mann!, Mensch!

---

definitely *adv* [ˈdefɪnətlɪ]
bestimmt, sicher, genau

Yes, that's definitely what we need.
Ja, das ist genau das, was wir brauchen.

indeed *adv* [ɪnˈdiːd]
in der Tat, tatsächlich

Yes, indeed.
Ja, das ist tatsächlich so.

feel, felt, felt *v* [fiːl, felt]
denken, empfinden

That's how I **feel about** it, too.
Genauso denke ich auch darüber.

blame *v* [bleɪm]
Vorwürfe machen, tadeln

So I'm going to see my lawyer next week. – **I don't blame you.** *idiom*
Also werde ich nächste Woche meinen Rechtsanwalt aufsuchen. – Da hast du Recht.

agree *v* [əˈɡriː]
zustimmen, übereinstimmen

Yes, you're right. I agree.
Ja, du hast Recht. Da stimme ich dir zu.

Sprachliche Kommunikation

I couldn't **agree with** you more.
Ich stimme völlig mit dir überein.

say, said, said *v* [seɪ, sed]
sagen, meinen

You can say that again! *idiom*
Das kannst du laut sagen!

so *conj* [səʊ]
auch

I think John's wrong in this case.
Ich glaube, in diesem Fall hat

– So do I.
John nicht Recht. – Das glaube
ich auch.

neither *conj* ['naɪðə]
auch nicht

I don't like those pink jeans.
Ich mag diese rosa Jeans nicht.

– Neither do I.
– Ich auch nicht.

nor *conj* [nɔ:]
auch nicht

I won't accept this offer.
Ich werde dieses Angebot nicht

– Nor will I.
annehmen. – Ich auch nicht.

favour *n* ['feɪvə]
Gunst, Wohlwollen, Unterstützung

I'm **all in favour of** what you've
Ich unterstütze das voll, was Sie

been saying.
gerade gesagt haben.

no *interj; adj* [nəʊ]
nein; kein(e)

No, that can't be right!
Nein, das kann nicht stimmen!

It's no good arguing with her.
Es hat keinen Zweck, mit ihr zu
streiten.

It's no use getting upset.
Es hat keinen Zweck, enttäuscht
zu sein.

not *adv* [nɒt]
nicht

That's not the problem/question.
Darum geht's hier nicht.

That's not quite right.
Das ist nicht ganz richtig.

against *prep* [ə'genst]
gegen

I'm against the idea of buying a
Ich bin dagegen, jedes Jahr ein

new car every year.
neues Auto zu kaufen.

wrong *adv* [rɒŋ]
falsch, fehlerhaft

I think you've **got that wrong**.
Ich glaube, dass Sie sich da irren.

disagree *v* [ˌdɪsə'gri:]
anderer Meinung sein

I'm afraid I **disagree with** you.
Leider bin ich anderer Meinung
als sie.

convincing *adj* [kən'vɪnsɪŋ]
überzeugend

To me, that's not very convincing.
Das ist für mich nicht sehr überzeugend.

really *adv* ['rɪəlɪ]
wirklich, tatsächlich, eigentlich

I don't really think so.
Das glaube ich eigentlich nicht.

possibly *adv* ['pɒsəblɪ]
möglicherweise

I can't possibly believe that.
Ich kann das unmöglich glauben.

doubt *v* [daʊt]
(be)zweifeln

I doubt that very much.
Ich bezweifle das sehr.

contrary *n* ['kɒntrərɪ]
Gegenteil

On the contrary!
Im Gegenteil!

Stellungnahme: Redemittel 397

Sprachliche Kommunikation

such *adj* [sʌtʃ]
I've never heard of **such a thing!**
There's **no such thing as** an "English passport"!

solche(r, s), so eine(r, s)
Ich habe nie von so etwas gehört!
So etwas wie einen „englischen Pass" gibt es nicht.

---

prefer, preferred, preferred *v* [prɪˈfɜː]
I **prefer** wine with my meals.

I **prefer** hiking **to** jogging.
rather *adv* [ˈrɑːðə]
I'd **rather** have an orange juice.
I **prefer to** go by train **rather than** by car.

vorziehen, lieber tun

Ich trinke am liebsten Wein zum Essen.
Ich gehe lieber wandern als joggen.
lieber
Ich hätte lieber einen Orangensaft.
Ich fahre lieber mit dem Zug als mit dem Auto.

---

bad *adj* [bæd]
That's too bad.
Bad luck!
pity *n* [ˈpɪtɪ]
What a pity!
shame *n* [ʃeɪm]
What a shame!
be afraid, was, been *v* [bɪəˈfreɪd, wɒs, biːn]
No, I'm afraid you can't smoke here.

schlecht
Das ist sehr schade.
So ein Pech!
Mitleid, Bedauern
Wie schade!
Jammer; Bedauern
Wie bedauerlich!
Angst haben, (sich) fürchten

Nein, ich fürchte, Sie können hier nicht rauchen.

---

think, thought, thought *v* [θɪŋk, θɔːt]
I think there's something wrong.
probably *adv* [ˈprɒbəblɪ]
Yes, you're probably right there.

perhaps *adv* [pəˈhæps]
Perhaps you're right, but …
hard *adj* [hɑːd]
It's **hard to say.**

glauben, vermuten

Ich glaube, hier stimmt was nicht.
wahrscheinlich
Ja, da hast du wahrscheinlich Recht.
vielleicht
Vielleicht hast du Recht, aber …
schwer, schwierig
Das ist schwer zu sagen.

---

marvellous *adj* [ˈmɑːvələs]
That's a marvellous idea!
fantastic *adj* [fænˈtæstɪk]
Oh, that's fantastic, isn't it?
bloody BE *adj; adv sl* [ˈblʌdɪ]
That's a bloody marvellous/stupid suggestion! *sl*
Bloody hell! *sl*

wunderbar, großartig
Das ist eine großartige Idee!
fantastisch, wunderbar
Ah, das ist fantastisch, nicht wahr?
verdammt, Scheiß-
Das ist ja ein verdammt toller/ blöder Vorschlag!
Verdammt noch mal!

Stellungnahme: Redemittel

Sprachliche Kommunikation 24

surely *adv* [ˈʃʊəlɪ] — sicher, bestimmt
Surely you don't mean that? — Das meinen Sie doch nicht im Ernst?

contradict *v* [ˌkɒntrəˈdɪkt] — widersprechen
You're contradicting yourself! — Sie widersprechen sich selbst!
willing *adj* [ˈwɪlɪŋ] — bereit, willens
I'm not willing to accept that. — Ich bin nicht bereit, dem zuzustimmen.

bitch *n vulg* [bɪtʃ] — Miststück, Ziege *(bezieht sich auf eine Frau)*

son of a bitch *vulg* — Mistkerl
bastard *n sl* [ˈbɑːstəd] — Scheißkerl *(wird nur für Männer verwendet)*

fuck! *interj vulg* [fʌk] — Scheiße!, verflucht!
Fuck off! *vulg* — Verpiss dich!, Hau bloß ab!
piss off BE *v vulg* [ˌpɪsˈɒf] — abhauen
Piss off! *vulg* — Verpiss dich!; Du kannst mich mal!
shit! *n sl* [ʃɪt] — Scheiße!, Mist!
bummer AE *n inform* [ˈbʌmər] — Reinfall, Enttäuschung
The party was **a real bummer!** *vulg* — Die Party war ein totaler Reinfall!

24.5 Erlaubnis, Verbot, Vorschlag, Rat: Redemittel

may, might *v* [meɪ, maɪt] — dürfen, können
May I sit here? — Kann ich mich hierher setzen?
can, could *v* [kæn/kən, kʊd] — können, dürfen
Can I park here? – No, I'm afraid you can't. — Kann ich hier parken? – Nein, leider nicht.
could *v* [kʊd] — könnte(-st/-n/-t)
Could I leave my bicycle here, please? — Könnte ich hier bitte mein Fahrrad abstellen?
mind *v* [maɪnd] — etw. dagegen haben
Do you mind if I sit down? — Haben Sie etw. dagegen, wenn ich mich setze?

would *v* [wʊd] — würde(-st/-n/-t)
Would it be okay for the children to stay with you tonight? — Wäre es möglich, dass die Kinder heute Nacht bei dir/euch schlafen?
wonder *v* [ˈwʌndə] — sich fragen
I wonder if we could pay by cheque? — Könnten wir vielleicht mit Scheck bezahlen?

certainly *adv* [ˈsɜːtnlɪ] — sicher

24 Sprachliche Kommunikation

May I sit here? – Yes, certainly. | Kann ich mich hierher setzen? – Ja, sicher.

of course *adv* [əv'kɔːs]
Yes, of course.
natürlich, selbstverständlich
Ja, natürlich.

sure *adv* [ʃʊə]
Can I come round? – Yes, sure.
inform
sicher
Kann ich vorbeikommen? – Klar!

ahead *adv* [ə'hed]
May I use your phone? – Yes, **go ahead**.
vorwärts, voran
Kann ich bei dir mal telefonieren? – Ja, nur zu!

allowed *adj* [ə'laʊd]
I'm afraid you can't park here. **It's not allowed.**
erlaubt
Leider können Sie hier nicht parken. Es ist verboten.

permission *n* [pə'mɪʃn]
No fishing without permission
Erlaubnis, Genehmigung
Fischen nur mit ausdrücklicher Erlaubnis *(Hinweisschild)*

---

need *v* [niːd]
Nobody need go / needs to go home yet.
You needn't stay till my train leaves. I'll be fine. Really.
brauchen, müssen
Niemand muss jetzt schon heimgehen.
Du brauchst nicht zu bleiben, bis mein Zug abfährt. Ich komme wirklich allein zurecht.

mustn't *v* ['mʌsnt]
You mustn't do that.
nicht dürfen
Das darfst du nicht tun!

dare *v* [deə]
Don't you dare ring her!
(es) wagen
Wage es bloß nicht, sie anzurufen!

no *adj* [nəʊ]
No parking/smoking.
kein
Parken/Rauchen verboten!
(Verbotsschild)

No way! *inform*
Vergiss es!

---

about *prep* [ə'baʊt]
How about a drink?
mit
Wollen wir was trinken?

will, would *v* [wɪl, wʊd]
Will Saturday be all right for you? – Yes, that'll be fine.
werden
Passt dir Samstag? – Ja, das passt mir gut.

shall, should *v*
[ʃæl/ʃəl, ʃʊd]
Shall we go to Spain for a holiday?
sollen
Sollen wir mal Urlaub in Spanien machen?

let, let, let *v* [let]
Let's go to France this summer.
lassen
Lass(t) uns diesen Sommer nach Frankreich fahren!

why *pron* [waɪ]
Why don't we go by plane?
warum
Lass(t) uns doch fliegen!

400 Erlaubnis, Verbot, Vorschlag, Rat: Redemittel

Sprachliche Kommunikation 24

better *adv* ['betə]
I think **we'd better** leave now.
ought to *v* ['ɔːttə]

You ought to visit the British Museum.
must *v* [mʌst]
You must see the modern art exhibition!
suggestion *n* [sə'dʒestʃn]
I'd like to **make a suggestion**.

idea *n* [aɪ'dɪə]
Yes, that's a good idea.

lieber
Ich glaube, wir gehen jetzt lieber.
sollte(-st/-n/-t)/müsste(-st/-n/-t)
eigentlich
Sie sollten ins Britische Museum gehen.
müssen
Du musst dir unbedingt die Ausstellung moderner Kunst ansehen!
Vorschlag
Ich möchte gerne einen Vorschlag machen.
Gedanke, Idee
Ja, das ist eine gute Idee!

- -

can, could *v* [kæn/kən, kʊd]
Can you recommend a good English grammar book?
would *v* [wʊd]
It would be a good idea for her to start work again.
should *v* [ʃʊd]
You should go to bed earlier.
if *conj* [ɪf]
I'd read English newspapers **if I were you**.
might *v* [maɪt]
It might be a good idea if you looked for a flat of your own.
advice *n* [əd'vaɪs]
My advice is to see a doctor as soon as possible.
advise *v* [əd'vaɪz]
I'd advise you not to travel by car.

können
Können Sie mir eine gute englische Grammatik empfehlen?
würde(-st/-n/-t)
Es wäre sicher gut für sie, wieder zu arbeiten.
sollte(-st/-n/-t)
Sie sollten früher ins Bett gehen.
wenn, falls
An deiner Stelle würde ich englische Zeitungen lesen.
könnte(-st/-n/-t) vielleicht
Es wäre vielleicht gut für dich, dir eine eigene Wohnung zu suchen.
Rat(schlag)
Ich rate dir/Ihnen, so bald wie möglich einen Arzt aufzusuchen.
raten, einen Rat geben
Ich würde dir/Ihnen raten, nicht mit dem Wagen zu fahren.

- -

be supposed to, was, been *v*
[bi:sə,pəʊzd'tʊ, wɒs, bi:n]
You're supposed to report accidents to the police, sir.
You're not supposed to smoke in here.
permit, permitted, permitted *v*
[pə'mɪt]
Visitors not permitted after 11 pm.

sollen, müssen

Sie müssen Unfälle bei der Polizei melden, mein Herr.
Sie dürfen hier drinnen nicht rauchen!
erlauben, genehmigen

Kein Besuchsverkehr nach 11 Uhr!
(Schild)

Erlaubnis, Verbot, Vorschlag, Rat: Redemittel 401

24 Sprachliche Kommunikation

keep off, kept, kept *v*
[ˌkiːpˈɒf, kept]
Keep off the lawn!

(sich) fernhalten, nicht betreten

Rasen nicht betreten!
(Verbotsschild)

prohibited *adj* [prəˈhɪbɪtɪd]
Smoking prohibited.

verboten, untersagt
Rauchen verboten! *(Verbotsschild)*

hint *n* [hɪnt]
Can you **give me a hint?**
OK, I can **take a hint.**

Tipp, Hinweis, Rat
Kannst du mir einen Tipp geben?
OK, ich habe schon verstanden.

24.6 Begriffe zur Sprachbeschreibung

language *n* [ˈlæŋgwɪdʒ]
  spoken/written language
mother tongue *n* [ˌmʌðəˈtʌŋ]
standard *adj* [ˈstændəd]
  standard English

Sprache
  gesprochene/geschriebene Sprache
Muttersprache
gebräuchlich, Standard-
  Standardenglisch

grammar *n* [ˈgræmə]
  grammar rule
vocabulary *n* [vəˈkæbjəlrɪ]
mean, meant, meant *v*
[miːn, ment]
  What does "exception" mean?
meaning *n* [ˈmiːnɪŋ]
  What's the meaning of ...?
rule *n* [ruːl]
exception *n* [ɪkˈsepʃn]
  **There's an exception to every
  rule.** *idiom*
explain *v* [ɪkˈspleɪn]
explanation *n* [ˌekspləˈneɪʃn]

Grammatik
  Grammatikregel
Wortschatz
bedeuten, heißen

  Was bedeutet „exception"?
Bedeutung
  Was bedeutet (das Wort) ...?
Regel
Ausnahme
  Keine Regel ohne Ausnahme!

erklären
Erklärung

letter *n* [ˈletə]
  capital/small letter
sound *n* [saʊnd]
consonant *n* [ˈkɒnsənənt]
vowel *n* [ˈvaʊəl]
diphthong *n* [ˈdɪfθɒŋ]
syllable *n* [ˈsɪləbl]
stress *n; v* [stres]
  In many shorter words **the stress is
  on** the first syllable.

Buchstabe
  Groß-/Kleinbuchstabe
Laut
Konsonant, Mitlaut
Vokal, Selbstlaut
Diphthong, Doppellaut
Silbe
Betonung; betonen
  In vielen kürzeren Wörtern liegt
  die Betonung auf der ersten Silbe.

Sprachliche Kommunikation 24

You have to stress the third syllable in "explanation".	Bei „explanation" muss man die dritte Silbe betonen.
intonation n [ˌɪntəˈneɪʃn]	Intonation, Sprechmelodie
pronounce v [prəˈnaʊns]	aussprechen
pronunciation n [prəˌnʌnsɪˈeɪʃn]	Aussprache

sentence n [ˈsentəns]	(vollständiger) Satz
negative adj [ˈnegətɪv]	negativ, verneint
negative sentence	verneinter Satz
statement n [ˈsteɪtmənt]	Aussage(satz)
question n [ˈkwestʃən]	Frage(satz)
direct adj [dɪˈrekt]	direkt; wörtlich
direct speech	direkte/wörtliche Rede
indirect adj [ˌɪndɪˈrekt]	indirekt
indirect speech	indirekte/berichtete Rede
indirect question	indirekter Fragesatz
reported speech n [rɪˌpɔːtɪdˈspiːtʃ]	indirekte/berichtete Rede
clause n [klɔːz]	Satz
main clause	Hauptsatz
subordinate clause	Nebensatz
subclause	Nebensatz
conditional clause	Konditional-, Bedingungssatz
if-clause	Konditionalsatz mit *if*
relative clause	Relativsatz

subject n [ˈsʌbdʒɪkt]	Subjekt, Satzgegenstand
object n [ˈɒbdʒɪkt]	Objekt, Satzergänzung
direct/indirect object	direktes/indirektes Objekt
word order n [ˈwɜːdˌɔːdə]	Wort-/Satzstellung
phrase n [freɪz]	Phrase, Satzteil
noun phrase	Nominalphrase
verb phrase	Verbalphrase

word n [wɜːd]	Wort
noun n [naʊn]	Substantiv, Nomen, Hauptwort
genitive n [ˈdʒenɪtɪv]	Genitiv
article n [ˈɑːtɪkl]	Artikel, Begleiter
definite/indefinite article	bestimmter/unbestimmter Artikel
determiner n [dɪˈtɜːmɪnə]	Begleiter (des Substantivs)
Articles, demonstratives and possessives are determiners that go with nouns.	Artikel, Demonstrativa und Possessiva sind Begleiter des Substantivs.
pronoun n [ˈprəʊnaʊn]	Pronomen, Fürwort
personal pronoun	Personalpronomen, persönliches Fürwort

Begriffe zur Sprachbeschreibung **403**

Sprachliche Kommunikation

reflexive pronoun	Reflexivpronomen, rückbezügliches Fürwort
demonstrative (pronoun/determiner)	Demonstrativpronomen/-begleiter, hinweisendes Fürwort
possessive (pronoun/determiner)	Possessivpronomen/-begleiter, besitzanzeigendes Fürwort
singular *n* ['sɪŋgjələ]	Singular, Einzahl
plural *n* ['plʊərəl]	Plural, Mehrzahl

adjective *n* ['ædʒɪktɪv]	Adjektiv, Eigenschaftswort
adverb *n* ['ædvɜ:b]	Adverb, Umstandswort
adverbial *adj; n* [əd'vɜ:bɪəl]	adverbial; Umstandsangabe (*z. B. des Ortes, der Zeit*)
adverbial clause	adverbialer Nebensatz, Adverbialsatz
comparison *n* [kəm'pærɪsn]	(sprachlicher) Vergleich; Steigerung
comparative *n* [kəm'pærətɪv]	Komparativ, 1. Steigerungsform
superlative *n* [su:'pɜ:lətɪv]	Superlativ, 2. Steigerungsform

verb *n* [vɜ:b]	Verb, Zeitwort
auxiliary verb	Hilfsverb
auxiliary *adj; n* [ɔ:g'zɪlɪərɪ]	Hilfs-; Hilfsverb
modal auxiliary	modales Hilfsverb
regular *adj* ['regjələ]	regelmäßig
irregular *adj* [ɪ'regjələ]	unregelmäßig
regular/irregular verb	regelmäßiges/unregelmäßiges Verb
gerund *n* ['dʒernd]	Gerund(ium)
participle *n* ['pɑ:tɪsɪpl]	Partizip
present participle	Partizip Präsens
past participle	Partizip Perfekt

infinitive *n* [ɪn'fɪnətɪv]	Infinitiv, Grundform (des Verbs)
person *n* ['pɜ:sn]	Person
third person singular/plural	dritte Person Singular/Plural
active voice *n* ['æktɪv‚vɔɪs]	Aktiv
passive voice *n* ['pæsɪv‚vɔɪs]	Passiv
tense *n* [tens]	Tempus, Zeitform
present tense	Präsens
past tense	Präteritum
future *n* ['fju:tʃə]	Futur
will-future	Futurform mit *will*
perfect *n* ['pɜ:fɪkt]	Perfekt
present perfect	Perfekt
past perfect	Plusquamperfekt
future perfect	Futur II

Begriffe zur Sprachbeschreibung

Sprachliche Kommunikation — 24

simple *adj* ['sɪmpl]   einfach
  simple form   einfache Form des Verbs
  simple present/present simple   einfache Form des Präsens
continuous/progressive *adj*   Verlaufs-
[kən'tɪnjʊəs/prə'gresɪv]
  continuous/progressive form   Verlaufsform des Verbs
  present continuous/progressive   Verlaufsform des Präsens
ing-form *n* ['ɪŋˌfɔːm]   *ing*-Form des Verbs *(Partizip Präsens, Gerund, Bestandteil aller Verlaufsformen)*

conditional *n* [ˌkən'dɪʃnl]   Konditional; Konditional I
  conditional perfect   Konditional II

---

conjunction *n* [kən'dʒʌŋkʃn]   Konjunktion, Bindewort
preposition *n* [ˌprepə'zɪʃn]   Präposition, Verhältniswort

---

punctuation *n* [ˌpʌŋktʃu'eɪʃn]   Zeichensetzung, Interpunktion
full stop BE; **period** AE *n*   Punkt
[ˌfʊl'stɒp; 'pɪərɪəd]
question mark *n* ['kwestʃnˌmɑːk]   Fragezeichen
exclamation mark *n*   Ausrufezeichen
[eksklə'meɪʃnˌmɑːk]

---

comma *n* ['kɒmə]   Komma
colon *n* ['kəʊlɒn]   Doppelpunkt
semicolon *n* [ˌsemɪ'kəʊlən]   Semikolon, Strichpunkt
dash *n* [dæʃ]   Gedankenstrich
hyphen *n* ['haɪfn]   Bindestrich
apostrophe *n* [ə'pɒstrəfɪ]   Apostroph, Auslassungszeichen
bracket BE; **parenthesis** AE *n*   Klammer
['brækɪt; pə'renθəsɪs]
  in brackets/parentheses   in Klammern
inverted commas BE;   Anführungszeichen
quotation marks AE *n pl*
[ɪnˌvɜːtɪd'kɒməz; kwoʊ'teɪʃnˌmɑːrks]
quotes *n* [kwəʊts]   Anführungszeichen
quote; unquote *v*   zitieren; Zitat beenden
[kwəʊt; ʌn'kwəʊt]
  So I called in our **quote** "computer expert" **unquote**, but he couldn't help me either.   Also bat ich unseren in Anführungszeichen „Computer-Experten" um Hilfe, aber er konnte mir auch nicht helfen.

---

idiom *n* ['ɪdɪəm]   Idiom, feste Redewendung
collocation *n* [ˌkɒlə'keɪʃn]   Kollokation, feste Wortverbindung

Begriffe zur Sprachbeschreibung 405

24 Sprachliche Kommunikation

"Get into hot water" is an idiom; "hot pepper" is a collocation.	„In Teufels Küche kommen" ist eine Redewendung, „scharfer Pfeffer" ist eine Kollokation.
dialect n ['daɪələkt]	Dialekt, Mundart
local dialect	lokaler Dialekt
accent n ['æksnt]	Akzent
regional accent	regionaler Akzent

register n ['redʒɪstə]	sprachliche Stilebene, Register
formal/informal register	formelle Sprache/Umgangssprache
informal adj [ɪn'fɔːml]	informell
colloquial adj [kə'ləʊkwɪəl]	umgangssprachlich
slang n [slæŋ]	Slang; Jargon
vulgar adj ['vʌlgə]	vulgär
speech n [spiːtʃ]	mündliche Sprache
parts of speech	Wortarten (z. B. Verb, Substantiv, Adjektiv)

abstract adj ['æbstrækt]	abstrakt, gegenstandslos
"Register" and "speech" are **abstract nouns.**	„Register" und „mündliche Sprache" sind abstrakte Substantive.
countable adj ['kaʊntəbl]	zählbar
uncountable adj [ʌn'kaʊntəbl]	nicht zählbar
countable/uncountable noun	zählbares/nicht zählbares Substantiv
collective adj [kə'lektɪv]	Kollektiv-, Sammel-
"People" and "hair" are **collective nouns.**	„Leute" und „Haar" sind Sammelbegriffe.

grammatical adj [grə'mætɪkl]	grammati(kali)sch
structure n ['strʌktʃə]	Struktur
grammatical structure	grammati(kali)sche Struktur
pattern n ['pætn]	(Bau-)Muster
sentence pattern	Satz(bau)muster

imperative n [ɪm'perətɪv]	Imperativ, Befehlsform
interrogative n; adj [ˌɪntə'rɒgətɪv]	Fragewort; interrogativ, Frage-
interrogative determiner/ pronoun	Interrogativbegleiter/-pronomen
question tag n ['kwestʃənˌtæg]	Frageanhängsel (z. B. Nice, isn't it?)

word formation n ['wɜːdfɔːˌmeɪʃn]	Wortbildung
prefix n ['priːfɪks]	Präfix, Vorsilbe
suffix n ['sʌfɪks]	Suffix, Nachsilbe
derive v [dɪ'raɪv]	ableiten

406 Begriffe zur Sprachbeschreibung

Sprachliche Kommunikation 24

The English adjective "colourful" **is derived from** the noun "colour".	Das englische Adjektiv „colourful" ist vom Substantiv „colour" abgeleitet.
compound *n* [ˈkɒmpaʊnd]	Kompositum, zusammengesetztes Wort
phrasal verb *n* [ˌfreɪzlˈvɜːb]	Verb mit fester Präposition und übertragener Bedeutung
"Check in" is a phrasal verb, "come in" isn't.	„Check in" ist ein Verb mit fester Präposition, „come in" nicht.
synonym *n* [ˈsɪnənɪm]	Synonym, bedeutungsgleiches Wort
antonym *n* [ˈæntənɪm]	Antonym, Wort mit entgegengesetzter Bedeutung
false friend *n* [ˌfɔːlsˈfrend]	„falscher Freund" *(in Mutter- und Fremdsprache ähnlich oder gleich gesprochenes/geschriebenes Wort mit unterschiedlicher Bedeutung)*
alphabetical *adj* [ˌælfəˈbetɪkl]	alphabetisch
in alphabetical order	in alphabetischer Reihenfolge
cluster *n* [ˈklʌstə]	Gruppe, Haufen, Bündel
word cluster	Wortgruppe/-bündel

Falsche Freunde

Englisches Wort	Thematische Bedeutung(en)	Falscher Freund	Englische Entsprechung(en)
actually *adv*	eigentlich, in Wirklichkeit	aktuell	current, latest
bloody BE *adj; adv sl*	verdammt, Scheiß-	blutig	complete, absolute; raw
mustn't *v*	nicht dürfen	nicht müssen	not have/need to, needn't
slip *n*	Ausrutscher, Fehler	Slip *(Damen-/Herrenunterhose)*	panties; briefs
wonder *v*	sich fragen	(sich) wundern	surprise; be surprised/amazed

Begriffe zur Sprachbeschreibung **407**

25 Funktionswörter

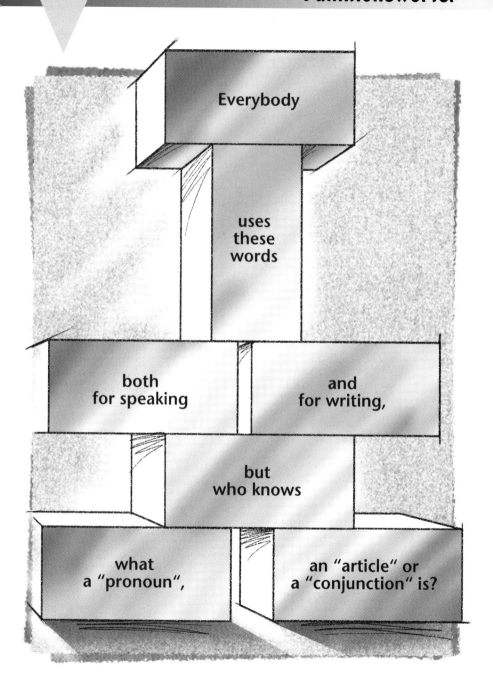

25   Funktionswörter

25.1   Artikel und Pronomen

a; an *art* [eɪ/ə; ən]
She works in a factory / in an office.
He's a lawyer / an artist.
What a nice girl!
a hundred pounds

ein(e, r)
Sie arbeitet in der Fabrik / im Büro.
Er ist Rechtsanwalt/Künstler.
Was für ein nettes Mädchen!
hundert Pfund

the *art* [ðiː/ðɪ/ðə]
The underground station is next to the post office.
Our friends, the Millers, live in the Scottish Highlands.

der, die, das; die
Die U-Bahn-Station liegt direkt neben dem Postamt.
Unsere Freunde, die Millers, wohnen im schottischen Hochland.

I *pron* [aɪ]
I'm Sally Peters, and I'd like to talk to Mr Dobson.

ich
Ich heiße Sally Peters und möchte gerne mit Herrn Dobson sprechen.

me *pron* [miː]
Why don't you come and help me?
Please ring me back.
Who's speaking? – It's me!

mir, mich; ich
Komm doch und hilf mir!
Bitte rufen Sie mich zurück.
Wer spricht, bitte? – Ich (bin's)!

myself *pron* [maɪˈself]
I **enjoyed myself** very much at your party.
Who helped you to prepare this wonderful meal? – Oh, I did it all **by myself**.

ich/mir/mich (selbst)
Es hat mir auf deiner/Ihrer Party sehr gut gefallen.
Wer hat dir bei der Vorbereitung dieses wunderbaren Essens geholfen? – Oh, das habe ich ganz allein gemacht.

---

you *pron* [juː]

If I were you, I'd take that job.

Did they offer you a rise?

Can I take you home?

You never know!

du, Sie, ihr; dir, dich, Ihnen, euch; man
An deiner/Ihrer Stelle würde ich diesen Posten annehmen.
Haben sie dir/euch/Ihnen eine Lohnerhöhung angeboten?
Kann ich dich/euch/Sie nach Hause bringen?
Man kann nie wissen!

yourself; yourselves *pron* [jɔːˈself, jɔːˈselvz]
You need a long holiday yourself now.
Help yourselves!

du/dir/dich/Sie/sich selbst; ihr/euch/Sie/sich selbst
Du brauchst jetzt selbst einen langen Urlaub.
Bedient euch! / Bedienen Sie sich!

---

he *pron* [hiː]

er

Artikel und Pronomen   **409**

25 Funktionswörter

Who did you say? Tim Wilson? Is he your brother?	Was hast du gesagt? Tim Wilson? Ist er etwa dein Bruder?

him *pron* [hɪm]
ihm, ihn; er

I've written him a letter.
Ich habe ihm einen Brief geschrieben.

I saw him yesterday.
Ich habe ihn gestern gesehen.

It's him!
Er ist es!

himself *pron* [hɪm'self]
er/sich (selbst)

How did the kidnapper die?
– He shot himself.
Wie ist der Entführer ums Leben gekommen? – Er hat sich selbst erschossen.

---

she *pron* [ʃiː]
sie

She lives with her mother.
Sie wohnt bei ihrer Mutter.

her *pron* [hɜː]
ihr, sie

Please give her my love.
Bitte sag ihr liebe Grüße von mir!

It's a pity I never met her.
Es ist schade, dass ich sie nie kennen gelernt habe!

herself *pron* [hɜː'self]
sie/sich (selbst)

Jill doesn't think much of herself.
Jill schätzt sich selbst nicht sehr hoch ein.

---

it *pron* [ɪt]
es

Who is it? – It's me, Joan.
Wer ist da? – Ich bin's, Joan!

itself *pron* [ɪt'self]
sich (selbst)

The cat hurt itself when it fell off the roof.
Die Katze verletzte sich, als sie vom Dach herunterfiel.

---

we *pron* [wiː]
wir

It's boring here. Shall we go?
Es ist langweilig hier. Gehen wir?

us *pron* [ʌs]
uns

She left us standing in the cold.
Sie hat uns in der Kälte stehen lassen.

He couldn't look us in the face.
Er konnte uns nicht in die Augen schauen.

ourselves *pron* [ˌaʊə'selvz]
wir/uns (selbst)

Why don't we just buy the house ourselves?
Warum kaufen wir das Haus nicht einfach selbst?

We needn't defend ourselves.
Wir brauchen uns nicht zu verteidigen.

---

they *pron* [ðeɪ]
sie

I didn't see Peter and Pat yesterday. Where were they?
Ich habe Peter und Pat gestern nicht gesehen. Wo waren sie?

them *pron* [ðəm]
ihnen, sie

410 Artikel und Pronomen

Funktionswörter 25

We didn't run into them either, but we sent them a letter.

Wir haben sie auch nicht getroffen, aber wir haben ihnen einen Brief geschickt.

themselves *pron* [ðəm'selvz]
Why don't the big bosses pay for their mistakes themselves?

Everybody helped themselves to food and drink.

sie/sich (selbst)
Warum bezahlen die großen Wirtschaftsbosse nicht selbst für ihre Fehler?
Alle nahmen sich (selbst) zu essen und zu trinken.

one *pron* [wʌn]
One should be more critical about violence on TV.
This pullover's too large. Have you got a smaller one?
oneself *pron* [wʌn'self]
For many people, learning to control oneself is extremely hard.

man; eine(r, s), einem, einen
Der Gewalt im Fernsehen sollte man kritischer gegenüberstehen.
Dieser Pullover ist mir zu groß. Haben Sie einen kleineren?
sich (selbst)
Es fällt vielen Leuten extrem schwer, sich beherrschen zu lernen.

who *pron* [hu:]
Who's that boy over there?
Who have you invited to your party?
Frank's the only one in our family who plays the piano well.
I have no idea who you're talking about.
whom *pron form* [hu:m]
Our headmistress, whom we all liked very much, was leaving that day.
To whom it may concern *idiom*

wer?, wen?; der, die, das, den
Wer ist der Junge da drüben?
Wen hast du zu deiner Party eingeladen?
Frank ist der einzige in unserer Familie, der gut Klavier spielt.
Ich habe keine Ahnung, von wem du redest.
wen?, wem?; den, die, das; dem, der
Unsere Schulleiterin, die wir alle sehr mochten, verließ an dem Tag die Schule.
An den zuständigen Sachbearbeiter (*anonyme Briefanrede*)

what *pron* [wɒt]
What would you like: coffee or tea?

He doesn't know what he's doing.
which *pron* [wɪtʃ]
Which suit should I wear: the blue one or the black one?

The dog, which had been sleeping, suddenly barked.

was?; was
Was möchtest du / möchten Sie: Kaffee oder Tee?
Er weiß nicht, was er tut.
welche(r, s)?; der, die, das
Welchen Anzug soll ich anziehen: den blauen oder den schwarzen?
Der Hund, der bisher geschlafen hatte, bellte plötzlich.

this *pron* [ðɪs]

diese(r, s) (hier)

Artikel und Pronomen **411**

Funktionswörter

This is my car and that Mini over there's my sister's.

these *pron* [ðiːz]
These are New Zealand cattle; those over there are Hereford cows.

that *pron* [ðət/ðæt]
Let's take the train that arrives in Leeds at noon.

those *pron* [ðəʊz]

---

each *pron* [iːtʃ]
Oranges cost 20p each.

We kissed **each other** goodbye.

each of us
other *pron* [ˈʌðə]
one after the other
Please tell the others why I can't come this evening.

---

everybody; everyone *pron*
[ˈevrɪˌbɒdɪ, ˈevrɪwʌn]
nobody; no-one/no one *pron*
[ˈnəʊbədɪ, ˈnəʊˌwʌn]
somebody; someone *pron*
[ˈsʌmbədɪ, ˈsʌmwʌn]
Listen, there's someone coming upstairs! And there must be **somebody else** at the front door!
anybody; anyone *pron*
[ˈenɪˌbɒdɪ, ˈenɪwʌn]
Shall we invite **anyone else**?
– I can't think of anybody.

---

both *pron* [bəʊθ]
We invited **them both/both of them.**
another *pron* [əˈnʌðə]
Quite often neighbours help **one another.**
one after another
either *pron* [ˈaɪðə]

Dies (hier) ist mein Wagen und der Mini dort drüben gehört meiner Schwester.
diese/die (hier)
Dies (hier) sind Neuseeland-Rinder; das/die dort sind Hereford-Kühe.
der/die/das (dort)
Nehmen wir den Zug, der mittags in Leeds ankommt!
die/jene (dort)

---

jede(r, s) einzelne
Orangen kosten 20 Pence das Stück.
Wir küssten einander/uns zum Abschied.
jede(r) von uns
andere(r, s)
einer nach dem anderen
Bitte erzähl den anderen, warum ich heute Abend nicht kommen kann.

---

jede(r); alle

keine(r); niemand

jemand

Hör mal: Da kommt jemand die Treppe rauf! Und jemand anderes muss an der Haustür sein!
(irgend)jemand

Sollen wir noch jemanden einladen? – Mir fällt niemand ein.

---

beide
Wir haben sie beide eingeladen.
ein(e) andere(r, s)
Ziemlich oft helfen Nachbarn einander.
eine(r) nach dem (der) anderen
jede(r, s) von beiden, beide

412 Artikel und Pronomen

Funktionswörter 25

The Moore twins are both snobs.
I don't like either of them.

Die Moore-Zwillinge sind beide Snobs. Ich mag keinen von beiden.

neither *pron* ['naɪðə]
Which of these two ties would you buy? – Neither.

keine(r, s) von beiden, beide nicht
Welche von diesen zwei Krawatten würdest du kaufen? – Keine (von beiden).

I don't like Picasso's early work. – Neither do I.
I don't smoke. – Me neither.
The Millers have got a car, but **neither of them** has got a driving licence.

Ich mag die frühen Werke von Picasso nicht. – Ich auch nicht.
Ich rauche nicht. – Ich auch nicht.
Die Millers haben ein Auto, aber keiner von beiden hat einen Führerschein.

whoever *pron* [huːˈevə]
Whoever sees a crime being committed should call the police.
Whoever told you that?

wer (auch immer)
Wer eine Straftat beobachtet, sollte die Polizei verständigen.
Wer hat dir denn das erzählt?

whatever *pron* [wɒtˈevə]
What shall we have for dinner? – Whatever you like.
And then you have to multiply by 56 or divide by 56 or whatever.
inform

was (auch immer)
Was sollen wir heute Abend essen? – Was du willst!
Und dann musst du mit 56 multiplizieren oder dividieren oder was weiß ich!

whichever *pron* [wɪtʃˈevə]
They're all good tools; take whichever you want.

welche(r, s) auch immer
Das sind alles gute Werkzeuge; nimm, welche du willst.

such *pron* [sʌtʃ]
I've never had such a good wine before!
Such is life! *idiom*

solch(e, er, es), so
Ich habe bisher noch nie so(lch) einen guten Wein getrunken!
So ist das Leben!

25.2 Konjunktionen

and *conj* [ænd/ənd]
Try and eat some breakfast.

und
Versuch doch, etwas zu frühstücken!

It's nice and warm in here.
It's a hundred and twenty pounds.

Es ist schön warm hier drinnen.
Es kostet 120 Pfund.

either *conj* ['aɪðə]
We can **either** watch TV **or** play cards.
I'm sorry, Bill's ill, and I can't come either.

entweder; auch
Wir können entweder fernsehen oder Karten spielen.
Tut mir Leid, Bill ist krank, und ich kann auch nicht kommen.

Konjunktionen **413**

Funktionswörter

neither *conj* ['naɪðə]
Neither cars **nor** motorbikes are allowed.

weder; auch nicht
Weder Autos noch Motorräder sind zugelassen.

or *conj* [ɔ:]
Is this cloth black or blue?
Is she leaving or not?

oder
Ist dieses Tuch schwarz oder blau?
Geht sie nun weg oder nicht?

because *conj* [bɪ'kɒz]
Sarah was shocked when she ran into Liz again, because she was dead drunk.

weil, da
Sarah war schockiert, als sie Liz zufällig traf, weil Liz schwer betrunken war.

as *conj* [æz/əz]
As there was no one home I had to wait.

weil
Weil niemand zu Hause war, musste ich warten.

since *conj* [sɪns]
The scientists had to stop work, since there was no money to pay their salaries.

weil, da
Die Wissenschaftler mussten die Arbeit einstellen, weil kein Geld für ihre Gehälter da war.

although *conj* [ɔ:l'ðəʊ]
Annie went to school although she wasn't well.

obwohl
Annie ging zur Schule, obwohl sie nicht gesund war.

though *conj* [ðəʊ]
Though poor she's very generous.

obwohl
Obwohl sie arm ist, ist sie sehr großzügig.

as though [əz'ðəʊ]
He acted as though we weren't even there.

als ob
Er tat so, als ob wir überhaupt nicht da waren.

however *conj* [haʊ'evə]
When we arrived the weather was fine. The next day, however, it started to rain.

jedoch
Das Wetter war schön, als wir ankamen. Am nächsten Tag begann es jedoch zu regnen.

but *conj* [bʌt]
Everybody else went to the pub, but Tim stayed at home.

aber
Alle anderen gingen in die Kneipe, aber Tim blieb zu Hause.

if *conj* [ɪf]
If we don't find a petrol station soon, we'll run out of petrol.

wenn, falls; ob
Wenn wir nicht bald eine Tankstelle finden, geht uns das Benzin aus.

Ask her if she'd like to come to our party.
She looked as pale as if she were ill.

Frag sie, ob sie zu unserer Party kommen möchte.
Sie sah so bleich aus, als ob sie krank wäre.

whether *conj* ['weðə]
Do you know whether Anne's coming tonight?

ob
Weißt du, ob Anne heute Abend kommt?

Funktionswörter 25

in case *conj* [ɪnˈkeɪs]
You should know where the emergency exit is in case there's a fire.

falls; für den Fall, dass
Man sollte den Weg zum Notausgang kennen, falls es mal brennt.

unless *conj* [ənˈles]
Our cat won't eat a mouse unless she's very hungry.

wenn/falls nicht
Unsere Katze frisst keine Maus, wenn sie nicht sehr hungrig ist.

otherwise *conj* [ˈʌðəwaɪz]
Bill should stop smoking; otherwise he'll never get better.

andernfalls, falls nicht
Bill sollte aufhören zu rauchen! Andernfalls wird er sich nie erholen.

---

how *conj* [haʊ]
Nobody knows how it happened.

wie
Niemand weiß, wie es passiert ist.

that *conj* [ðət]
I didn't know (that) you were on holiday.

dass
Ich wusste nicht, dass du im Urlaub warst.

---

or else *conj* [ˌɔːrˈels]
You'll have to work much harder or else you'll fail your exam.

sonst, andernfalls
Du wirst viel mehr arbeiten müssen, sonst fällst du durch deine Prüfung.

for *conj* [fɔː]
The Prime Minister had to resign, for he had lost the support of his own party.

denn, nämlich
Der Premierminister musste zurücktreten, denn er hatte die Unterstützung seiner eigenen Partei verloren.

---

in spite of *conj* [ɪnˌspaɪtˈəv]
In spite of the icy roads she drove to work.

trotz
Trotz der vereisten Straßen fuhr sie mit dem Auto zur Arbeit.

despite *conj* [dɪˈspaɪt]
Despite his wife's warnings Jim invested in shares.

trotz, ungeachtet
Trotz der Warnungen seiner Frau legte Jim Geld in Aktien an.

even if *conj* [ˈiːvnˌɪf]
He never uses an umbrella, even if it's pouring outside.

auch/selbst wenn
Er nimmt nie einen Schirm, selbst wenn es draußen gießt.

still *conj* [stɪl]
She's a very difficult person; still, her husband and children love her.

dennoch, trotzdem
Sie ist ein sehr schwieriger Mensch; trotzdem lieben ihr Mann und ihre Kinder sie.

yet *conj* [jet]
The wooden bridge looked safe; and yet they had a strange feeling when they crossed it. *form*

(und) doch, dennoch
Die Holzbrücke sah sicher aus; und doch hatten sie ein merkwürdiges Gefühl, als sie sie überquerten.

nevertheless *conj* [ˌnevəðəˈles]
trotzdem, dennoch

Konjunktionen **415**

25 Funktionswörter

The party's sure to be boring, but I think we ought to go nevertheless.	Das wird sicher eine langweilige Party, aber ich finde, wir sollten trotzdem hingehen.

whereas *conj* [weər'æz]
She loves sunbathing, whereas her husband hates it. *form*

während, wogegen
Sie liebt das Sonnenbaden, während ihr Mann es hasst.

considering *conj* [kən'sɪdərɪŋ]
Considering he's only been with the firm for six months, he does his job very well.

wenn man bedenkt, dass …
Wenn man bedenkt, dass er erst sechs Monate bei der Firma ist, erfüllt er seine Aufgabe sehr gut.

provided (that) *conj*
[prə'vaɪdɪd(ðət)]
Provided (that) you stay with us another five years, we can offer you a rise. *form*

wenn; vorausgesetzt, dass …

Vorausgesetzt, dass Sie noch fünf Jahre bei uns bleiben, können wir Ihnen eine Gehaltserhöhung anbieten.

once *conj* [wʌns]
Once you've passed your exam, you'll have to start looking for a job.

wenn erst, sobald
Sobald du deine Prüfung bestanden hast, musst du anfangen, dir eine Arbeit zu suchen.

now that *conj* ['naʊðət]
Now that I've met Janet, I know she's exactly the right person for our team.

jetzt wo
Jetzt wo ich Janet kennen gelernt habe, weiß ich, dass sie genau die richtige Frau für unser Team ist.

Falsche Freunde

Englisches Wort	Thematische Bedeutung(en)	Falscher Freund	Englische Entsprechung(en)
yet *conj*	(und) doch, dennoch	jetzt	now

Register aller englischen Stichwörter

Alle im Grundwortschatz enthaltenen Einträge erscheinen als **halbfette Stichwörter**, alle Aufbauwortschatzeinträge in normaler Schrift.

A

a 409
a few 362
A level 163
AS level 163
ability 86
able 86
able to 86
aboard 301
abolish 243
abortion 29
about 349, 363, 400
about 32
above 343
above all 396
above sea level 313
abroad 191
absence 162
absent 155
absent from 155
absolutely 381
abstract 406
abstract noun 406
absurd 210
accelerator 307
accent 406
accept 79, 387
acceptable 377
access 294
accident 83, 303
accommodation 194
accompany 144
according to 395
account 275
accountant 269
accurate 377

accuse 241
accuse of 241
accused 241
accustomed to 84
ace 184
ache 54
aches and pains 54
achieve 88
acid rain 336
acknowledgement 272
acquaintance 143
acquainted 143
acquire 88
across 343
act 87, 186, 210
Act 243
action 35, 212
active 35, 87
active voice 404
activity 176
actor 186, 209
actress 186, 209
actually 394
ad 288
adapt 84, 334
adapt to 84, 144
adaptation 212
add 157
add up 157
addict 61
additional 378
address 18, 284, 293
adhesive tape 268
adjective 404
administration 235
administration AE 237
admire 65

admission 187
admit 386
adolescent 31
adopt 133
adoption 133
adult 31
advance 259, 278
Advanced level 163
Advanced Supplementary level 163
advantage 150
adventure 191
adventure playground 178
adverb 404
adverbial 404
adverbial clause 404
advertise 274, 286
advertisement 288
advertising 274
advice 401
advise 401
aerial BE 286
aerobics 181
affair 146
affect 337
affection 29, 72
afford 113
afraid 66
afraid of 66
Africa 23
African 23
Afro-American 135
after AE 349
after 351
after all 396
afternoon 348

417

Register

afterwards 351
again 352
against 397
age 19, 31, 347
age 214
agent 255
aggression 72, 258
ago 351
agree 396
agree with 397
agreement 253
agricultural 323
agriculture 323
ahead 400
aid 141, 247
aim 74, 182
aim at 257
aim for 182
air 316
air base 260
air travel 191
airbag 303
aircraft 260
airline 299
airmail 284
airport 299
alarm (clock) 124
Albania 23
Albanian 23
album 177
alcohol 60
alcoholic 61
alcoholism 61
ale 102
alike 374
alive 30
all 361
all day 347
all my life 29
all right 393
all right! 396
allegory 206
allergy 55
alley 332

alliteration 208
allow 241, 387
allowance AE 136
allowance 278
allowed 400
allude to 217
allusion 217
almost 350, 363
alone 141
along 343
aloud 156
alphabet 156
alphabetical 407
already 352
alternative 334
although 414
altogether 381
always 351
am 349
amateur 180
amazed 71
amazed at 71
amazement 71
amazing 376
ambassador 254
ambiguity 217
ambiguous 217
ambition 83
ambulance 56
America 21
American 21
among 343
amount 275
amount 336
amplifier 288
amuse 89
amuse with 89
amusement 178
amusement park 178
an 409
analogy 217
analyse 212, 229
analyse 79
analysis 212, 229

anaphora 208
ancestor 133
ancient 198, 221
ancient history 221
and 371, 413
anecdote 206
angel 226
anger 72
angle 358
angry 67
angry about 67
angry with 67
animal 326
animation 186
ankle 27
anniversary 188
announce 286, 299
announcement 286, 299
announcer 286
annoy 89
annoyed 67
annoying 67
annual 353
annually 353
another 392, 412
answer 282, 384
answer AE 283
answer to 384
answering machine AE 268, 281
answerphone BE 268, 281
ant 329
antagonist 216
antenna AE 286
anti-authoritarian 151
anti-authoritarian upbringing 151
anticipation 215
anticlimax 215
antique 125
anti-social 145
antithesis 216

418

Register

antonym 407
anxious 65, 66
anxious about 65
any 361, 380
anybody 412
anyhow 380
anyone 412
anything 362
anything else 394
anyway 380
anywhere 342
apart 343
apartment AE 120
apartment house AE 118
apologize 393
apology 389
apostle 226
apostrophe 405
apparently 381
appeal 224
appeal 71
appeal to 71
appear 77
appearance 46
appendix 27, 290
appetite 104
applaud 187
apple 93, 323
apple pie 94
application 168, 292
application documents 168
application form 168
applied sciences 229
apply 168
apply for 168
apply to 168
appoint 236
appointments calendar AE 269
appointments diary BE 269
appreciate 74

apprentice 169
apprenticeship 169
approach 212, 384
approve 89
approve of 89
approximately 363
apricot 325
April 347
archbishop 225
architect 118
architecture 118
area 330
argue 142
argue about 142
argument 142
argument 214
arithmetic 161
arm 26
armchair 123
armed forces 258
Armenia 23
arms 257
arms control 257
arms freeze 258
arms race 257
army 256
around 344, 349
arrange 191
arrangements 193
arrest 246
arrival 298
arrive 298
arrogant 86
art 154, 201
art gallery 201
article 271, 288, 403
artist 201
arts 229
as 373, 414
as … as 373
as a matter of fact 395
as if 414
as though 414
ashamed 70

ashamed of 70
ashtray 127
Asia 23
Asian 23, 135
aside 345
ask 384
ask for 384
asleep 40
assembly 252
assembly line 173, 265
assessment test 161
assist 143
assistance 143
association 272
assume 79
assumption 79
assure 389
astonish 71
astonishing 379
astonishment 71
astronaut 267
astronomy 232
at 344, 349
at a blow 43
at a disadvantage 150
at a glance 35
at birth 30
at break 157
at dawn 310
at dusk 310
at first 350
at first glance 35
at home 120, 342
at last 350
at least 362
at once 350
at risk 256
at risk 337
at school 152
at the bottom of 341
at the dentist's 57
at the doctor's 57
at the top of 341
at work 170

419

Register

atheist 224
athlete 181
athletics BE 181
atishoo! 55
Atlantic Ocean 312
ATM AE 276
atmosphere 216, 313
atmospheric 317
atom 257
atom 320
atom bomb 257
attachment 293
attack 54, 256
attempt 88
attend 155
attendance 162
attention 156
attic 117
attitude 84
attitude towards 84
attorney 244
attract 65
attraction 72
attractive 45
audience 185
August 347
aunt 131
Australia 21
Australian 21
Austria 21
Austrian 21
author 211
authoritarian 151
authoritarian upbringing 151
authority 235
automobile AE 302
autobiography 206
automatic 267
Automatic Teller Machine AE 276
autumn 314, 347
auxiliary 404
auxiliary verb 404

available 271
avenue 332
average 276
average 363
avoid 305
awake 40
award 231
aware 79
aware of 79
away 342
awesome AE 136
awful 68
axe 265, 325

B

B & B 194
BA 165
baby 30, 131
baby carriage AE 30
baby shower AE 189
babysit 131
babysitter 131
babysitting 131
bachelor 133
Bachelor of Arts 165
Bachelor of Science 165
bachelor's degree 165
back 26, 118, 341, 343
back door 121
back garden BE 118, 322
backache 53
backbencher BE 239
background 134
backpack AE 193
backup 292
back up 292
backwards 37
backyard AE 118, 322
bacon 95
bacteria 55
bad 375, 398
Bad luck! 398

bad marks 159
badminton 184
bag 192
baggage AE 192
baggage check AE 192
baggage claim 301
bagpipes 204
bake 98
baked potatoes 98
baker 110
baking dish 104
baking tray 104
balance 36
balance 278
balance of power 254
balcony 119
balcony AE 187
bald 46
ball 178
ballad 207
ballet 205
balloon 179
ballpoint (pen) 154
ban 236
banana 93, 323
band 203
bandage 59
Band-Aid AE 59
bang 312
banjo 204
bank 275
bank clerk 275
bank holiday BE 172, 188
bank manager 275
bank robber 248
banking 275
banknote BE 275
bankrupt 276
bar 196
bar code 114
bar code reader 114
bar of chocolate 95
bar stool 196

420

Register

barbecue 97
barber 48
barber's 48
barbershop AE 48
bare 313
barefoot(ed) 26
bargain 111
bark 327
bark 325
barley 324
barrel 99
barrister BE 244
base 260
baseball 182
baseball cap 107
based on 133
basement 117
basic 168
basic knowledge 75
basic liberties 235
basic research 230
basic skills 168
basics 155
basketball 182
bass guitar 203
bastard 399
bath 47, 195
bath BE 122
bathing suit 108
bathing trunks BE 108
bathroom 122
bathroom scales 366
bathtub AE 122
batter 103
battered 146
battery 125
battle 256
bay 312
BC 220
be 18
be acquainted with 143
be afraid 398
be at war with 256
be born 18

be busy 171
be in 267
be in hospital BE 57
be in love with 28
be in ruins 118
be in the hospital AE 57
be in the red 276
be on the pill 28
be opposed to 239
be out 267
be right 398
be supposed to 401
be quiet 33
beach 312
beach volleyball 182
beak 327
bean 93, 323
bear 68, 326
bear in mind 74
beard 26
beat 98, 180
beat 204
beautiful 45
beauty 45
beauty contest 45
beauty parlour 48
because 370, 414
because of 370
become 68, 168
bed 123, 195
bed and breakfast 194
bedclothes 123
bedroom 122
bedside rug 125
bee 326
beef 95
beer 97
beetle 329
before 351
before Christ 220
beg 327, 394
beg for 327
begin 350
beginners' class 153

beginning 350
behave 84
behaviour 84
behind 343
behind 185
Belgian 22
Belgium 22
belief 222
believe 222
believe in 222
bell 122, 157, 223
bellboy AE 195
belong to 369
Belorussia 23
below 315, 343
below sea level 313
belt 107
bench 123
bend 303
bend 43
bend down 43
beneath 345
beneath one's dignity 85
benefit 144, 173
benefit from 144
berry 325
beside 343
besides 394
best 82, 375, 380
best-known 211
bet 180
bet on 180
betray 146
better 82, 375, 380,
  400
between 343
beyond 344
Bible 223
bicycle 301
bid 273
big 45, 374
big bang 312
bike 301
bike path AE 305

421

Register

bill 271
bill 242
bill BE 197
bill AE 275
Bill of Rights 242
billiards 179
binary 294
biodegradable 337
biography 205
biological 231
biological warfare 258
biologist 231
biology 153
biology 231
bird 327
Biro BE 154
birth 18, 30
birth control 29
birthday 18, 30, 188
biscuit AE 94
bishop 224
bit 360
bit 294
bitch 399
bite 41, 327
bitter 99
bitter BE 97
black 135, 357
black currant 325
blackberry 325
blackbird 329
blame 396
blame 70
blank 156
blank verse 208
blanket 123
bleed 53
bless you! 392
blind 32
blizzard 318
block 118
block of flats BE 118
blond(e) 46
blood 25

blood pressure 59
blood test 57
bloody BE 398
bloody hell! 398
blossom 325
blouse 106
blow 316
blow 43
blow up 260
blue 357
blue-collar 174
blues 204
bluish 357
board 154, 271
board 195, 301
Board of Trade BE 271
boarding house 195
boarding school 160
boast 386
boast about 386
boat 299
bodhrán 204
body 25, 31
boil 97
boiled potatoes 94
bold 85
bomb 257
bomber jacket 108
bone 25
bonnet BE 306
book 155, 191, 210, 288
book trade 169
booking 193
bookkeeper 269
bookkeeping 270
bookmaker 180
bookshelf 124
bookshop BE 110
bookstore AE 110
boom 277
boot 107, 291
boot BE 306
border 238
bore 86

boring 171
born 30
borrow 276
Bosnia-Herzegovina 23
boss 170
both 361, 412
bother 67
bottle 99
bottle bank 337
bottle opener 127
bottom 341
bounce 178
bouquet 322
bouquet of flowers
  322
bowl 99
bowling 184
box 124, 127
boxing 184
Boxing Day BE 188
box-office 185
boy 30
boy group 203
boy scout 179
boyfriend 28, 139
bra 108
bracelet 109
bracket BE 405
brain 25
brake 304
branch 275, 322
brand 368
brand name 265
brand-new 374
brass 320
brave 81
bread 94
break 54, 157, 172
break a promise 386
break down 304
break off 133, 254
break one's neck 26
break up 132
breakdown 54, 304

422

Register

breakfast 100
breast 26
breath 25
breathe 44
brick 117
bricklayer 119
bride 133
bridegroom 133
bridge 302
brief 80, 354
briefcase 269
briefs 108
briefs AE 108
bright 75, 310
bring 37
bring-and-buy sale BE 224
bring up 130, 150
British 20
broadcast 286
brochure 290
broil AE 97
broken 54
broom 126
broomstick 126
brother 130
brother-in-law 131
brown 357
browser 293
brush 47, 117, 201
BSc 165
bucket 127
Buddhist 224
budget 278
budgie BE 329
build 117
building 118
building material 117
building site 119
bulb 125
Bulgaria 23
bull 329
bullet 260
bully 146

bummer AE 399
bump 54
bump into 43
bunch 360
bungalow 120
burglar 248
burglary 248
burn 94, 319
burst 69
burst into tears 69
bury 31
bus 297
bus driver 297
bus stop 297
bush 322
business 270
business card 270
business studies 232
businessman 271
businesswoman 271
busy 171
busy 283
but 414
butcher 110
butter 95
butterfly 326
buttocks 28
button 106
buy 113, 271
by 210, 302, 344, 352
by 32
by accident 83
by chance 83
by force 247
by hand 263
by magic 179
by mistake 158
by myself 409
by post/mail 283
by request of 389
by trade 169
bye! 391
bye-bye! 391

C

cab AE 297
cab driver AE 297
cabbage 326
cabin 119, 301
cable 286
cable TV 286
café 196
cafeteria AE 164
cage 327
cake 94
calcium 320
calculate 157
calculator 268
calculator 161
calendar 353
calf 330
call 18, 141, 282
call on 141
calm 311, 316
camcorder 287
camera 177, 287
camp 194, 257
campaign 239
camper BE 195
campground 194
camping 194
camping facilities 194
camping site 194
campus 164
can 392, 399, 401
can AE 93
can opener AE 127
can't 399
Canada 21
Canadian 21
canal 301
cancel 180, 299
cancel 193
cancellation 193
cancer 56
cancer research 230
cancer screening 58

423

Register

candidate 238
candle 125
candlelight 125
candy AE 95
canned food AE 93
canteen 174
canvas 202
cap 107
capable 88
capable of 88
capital 238
capitalism 238
capitalist 252
captain 182, 257
caption 289
capture 259
car 302
car AE 299
car park BE 305
caravan BE 195, 305
carbon 335
carbon dioxide 335
card 178, 188
cardigan 106
cardinal 365
cardphone 281
care 57, 65, 141, 391
care about 65
care of 285
career 169
careful 81
careful with 81
careless 81
carpenter 119
carpet 123
carriage BE 299
carrot 93, 323
carry 37
carry on 88
carry out 257
carry out 230
carsick 55
cartoon 186, 286, 289
case 243

cash 274
cash desk BE 114
cash on delivery 274,
  285
cashier 114
cashpoint BE 276
cassette 287
cassette recorder 154,
  287
cast 187
castle 198
cat 327
catalytic converter 307
catastrophe 313
catch 39, 52
catch a cold 52
catch fire 319
catch sb up BE 39
catch sight of 32
catch up with sb AE 39
category 368
catharsis 210
cathedral 198
Catholic 224
cattle 327
cauliflower 101, 326
cause 333, 370
cautious 85
cave 313
CD 287
CD player 287
CD-ROM 291
ceiling 117
celebrate 142, 188
cell 27, 231
cell phone AE 281
cellar 117
Celsius (°C) 315
cemetery 32
censorship 213
cent 275
centigrade 315
centimetre 365
central 376

Central America 21
central heating 122
centre 341
century 347
cereal 94
ceremony 225
certain 77
certainly 399
certificate 163
chain 266
chain saw 265
chair 123
chairman 236
chairperson 235
chairwoman 236
chalk 154
challenge 184
Chamber of Commerce
  272
champion 184
championship 184
chance 83, 247
change 45, 111
change BE 298
change gears BE 307
change much 45
change one's mind 74
change purse AE 113
channel 186, 285
channel 313
Channel Islands 312
chapel 225
chapter 205
character 81, 210, 291
character trait 84
characteristic 368
characterization 211
characterize 211
charge 112, 198, 276
charge 244
charge admission 187
charge for 112
charge of 244
charge with 244

Register

charity 223, 224
charity 143
charming 82
chat 293
chat 388
chat about 388
chat sb up BE 388
cheap 111
cheat 158, 178
cheat at 178
check 304
check AE 197
check in 299
check out 114
checkers AE 179
checking account AE 275
checkout 114
checkroom AE 187
check-up 58
cheek 25
cheer 70
cheer up 389
cheerful 85
cheerleader 182
cheers! 196
cheese 95
chemical 232
chemical (elements) 320
chemical solution 320
chemical warfare 258
chemist 232
chemist BE 58
chemistry 153
chemistry 232
cheque 275
cherry 93, 323
chess 179
chess board/pieces 179
chest 26
chest of drawers 124
chew 44
chewing gum 95
chicken 96, 327

chicken farm 327
chicken salad 94
chickenpox 55
chief 377
child 30, 131
childhood 31
childish 86
chilly 317
chimney 117
chin 26
China 23
china 125
Chinese 23
chips BE 96
chocolate 95
choice 197
choir 205
choose 197
choose from 197
chop 96
chop down 325
chore 136
chorus 204
Christ 223
christen 225
christening 225
Christian 223
Christian name 19
Christmas 188
Christmas Day 188
Christmas Eve 188
church 223
church bell 223
church service 223
cigar 60
cigarette 60
cinema BE 186
cinnamon 102
circle 358
circle BE 187
circular saw 265
circumstances 145
circus 176
citizen 238

citizenship 19
city 330
city centre BE 330
city council AE 235
city hall AE 236
civil 234
civil rights 234
civil servant 171, 234
civil service 234
civilian 259
civilization 221
civilized 378
claim 390
clap 44, 187
clap hands 44
clash 250
class 135, 153, 298, 299
classic 213
classicism 214
classification 230
classmate 153
classroom 154
clause 403
clean 47, 126, 331
clear 310, 315
clear 128
clear away 105
clear conscience 74
clear of 245
clear one's throat 26
clear out 128
clear up 128
clergy 224
clergyman 224
clergywoman 224
clerk 268
clerk AE 110
clever 75
client 244
cliff 312
climate 314
climatic zone 317
climax 215
climb 37

425

Register

climb down 37
climb up 37
cloakroom BE 187
clock 124, 348
close 39, 341
close down 111
close friend 139
close to 341
closed 111
closet AE 124
cloth 105, 126
clothes 106
clothes cupboard BE 124
clothes peg BE 124
clothes pin AE 124
clothes shop 110
cloud 316
cloudy 316
club 176
clue 247
clumsy 86
cluster 407
clutch 307
c/o 285
CO_2 335
coach 183
coach AE 299
coach BE 297
coal 319
coast 312
coast guard 260
coastline 312
coat 106
coat peg 124
cocaine 61
cockpit 301
cocktail 102
COD 274, 285
cod 328
code 255, 294
code name 255
coffee 96
coffee break 172

coffee table 123
coin 275
coke 61, 102
cold 34, 52, 315
collage 202
collar 106, 327
collect 177
collect call AE 282
collection 177
collection 225
collective 406
college 164
collide 301
collision 301
collocation 405
colloquial 406
colon 405
colonize 221
colony 221, 254
colour 357
coloured 135
colourful 379
Columbus Day AE 189
column 289
comb 47
combat 259
combination 372
combine 372
come 37
come from 18
come home 37
come in! 37
come on! 37
come out 57
come out 145
come round 343
come to 253
come to terms with 87
come up with 76
comedy 209
comfort 89
comfortable 123
comic 187, 213
comic strip 289

comma 405
command 294, 390
comment 205, 385
comment on 205, 385
commentary 205
commentator 286
commerce 271
commercial 272, 286
commercialism 184
commission 272
commit 243
commit suicide 32
committed 88
committed to 88
committee 235
common 374
common sense 75
Commonwealth 254
communicate 143
communication 281, 384
communicative 143
communism 238
communist 252
community 238
commute 173
commuter 173
compact disc 287
company 270
comparative 404
compare 372
compare to 372
comparison 373, 404
compartment 299
compass 162, 193
compassion 74
compete 273
compete for 273
compete with 273
competent 378
competition 180
competition 273
competitive 273
competitor 273

Register

complain 387
complain about 387
complain of 387
complain to 387
complaint 112
complete 156, 193, 377
complex 379
complexion 46
complicated 266
compliment 389
compose 205
composer 205
composition 205
compound 407
comprehension 162
comprehensive school BE 160
compress 294
compromise 80
compulsory 161
computer 154, 268, 291
computer science/ studies 153
computerization 293
computerize 270
concentrate 76, 149
concentrate on 149
concentration 76
concept 213
concern 395
concern 74
concerned 65
concerned about 65
concert 204
concise 378
conclude 79
conclusion 371
conclusion 215, 355
concrete 119
condition 51
conditional 405
conditional clause 403
conditional perfect 405
condom 29

condominium AE 120
conduct 144
conductor 205
conductor AE 299
conference 231, 255
confess 89, 245
confess to 245
confession 226
confidence 81
confidence in 81
confident 81
confirm 389
confirmation 193
conflict 146, 216
confuse 77
confused 81
confusion 77
conglomerate 272
congratulate 389
congratulate on 389
congratulations 392
congregation 225
Congress AE 251
Congressman AE 251
Congresswoman AE 251
conjunction 405
connect 293
connect (to) 371
connection 298
connection 283
connotation 217
conquer 221
conscience 74
conscientious objector 258
conscious 79
conscious of 79
consciousness 54
consequence 372
conservation 335
conservatism 238
conservative 251
conserve 336
consider 75

considerable 378
consideration 79
considering 416
consist of 318
consonant 402
constituency 238
constitution 234
constitutional 235
constitutional law 235
constitutional monarchy 235
construct 118
construction 119
consume 334
consumer 273
contact 139
contact lens 35
contagious 55
contain 318
container 301
contemporary 214
contempt 72
content 68
contents 284, 288
context 214
continent 311
continue 88
continuous 405
continuous form 405
contraceptive 29
contract 271
contradict 399
contrary 397
contrast 211, 373
contrast to 211
contrast with 211
contribute 143
contribution 143
control 87, 246
convenient 376
convent 225
conversation 156, 384
convert 226
convict 245

427

Register

convict of 245
convince 386
convinced 395
convincing 397
cook 97
cooker BE 124
cookie AE 94
cool 34, 136, 315
cooperate 143
cooperation 143
cooperative 143
cope 87
copper 320
copy 269, 288, 292
copyright 289
corkscrew 127
corn AE 323
corn BE 323
corn crop 323
corner 183, 303
cornflakes 94
corporate identity 272
corporation 272
corpse 32
correct 158
correspond to 369
cosmopolitan 235
cost 112, 270
cost of living 274
cosy 125
cottage 118
cotton 105, 127, 323
cotton mill 265
couch 125
couchette BE 301
cough 52
could 399, 401
council 235
council flat BE 120
council house BE 120
Council of Europe 254
counsellor 169
count 275
countable 406

counter 110
country 19, 238, 331
countryside 332
county 235
county council BE 235
couple 132, 362
couplet 208
courage 81
course 153
course of lectures 164
court 241
cousin 131
cover 315
cover 260
covered with 315
cow 327
coward 83
crèche BE 159
crab 328
crack 61, 314
crash 303
crass 146
crawl 41
crazy 76
cream 95
create 88
creation 226
creative 86
creature 328
credit 278, 279
credit card 275
credit with 279
cremate 32
crew 301
cricket 184
crime 246
crime rate 246
criminal 246
crisis 56, 255
crisps BE 96
critic 213
critical 376
criticism 213, 390
criticize 213, 390

Croatia 23
Croatian 23
crockery 104
crop 322
cross 223, 305
cross-breed 231
cross-country skiing 182
crossing 305
crossroads BE 306
crosswalk AE 305
crossword (puzzle) 289
crow 329
crowd 142
crowded 330
crown 237
crucial 369
cruel 83
cruise 301
cruise missile 260
cry 69
cube 358
cuckoo 329
cucumber 101
cuisine 104
cul-de-sac BE 303
cultivate 323
cup 99
cupboard 124
curate 224
cure 58
curious 82
curl 46
currency 277
current 353
current account BE 275
curriculum 161
curriculum vitae BE 168
curry 102
cursor 291
curtain 123
curve 358
cushion 123
custom 142
customer 110

Register

customs 192
cut 47, 53
cutlery 104
CV BE 168
cycle 184, 335
cycle path BE 305
cycling 185
cyclist 307
Czech 22
Czech Republic 22

D

dad 130
daily 348
daily (newspaper) 288
dairy product 103
damage 52, 317
damn 226
damp 317
dance 177
danger 256, 333
dangerous 376
Danish 22
dare 400
dark 46, 311, 357
darkness 311
dartboard 179
darts 179
dash 405
DAT recorder 287
data 290
data processing 290
database 292
date 139, 348
date AE 139
date of birth 18
daughter 130
daughter-in-law 131
dawn 310
day 347
day nursery BE 159
day off 157, 172
day trip 191

daycare center AE 159
dead 31
dead body 31
dead end 303
dead silence 33
dead tired 40
deadly 256, 334
deadly sin 226
deaf 33
deal 360
deal in 272
deal with 87
dealer 61
dear 284
dear BE 114
Dear Sir or Madam, BE 284
death 31
debate 239
debit 279
debit to 279
debt 276
deceive 90
December 347
decent 85
decide 76
decide between 76
decimal 365
decimal system 365
decision 76
declaration 235
declare 192
declare war on 256
decorate 125
decrease 274
deep 311
deer 328
defeat 180, 258
defeat 260
defence 182, 242, 256
defend 182, 241, 256
defendant 241
defender 183
define 368

definite 376
definite article 403
definitely 396
definition 368
degree 315
degree 165
delay 298
delicious 98
delight 73
delighted 73
delighted with 73
deliver a paper 229
delivery 274, 285
demand 270, 387
democracy 237
democrat 251
democratic 237
Democratic Party AE 251
Democrats AE 251
demonstrate 145
demonstration 145
demonstrative (pro-noun/determiner) 404
demonstrator 145
denial 245
Denmark 22
denotation 217
dénouement 210
dense 320
density 320
dentist 57
deny 89, 244
depart 298
department 164
department 174
Department of State AE 254
Department of the Interior AE 240
department store 111
departure 298
depend 394
depend on 87, 372
deposit 275

429

Register

deposit 195
deposit account BE 275
depressed 71
depression 71
depth 365
derive 406
derive from 407
describe 211, 394
describe to 394
description 211
description 214
desert 312
deserve 180
design 107, 266
desire 72
desk 123, 268
desk calculator 268
desk calendar AE 268
desk diary BE 268
desktop publishing 294
despair 73
desperate 73
despite 415
dessert 101
destination 300
destroy 257, 333
destruction 257, 333
detached house 120
detail 368
detail 162
detect 90
detective 247
detective story 205
détente 255
determine 79
determined 82
determiner 403, 404
detour 306
detoxification 62
develop 177, 254
develop 151
development 254
device 266
devil 222

devolution 252
dial 282
dialect 406
dialogue 156, 210
diamond 320
diaper AE 131
diary 205
dice 178
dictate 269
dictation 156
dictator 240
dictatorship 240
diction 217
dictionary 155, 288
die 31
die from 31
die in 31
die of 31
differ 372
differ on 372
difference 373
different 373
difficult 376
difficulty 149, 247
dig 321
digit 365
digital 294
digital camera 287
digital versatile disc 287
digitalize 294
dignity 85
dining car 301
dining room 122
dinner 100
dinner-jacket BE 108
diphthong 402
diploma 165
diplomat 254
diplomatic 254
direct 376, 403
direct object 403
direct speech 403
direction 340
director 271

director 187
directory 292
directory 283
directory inquiries BE 283
dirt 320
dirty 47, 126, 331
disabled 138
disadvantage 150
disagree 397
disagree with 397
disagreement 390
disagreement about 390
disappear 333
disappoint 89
disappointed 69
disappointed in 69
disappointed with 69
disappointing 69
disappointment 69
disarmament 258
disaster 313
disastrous 313
disciple 226
disco 176
disconnect 293
discount 272
discount store 114
discourage 89
discourse 214
discover 220, 230
discovery 221, 230
discreet 144
discriminate 145
discriminate against 145
discrimination 145
discuss 77
discussion 77
disease 51
disguise 109
dish 100
dish towel AE 123
dishcloth 126
dishes 126
dishonest 247

Register

dishwasher 127
disk 291
dislike 72
dismiss 173
dismiss for 173
dispatch 274
display 291
disposal 336
dispose of 336
distance 340
distance 213
distant 345
distribute 172
district 234
disturb 195
dive 182
divide 157, 363
divide by 157
divorce 132
divorce 133
divorced 19, 132
do an experiment 229
do damage 317
do harm 333
do sums BE 157
do the chores 136
do the dishes 126
do the washing 126
do up 109
doctor 57
doctor 165
doctor's office AE 59
doctorate 165
doctrine 227
document 194, 244
documentary 186, 286
documentary fiction 206
dog 327
dole BE 173
doll 178
dollar 275
dolphin 328
domestic 251, 329
domestic affairs 251

domestic animals 329
domestic policy 251
dominant 379
Dominion Day 189
donkey 330
door 121
door handle 306
door post 119
doorbell 122
doormat 124
doorway 119
dormitory AE 164
dot 358
dot 107
double 363
double bed 123
doubt 397
doubtful 77
dough 103
doughnut 103
down 343
downhill skiing 182
download 293
downstairs 122
downtown AE 330
dozen 361
draft 212
draft AE 102
draft beer AE 102
drag 42
drama 209
dramatic 209
draught BE 102
draught beer AE 102
draughts BE 179
draw 177
drawer 124
drawing 201
dream 75
dress 105, 106
dress circle BE 187
dressing 95
dressmaker 106
drill 162, 265

drink 60, 96
drive 291, 302
driver 302
driver's license AE 302
driveway 119
driving licence BE 302
drop 38, 360
drop bombs 257
drought 317
drown 32
drug 61
drug addict 61
drug scene 246
drug traffic 61
drug user 61
drugstore AE 58
drum 203
drummer 203
drunk 60
dry 99, 126, 311, 315
dry up 336
DTP 294
dual carriageway BE 306
duchess 240
duck 327
due 298
due to 371
duke 240
dull 75
dump 337
dung 330
duplex AE 120
during 350
dusk 310
dust 126, 320
dustbin BE 123
duster 126
duster BE 154
dustman BE 337
dusty 126
Dutch 22
duty 192
duty-free 192
duty-free shop 192

Register

duvet BE 125
duvet cover BE 125
DVD 287
DVD player 287
dynamic 216

E

each 412
each of us 412
each other 412
eager 70
eagle 329
ear 25
earache 54
early 348
earn 171
earnings 172
earring 110
earth 311
earthquake 314
easel 202
East 253
east 314
Easter 188
eastern 253, 314
eastern parts of 314
easy 376
eat 98
eat out 98
e-cash 114
ecological 333
ecology 333
e-commerce 272
economic 274
economic policy 250
economic reform 252
economical 114
economics 161, 231
economy 274
ecosystem 334
ecstasy 61
edge 358
edition 289

editor 290
editorial 289
educate 150
education 150
effect 370
effective 377
effort 36, 87
egg 96, 327
eight 364
eighteen 364
eighth 364
eighty 364
eisteddfod BE 189
either 361, 413
either 412
elbow 26
elder 133
elderly 137
eldest 133
elect 237
election 237
election campaign 239
electric 266
electric cooker BE 124
electric guitar 203
electric razor 47
electric shaver 47
electric stove AE 124
electrical 266
electrician 124
electricity 266, 319
electronic 266
electronic cash 114
electronic commerce 272
electronics 266
elegy 208
element 320
elementary 159
elementary school AE
  159
elephant 328
elevator AE 117
eleven 364
eleventh 364

ellipsis 209
else 394
email 269, 293
emancipated 85
embarrassed 70
embarrassing 70
embassy 254
emergency 56
emergency exit 118
emigrant 221
emigrate 221
emigration 221
emission 336
emit 336
emotion 64
emotional 64
EMP 254
emphasize 389
empire 254
employ 171
employed 170
employee 170
employer 170
employment 170
empty 376
enclose 269
enclose 285
encourage 89
encyclop(a)edia 289
end 350
ending 212
endless 345
enemy 256
energy 319
engaged 131
engaged BE 283
engaged to 132
engagement 188
engagement 133
engine 266, 304
engineer 265
engineer AE 299
engineering 265
England 20

432

Register

English 20, 154
engraving 202
enjoy 67
enjoy oneself 67
enjoyable 379
enlightenment 214
enormous 378
enough 98, 377
enter 37
entertain 178
entertainment 178
enthusiasm 70
enthusiastic 70
enthusiastic about 70
entire 360
entrance 118
envelope 284
envious 70
environment 333
environmental 334
environmentalist 334
environmentally friendly
  334
envy 70
epic 209, 210
epigram 209
epilogue 215
episode 206
equal 373
equipment 263, 268
eraser AE 154, 155
erosion 336
error 162
escalator 114
escape 246
essay 157, 205
essential 378
estate car BE 305
estimate 273
Estonia 23
ethics 227
EU 254
euphemism 217
euro 275

Europe 21
European 21, 254
European Council 254
**European Member of
  Parliament** 254
European Parliament
  254
European Union 254
even 380
even if 415
evening 348
evening class 153
evening dress 106
event 176
eventually 354
ever 352
every 361
everybody 412
everyone 412
everything 362
everywhere 342
evidence 244
evidently 381
evil 223
evolution 312
exact 377
exactly 396
exaggerate 217, 389
exaggeration 217
exam 158
exam candidate 162
examination 57
examine 57
examiner 162
oral examiner 162
example 156
excellent 368
exception 402
excerpt 289
exchange 192, 275
excited 66
excitement 70
exciting 376
exclamation mark 405

excuse 386, 390
executive 268
executive 235
exercise 58, 155, 181
exercise book BE 155
exhaust 307
exhaust fumes 336
exhaust pipe BE 307
exhausted 40
exhibition 201
exile 259
exist 222
exit 118
expand 273
expect 395
expense 278
expensive 111
experience 75
experienced 378
experiment 229
experimental 231
expert 168
explain 394, 402
explain to 394
explanation 402
explode 260
exploit 240
exploration 230
explore 220, 230
explosion 260
export 270
exposed 335
exposed to 335
exposition 214, 215
express 385
express BE 284
express train 298
expression 385
expressway AE 306
extend 193
extended family 130
extension 120
extent 395
exterior 119

433

Register

external 345
extra 377
extract 290
extraordinary 378
eye 25
eye witness 244
eyebrow 28
eyelash 28
eyelid 28

F

fable 206
fabric 107
face 25, 340
face powder 48
face to face 25
facilities 178
fact 395
factory 263
factory farming 327
faculty AE 161
faculty of arts 161
faculty room AE 161
Fahrenheit (°F) 315
fail 159
failure 83
faint 56
faint from 56
fair 46, 82, 176, 180,
  241, 270
fair chance 241
fair hair 46
fair play 180
fairly 381
fairy tale 206
faith 226
fall 38
fall AE 314, 347
fall asleep 40
fall down 38
fall in love with 28, 65
fall off 38
fall over 38

falling action 215
false 158
false friend 407
fame 85
familiar 376
family 130
family background 134
family planning 130
famine 259
famous 376
fan 183
fanatic 227
fancy 71
fantastic 398
fantasy 213
far 341
Far East 253
fare 297
farm 322
farm products 322
farmer 322
farmhouse 120
farming 323
farmland 323
far-sighted AE 35
fascinate 88
fascination 89
fascism 238
fascist 252
fashion 105
fashion model 105
fashionable 105
fast 304, 349
fast asleep 40
fasten 303
fat 45
fatal 32
fate 227
father 30, 130
father-in-law 131
fatty 95
faucet AE 127
fault 81, 393
favour 392, 397

favourite 368
fax 269, 281
fax machine 268, 281
fear 66
feather 329
feature 187, 286, 289,
  369
February 347
federal 238
federal government 238
Federal Republic of
  Germany 21
Federal Republic of
  Germany 238
fee 198
feed 328
feel 34, 64, 391, 396
feel about 396
feel bad about 67
feel cold 34
feel guilty about 69
feel obliged to 84
feel sorry for 67
feeling 64
female 19, 28
feminine 46
fence 118, 327
ferry 299
fertile 28, 324
fertilizer 324
festival 204
fetch 37
fetch from 37
fever 55
few 362
fiancé, fiancée 133
fibre 321
fiction 206
fictional 212
field 321
field hockey 184
fieldwork 230
fierce 318
fifteen 364

434

Register

fifth 364
fifty 364
fight 256
fight against 256
fight for 256
figurative 216
figure 45, 157, 358
figure 365
figure of speech 216
figure out 80
file 269, 292
file 265
filing cabinet 269
fill 57
fill in BE 156, 193
fill out AE 156, 193
filling 57
film 177, 287
film BE 186
film script 187
filter 61
final 158, 180
final exams 158
finally 350
finance 277
financial 277
find 76
find out 192
fine 242, 315, 392, 396
finger 26
fingernail 26
fingerprint 249
fingertip 26
finish 88, 181
Finland 22
Finnish 22
fire 171, 257, 319
fire at 257
fire brigade BE 236
fire department AE 236
firefighter 236
fireman 236
fireplace 125
firm 270, 377

firm 103
first 350, 364
first aid 58
first balcony AE 187
first edition 289
first floor 117
first name 18
fish 96, 326
fish 185
fish and chips 96
fish fingers BE 96
fish paste 103
fisherman 326
fishing 326
fishing boat 326
fishing rod 185, 329
fishsticks AE 96
fit 51, 112
fitness 60
fitted carpet 123
five 364
fix 264
flag 238
flame 320
flammable 265
flannel BE 48
flash 177, 317
flash across 317
flash of lightning 317
flashback 215
flashcard 155
flashlight AE 125
flat 311
flat AE 304
flat BE 120
flat brush 201
flatter 146
flavour 104
flaw 216
flee 259
flee from 259
flexitime BE 170
flextime AE 170
flight 299

flight attendant 299
flood 316
flood levels 316
floor 117
flour 94
flow 311
flow into 311
flower 322
flowerpot 125
flu 52
fluent 378
fluently 156
flunk AE 159
flush 122
flute 203
flutter 329
flutter away 329
flutter off 329
fly 299, 326, 327
fog 316, 333
foggy 316
fold 39
fold one's arms 39
folder 292
folder 161
folk 204
folk ballad 207
folk epic 209
follow 37, 74
fond 65
food 93
food shortage 259
fool 82
foolish 82
foot 26, 365
football 182
football ground BE 182
footnote 289
footpath 333
for 352
for 415
for joy 66
for sale 121
forbid 223, 241

435

Register

force 38, 88
force 247, 258
forehead 25
foreign 19, 192, 253
foreign affairs 253
foreign aid 254
foreign language 19, 154
Foreign Office BE 254
foreign policy 250, 253
foreign politics 253
Foreign Secretary BE 240
foreigner 192
foreigner 19
foreman 174
foreplay 29
forest 322
forever 354
forewoman 174
forget 78
forgive 393
fork 100
form 139, 211, 358
form BE 153
form teacher BE 161
formal 213
formal register 217
former 369
formula 232
fortnight BE 347
fortunate 379
fortunately 380
fortune 278
forty 364
forward 37
forward 183
forwards 37
fossil 321
foster 132
foul 185
foundations 119
fountain 198
fountain-pen 154
four 364

four-star BE 304
fourteen 364
fourth 364
fox 328
frame 125, 202
France 22
frank 85
frank in 85
freak 136
free 111, 234
free of charge 198
freedom 234
freelance 170
freeway AE 303
freeze 315
freeze 258
freezer 124
freezing 315
freight train AE 299
French 22, 154
French fries AE 96
French letter BE 29
frequent 300
frequently 354
fresh 93
Friday 348
fridge 124
fried eggs 96
friend 139
friendly 82
friendship 143
frighten 89
frightened 66
frightened of 66
frightening 66
frog 329
from 18, 298
front 118, 341
front door 121
front garden BE 118, 322
front lawn AE 322
front yard AE 118
frontbencher BE 239
frontier 259

frost 315
frozen 315
frozen food 93
fruit 93, 323
fruit pie 94
fruit salad 94, 323
fruit syrup 102
fruits 93
fry 97
frying-pan 104
fuck off! 399
fuck! 399
fuel 321
full 376
full moon 310
full of 376
full stop BE 405
full-time 169
fume 336
fun 142, 176
function 211
funeral 32, 225
funeral service 32, 225
funny 82
fur 328
furious 72
furnished 123
furniture 123
further 341
further education 164
fury 72
future 347, 404
future perfect 404

G

galaxy 312
gallery 201
gallon 366
gamble 180
game 178, 180
game of cards 178
games BE 154
gang 246

Register

gap 134
garage 118
garage BE 304
garbage AE 123, 334
garbage can AE 123
garbage collector AE 337
garden 321, 322
gardener 322
gardening 322
gardening tools 322
garlic 102
gas 319
gas cooker BE 124
gas pipeline 265
gas station 304
gas stove AE 124
gas(oline) AE 304, 319
gate 121, 299
gay 29
GB 20
GCSE 163
GDP 272
gear 307
gene 231
general 377
general assembly 253
General Certificate of
  Secondary Education
  163
general election BE 237
General National Voca-
  tional Qualification 163
general science 229
generally 381
generation 134
the generation gap 134
generous 82
genetic 231
genetic engineer 231
genetic engineering 231
genetic fingerprint 249
genetics 231
genitive 403
genre 213

gentle 82
Gentlemen AE 284
gents BE 197
geography 153
geological 232
geologist 232
geology 232
Georgia 23
German 21, 154
German measles 55
Germany 21
gerund 404
get 37, 394
get a divorce from 133
get at 78
get better 51
get carsick 55
get divorced 132
get down 136
get dressed 105
get drunk 60
get engaged 132
get in 302
get in touch with 384
get into difficulties 247
get into trouble with
  142, 247
get involved in 90
get married 132
get off 297
get on 297
get on with 140
get out 302
get rid of 241
get seasick 55
get sth wrong 397
get stronger 52
get the sack 173
get to know 140
get together 139
get up 40
get used to 84
get well! 51, 392
ghetto 138

ghost 226
gift 192
gift shop 192
girl 30
girl group 203
girl guide BE 179
girl scout AE 179
girlfriend 28, 139
gist 162
give 39
give a lecture on 164
give a shout 386
give a talk (on) 230, 384
give away 141
give birth to 30
give blood 25
give cover 260
give evidence 244
give in 87
give notice 173
give a hand 39
give a hint 402
give up 60
give way BE 307
glad 66
glance 35, 45
glance through 45
glass 99, 319
glasses 32
global 258
global market 270
global warming 335
globe 162, 313
glory 260
glove 107
glue 265
GNP 272
GNVQ 163
go 36
go abroad 191
go ahead 400
go and … 36
go bankrupt 276
go by rail BE 298

437

Register

go by train BE 298
go down 112
go for a hike 179
go for a run 181
go for a swim 182
go for a walk 36
go home 36
go off 93
go on 36
go on holiday 191
go on vacation 191
go out 140, 176
go out with 140
go red 46
go shopping 110
go sightseeing 198
go to bed 36
go to chapel 225
go to church 223
go to college 164
go to confession 226
go to jail 245
go to school 152
go to sleep 40
go to university 164
go up 112
go west 314
go with 112
goal 182
goal 337
goalkeeper 183
goat 330
God 222
goddess 224
gold 109, 318, 357
golden 318
goldfish 328
golf 184
golf club 184
good 82, 223, 375
good afternoon! 391
good at 159
good at 88
good evening! 391

Good Friday 188
good luck! 391
good morning! 391
good night! 391
good time 391
good marks 159
goodbye! 391
good-looking 45
goods 271
goods train BE 299
goody-goody 136
goose 327
gooseberry 325
gospel 226
gossip 388
gothic 136
govern 237
government BE 237
grade AE 153, 158, 159
gradually 382
graduate 165
graduate from 165
graduate in 165
graduate school AE 165
grain 323
gram(me) 366
grammar 402
grammar rule 402
grammar school BE 159
grammatical 406
grandchild 131
grand(d)ad 131
granddaughter 131
grandfather 131
grandma 131
grandmother 131
grandpa 131
grandparents 131
grandson 131
grape 325
grapefruit 101
grapevine 325
graphics 293
grass 322

grass 61
grateful 67
grateful to 67
grave 31
gravy 95
greasy 46
great 45, 396
Great Britain 20
Great Plains 313
great-aunt 133
great-grandfather 133
great-grandmother 133
great-uncle 133
Greece 22
greedy 86
Greek 22
green 334, 357
green 251
green beans 323
green energy 319
Green Party 251
greengrocer BE 110
greenhouse effect 335
greenish 357
Greens 251
greet 385
greeting 389
greetings card 389
grey 357
grid 321
grief 73
grill BE 97
grin 44
grocer 110
groceries 101
gross 136
gross 272
Gross Domestic Product 272
Gross National Product 272
ground 311
ground beef AE 101
ground floor BE 117

Register

group 135, 203
groupwork 155
grow 30, 321
grow out of 30
grow up 30
grown-up 31
growth 30, 274
guarantee 114
guard 247
guard BE 299
guardian 132
guess 79
guess 89
guest 194
guesthouse 195
guide 198
guided tour 198
guilt 71, 245
guilty 69, 242
guilty conscience 74
guinea pig 229, 327
guitar 203
guitarist 205
gun 257
guy 135
Guy Fawkes Day BE 189
gymnasium 183
gymnastics 183

.... **H** ....

H 335
habit 81
habitual 84
hacker 292
had better 401
had rather 398
hair 25
hair salon AE 48
haircut 48
hairdresser 48
hairdresser's 48
hairdryer 48
hairspray 47

half 349, 361
half a pint 99
half an hour 349
hall 122
hall of residence BE 164
Halloween 189
ham 95
hammer 264
hamster 327
hand 26, 39
handbag BE 107
handbrake BE 304
handgun 249
handicapped 137
handkerchief 106
handle 87
handout 143, 162
handsome 45
handwriting 162
handy 376
hang 38
hang around 38
hang up 282
hankie 106
hanky 106
happen 353
happen to 353
happiness 66
happy 66, 392
happy birthday! 392
happy ending 212
happy returns! 392
harbour 299
hard 34, 376, 380, 398
hard drug 61
hard cover edition 289
hard disk 291
hard-boiled egg 96
hardly 380
hardware 290
hard-working 85
harm 52, 333
harmful 52
harmless 52

harp 204
harvest 324
hash 61
hashish 61
hat 107
hate 68
have 98
have a baby 30
have a bath 47
have a drink 96
have a good time! 391
have a look at 198
have a rest 40
have a shave 47
have a smell 34
have a swim 181
have a talk with 384
have a try 88
have a wash BE 47
have difficulty in 149
have mercy on 226
have respect for 74
have sex with 28
have sth out 57
have surgery 59
have trouble with 51
have pity on 67
hay 324
hazardous 337
hazelnut 325
he 409
head 25
head 185
headache 53
heading 289
headlight 306
headline 289
headmaster BE 161
headmistress BE 161
headphones 288
headquarters 259, 272
headteacher BE 161
headword 218
heal 60

439

Register

health 51
health education 161
health food 93
health insurance 57
healthy 51
hear 33
heart 25
heart attack 25, 54
heart disease 25, 52
heat 315
heating 122
heaven 222
heavy 376
heavy metal 204
heavy smoker 61
hedge 324
heel 26
height 365
helicopter 301
hell 222
hello! 391
help 110, 141
help out 136
helper 141
helpful 82
helpless 81
hen 327
her 370, 410
herb 326
herb garden 326
here 342
here you are! 392
hero 216, 260
heroin 61
heroine 216, 260
hers 370
herself 410
hesitate 89
heterosexual 29
hey! 390
hi! 391
hide 41
hide-and-seek 179
hi-fi 288

high 374
high 61
high school AE 160
high spirits 73
high tide 313
higher education 164
high-tech 293
highway AE 303
hijack 249
hijacker 249
hike 179
hill 311
hilly 311
him 410
himself 410
Hindu 224
hint 217, 402
hint at 217
hip 27
hire 171
hire purchase BE 113
his 370
Hispanic 135
historian 232
historic 220
historic event 220
historical 206, 220, 232
historical novel 206
history 153, 220
history 232
history (play) 210
hit 40
hit on sb AE 388
hitchhike 306
hitchhiker 306
hitchhiking 306
hmm! 393
hobby 176
hockey 184
Hogmanay BE 189
hold 39
hold in contempt 72
hold a diploma 165
hold hands 39

hold office 240
hold-up 302
hole 321
hole puncher AE 268
holiday 172, 188
holiday BE 172, 191
holiday camp 194
holiday home 194
holiday resort 194
holidays BE 158
Holland 22
hollow 325
holy 223
Holy Bible 223
home 120, 342
home economics 161
Home Office BE 240
homeless 137
homepage 293
homeroom teacher AE
  161
homesick 71
homework 157
homosexual 29
honest 82
honey 94
honk 307
hood AE 306
hook 185
hooligan 146, 183
hop 324
hop BE 186
hope 65
hopeless 65
horizon 313
horizontal 345
horn 307
horrible 378
horror 73
hors d'œuvre 101
horse 327
hose 324
hospice 32
hospital 57

440

Register

hostile 258
hostility 258
hot 34, 98, 315
hot chocolate 95
hot dog 96
hotel 194
hotline 292
hour 349
house 118, 251
House of Commons 251
House of Lords 251
House of Representa-
tives AE 251
household 127
househusband 126
housekeeper 127
Houses of Parliament
251
house-warming 188
housewife 126
housework 127
how 380, 415
how about ...? 400
how are you? 391
how do you do? 390
how much? 112
however 414
HQ 259
huge 374
human 25
human being 25
human rights 234
humane 144
humid 317
humorous 216
humour 67
humour 216
hundred 364
Hungarian 22
Hungary 22
hunger 98
hungry 98
hunt 326
hunter 328

hurricane 318
hurry 36
hurry up! 36
hurt 54, 64
husband 130
hut 118
hydrogen 335
hygiene 47
hygienic 47
hymn 225
hyperbole 217
hypermarket BE 114
hyphen 405

I

I 409
I'm afraid 398
ice 315
ice cream 95
ice hockey 184
ice skates 184
icon 291
icy 315
ID 19
idea 75, 401
ideal 377
identify 388
idiom 405
if 401, 414
if-clause 403
ignition 307
ignorant 81
ignore 90
ill 51
illegal 243, 248
illness 51
image 293
image 46, 84, 209
imagery 209
imaginary 80
imagination 80, 216
imagine 79
imitate 90

imitation 90, 214, 369
immediate 353
immediately 353
immigrant 138, 221
immigrate 221
immigration 221
imperative 406
imply 389
import 270
importance 368
important 368
impress 64
impression 64
imprisonment 245
improve 58, 149
improvement 58, 149
in 344
in a hurry 36
in a rage 72
in advance 278
in aid of 141
in amazement 71
in case 415
in fact 395
in favour of 397
in favour of 244
in front of 341
in general 377
in horror 73
in love with 65
in order to 371
in pain 54
in particular 377
in power 234
in reality 310
in silence 33
in spite of 415
in the middle of 341
in the process of 312
in the sky 310
in the south of 314
in the world 310
in theory 230
in time 346

441

Register

in tray 268
in tune 204
inch 365
incident 146, 215
incidentally 382
include 111
included in 111
income 171
income tax 171, 234
increase 171, 274
incredible 379
indeed 396
indefinite article 403
independence 253
independence 235
Independence Day AE
 189
Independence Day 253
independent 253
index 289
India 23
Indian 23
Indian Ocean 312
indicate 389
indicate BE 307
indicator BE 307
indifferent 71
indifferent to 71
indirect 403
indirect object 403
indirect question 403
indirect speech 403
individual 134
indoor 183
indoors 344
industrial 263
industrial area 330
Industrial Revolution 222
industry 263
infection 55
infectious 55
inferior to 83
infinitive 404
inflammable 265

inflammation 55
inflation 277
influence 285
influence 214
inform 288
informal 406
informal register 217
information 192, 290
information AE 283
information technology
 232
ing-form 405
ingredients 103
inhabitant 234, 330
initials 19
initiative 83
injection 59
injure 53
injury 53
injustice 245
ink 155
inline skates 184
inn 194
innocent 242
input 291
inquire 192
inquire about 192
inquiry 192
insane 51
insect 326
insert 42
insert a coin 42
inside 342
inside walls 117
insist 385
insist on 386
inspect 194
inspector 234
inspector 247
inspire 70
install 292
installment plan AE 113
instalment 278
instead of 368

institution 238
instruction 156
instruction 214
instructions 267
instructor 168
instructor AE 164
instrument 177, 203
insult 389
insurance 57, 277
insure 57
intelligence 75
intelligent 75
intend 385
intention 385
interactive 292
intercom 269
interest 176, 276
interested 176
interested in 176
interesting 176
interface 294
interfere 249
interference 287
interior 119
intermediate school AE
 160
internal 56, 251, 345
internal affairs 251
internal organ 27
international 253
international affairs 253
international law 253
Internet 293
Internet browser 293
interpret 212
interpret 387
interpretation 212
interpreter 387
interrogative 406
interrupt 394
intersection AE 306
interval 354
interview 168, 286
into 344

442

Register

intolerable 243
intonation 403
introduce 390
introduction 215, 388
invade 259
invalid 193
invasion 259
invent 266
invention 230, 266
inventor 266
inverted commas BE 405
invest 277
invest in 277
investment 277
invitation 385
invite 392
invite to 392
invoice 272
involve 90
iodine 59
Ireland 20
Irish 20
iron 126, 318
irony 216
irregular 404
irregular verb 404
island 312
isolation 145
issue 250, 288
IT 232
it 410
Italian 22, 154
Italy 22
item 271
its 370
itself 410

········· **J** ························

jacket 106
jail 245
jam 94
January 347

Japan 23
Japanese 23
jar 99
jazz 204
jealous 70
jealous of 70
jealousy 70
jeans 107
jello AE 104
jelly 95
jelly BE 104
jet 299
Jew 224
jewel 109
jeweller 111
jewellery 109
Jewish 224
jigsaw puzzle 178
job 169
job centre 169
job counsellor 169
job interview 168
job offer 168
job opportunity 170
jog 181
jogging 181
join 39, 141, 176, 371
join hands 39
join for 141
joiner BE 119
joint 27, 61
joke 75
journalist 288
journey BE 191
joy 66
judg(e)ment 242
judge 76, 241
judge and jury 243
juice 96
July 347
jump 36, 181
jump in 36
June 347
junior 32, 174

junior high school AE 160
junior partner 174
junk food 93
jury 243
just 352
justice 241
justify 389
juvenile 243
juvenile court 243

········· **K** ························

kebab 96
keen 66
keen on 66
keen to 66
keep 93
keep fit 51
keep in touch (with) 384
keep off 402
keep quiet 33
keep sth in mind 74
keep still 34
keep to 304
keep under observation 35
kettle 104
key 122, 291
keyboard 291
keyboarder 204
keyboards 203
keyword 218
kick 182
kid 131
kidnap 249
kidnapper 249
kidney 27, 102
kidney bean 102
kill 257
kilo(gramme) 366
kilometre 365
kilt 107
kind 82, 368

443

Register

kind of 368
kindergarten 159
kindness 82
king 237
kingdom 237
king-size bed 123
kiss 28
kitchen 122
kitchen scales 366
kitchen sink 127
knee 26
kneel 43
kneel down 43
knickers BE 108
knife 99
knight 222
knock 40, 41
knock at 41
knock sb out 41
know 75
knowledge 75, 168
known 211
known for 211

lab 229
label 114
Labor Day AE 189
labor union AE 172, 250
laboratory 229
laboratory 265
labour 170, 250
labour market 170
Labour Movement 135
Labour (Party) BE 250
lack of 360
ladder 266
ladies 197
lady 237
lager BE 102
lake 311
lamb 96, 327
lamp 124

land 299, 311
land reform 252
landing 299
landing 119
landlady 120, 194
landlady BE 196
landlord 120, 194
landlord BE 196
landscape 333
lane 306
language 19, 154, 402
large 113, 374
largely 382
lark 329
laser 267
last 350
last 369
last name 18
late 348
later 353
later on 353
latest fashion 105
latest model 263
latest style 46, 107
Latin 154
Latin America 21
latter 369
Latvia 23
laugh 66
laugh about 66
laugh at 66
laughter 66
laundry 127
lavatory 125
law 241
law and order 241
law faculty BE 164
law school AE 164
law student 164
lawn 322
lawnmower 324
lawyer 241
lay 37, 99
lay down 37

lay eggs 327
lay off 173
lazy 83
lead 51, 247
lead 42, 185
lead guitar 203
lead the way 42
leaded 304
leader 238
leaf 322
leaflet 290
lean 39, 95
lean against 39
lean forward 39
lean on 39
leap year 353
learn 149
learn by heart 149
learner 151
least 362
leather 319
leather 107
leave 37
leave 245
leave a tip 197
leave me alone! 141
leave school 152
lecture 164
lecturer BE 164
left 341
left-handed 41
leftovers 105
leg 26
legal 241
legal holiday AE 172, 188
legend 206, 220
legislation 235
leisure 176
leisure centre 176
lemon 93, 323
lemonade 102
lend 276
length 365

444

Register

lesbian 29
less 362
lesson 153
let 121, 122, 400
let's 400
letter 18, 156, 269, 284, 402
letter tray 268
letterbox BE 284
lettuce 326
level 158
liar 83
liberal 251
Liberal Democratic Party BE 251
liberalism 238
liberty 235
liberty of conscience 235
librarian 290
library 288
licence BE 302
license AE 302
license plate AE 307
licensed BE 195
lid 104
lie 40, 386
lie down 40
lie in ruins 118
lie to 386
life 29
life sciences 231
life sentence 242
lifestyle 144
lift 38, 302
lift BE 117
light 124, 127, 357, 376
light bulb 125
light fiction 206
light out a fire 319
light refreshment 102
light up 44
lighter 127
lightning 317
like 45, 65, 81, 393

like to 393
likely 381
limb 27
lime 101
limerick 209
limited 270
limited 207
line 281, 358
line AE 185, 297
linen 107
link 293
link 90, 144
lion 326
lip 26
lipstick 48
liquid 320
list 368
listen 156
listen to 156
listener 286
listening comprehension 162
literal 216
literary 212
literary work 211
literature 210
Lithuania 23
litre 366
litter 336
little 58, 362, 374
live 18, 30
live 286
live in 18
live in poverty 137
live on 30
live together 132
live with 18, 410
lively 85
liver 27, 101
living 169
living creature 328
living room 122
load 299, 360
loaf 94

loan 278
local 331
local authority/authorities BE 235
local call 282
local dialect 406
local politics 250
lock 122
locker 192
log 325
log in 294
log out 294
lonely 69
long 352, 374
long for 74
long-distance call 282
long-sighted BE 35
long-term 277, 337
loo BE 122
look 33, 198
look after 141
look at 33
look for 33
look forward to 392
look happy 33
look into 246
look like 45, 316
look up 155
loose 113, 377
lord 237
Lord 222
Lord's Prayer 222
lorry BE 302
lose 54, 180, 258
lose one's balance 36
lose one's sight 32
loser 180
loser 83
loss 274
lot 360
lots of … 316
loud 83
loudspeaker 287
lounge BE 125

445

Register

love 28, 65, 150, 285, 391, 393
love of sb 150
love to 393
lovely 45
low 374
low tide 313
lower 135
lower 42
lower middle class 135
loyal 85
loyal to 85
loyalty 85
LP 287
Ltd 270
lucky 178
lucky at 178
luggage BE 192
luggage ticket BE 192
lumber AE 119, 321
lunch 100
lunch break 157, 172
lunchtime 104
lung 25
Luxemburg 22
Luxemburger 22
luxurious 379
luxury 137
lyric 208
lyrics 205

········· **M** ·······················

MA 165
mac BE 108
Macedonia 23
machine 263
machine-gun 260
macintosh BE 108
mad 65, 67, 76
mad about 65
mad at 67
madam 390
magazine 288

magic 179
magistrate 243
magnificent 46
mail AE 283
mail carrier AE 283
mailbox AE 284
main 101
main clause 403
main course 101
main meal 100
main road BE 303
mainframe 293
mainly 381
maintain 132
maize BE 323
major 369
majority 239
make 97
make a promise 386
make a rush 36
make a speech 239
make a study of 230
make a suggestion 401
make a will 245
make clear 385
make contact with 139
make friends 139
make fun of 142
make love to 28
make money 274
make noise 33
make out 29
make progress 134, 150
make sb's acquaintance 143
make sense 75
make up one's mind 74
make-up 48
male 19, 28
male model 105
mall AE 113
man 28, 310
manage 170, 268
management 170, 268

manager 268
mankind 220, 312
manner 84
manners 84, 151
manual 292
manual 267
manufacture 265
manufacturer 265
manuscript 212
many 362
many thanks! 393
map 192, 303
marble 320
march 259
March 347
margarine 95
marihuana 61
marijuana 61
mark 159
mark BE 158
market 111, 270, 331
market day 331
market research 273
market square 331
marketing 273
marmalade 94
marriage 132
married 19, 132
married couple 132
married to 132
marry 132
Martin Luther King, Jr.'s Birthday AE 189
marvellous 398
masculine 46
mashed potatoes 94
mass 225
mass media 285
Master of Arts 165
Master of Science 165
master's (degree) 165
match 112, 127, 180
mate BE 135
material 117, 318

Register

math AE 153
mathematics 153
maths BE 153
matter 78, 391, 393
matter 320
mattress 125
mature 31, 378
maximum 317, 369
May 347
may 399
mayor 236
mayoress 236
MD 287
MD 165
MD player 287
MD recorder 287
me 409
meadow 324
meal 100
mean 77, 402
mean 86
mean by 77
meaning 74, 402
means 281
meantime 353
meanwhile 353
measles 55
measure 366
measurement 366
meat 95
meat pie 94
mechanic 304
mechanical engineering 265
media 285
medical 57
medical care 57
medical profession 169
medical school 164
medical student 164
medicine 58
medieval 221
medieval history 222
Mediterranean 313

medium 97
medium-term 277
meet 139, 390
meeting 139
melodrama 210
melody 204
melt 315
member 130, 250
Member of Parliament BE 250
membership 138
Memorial Day AE 189
memories of 78
memory 78, 149, 291
men AE 197
mend 126, 263
mental 80
mental health 80
mention 393
menu 197, 291
merchandise 271
mercy 226, 245
merely 382
merry 66
mess 128
message 283
metal 318
metaphor 209
meter 267
method 155, 229, 266
metre 365
metre 207
metric 366
metric system 366
microphone 287
microscope 162
microwave 124
midday 353
middle 341, 348
Middle Ages 221
middle class 135
middle class attitudes 135

middle class background 135
Middle East 253
middle school AE 160
middle-aged 32
midnight 348
might 399, 401
mike 288
mild 60, 98, 315
mild BE 97
mile 365
military 240, 259
military police 259
military service 259
milk 96, 327
milk shake 103
Milky Way 312
mill 265
millennium 347
million 364
millionaire 137
mince BE 101
mind 74, 141, 399
mind BE 33
mind map 157
mindless 81
mine 370
mine 320
miner 321
mineral 320
mineral water 96
mineral water 320
minidisc 287
minimum 317, 369
minister 237
minister 224
ministry 240
minor 369
minority 138, 239
minority government 239
mint 102
mint sauce 102
minus 362
minute 349

447

Register

miracle 226
mirror 124
miserable 71
mislead 146
misleading 81
Miss 18, 285
miss 69, 297
missile 260
missing 246
mist 317
mistake 158
mistaken 81
misty 317
misunderstanding 77
mix 98, 318
mixture (of) 320
moan 56
mobile home 196
mobile (phone) BE 281
modal auxiliary 404
mode 214
model 105, 177, 263
modem 293
moderate 85
modern 123, 220
modest 85
module 294
Moldavia 23
mom AE 130
moment 348
monarchy 240
monastery 225
Monday 347
money 274
money order AE 284
monitor 291
monk 224
monkey 328
monologue 210
monster 328
Montenegro 23
month 347
monthly 171
monument 198

mood 64
mood 216
moody 71
moon 310
moonlighting 173
moped 307
moral 144
moral support 144
morals 227
more 362
morning 348
mortal 32
mortgage 278
mosque 225
mosquito 329
most 362
mostly 363
motel 194
mother 30, 130
mother tongue 402
mother-in-law 131
motion 239
motivation 215
motive 248
motor 266
motorbike 301
motorcycle 301
motorhome BE 195
motorist 305
motorway BE 303
mountain 311
mouse 291, 327
mousepad 291
mouse-trap 328
moustache 28
mouth 26
move 35, 121
move house BE 121
move to 121
movement 36, 135, 255
movie AE 186
movie theater AE 186
movies 186
MP 259

MP BE 250
Mr 18, 284
Mrs 18, 285
Ms 18, 285
MSc 165
much 362
mud 321
mug 248
mugger 248
mugging 248
multicultural 138
multimedia 292
multimedia CD ROM 162
multiple choice 162
multiply 157
multiply by 157
mum BE 130
mumps 55
murder 247
murderer 247
muscle 27
museum 118, 198, 201
mushroom 326
music 154, 177, 203
musical 177, 204
musical instrument 177
musician 205
Muslim 224
must 401
mustard 102
mustn't 400
mutual 143
my 370
myself 409
mysterious 378
mystery 205
myth 206

N

nail 26, 264
nail polish 48
nailfile 48
nailscissors 48

448

Register

naked 29
name 18
namely 395
nappy BE 131
narration 206, 214
narrative 206
narrator 206
narrow 303
nasty 34, 68
nasty to 68
nation 135, 238
national 135, 238
national character 135
national custom 135
National Insurance BE 138
national park 322
National Socialism 238
nationalism 238
nationalist 252
nationality 19
Native American 135
native country 238
native language 19
natural 29, 229, 333
natural environment 333
natural gas 319
natural parents 30
natural resources 335
natural science 229
natural surroundings 335
nature 310
naval 260
naval base 260
navy 260
Nazi 252
Nazism 238
near 340
nearby 340
nearly 381
near-sighted AE 35
necessary 377
neck 26

necklace 109
need 61, 400
need to 400
needle 127
needlework 161
needn't 400
negative 76, 403
neglect 145
negotiate 255
negotiation 255
neighbourhood watch 248
neither 397, 414
neither 413
neo-Nazi 252
nephew 131
nerd AE 136
nerve 27
nerves 56
nervous 65, 83
nervous breakdown 54
nervous system 27
nervous tic 56
nest 329
net 182
net 272
Netherlands 22
network 286, 294
neutral 255
never 351
nevertheless 415
new 374
new edition 289
new moon 310
new wool 105
New Year 188
New Year's Eve 188
New Zealand 21
New Zealander 21
news 286
news flash 286
news story 205
newsagent 290
newspaper 288

next 353
next to 340
NGO 255
nice 68, 82
nickname 19
niece 131
night 348
night out 176
night shift 173
nightclub 196
nightdress BE 108
nightgown AE 108
nightingale 329
nightmare 75
nightshirt BE 108
nil 185
nine 364
nineteen 364
ninety 364
ninth 364
no 361, 397, 400
no good 397
no hurry 36
no idea 75
no one 412
no parking 400
no smoking 400
no such thing 398
no use 397
no way! 400
no wonder 395
Nobel Prize 231
nobody 412
nod 44
noise 33, 331
noise pollution 333
noisy 171, 331
nominate 238
nomination 239
non-alcoholic 102
non-smoker 61
none 361
non-fiction 206
non-fictional 212

449

Register

non-governmental organization 255
non-returnable bottle 337
nonsense 75
non-stop 299
noon 348
no-one 412
nor 397
normal 51, 76
normally 381
North 253
north 314
North America 21, 314
north of 314
North Sea 312
northern 253, 314
Northern Ireland 20, 253
Norway 22
Norwegian 22
nose 25
no-smoking area 61
nosy 86
not 397
not at all! 393
not quite 397
not yet 352
note 163, 204
note down 163
notebook 291
notebook AE 155
notebook 163
nothing 362
notice 33
notice BE 173
notice board 154
notorious 86
nought 363
noun 403
noun phrase 403
novel 205
novelist 206
novella 206

November 347
now 352
now and again 352
now that 416
nowadays 353
nowhere 342
nuclear 257, 266, 319
nuclear energy 319
nuclear family 130
nuclear power 319
nuclear power station 319
nuclear war 257
nuclear weapon 257
nuisance 72
number 18, 360, 363
number plate BE 307
numerous 363
nun 224
nurse 57
nursery 159
nursery school 159
nursery school teacher 159
nut 325

O

0 282
O 335
O₃ 335
oak 325
oatmeal AE 103
oats 103, 324
obey 151
object 310, 403
object to 90
objection 90
objective 207
obliged 84
observation 35, 248
observe 33, 241
obvious 396
obviously 394

occasional 354
occasionally 354
occupation 169
occupy 259
ocean 312
October 347
odd 378
ode 208
of 370
of age 31
of course 400
off BE 93
offence 248
offender 248
offer 168, 392
office 267
office 240
office block 118
office hours AE 59
office supplies 268
officer 234, 257
official 234
official version 388
off-line 291, 293
offside 185
often 351
oh! 390
oil 319
oil 102
oil paint 201
oil pipeline 265
oil slick 336
oilrig 265
oils 201
ointment 48
OK 396
okay 396
old 19, 136, 374
old age 31, 137
old people's home 137
old-fashioned 105
Olympic Games 180
Olympics 180
omit 163

450

Register

omniscience 207
omniscient 207
on 344
on account of 372
on average 363
on earth 311
on fire 319
on foot 26
on hire purchase 113
on land 311
on prescription 59
on purpose 83
on request 389
on second thought 76
on strike 172
on the beach 312
on the coast 312
on the contrary 397
on the dole 173
on the installment plan 113
on the radio 285
on the shore 313
on the way to 192
on time 346
on tiptoe 26
on top of 341
on TV 285
once 350, 365
once 416
one 363, 411
one another 412
one or two room flat/ apartment 120
one-act play 209
oneself 411
one-way street 303
one-way ticket AE 298
onion 326
on-line 291, 293
only 361, 381
only child 131
oops! 393
open 39, 111, 122, 275

open-air 204
opera 204
operate 59
operate on 59
operating room AE 59
operating system 290
operating theatre BE 59
operation 59
opinion 395
opponent 184
opportunity 170
oppose 239
opposed 239
opposite 340, 368
opposition 239
oppression 240
optimistic 85
option 80
optional 161
or 372, 414
or else 415
oral 47, 162, 212
oral exam 162
oral examiner 162
oral hygiene 47
oral register 217
orange 93, 323, 357
orbit 267, 312
orchard 324
orchestra 187, 205
order 197, 242, 257, 271, 368
order to 242
ordinal 365
ordinary 377
ore 320
organ 203
organ 27
organization 224, 253, 269
organize 269
origin 220
original 201, 220
original 369

originally 350
other 412
otherwise 415
ought to 401
ounce 366
our 370
ours 370
ourselves 410
out of 158
out of breath 25
out of condition 51
out of control 87, 246
out of practice 149
out of tune 204
out of work 170
out tray 268
outdoor 183
outdoors 333, 345
outer 345
outer space 310
outfit 184
outlaw 222
outline 80, 163, 290
output 291
output 264
outside 342
outside walls 117
outsider 137
outskirts 332
outstanding 378
oval 358
oven 124
over 343, 363
overall majority 239
overcome 240
overdraft 278
overfertilization 324
overhead projector 162
overlook 90
overseas 270
overtake BE 307
overthrow 240
overtime 171
owe 276

451

Register

own 369
owner 370
owner-occupied flat BE 120
oxygen 335
ozone 335
ozone layer 335

P

pace 42
Pacific Ocean 312
pack 192
pack 101
package tour 193
packaging 337
packet 60
packet of 60
pagan 224
page 288
pain 54
paint 117, 177, 201
paint brush 201
painter 201
painting 201
pair 107
pair of 31
pair of scissors 127
pair of socks 107
pairwork 155
palace 118, 198
pale 46
palm 27
pan 104
pancake 103
panic 74
panoramic 214
panties 108
pants AE 106
pants BE 108
panty hose 108
paper 155, 229, 288, 319
paper clip 268

paper round AE 288
paper towel 123
paperback 289
paperback edition 289
paper boy AE 288
paperwork 269
parable 206
parade 258
paradise 226
paradox 217
paragraph 205
parakeet 329
parallel 358
parallelism 217
paralyzed 56
paraphrase 217
parcel 284
pardon 394
parent 30, 130
parenthesis AE 405
parents 30, 130
parents-in-law 131
parish 225
park 305, 322, 331
park-and-ride 306
parking brake AE 304
parking lot AE 305
parking meter 306
parking place 305
parking ticket 306
parkway 306
parliament 237, 251
parody 213
parrot 329
part 186, 371
participate 90
participate in 90
participle 404
particular 377
partly 382
partner 28
partnership 143, 272
parts of speech 406
part-time 169

party 188, 237
party leader 238
party member 250
party politics 250
pass 96, 159, 392
pass 243
pass AE 307
passage 205
passenger 297
passion 72
passionate 72
passive voice 404
passport 18, 193
password 294
past 344, 346, 349
past participle 404
past perfect 404
past tense 404
paste 103
pastel 201
pastel crayon 201
pastels 201
pastry 103
pat 43
patent 266
path 305
pathos 216
patience 83
patient 57, 83
patio 119
pattern 107, 162, 406
pause 354
pavement AE 303
pavement BE 305
pay 113, 171, 276
pay a compliment 389
pay admission 187
pay attention to 156
pay by cheque 113
pay cash 113
pay duty on 192
pay for 276
pay into 276
pay-and-display 306

452

Register

payment 278
payphone 281
PC BE 247
PE 154
pea 93
pea 326
peace 255
peace movement 255
peace treaty 255
peach 325
peanut 101, 325
peanut butter 101
pear 93, 323
pearl 109
peck 329
peck at 329
peculiar 378
pedal 307
pedestrian 305
peel 94
pen 154
pen pal AE 284
penalty 245
penalty area 185
penalty kick 185
pencil 155
pencil case 155
pencil sharpener 155
pen-friend BE 284
penis 28
penny 275
pension 137
pensioner 137
people 134, 238, 330
pepper 96
per 349
perfect 377, 404
perform 187
performance 187, 267
perfume 48
perhaps 398
period 28, 353
period AE 405
perk 173

permanent 354
permanent secretary BE
   240
permission 241, 400
permit 236, 401
person 81, 404
personal 139
personal assistant 268
personal pronoun 403
personality 151
personification 215
personnel 174, 236
personnel officer 236
perspective 206
persuade 386
persuasion 214
pessimistic 86
pet 29, 330
petrol BE 304, 319
petrol station 304
petroleum 319
pharmacist 232
pharmacist AE 58
pharmacy 58
pharmacy 232
PhD 165
philosopher 232
philosophical 232
philosophy 232
phone 281
phone book 281
phone booth AE 281
phone box BE 281
phone number 18, 281
phonecard 281
photo 287
photo album 177
photo(graph) 177
photocopier 268
photocopy 269
photographer 177
photography 177
phrasal verb 407
phrase 403

physical 27
physical education 154
physical exercise 27
physical sciences 164
physical science(s) 232
physicist 232
physics 153
physics 232
pianist 205
piano 203
pick 322
pick up 302
pickpocket 248
picnic 101
picture 124, 177, 287
picture AE 186
picture frame 125
pictures 186
pie 94
piece 360, 371
piece of ... 154
pierce 110
pig 327
pigeon 329
pile up 325
pilgrim 226
pill 28, 58
pillar 119
pillow 123
pillow case 123
pilot 299
pin 127
PIN number 275
pinch 43
pine (tree) 325
pineapple 325
pink 357
pint 99, 196, 366
pint of ... 96
pioneer 221
pious 226
pipe 61
pipeline 265
piss off! 399

453

Register

piss off BE 399
pissed BE 61
pistol 260
pitch 204
pity 67, 398
pizza 103
place 331, 340
place a bet on 180
place of birth 18
place of interest 198
Plaid Cymru BE 252
plain 98
plain 61, 313
plan 78, 88, 191
plane 299
planet 312
plant 263, 321
plaster BE 59
plastic 113, 319
plastic bag 113
plate 99
platform 298
play 177, 180, 186, 203, 209
play a role in 134
play tricks on 142
player 182, 204
playground 157, 178
playwright 210
plead guilty 245
pleasant 68, 82
please 392
please 73
pleased 73
pleased with 73
pleasure 28, 66
plenty of 122, 360
pliers 265
plot 212
plot 324
plot of land 324
plough 324
plug 125
plug in 125

plum 325
plum pudding 103
plumber 122
plump 46
plural 404
plus 362
pm 349
pneumonia 55
pocket 106
pocket calculator 268
pocket money BE 136
poem 207
poet 207
poetic 207
poetic device 207
poetic licence 207
poetry 207
point 78, 158, 363
point of view 78
point of view 207
point sth out 78
poison 52, 333
poisonous 55
Poland 22
polar 336
police 246
police constable BE 247
police force 247
police inspector BE 247
police lieutenant AE 247
police officer 246
police officer AE 247
police raid 249
police station 246
policeman 246
policewoman 246
policy 250
Polish 22
polish 128
polite 151
politeness 151
political 250
political party 237
political prisoner 250

politician 238, 250
politics 250
polka dot 107
poll 239
polling-day 239
polling-station 239
pollutant 336
pollute 333
pollution 333
pond 313
pony 330
pool 182, 311
pool 179
poor 135
pop 204
popcorn 94
pope 225
popular 140, 176
popularity 143
populated 332
population 134
porch 119
pork 95
porridge BE 103
port 299
porter BE 195
portion 104
portrait 202
Portugal 22
Portuguese 22
position 345
positive 76
possess 370
possession 370
possessive determiner 404
possessive pronoun 404
possible 396
possibly 397
post 119
post BE 283
post office 283
postage 284
postal order BE 284

454

Register

postal worker 283
postcard 284
postcode BE 285
poster 201
postman 283
postpone 355
postwoman BE 283
pot 99
potato 94, 323
pound 275, 366
pour 104, 317
pour with 317
poverty 137
POW 256
powder 48
power 234, 254, 263, 266, 319
power cut 319
power station 319
powerful 263
powerless 145
practical 76
practice 149, 181
practise 149, 181, 203
praise 151, 226
praise for 151
pram BE 30
pray 222
prayer 222
preach 225
precede 353
precious 379
predict 89
predominant 379
prefer 398
prefer sth to sth 398
preference 80
prefix 406
pregnancy 29
pregnant 29
prejudice 81, 145
prejudice against 81
prejudiced 145
prejudiced against 145

prep school BE 160
preparation 193
preparatory school BE 160
prepare 97, 157
prepare for 157
preposition 405
prescribe 59
prescribe for 59
prescription 59
prescription charges 59
presence 345
present 188, 347
present continuous 405
present participle 404
present perfect 404
present progressive 405
present simple 405
present tense 404
presentation 214
present-day 220
preserve 101
preserves 101
preserving jar 101
president 237
Presidents' Day AE 189
press 288
pressure 59, 146, 317
pressure group 252
pretend 90
pretty 45, 381
prevent 247, 304
prevent from 247
prevention 337
preventive 58
previous 353
previously 353
price 111
price cut 112
price list 112
price rise 112
price tag 112
prick 43
priest 224

primary 159
primary school BE 159
prime minister 237
prince 240
princess 240
principal 369
principal AE 161
principle 145
print 201, 289, 291
printer 291
printer 290
prison 242
prisoner 242
prisoner of war 256
private 234
private detective 247
private health insurance 57
private lessons 153
private property 234
private school 153
privilege 137
prize 180
probability 80
probable 80
probably 398
problem 78
procedure 80
process 134
process 101, 265, 293, 312
processed 101
processor 291
produce 263
producer 263
producer 187
product 263, 322
production 209, 263
profession 169
professional 168, 180
professor 164
profit 274
profit 151
profit from 151

455

Register

profitable 272
program 292
program(me) 57
programme 186, 285
programmer 292
programming 292
progress 134, 150, 250, 266
progressive 405
progressive 145, 252
progressive form 405
prohibited 402
project 80
prologue 215
prominent 137
promise 386
promote 172
promotion 173
prompt 291
prompt 354
pronoun 403, 404
pronounce 403
pronunciation 403
proof 79, 244
proper 378
property 234
prophet 226
proportion 202, 366
proposal 80, 239
propose 89, 239
prose 206
prosecution 243
prosperity 137
protagonist 216
protect (from) 333
protection 58, 249
protection money 249
protein 103
protest 255
protest against 255
Protestant 224
proud 82
proud of 83
prove 79

proverb 206
provide 93
provided (that) 416
provocation 255
provoke 255
psychological 232
psychologist 232
psychology 232
pub 176, 196
puberty 28
public 234
public convenience 332
public holiday 172, 188
public image 84
public park 331
public property 234
public school 153
public services 234
public toilet BE 122
public transport(ation) 297
publication 290
publicity 143
publish 290
publisher 290
pudding 103
pull 38
pull 146
pullover 106
pulpit 225
pump 265
pumpkin 326
pun 217
punch 43
punch BE 268
punch on 43
punctual 354
punctuation 405
puncture BE 304
punish 151, 242
punish for 151
punishment 151, 245
punk 136
pupil 153

puppet 179
puppet show 179
puppy 330
purchase 113
pure 318
pure sciences 229
purple 357
purpose 83
purse AE 107
purse BE 113
push 38, 142
put 39
put down 39, 112
put down 163
put off 354
put on 105
put on 48, 104
put out a fire 319
put pressure on 146
put sb up 196
put through 283
put up 39, 112
put up with 87
puzzle 78, 178, 289
pyjamas 108

········· **Q** ·········

qualification 169
qualify 169
qualify as 169
qualify for 169
quality 105, 111, 318, 368
quantity 360
quarrel 72, 73
quarrel about 73
quarter 349
quarter 278
quarters 259
quatrain 208
queen 237
queen-size bed 123
question 384, 403

456

Register

question mark 405
question tag 406
questionnaire 239
queue 185
queue BE 297
quick 36
quick wit 80
quiet 33, 83
quilt 125
quirk 84
quit 173
quite 381
quiz 186
quiz show 186
quotation 212
quotation 289
quotation marks AE 405
quote 212, 405
quotes 405

R

rabbi 225
rabbit 328
race 135, 181
race riots 146
racial 138
racial minority 138
racial problem 138
racism 249
racist 138
racket 185
radiation 335
radiator 125, 307
radical 252
radio 285
radio waves 319
radioactive 335
RAF 258
raffle 224
rage 72
raid 249
rail 298
railroad AE 298

railway BE 298
railway station BE 298
rain 316
rain forest 322
rainbow 317
raincoat 108
rainy 316
raise 38, 131
raise AE 171
raise one's eyebrows 28
raise one's voice 38
rampart 198
rap 204
rape 249
rapid 354
rare 97, 374
rarely 351
raspberry 325
rat 327
rate 276
rather 398
rather than 398
raw 101
raw material 318
raw sewage 336
ray 335
razor 47
RE BE 154
reach 191
reach for 38
react 142
react 89
react to 142
reaction 89
read 155, 210, 289
read a paper 229
read aloud 156
reader 210
reader 161
reading 230
reading comprehension 162
ready 191
ready-made 112

real 318
realism 214
reality 310
realize 78
really 380, 397
rear light BE 307
rear window 306
reason 74
reasonable 76, 111
rebuild 119
receipt 112
receive 284
receiver 282
recent 352
recently 352
reception 194
receptionist 194
receptionist 269
recess AE 157
recession 277
recipe 103
recognize 33
recommend 88
recommendation 390
record 180, 287
record player 287
recorder 203
recording 287
recover 55, 59, 60
recovery 60, 277
recreation 178
recreation centre 178
recreational vehicle AE 195
rectangle 358
rectangular 358
recycle 334
recycling 334
recycling centre 334
red 357
red brick 117
red currant 325
reduce 337, 366
recycled paper 334

457

Register

reduction 114, 337, 366
refectory BE 164
refer 78
refer to 78
referee 183
reference 372
reference book 289
referendum 239
reflexive pronoun 404
reform 252
refrain 208
refreshing 102
refreshment 102
refugee 259
refund 114
refusal 390
refuse 387
regards 391
reggae 204
region 344
regional 344
regional accent 406
register 217, 236, 406
register with 236
registered 285
regret 67
regular 170, 196, 404
regular verb 404
regulate 267
regulation 173
rehearsal 187
reject 90
related 132
related to 132
relation 130
relations 132
relationship 138, 150
relationship with 138, 150
relative 130
relative 377
relative clause 403
relative majority 239
relax 176

relax 59
relaxation 176
relaxing 176
release 245
release from 245
relevant 377
reliable 85
relief 59, 70
relief from 59
relieved 70
religion 222
religious 222
religious education BE 154
religious instruction BE 154
rely on 87
remain 355
remains 32
remains BE 105
remark 388
remarkable 379
remedy 59
remedy for 59
remember 78
remind 78
remind sb of 78
reminder 272
remote 345
remote control 186
remote control 286
remove 42
remove from 42
renewable 336
rent 121
repair 264
repeat 394
repent 226
repetition 388
replica 202
reply 284
reply BE 283
report 385
report 290

report card AE 159
report from 385
reported speech 403
reporter 290
representative 272
reproduction 29, 202
republic 238
Republic of Ireland 20
republican 251
Republican Party AE 251
request 389
require 236
rerun 186
rescue 236
rescue from 236
research 230
research institute 230
research worker 230
researcher 230
reservation 193
reserve 191
reserved 85
reservoir 336
residence permit 236
resident 332
resign 173
resign from 173
resignation 173
resist 258
resistance 258
resources 335
respect 74, 243
respectable 144
responsibility 84, 144
responsible 141, 150
responsible for 141, 151
rest 40, 361
rest room AE 197
restaurant 196
restless 41
restricted 207
restroom AE 122
result 159, 229, 371
résumé AE 168

458

Register

retail 272
retailer 272
retell 163
retire 174
retired 137
retreat 259
retrieve 294
return 191
return (ticket) BE 297
return trip 191
returnable bottle 337
reusable 337
Rev. 224
reveal 89
revenge 249
Reverend 224
reverse 307
reverse charge call BE 282
review 213, 290
revise 162
revolution 222
reward 172
rhetoric 216
rhetorical 216
rhyme 207
rhythm 208
RI BE 154
rib 27
ribbon 108
rice 93
rice pudding 103
rich 135
rid of 240
ride 302, 327
ridicule 86
ridiculous 378
riding 184
riding stables 330
rifle 260
right 158, 234, 341
right! 396
right-handed 41
ring 109, 122, 282

ring binder 163
ring off 282
riot 146
ripe 324
rise 310
rise BE 171
rising action 215
risk 52, 142, 256, 303
risk 337
risk life and limb 27
rival 273
river 311
road 303, 331
road accident BE 303
road construction AE 303
road works BE 303
roar 328
roast 97
roast potatoes 94
rob 248
robber 248
robbery 249
robot 265
rock 312
rock 204
rock'n'roll 204
rocket 267
role 134
role-play 155
roll 94
roll 42
roll up 42, 109
roller blades 184
roller-skates 184
roller-skating 184
Romania 23
Romanian 23
romantic 213
romanticism 213
roof 117
room 122, 195, 340
root 325
rope 266
rose 322

rotten 71, 101
rotten mood 71
rough 83, 316
rough draft 212
roughly 363
round 343, 344, 358
roundabout BE 302
round-trip ticket AE 297
route 306
row 182, 185
row house AE 120
rowing 182
royal 240
Royal Air Force 258
Royal Family 240
rub 59
rub on 59
rubber 319
rubber AE 29
rubber BE 155
rubbish BE 123, 334
rubbish bin BE 123
rubbish collection 337
rubbish dump 337
rucksack BE 193
rude 83
rug 125
rugby 184
ruin 118, 247
rule 180, 220, 241, 402
ruler 155
rumour 388
run 36, 170, 181, 292, 298
run away from 343
run into 139
run the risk of 142, 256
run a risk 52
running costs 270
runway 301
rural 332
rural area 332
rush 36
rush hour 305, 331

459

Register

rush in and out 36
Russia 23
Russian 23, 154
rust 321
rusty 321
RV AE 195
rye 324

········ **S** ······················

sack BE 173
sacrifice 226
sad 68
saddle 185
sadness 68
safe 275, 303, 376
safety 303
safety pin 127
sail 182, 300
sail 185
sailing 184
sailor 299
saint 226
sake 395
salad 94
salad bowl 99
salad dressing 94
salary 171
sale 121
sales 111, 271
sales manager 271
sales tax AE 234
salesman 272
salesperson 110
saleswoman 272
salmon 328
salt 96
salty 98
same 373, 391
same to you. 391
sample 271
sample 320
sanction 254
sand 312

sandwich 94
sandy 312
sane 51
sanitation 332
sanitation worker AE 337
sarcasm 216
sarcastic 86
satellite 267, 286
satellite dish 286
satellite TV 286
satire 213
satisfaction 73
satisfactory 378
satisfied 68
satisfied with 68
satisfy 73
Saturday 348
sauce 95
saucepan 104
saucer 104
sausage 95
save 58, 275, 292
save to 292
savings account AE 275
Saviour 226
saw 265
saw mill 265
say 391, 394, 397
say goodbye to 391
say hello to 391
saying 388
scale 205, 366
scanner 291
scarcely 382
scared 66
scared of 66
scarf 108
scarlet fever 55
scary 73
ScD 165
scene 186, 210, 246
scenery 210, 313
scenic 214
scent (of sth) 35

schedule 264
schedule AE 154, 298
scholarship 165
school 152, 164
school bag 154
school exchange 152
school report BE 159
school uniform 161
schoolboy BE 153
schoolchildren 153
schoolgirl BE 153
science 229
science fiction 206
scientific 231
scientist 229
scissors 127
score 182
Scotland 20
Scots 20
Scottish 20
scrambled eggs 96
scrapbook 177
scratch 44
scream 44
scream at 44
scream for help 44
screen 291
screw 264
screwdriver 264
script 187
sculptor 202
sculptress 202
sculpture 202
sea 312
sea level 313
seal 328
search 246
search for 246
seasick 55
seaside 193
season 183, 314, 347
season ticket 298
seat 186, 297, 304
seat belt 303

460

Register

second 349, 364
second language 19
second thoughts 76
secondary 159
second-hand 111
secret 257
secret agent 255
secretary 268
Secretary of State AE 240
secretary-general 253
sect 227
section 205
secure 68
securities 277
security 138
security council 253
see 32, 391, 395
see the sights 198
see you! 391
seed 324
seek out 247
seem 33, 395
seem to sb 395
seize 43
seldom 351
selection 212
self 84
self-catering 196
self-confidence 81
self-confident 81
self-defence 245
self-employed 171
self-image 84
self-service 111
self-service restaurant
 196
sell 271
sell at 271
semantic field 217
semicircle 358
semicolon 405
semi-detached house BE
 120
Senate AE 251

Senator AE 251
send 284
send to prison 242
sender 284
senior 32, 174
senior high school AE 160
senior partner 174
sensational 70
sense 75
sense (of sth) 34
sense of humour 67
senseless 56, 378
sensible 76
sensible about 77
sensitive 35, 86
sensitive to 35
sentence 242, 403
sentence pattern 406
sentence to 242
sentimental 71, 213
separate 120, 132, 195
separated 19
separation 235
September 347
Serbia 23
Serbian 23
serial 187
series 187
serious 83
seriously 51, 53, 394
sermon 225
servant 137
serve 110, 197
serve 273
server 294
service 197, 223, 297
service 273
service charge 197
service industry 273
set 99, 310, 361
set a task 155
set a trap 328
set meal 197
set up 111

setting 214
settle 277, 331
settle 221
settlement 221
settler 221
seven 364
seventeen 364
seventh 364
seventy 364
several 361
severe 56, 151
sew 127
sewage 336
sewing machine 127
sex 19, 28
sex appeal 71
sex education 161
sexual 29
sexual intercourse 29
sexual relationship 29
sexy 46
shabby 108
shade 317
shadow 311
shake 38
shake hands 26
shake with 38
shall 392, 400
shallow 81, 313
shame 398
shampoo 48
shape 358
share 120, 142, 195
share 277
share of 142
shareholder 277
shark 328
sharp 127
shave 47
she 410
shed 119
sheep 327
sheet 123, 195
sheet of 319

461

Register

shelf 124
shell 260, 325, 328
shelter 256, 316
shelter from 256, 316
sheriff 246
sheriff 222
sherry 103
shield 222
shift 42, 173
shift gears AE 307
shift work 173
shine 310
ship 299
ship 274
ship by 274
shipbuilding 265
shirt 106
shit! 399
shiver 55
shock 54, 69
shocked 69
shocking 69
shoe 107
shoot 257
shoot down 257
shop 110
shop AE 304
shop BE 110
shop around 110
shop assistant BE 110
shop steward BE 172
shop window 110
shopaholic 113
shopkeeper BE 114
shoplifter 248
shoplifting 248
shopper 113
shopping 110
shopping bag 113
shopping basket 113
shopping cart AE 114
shopping centre 113
shopping list 110
shopping mall AE 113

shore 313
short 45, 374
short story 205
shortage 259
shortly 354
shorts 107
short-sighted BE 35
short-term 277, 337
shot 260
shotgun 249
should 392, 400, 401
shoulder 26
shout 386
shout at 386
show 41, 185
show contempt for 72
show interest in 176
shower 47, 195, 316
show-off 86
shut 39, 122
shut BE 111
shy 86
sick 51
side 237, 341
side 345
sideline 169
sidewalk AE 305
sieve 104
sigh 71
sight 32
sights 198
sightseeing 198
sign 18, 274, 305
signal 44, 301, 307
signal AE 307
signature 18
significant 378
silence 33
silent 33
silent film 186
silk 107, 321
silly 77
silver 109, 318, 357
similar 374

simile 209
simple 77, 405
simple form 405
simple present 405
sin 226
since 352, 414
sincere 85
sincerely 285
sing 177, 203
singer 203
single 19, 287
single bed 123
single parent 130
single (ticket) BE 298
singular 404
sink 300
sink 127
sinner 226
sip 102
sip at 102
sir 390
sister 130
sister-in-law 131
sit 40
sit around 40
sit down 40
sit on a jury 243
site 119
sitting room BE 125
situated 340
situation 372
six 364
sixteen 364
sixth 364
sixty 364
six pack 101
size 112
skate 184
sketch 209
ski 182
skiing 182
skill 168
skilled 174
skilled worker 174

462

Register

skin 25
skin and bone 25
skinhead 136
skirt 106
skittles BE 184
sky 310
skyline 332
skyscraper 332
slam 124
slam shut 124
slang 406
slave 221
slavery 221
sleep 40
sleep well 40
sleeper BE 301
sleeping bag 193
sleeping car 301
sleeve 109
slice 99
slide 178
slim 45
slip 108, 388
slip of the tongue 388
slippery 307
slope 313
Slovak Republic 22
Slovakia 22
Slovakian 22
Slovenia 23
Slovenian 23
slow 304, 349
slow down 307
slums 330
small 113, 374
small town AE 331
smart 46, 80
smell 34, 327
smell like 34
smell of 34
smile 66
smile at 67
smog 333
smoke 61, 320

smoker 61
smoking 61
smoky 61
smooth 379
smuggle 194, 248
smuggler 194
snack 101
snack bar 101
snake 329
sneeze 55
snob 86
snore 44
snow 315
snow shower 316
snowstorm 317
so 371, 380, 397
so do I. 397
so that 371
soap 47
soap (opera) 187
sob 44
sober 61
soccer 182
sociable 85
social 134
social background 134
social change 134
social policies 134
social policy 250
social science(s) 231
social security 138
social services 134
social status 137
social structures 134
social studies 161
social worker 141
socialism 238
socialist 252
society 133
sociological 231
sociologist 231
sociology 231
sock 107
socket 125

socks 107
sofa 123
soft 34, 376
soft-boiled egg 96
soft drink 96
soft drug 61
software 290
software 162
soil 323
soil erosion 336
solar 313
solar energy 319
solar system 313
soldier 257
solemn 226
solicitor BE 244
solid 320
solution 79, 320
solution to 79
solve 78
some 361
somebody 412
somehow 380
someone 412
something 362
sometimes 351
somewhere 342
son 130
son-in-law 131
son of a bitch 399
song 177, 203
song book 203
sonnet 208
soon 352
sore 52
sore throat 52
sorry 67, 393
sorry about 67
sort (of) 368
soul 222
sound 33, 203, 402
sound check 204
sound like 33
soup 101

463

Register

sour 93, 98
source 230, 289, 336
south 314
South 253
South America 21
southern 254, 314
souvenir 193
sow 321
soya bean BE 326
soybean AE 326
space 310, 340
space shuttle 267
space station 267
spacecraft 267
spaceship 267
spacesuit 267
spade 324
Spain 22
Spanish 22, 154
spare time 176
sparkplug 307
sparrow 329
speak 156, 384
speak 283
speak about 384
speak to 384
speak up 33, 156
speaker 287, 387
special 377
special delivery AE 284
special offer 111
specialist 231
specialist in 231
specialize 231
specialize in 231
species 328
specific 379
spectator 183
speech 239, 406
speed 305
speed limit 305
speedometer 307
spell 18, 156
spelling 156

spend 113
spend on 113
sperm 29
spice 102
spicy 102
spider 326
spin 42
spin round 42
spinach 101, 326
spirit 85
spirits 73
spit 44
spit out 44
splendid 379
split 41
split up 41
spoil 97
spoilt 83
sponge (cake) 103
spooky 136
spoon 100
sport 179
sports 179
sports day BE 154
sports outfits 184
sportsman 179
sportswoman 179
spot 106
spot 35
spray 47
spread 52, 98
spreadsheet program 292
spring 314, 347
spring 313
spy 255
square 198, 358
squash 44, 184
squash BE 102
squeeze 43, 103
squeeze in 44
St David's Day BE 189
St Patrick's Day 189
stability 239

stable 239, 330
stadium 183
staff 171, 197, 234
staff BE 161
staffroom BE 161
stage 185, 209
stage 210
stain 107
stained 108
staircase 119
stairs 117
stalls BE 187
stamp 193, 284
stamp album 177
stamp collection 177
stand 39, 68
stand by 39
stand in line AE 297
standard 112, 229, 263, 274, 402
standard English 402
standard of living 274
stanza 208
star 310
star 187
stare 35
stare at 35
start 181, 350
start a family 130
start work 170
starter BE 101
starve 137
state 238
state school BE 153
statement 403
statement 278
static 215
station 298
station wagon AE 305
stationery 285
statue 198, 202
status 137
status symbol 137
stay 194

464

Register

stay 193
stay at 195
stay in 194
steady 170
steady job 170
steak 97
steak and kidney pie 102
steal 246
steam 319
steel 318
steelworker 265
steelworks 265
steep 311
steering wheel 304
stem 325
step 36, 118, 150
step aside 36
step aside 345
step back 36
step forward 36
step in 36
step off 36
step on 36
stereo 288
stereotype 216
steward 299
stewardess 299
stick 36, 53, 284
stick into 54
stiff 56
still 33, 352
still 415
sting 329
stir 103
stir-fry 103
stock 277
stock exchange 277
stocking 107
stockings 107
stomach 25
stomachache 54
stone 312
stone BE 366
stoned 62

stool 196
stool 125
stop 298
stop work 170
stopover 301
store 127, 294
store AE 110
storekeeper AE 114
storeroom 274
stork 329
storm 316
stormy 316
story 205
story 187
storyline 212
stove AE 124
straight 303
straight ahead 341
straight away 354
strange 64, 82
strange feeling 64
stranger 140
strategy 273
straw 102, 324
strawberry 325
stream 311
stream of consciousness
215
street 303, 331
street market 111, 331
streetcar AE 297
strength 81
strength 55
stress 52, 171, 402
stress 208
stretch 345
strict 86, 151
strictly 243
strike 124, 172, 349
strike 318
string 319
strip 42
strip naked 42
stripe 106

striped 107
stripped to the waist 27
stroke 43, 55
stroll 41
strong 52
structure 119, 213, 312,
406
struggle 250, 256
struggle for 250
stubborn 86
student 153, 164
student council 161
studio 201
studio 187, 286
study 149, 157
study 125, 230
stupid 75
style 46, 107, 217
stylistic 217
subclause 403
subject 153, 403
subject 213
submarine 260
subordinate clause 403
substance 320
substitute drug 62
subtitle 187, 286
subtle 379
subtract 157
subtract from 157
suburb 330
subway AE 297
subway BE 307
succeed 220
success 180
successful 377
such 398
such 413
such a thing 398
such is life! 413
suck 44
sudden 353
suddenly 353
sue 244

465

Register

sue for 244
suffer 54, 69
suffer from 54, 69
suffix 406
sugar 94
suggest 387, 394
suggestion 401
suicide 32
suit 106, 112, 393
suitable 376
suitcase 192
sum 157, 360
summarize 163
summary 157, 211
summer 314, 347
summit 255, 313
sun 310
sun cream 48
sunbathe 193
Sunday 347
sunglasses 33
sunlight 335
sunny 316
sunrise 310
sunscreen 194
sunset 310
sunshine 316
suntan 46
super AE 304
superior to 83
superlative 404
supermarket 111
superpower 254
superstition 227
superstitious 227
supervisor 174
supper 100
supply 270
support 237
support 60, 119
supporter 138, 183, 239
suppose 79
suppress 64
suppress 146, 240

sure 77, 400
sure of oneself 77
surely 399
surf 293
surf AE 186
surface 311
surgeon 59
surgery 59
surgery hours BE 59
surname 18
surplus 272
surprise 69
surprised 69
surprising 69
surrender 259
surround 259
survey 230
survival 258, 335
survive 258, 335
suspect 248
suspect of 248
suspense 215
suspicion 79, 248
suspicious 86, 248
sustainable 335
sustainable development 335
swallow 44
swear 244, 389
swear at 389
swear word 389
sweat 55
sweater 106
sweatshirt 106
Sweden 22
Swedish 22
sweep 126
sweet 98, 101
sweet BE 95
swim 181
swimming costume BE 108
swimming pool 182
swimming trunks 108

swimsuit 108
swing 178
Swiss 22
switch 124, 263
switch off 124, 263
switch on 124, 263
Switzerland 21
swollen 55
sword 222
swot BE 136
syllable 402
symbol 217
symbol of 217
symbolize 217
sympathetic 74
sympathetic to 74
sympathy 74
sympathy for 74
synagogue 225
synonym 407
synthetic fibre 107
syrup 102
system 134, 229, 236, 281
systematic 229

table 123
table tennis 184
tablecloth 126
tablespoon 104
tablet 58
tactful 85
tail 328
tail light AE 307
tailor 106
tailpipe AE 307
take 38, 61, 112
take a break 172
take a breath 25
take a hint 402
take a risk 52
take a seat 39

Register

take a shower 47
take a test 158
take a trip (to) 191
take a vote on 237
take a walk 39
take action 35
take advantage of 150
take an exam 158
take care of 141
take care! 391
take cover from 260
take exercise 58
take for granted 87
take notice of 33
take off 105, 299
take over 273
take part in 141
take photos of 177
take pictures 177
take pity on 67
take pleasure in 28, 66
take revenge on 249
take risks 142
take sb home 39
take sb to court 241
take turns 178
takeaway BE 196
take-home pay 171
take-off 301
takeout restaurant AE 196
takeover 273
tale 206
talent 85, 151
talent for 151
talented 80, 151
talk 229, 384
talk about 384
talk to 384
tall 45, 118
tame 329
tank 260, 306
tap BE 127
tape 268, 287

tape dispenser 268
tape recorder 287
target 260, 264
tarmac BE 303
task 155
taste 34
taste like 34
taste of 34
tasty 104
tattoo 110
tautology 217
tax 234
taxi 297
taxi driver 297
taxpayer 234
tea 96
tea BE 100
tea bag 96
tea break 172
tea set 361
tea towel BE 123
teach 155
teacher 153
teacher's diploma BE 165
teaching profession 169
teacup 99
team 182
teapot 99
tear 41, 69
tear up 41
teaspoon 104
technical 266
technique 266
techno 204
technology 161, 265
teenager 31, 131
teens 31
telecommunications 281
telecommute 173
telegram 284
telephone 281
telephone number 18
telescope 232
teletext 286

television 186, 285
teleworker 173
tell 385
tell about 385
tell lies 386
tell the time 346
temper 72
temperature 52, 315
temple 225
temporary 354
ten 364
tender 54, 72, 104
tender to 72
tennis 184
tense 404
tense 70
tension 70, 209
tent 194
tenth 364
term 161
terminal 301
terms 276
terrace 120
terraced house BE 120
terrible 68, 98
terrific 73
territory 238
terror 259
terrorist 249
test 57, 158
test paper 158
testify 244
testify against 244
testify in favour of 244
text 205, 288
text analysis 212
textbook 155
than 45, 373
thank 393
thank you 393
thanks! 392, 393
Thanks a lot! 393
thanks for 393
Thanksgiving Day AE 189

467

Register

that 342, 412, 415
that's right 396
the 409
theatre 185, 209
theft 248
their 370
theirs 370
them 410
theme 213
theme park 178
themselves 411
then 351
theoretical 80, 230
theory 80, 230
there 342
therefore 371
thermometer 317
these 342, 412
they 410
thick 99
thief 246
thin 45, 99
thing 310
think 76, 398
think about 76
think of 76
third 364
thirsty 96
thirteen 363
thirteenth 365
thirty 364
this 342, 411
thorough 379
those 342, 412
though 380, 414
thought 76
thousand 364
thread 127
threat 258
threaten 88, 256, 334
three 363
three times 365
thrill 73
thriller 187

thrilling 73
throat 26
through 343
throughout 355
throw 38, 181
thumb 27
thunder 316
thunderstorm 317
Thursday 348
tic 56
tick BE 158
tick 349
tick off AE 158
ticket 198, 297
tickle 43
tide 313
tidy 128
tidy up 128
tie 106, 371
tie up 371
tiger 328
tight 112
tights 107
till 352
timber BE 119, 321
time 346
times 157, 363
timetable 154
timetable BE 298
timid 86
tin BE 93
tin opener BE 127
tin whistle 204
tinned food BE 93
tiny 374
tip 197
tip 42
tip over 42
tiptoe 26
tiptoe 41
tired 40
tissue 27
title 288
to 298, 344, 349

to the west 314
toast 94
toaster 104
tobacco 60
today 348
toe 26
toenail 26
toffee 104
together 371
toilet 122
toilet BE 197
token strike 172
tolerant 85
tomato 93, 323
tomato paste 103
tomorrow 348
tomorrow afternoon
  348
tomorrow morning 348
ton 366
tone 204, 216
tongue 26
tonight 348
tonsils 27
too bad 398
tool 264
tooth 26
toothache 53
toothbrush 47
toothpaste 47
top 117, 341
top quality 318
top secret 257
topic 385
topping 103
torch BE 125
torture 240
Tory BE 251
toss 103
total 111
touch 39, 384
touch 35
touched 67
tough 104

Register

tour 198, 204
tourist 192
tournament 183
tow 306
tow away 306
towards 344, 350
towel 47, 123, 195
tower 118
town 330
town council BE 235
town hall BE 236
town square 198
toy 178
trace 34
track 301, 328
track and field AE 181
tractor 324
trade 270
trade 169, 221
trade fair 270
trade for 221
trade gap 270
trade union BE 172, 250
trademark 265
trader 221
Trades Union Congress
  BE 250
tradition 145, 213, 222
traditional 222
traffic 302
traffic accident AE 303
traffic circle AE 302
traffic cop AE 306
traffic violation 243
traffic warden BE 306
tragedy 209
tragic 213
tragic flaw 216
trailer 305
trailer AE 195, 305
train 149, 168, 181, 298
train as 149
train driver BE 299
train for 181

train station AE 298
trainer 183
trainers 107
training 181
training course 168
trait 84
traitor 255
tram BE 297
transfer 231, 278, 301
transfer AE 298
translate 157, 211
translation 157, 211
translator 387
transport BE 297
transportation AE 297
trap 328
trash AE 123, 334
trash can AE 123
travel 191
travel agency 191
travel by 191
travel guide 198
traveller 191
travels 191
trawl 329
trawler 329
tray 104
treasure 222
treat 57
treatment 57
treaty 255
tree 322
tree trunk 325
tremble 38
tremble with 38
tremendous 378
trial 243, 267
trial and error 162
triangle 358
triangular 358
tribe 138
trick 142
trick 146
tricky 379

trip 191
triplet 208
trolley BE 114
troops 258
trouble 51, 142, 151, 247
trousers BE 106
trout 328
truck AE 302
true 158, 396
trunk 193, 325
trunk AE 306
trust 74
truth 74
try 88, 98
try 243
try on 112
T-shirt 106
tube 47
TUC BE 250
Tuesday 347
tune 204, 287
tune to 287
tuner 288
tunnel 302
turkey 327
Turkey 22
Turkish 22
turn 37, 142, 178, 305
turn AE 305
turn down 123
turn fine 316
turn grey 46
turn left 341
turn red 46
turn round 37
turn signal AE 307
turn up 123
turn up/down 288
turning BE 305
turnover 272
tutor 161
tuxedo AE 108
TV 154, 186, 285

469

Register

twelfth 365
twelve 363
twenty 363
twenty-one 363
twice 365
twig 325
twin 130
twin brother 130
twin sister 130
twist 43
two 363
type 263, 269
type 216
typewriter 268
typical 374
typical of 374
typist 268

.... **U** ....

ugly 45, 331
UK 20, 237
Ukraine 23
Ukrainian 23
ulcer 56
ultraviolet 335
umbrella 108
unable 87
uncle 131
unconscious 54
uncountable 406
under 344
under control 87, 246
under pressure 146
under stress 52
undergraduate 165
underground BE 297
underground car park BE 305
underground parking garage AE 305
underline 163
underneath 345
underpass 306

underpass AE 307
undersecretary AE 240
undershirt AE 108
understand 74
understanding 80
understatement 217
underwear 108
undo 42, 109
undress 105
uneasy 70
unemployed 170
unemployment 170
unfortunately 69
uniform 161, 259
union leader 238
union member 250
union representative AE 172
unit 134, 257
united 253
United Kingdom 20, 237
United Nations Organization 253
United States of America 21
unity 372
universe 312
university 164
unleaded 304
unless 415
unlock 122
UNO 253
unquote 405
until 352
unusual 374
unwrap 114
unzip 109
up 343
up to standard 229
upbringing 150
update 294
upload 293
upper 117
upper balcony AE 187

upper circle BE 187
upper class 135
upright 345
upset 65
upset by 65
upside-down 345
upstairs 122
uranium 320
urban 332
urban area 332
urge 89
urgent 282
us 410
US Capitol Building 251
USA 21
use 126
use force 258
used to 351
used to 84
useful 377
useless 377
user 292
user-friendly 292
usual 374
usually 381
utility program 294
utopia 206

.... **V** ....

vacancy 169
vacation AE 158, 172, 191
vacuum 128
vacuum cleaner 128
vagina 28
vague 378
valid 193
valid 244, 378
valley 311
valuable 109
valuables 109
value 277

470

Register

value added tax BE 234
van 302
vandal 146
vandalism 146
vandalize 249
vanilla 102
vanish 41
variety 171
vary 369
vase 125
VAT BE 234
veal 95
vegetable 93, 323
vegetable plot 324
vehicle 305
vein 27
Velcro fastener 109
veranda 119
verb 404
verb phrase 403
verbal 388
verdict 245
verse 208, 225
version 388
vertical 345
very 380
vest BE 108
vest AE 109
vet 330
Veterans Day AE 189
via 300
vicar 224
vice 84
vice versa 372
victim 249
victory 180
victory 260
video 287
video cassette 287
video recorder 154, 287
view 78, 122
view of 122
viewer 187, 286
viewpoint 207

village BE 331
villain 216
vinegar 102
violation 243
violence 249
violent 86, 249
violet 357
violin 203
virgin 29
virus 292
virus 55
visa 194
vision 35
visit 198
visitor 198
vital 56
vitamin 103
vocabulary 157, 402
voice 203
voicemail 269
volcano 314
volleyball 182
volume 288, 289, 366
volunteer 259
vomit 55
vote 237
vote against 237
vote for 237
voter 239
vowel 402
voyage 301
vulgar 406

········ **W** ························

wages 171
wagon BE 299
waist 27
waistcoat BE 109
wait for 88
waiter 197
waitress 197
wake 40
wake up 40

Wales 20
walk 305
walk-in closet AE 124
wall 117
wallet 107
wallpaper 125
wall-to-wall carpet 123
wander 41
wander about 41
want 68
want to 68
war 256
ward 59
wardrobe 124
warehouse 274
warfare 258
warm 34, 315
warn 241, 387
warning 387
wash 47, 126
wash the dishes AE 126
wash up AE 47
wash up BE 126
washbasin 47, 125
washcloth AE 48
washing 126
washing machine 127
washing-up BE 127
wasp 329
wasp sting 329
waste 113, 334
waste collection 337
waste disposal 337
waste disposal site 337
waste paper 334
waste paper basket 124
waste reduction 337
waste separation 337
watch 186, 349
water 96, 311, 319
water 324
water colour 201
water colours 201
water reservoir 336

471

Register

waterskiing 184
wave 319
wave 44, 313
wave goodbye 44
wax 321
way 192
way in BE 118
way of life 142
way out BE 118
we 410
weak 52
weakness 54
wealth 137, 278
wealth tax BE 137
wealthy 137
weapon 257
wear 106
wear glasses 32
weather 315
weather chart 317
weather forecast 286, 315
weather report 315
Web browser 293
website 293
wedding 188
wedding 133, 225
wedding anniversary 188
wedding ceremony 225
wedding ring 109
Wednesday 347
weed 326
week 347
weekday 347
weekend 347
weekend cottage 118
weekly 171
weekly (newspaper) 288
weep 69
weigh 366
weight 366
weird 136
welcome 385, 393

welcome to 391
welcome! 391
welfare AE 138
welfare state 138
well 51, 380, 391, 392, 394
well 324
well-done 97
well-known 211
well-off 135
Welsh 20
west 314
West 253
western 253, 314
western 186
Western World 253
wet 316
whale 328
what 411
what a …! 398, 409
what's the matter? 391
whatever 413
wheat 323
wheel 304
when 350
whenever 355
where 340
whereas 416
wherever 344
whether 414
which 411
whichever 413
while 350
while 355
whip 103, 185
whipped cream 103
whisk(e)y 97
whisper 386
whistle 44, 185
white 135, 357
white-collar 174
Whitsun 188
who 411
whoever 413

whole 360
wholesale 272
wholesaler 272
whom 411
whose 370
why 370, 400
wicked 86
wide 303
wide awake 40
wide choice 197
widow 133
widowed 19
widower 133
width 365
wife 130
wig 48
wiggle 43
wild 322
wild animals 326
wild rose 322
wildlife 328
will 400
will 84, 245
will-future 404
willing 399
wimp 136
win 180, 258
win one's case 243
wind 316
wind 42
wind energy 319
wind farm 319
wind up 42
window 117, 291
window frame 125
window shopping 110
windscreen BE 306
windshield AE 306
windsurfing 184
windy 316
wine 97
wing 118, 327
wing 252
winner 180

472

Register

winner 83
winter 314, 347
wipe 154
wise 75
wish 68
wit 80
witch 224
with 371
with the aid of 247
withdraw 275
withdraw 245, 259
withdrawal 62
within 344, 350
without 371
witness 244
wolf 328
woman 28
womb 29
wonder 395, 399
wonder if 399
wonderful 66
wood 318, 322
woods 322
wooden 318
woodwork 119, 161
wool 105, 319
woollen 105, 319
word 403
word cluster 407
word family 218
word formation 406
word order 403
word processing 292
word processor 292
words 203
work 170, 211
work as 170
work for 170
work hard 170
work of literature 211
work out 79
work permit 236
workbook 155
worker 170

working class 135
working hours 170
working knowledge 168
workman 263
works 265
worksheet 162
workshop 263
workstation 294
world 310
world record 180
world trade 270
World War I/II 256
World Wide Web 293
world-wide 344
worm 329
worried 65
worried about 65
worry 65
worse 375
worship 225
worst 375
worth 277
would 399, 400, 401
wound 53, 257
wow! 396
wrap 42, 114
wrap in 42
wrapping 114
wreck 56, 306
wrestling 184
wrist 27
write 156, 211
writer 211
writing paper 155
written 162
written invitation 385
wrong 158, 397
wuss AE 136
WWW 293

X

xerox AE 269
X-ray 58

Y

yard 365
yawn 40
yeah! 396
year 347
yell 44
yellow 357
yellow pages 283
yes 396
yesterday 348
yet 352
yet 415
yield AE 307
yoghurt 103
you 409
you're welcome! 393
young 31, 135
youngster 31
your 370
yours 370
Yours sincerely ... 285
yourself 409
yourselves 409
youth 31
youth club 136
youth hostel 136, 194
Yugoslavia 23
Yugoslavian 23
yum! 104

Z

zebra 328
zebra crossing BE 305
zero 363
zero AE 282
zip 109
zip BE 109
zip code AE 285
zipper AE 109
zone 317
zoo 326

473

Übersicht über die i-Kästen

i	Kapitel	Titel	Seite
1	1	Nationality	19
2	1	Country and state	21
3	2	Possessive pronouns and parts of the body	27
4	3	Aches and pains	53
5	4	Feelings and emotions	64
6	4	Mood and temper	72
7	4	Mad, insane, bananas	77
8	5	Meals and mealtimes	100
9	5	Money	113
10	6	Places to live	121
11	7	Friends and acquaintances	140
12	8	British schools	152
13	8	American schools	160
14	9	Pay	172
15	10	Football	183
16	10	Public holidays	188
17	11	Drinking ages	196
18	12	Art	202
19	13	Separation of church and state in the US	223
20	15	Devolution	252
21	16	Fix, mend, repair	264
22	17	Very handy indeed!	281
23	17	Phoning	282
24	18	Going places with prepositions	300
25	19	City, town, village	332
26	20	Telling the time	346
27	21	Sort of blue	357
28	22	Telephone and other numbers	365
29	22	Confusing measurements	366
30	23	Useful comparisons	373
31	23	Big, little, large, small	375

Verzeichnis der falschen Freunde

Englisches Wort	Seite
A action *n*	48
actually *adv*	407
alarm clock *n*	128
alley *n*	338
ambulance *n*	62
angle *n*	358
ankle *n*	48
announce *v*	295
announcement *n*	295
apart *adv*	355
apartment AE *n*	128
art *n*	218
B ban *n; v*	261
become *v*	90
biscuit *n*	115
blame *v*	90
bloody BE *adj; adv sl*	407
board *n*	166
	199
	279
box *n*	128
branch *n*	279
	338
brand *n*	382
brave *adj*	90
C can *n*	115
cash *n*	279
chips BE *n pl*	115
chorus *n*	218
circle *n*	358
city *n*	338
civil *adj*	261
clap *v*	48
class *n*	166
clock *n*	128
closet AE *n*	128
college *n*	166
commerce *n*	279

Englisches Wort	Seite
concern *n*	90
conserve *v*	338
crack *n*	338
critic *n*	218
curious *adj*	90
D decent *adj*	91
desert *n*	338
direction *n*	355
dress *n*	115
E engaged *adj*	147
engaged BE *adj*	295
eventually *adv*	355
F fabric *n*	115
familiar *adj*	382
famous *adj*	382
fantasy *n*	218
(be) fast asleep *v*	48
fatal *adj*	48
flatter *v*	147
formula *n*	232
G gang *n*	147
gift *n*	199
glance *n; v*	49
grade AE *n*	166
gross *adj*	279
guesthouse *n*	199
gymnasium *n*	189
H handy *adj*	382
heroine *n*	261
high school AE *n*	166
homework *n*	166
housework	128
human *adj*	49
hut *n*	128
J jacket *n*	115
justice *n*	261
K keen (on) *adj*	91
kitchen *n*	128

475

Verzeichnis der falschen Freunde

Englisches Wort	Seite
L lager *n*	115
lecture *n*	166
lemon *n*	115
loan *n*	279
lyrics *n*	218
M magistrate *n*	261
map *n*	199
mark BE *n*	166
marmalade *n*	115
mayor *n*	261
meaning *n*	91
menu *n*	199
mess *n*	128
mince BE *n*	115
miserable *adj*	91
mist *n*	338
misty *adj*	338
mode *n*	218
murder *n*	261
mustn't *v*	407
N note *n*	166
notice BE *n*	174
notorious *adj*	91
novel *n*	218
O ordinary *adj*	382
overtake *v*	308
P packet *n*	62
paragraph *n*	218
pass *v*	115
	166
	261
pension *n*	147
personal *adj*	49
personnel *n*	174
petrol BE *n*	308
photograph *n*	189
photography *n*	189
pick *v*	338
place *n*	338
plump *adj*	49
pregnant *adj*	49

Englisches Wort	Seite
principal *adj*	382
promotion *n*	174
prove *v*	91
punctual *adj*	355
Q quarter *n*	279
	355
quit *v*	174
R rate *n*	279
realize *v*	91
rent *n*	128
resign *v*	174
rest *n*	49
restless *adj*	49
rock *n*	338
roll *n*	115
S sensible *adj*	91
serious *adj*	62
sermon *n*	227
sin *n*	227
slip *n*	115
	407
smoking *n*	62
spend *v*	115
spin *v*	49
spot *n*	49
stadium *n*	189
still *adv*	355
stock *n*	279
stool *n*	128
stream *n*	338
stupid *adj*	91
sympathetic *adj*	91
sympathy *n*	91
T tablet *n*	62
technique *n*	279
terms *n*	279
textbook *n*	166
thick *adj*	115
tick BE *n*	166
trainers BE *n pl*	115
turn *v*	49

Verzeichnis der falschen Freunde

Englisches Wort		Seite
V	vehicle *n*	308
	verse *n*	218
	vest BE *n*	115
	vicar *n*	227
	vital *adj*	62
W	wall *n*	128
	wander *v*	49
	warehouse *n*	279
	when *adv*	355
	while *conj*	355
	wit *n*	91
	wonder *v*	407
Y	yet *adv*	355
	yet *conj*	416

Falscher Freund		Seite
A	Aktion	48
	aktuell	407
	Alarmglocke	128
	Allee	338
	Ambulanz	62
	Angel	358
	Annonce	295
	annoncieren	295
	apart	355
	Appartement (= 1–2 Zimmer)	128
	Art	218
B	Bann	261
	bannen	261
	bekommen	90
	Biskuit	115
	(sich) blamieren	90
	blutig	407
	Bord (= Wandbrett)	166
		199
	(Bücher-)Bord	279
	Box (= Lautsprecher)	128

Falscher Freund		Seite
	Branche	279
		338
	Brand	382
	brav	90
C	Chips	115
	Chor	218
	City	338
	Crack (= As)	338
D	Dessert (= Nachtisch)	338
	dezent	91
	dick (= fett)	115
	Direktion	355
	Dress (= Sporttrikot)	115
E	engagiert	147
		295
	Enkel	48
	eventuell	355
F	Fabrik	115
	familiär	382
	famos	382
	Fantasie	218
	fast	48
	fatal	48
	flattern	147
	Formular	232
	Fotograf	189
	Fotografie	189
G	Gang	147
	Gasthaus	199
	Gift	199
	Glanz	49
	glänzen	49
	Glocke	128
	Grad	166
	groß	279
	Gymnasium	189
H	Handy	382
	Hausarbeit	166
	Hausaufgaben	128
	Heroin	261
	Hochschule	166

Verzeichnis der falschen Freunde

Falscher Freund	Seite
human	49
Hut	128
J (Strick-)Jacke	115
jetzt	355
	416
Justiz	261
K (Kaffee-/Tee-)Kanne	115
Kasse	279
Kittchen	128
klappen	48
Klasse	166
Klosett (= Toilette)	128
Kollege	166
Kommerz	279
konservieren	338
Konzern	90
Kritik	218
kühn	91
kurios	90
L (Waren-)Lager	115
Lektüre	166
Limone	115
Lohn	279
Lyrik	218
M Magistrat	261
Major	261
Mappe	199
Marke	166
Marmelade (allgemein)	115
Meinung	91
Menü	199
Messe	128
Minze	115
miserabel	91
Mist	338
mistig	338
Mode	218
Mörder	261
nicht müssen	407
N Note	166
Notiz	174

Falscher Freund	Seite
notorisch	91
Novelle	218
O ordinär	382
P Paket	62
Paragraph (= §§)	218
passen	115
	166
	261
passieren	261
Pension (= einfaches Hotel)	147
Personal	49
personell	49
	174
Petroleum	308
picken	338
Platz (= große umbaute Fläche)	338
plump	49
prägnant	49
prinzipiell	382
Promotion (zum Doktor)	174
prüfen	91
punktuell	355
Q Quartier (= Unterkunft)	279
	355
quitt (sein)	174
R Rate	279
realisieren	91
Rente	128
resignieren	174
Rest	49
restlos	49
Rock	338
Rolle	115
S sensibel	91
seriös	62
Sermon	227
Sinn	227
Slip (= Damen-/Herren-unterhose)	115 / 407
Smoking	62
spenden	115

Verzeichnis der falschen Freunde

Falscher Freund	Seite
spinnen	49
Spott	49
Stadium	189
still	355
Stock	279
Strom	338
Stuhl	128
stupid(e)	91
Sympathie	91
sympathisch	91
T Tablett	62
Technik	279
Termine	279
Textbuch	166
Tick	166
Trainer	115
turnen	49

Falscher Freund	Seite
U übernehmen	308
V Vehikel *(= alte Klapperkiste)*	308
Vers	218
Vikar *(= junger oder Hilfs-geistlicher)*	227
vital	62
W Wall	128
wandern	49
Warenhaus	279
weil	355
wenn	355
Weste	115
Witz	91
(sich) wundern	407
Z Zirkel	358
zivil	261

Materialien zum Lernen und Nachschlagen

1. Die „Wiederholungskartei" zum Wortschatzlernen

▶ *Die große Lernbox aus Holz* (mit 100 Karteikarten und Ordnungsaufklebern),
AOL-Verlag
▶ *10 große Lernboxen aus Leichtkarton mit Schuber* (zur Sammelbestellung),
AOL-Verlag
▶ *Das kleine Buch vom Lernen. Bio-logisch lernen mit dem 5-Fächer-Lernkarteikasten,*
AOL-Verlag

2. Zweisprachige und einsprachige Wörterbücher zum Nachschlagen und Erschließen von unbekanntem Wortschatz

Ab dem 1. Lernjahr:

▶ *PONS Collins Easy Schulwörterbuch* (Deutsch–Englisch / Englisch–Deutsch,
ca. 35 000 Wörter und Wendungen), Klett/Collins
▶ *PONS Schülerwörterbuch. Neubearbeitung 1998* (Englisch–Deutsch /
Deutsch–Englisch, ca. 49 000 Wörter und Wendungen), Klett

Ab dem 3. Lernjahr:

▶ *PONS Schülerwörterbuch. Neubearbeitung 1999* (Englisch–Deutsch /
Deutsch–Englisch, ca. 110 000 Wörter und Wendungen), Klett

Ab dem 5. Lernjahr / Sekundarstufe II / Mittelstufe Erwachsenenbildung:

▶ *PONS Wörterbuch für Schule und Studium. Neubearbeitung 1998* (Englisch–
Deutsch / Deutsch–Englisch, 130 000 bzw. 120 000 Wörter und Wendungen),
Klett/Collins
▶ *PONS Cobuild English Learner's Dictionary* (einsprachig, ca. 60 000 Wörter und
Wendungen), Klett/Collins
▶ *PONS Cobuild English Dictionary. Zweite Generation 1995* (einsprachig, ca. 75 000
Wörter und Wendungen), Klett/Collins
▶ *PONS Cambridge International Dictionary of English* (einsprachig, ca. 100 000
Wörter und Wendungen; zusätzlich erhältlich CD-ROM), Klett/Cambridge
University Press
▶ *PONS Cambridge Dictionary of American English* (einsprachig, ca. 32 000 Wörter
und Wendungen; einschließlich CD-ROM mit Volltextsuche und Sprachaus-
gabe), Cambridge University Press